程毅中文存

三编

中华书局

图书在版编目（CIP）数据

程毅中文存三编/程毅中著. —北京：中华书局，2025.3
ISBN 978-7-101-16666-8

Ⅰ. G256.1-53

中国国家版本馆 CIP 数据核字第 2025MZ7895 号

书　　名	程毅中文存三编	
著　　者	程毅中	
责任编辑	李芃蓓	
装帧设计	周　玉	
责任印制	陈丽娜	
出版发行	中华书局	
	（北京市丰台区太平桥西里 38 号　100073）	
	http://www.zhbc.com.cn	
	E-mail：zhbc@zhbc.com.cn	
印　　刷	北京新华印刷有限公司	
版　　次	2025 年 3 月第 1 版	
	2025 年 3 月第 1 次印刷	
规　　格	开本/880×1230 毫米　1/32	
	印张 14⅝　插页 5　字数 350 千字	
印　　数	1-1500 册	
国际书号	ISBN 978-7-101-16666-8	
定　　价	98.00 元	

程毅中先生

1991年8月，在四川

1992 年 10 月，在北京颐和园

在中央文史研究馆组织的文化交流活动中题字

2017 年 12 月，参加国家图书馆举办的郑振铎先生
铜像揭幕仪式暨学术研讨会

2022 年 7 月，在国家图书馆北海分馆观书

目 录

梳理版本源流　呈现宋本原貌

——读《太平广记会校》

　　《太平广记》是宋代四部大书之一，收入了许多五代以前的小说和杂史笔记，有很大的文献价值。鲁迅在《破唐人说荟》里特别把它推荐给要读唐代小说的人。浦江清师在《论小说》中指出："九七八年《太平广记》的结集，可以作为小说史上的分水岭。"可见此书在中国小说史上的地位。

　　《太平广记》成书以后，宋代不止有一个刻本，但久已失踪。现存最早的大体完备的是明代嘉靖、隆庆年间谈恺所刻的版本。谈恺所根据的钞本已有残缺，他和合作的朋友们一再校补，还是留下了不少遗憾。明清两代据之翻刻、钞写的本子又有一些校补，但成绩不大，因为校补者能见到的版本有限，可参考的资料不多，加之校勘工作不够严谨，如《四库全书》本就说不清所据的版本为何，书中校改的地方极少，平均也就一卷才有一条考证，还有一部分改错的。直到 20 世纪 50 年代，由人民文学出版社出版的汪绍楹校点本，才用到了谈刻的三种印本和野竹斋钞本、陈鳣校宋本、许自昌刻本、黄晟刻本等，做了一次认真的校勘，改正了一些明显错误，成为一个比较完整可信、使用方便的新版本。1961 年，汪绍楹先生又稍加修订,由中华书局印出了新一版。此后通行了几十年,是海内外学界最常用的版本。然而限于当时的条件,出版社为避免"繁琐校勘"的批评,只要求忠于底本,尽量少作改动,不校异文,某些明显的错误可以径改而不出校记。因而还是留下了一些遗憾。

现在张国风先生又从头开始,以谈刻的第三次印本为基础,校以明清各本,幸而又见到了台湾大学所藏的孙潜校宋本和韩国所藏的《太平广记详节》等新资料,以个人的力量和"十年磨一剑"的精神,进行仔细的校勘,做成了一个更完善、更精确的《太平广记会校》。这是古籍整理工作的一项重大的新成就。

首先,张国风在认真研究了现存各种版本的基础上,充分利用文献资料,梳理了《太平广记》版本传承的源流。从孙潜校本、陈鳣校本、沈与文野竹斋钞本、《太平广记详节》本和《永乐大典》所引佚文等考证了宋刻本的大致面貌。因而能追本溯源,探索到谈刻本之前的某些变异,也就是说他已经超越了谈刻本所有的局限,部分恢复了宋本的原来面目。

其次,他对谈本的校订采取了十分严谨的态度,改字、补字一定出校说明,必以已知的宋本为准。

再次,对于他本的异文可以两通的,也写入校记而不改正文,异文较多的则全文附在篇后。辑录的佚文补在各卷之末,以便继续考证。这就保证了原书的客观可信,避免了校订工作的主观随意性。我以为,对于重要的、问题较多的古籍,校勘体例宁可稍繁而毋缺,还是利大于弊的。

应该说,这完全是恪守古籍整理规范的做法。《太平广记》是一本经典性的大书,虽说它是古代小说家的渊海,但并非一般的读本。不仅是小说史的重要文献资料,书中还有许多古代文化史、政治史、宗教史乃至科技史的材料。加以传本已有残缺错讹，情况复杂，在北宋的四部大书中问题最多，需要进行认真全面的研究。版本的考证、文字的校勘、佚文的辑集，是对古籍最基础的研究工作。因此《太平广记会校》的出版，是值得我们欢迎和感谢的。

张国风对《太平广记》的研究坚持了二十多年，已经作出了许多阶段性的成果。《太平广记会校》则是在研究基础上的一个总结性的成果。《会校》的工作几经周折，时间拖得很久，但是也有不少幸运的机遇。如在韩国发现的新资料，就对校勘工作很有裨益，使书稿质量有所提高。这正好有助于整理者克服时下流行的浮躁之风。张国风坚持了精益求精的工作态度，根据新资料在校样上还不断有所加工。读者对《太平广记》的版本源流想要有进一步了解的话，还可以参看他的《太平广记版本考述》一书，可能对《会校》的学术价值会得到深切的体会。

（原载《光明日报》2012年7月15日5版）

十年磨剑出精工

——喜看《2011—2020 年国家古籍整理出版规划》随感

《2011—2020 年国家古籍整理出版规划》(以下简称《规划》)的公布,是文化界的一件大事。作为多年来曾致力执行和参与讨论古籍规划的一名出版工作者,不禁欢欣鼓舞,感慨良多。

从 1958 年国务院古籍整理出版规划小组成立那天起,就强调古籍整理出版工作要有计划性。针对当时古籍出版比较杂乱的现状,领导部门提出要"要啥出啥",而不能"有啥出啥"。所以在规划小组的文学、历史、哲学三个小组各自开出了一个庞大的候选书目之后,中华书局作为规划小组的办事机构,受托草拟了一个《三至八年(1960—1967)整理和出版古籍的重点规划(草案)》。这是体现国家规划的导向性和系统性的一个措施,对各出版社的组稿计划起了明确的指导作用。中华书局的领导向我们工作人员一再宣讲了古籍规划的意义,也多次组织我们学习计划,努力执行。但是在组稿、发稿的实践中遇到了不少问题。

第一,当时指定的专业出版社只有中华书局和中华书局上海编辑所、人民文学出版社古典文学部三家,编辑人员不多而积极性很高,制订的组稿和出书计划偏大,基本上难以完成。

第二,当时文史界的专家学者都忙于教学、研究工作,对古籍整理工作缺少准备,加以"思想改造"的任务很重,顾虑也多,能接受任务的人不多。

第三,当时形势变化多,多次政治运动冲击了古籍整理出版工作。

因此预定的长期规划或短期计划,在1966年以前只实现了一小部分。在"文化大革命"的十年浩劫中,就更不必提了。直到拨乱反正之后,1977年12月,国家出版局召集人民文学出版社、中华书局、上海古籍出版社,就古籍整理出版分工和规划进行协商,随后制定了"中国古典文学基本丛书"、十五个大作家新注本及其他各类书的一个初步规划,作为这一阶段的工作重点。此后不断补充了新的选题,并陆续出书。

1981年9月17日,在陈云同志的推动下,中共中央下发了《关于整理我国古籍的指示》,随即恢复了古籍整理出版规划小组,仍委托中华书局草拟了新的全国《古籍整理出版规划(1982—1990)》草案。规划小组组长李一氓同志亲自抓了重点项目如《中华大藏经》《古本戏曲丛刊》《古本小说丛刊》《全清词》《全明词》《全元诗》《古逸丛书三编》等等,很快就取得了不少成果。从实践经验看,一是要抓重点,二是要给予必要的资助,三是要依靠群体的力量。在这一点上,新一届的规划小组做出了不少新的部署:首先是依靠高等院校的古籍工作委员会,做了大量的策划、组织和具体的古籍整理工作。其次是鼓励地方设立古籍整理出版规划小组和办古籍专业出版社,加强了整理出版力量。其三是对规划外的、非重点的项目也给予必要的支持。这就大大推动了古籍整理出版工作。30年来,古籍整理出版已取得了丰硕成果,这是有目共睹的。

古籍整理的作者绝大多数在高等院校,因此必须充分依靠高校古委会组织力量来开发选题,承担项目,并评议分配必要的资助,比单纯由规划小组资助出版社更切实有效。30年来,已完成的重点项目如《全宋诗》《全宋文》《全元文》《古代文史名著选译丛书》等,都是由高校古委会组织的。实践证明,重点项目要有前期的论证和启动资助,也要有后期的鉴定和出版资助,否则就很难如期完成。

另外,重点项目组稿之后,必须抓紧,抓而不紧,就难以落实规划任务。如1978年制定并由三家分工承担的十五个大作家新注本的计划,由于约定的整理者年老体弱或中途辞世,其中杜甫集的计划至今还未完成;白居易集的预约整理者辞世后,又改约他人的稿,直到2006年才出版。当然,有些选题是需要长期积累的,如袁行霈先生的《陶渊明集笺注》,就是打磨了20年才问世的精品。也有一些赶任务或自选项目的书,因各种原因,还没有达到预期的水平,恐难以列入新善本的书目,有待今后修订或更新。约稿时间的长短要视选题和整理者的具体情况而定,当然不可一概而论,但总是要抓。

这次全国古籍整理出版规划领导小组又制定了一个《2011—2020年国家古籍整理出版规划》,这是在继续以前历次规划并总结了过去经验以后的成果,令人深感鼓舞。试谈几点即兴的感想。

1.《规划》以十年为期,比以往五年为期的规划时间长了一倍,比1960年的八年规划、1982年的九年规划也丰富得多,因而容纳了一些重大项目,可以及早安排。有些选题需要长期积累,十年磨剑,精雕细刻,就有了充分的馀地。

2.《规划》是在已有多年成果的基础上制定的,含有某些拾遗补阙的意图。如中华书局的《中国古典文学基本丛书》列了38种选题，上海古籍出版社的《中国古典文学丛书》列了28种选题。这两套丛书已经出了不少好的和较好的书，现在再列入一批新的选题，大概意在配补缺项，在这一个十年内完成整套丛书的计划。

3.《规划》除了容纳了许多出版社申报的选题以外，还列入了一些领导小组提出的重大项目，如《古本戏曲丛刊》的六、七、八集和《中国总书目》等，意在用更多的力量来抓重点选题，体现了国家的主体意识和《规划》的系统性、导向性。特别值得注意的是十年规划内列入了由领导小组主持的特大项目《中国基本古籍数据库》。古籍数字化是当前急需的、大有前途的工程，但目前遇到了许多问题。我觉得有些问题不是个别出版社、个别企业所能解决的，需要国家来统筹安排。古籍数字化一要保证质量，二要保护知识产权。50亿字的数量恐怕太大，短期内难以完成，近期内可以启动试点，在十年内奠定基础。个人设想，是不是可以先选500到800种最常用的、经典性的古籍，与国家数字图书馆合作，由国家投资，请专业学者进行整理，或向已有精本的出版社收购版权，交给数字图书馆供读者廉价使用或免费使用。这样也许可以避免一些粗制滥造和侵犯著作权的问题了。

4.《规划》主要是根据各出版社申报的选题而制定的，包括了一些非专业的出版社，因此思路很宽，充分吸收了学术界、教育界、文化界的新成果，品类多，整理的方式也多。这就引起了我们的反思。以往我们出版社强调国家规划的导向性，往往命题征稿，而一时又找不到对口的整理者，有如上述十五个大作家新注本的难产；或者降格以求，仓促上马，又难以保证质量。这显然有它的局限性。1982年以后就逐步改变方式，就学者已有积累的成果组稿，确定选题，经出版社申报，再由小组评估后列入规划，这就扩展了选题，开发了稿源。近年来古籍出版的繁荣景象，正是这样造成的。但领导小组还是要承担协调、调控的任务,注意"优生优育",加强精品意识。在今后的工作中更要注意学术评价和市场评价的反馈,遴选并推荐重要著作的重要版本,以体现我们的努力方向。

（原载《古籍整理出版情况简报》2012 年 7、8 期;《光明日报》2012 年 8 月 14 日 13 版节录）

关于完成《古本戏曲丛刊》的建议

1954年，前文化部副部长、中国科学院文学研究所所长、国务院古籍整理出版规划小组文学组召集人郑振铎先生独力编印了一套《古本戏曲丛刊》，编到第四集，郑先生在因公出国途中不幸遇难殉职了。

此后，在国务院古籍整理出版规划小组组长齐燕铭同志的积极支持和指导下，1964年又由吴晓铃先生等专家学者组成的编刊委员会，续编了《古本戏曲丛刊》第九集。当时齐燕铭同志倡议先编第九集，是为了配合历史剧的改编工作。正在继续编纂第五集的时候，却遇上了"文革"的十年浩劫。这项工作就停顿了十九年。

1983年，国务院古籍整理出版规划小组第二任组长李一氓同志，又抓紧了《古本戏曲丛刊》的续编工作，召集研究人员和出版社、图书馆的负责人，商谈了多次。5月11日，他在中国社会科学院文学研究所主持的古本戏曲和古本小说的工作会议上讲话，说："为了纪念郑振铎先生，要继续完成《古本戏曲丛刊》，实现郑先生的愿望。先解决五、六、七、八集，1985年再议十集。这样才对得起郑先生，也对得起后代人。希望能看到全书。我承担了古籍规划，就负有责任。"

在李一氓同志的大力支持和督促下，1986 年终于由吴晓铃先生主编，上海古籍出版社印出了《古本戏曲丛刊》的第五集。李一氓同志写了一篇《谈〈古本戏曲丛刊〉的出版》，他提到了郑振铎，说："特别值得钦佩的是他以个人力量编印了《古本戏曲丛刊》四集，共约四百册。但是由于他因公殉职和十年浩劫，第五集以后就没有人继续编下去了……我做为接替郑先生管理古籍整理规划的职责和郑先生很亲密的一个朋友，现在可以放心了，可以算对得起他了……我更希望他们（指编者和出版者）继续密切合作，把第六、第七、第八集陆续编印出来。这不仅是中国戏剧界的大事，也是中国文化界的一件大事。我诚恳地希望各国家图书馆、大学图书馆和保有这类古籍的戏剧研究所和戏剧研究者，支持中国社会科学院文学研究所和上海古籍出版社的这一工作，提供资料，底于完成。"（1986 年 8 月 3 日《解放日报》）不幸的是，李一氓同志没有看到六、七、八集的编印，就与世长辞了。从此《古本戏曲丛刊》工作又停顿了 26 年了。

现在古籍出版，比上世纪 80 年代有利条件多了，有些困难不难克服。为了完成中国文化界的一件大事，为了纪念郑振铎先生，也为了纪念齐燕铭同志和李一氓同志，建议古籍整理出版规划领导小组能把《古本戏曲丛刊》的扫尾工作列入十年规划的重大项目，争取各有关方面的支持，继续努力，底于完成。

2012 年 5 月 17 日

（原载《古籍整理出版情况简报》2012 年 9 期，《古代文学前沿与评论》2018 年 1 辑；收录于中国社会科学院文学研究所编《箫韶九成——〈古本戏曲丛刊〉编纂纪程》，国家图书馆出版社 2021 年 7 月版）

我与《古本戏曲丛刊》的机缘

　　《古本戏曲丛刊》十集终于出齐了，这是重印古籍的一大工程。可喜可贺！

　　回忆1954年，《古本戏曲丛刊》刚出了第一集，我在北大图书馆看到了就十分高兴，以前看不到的书竟都能看到了。我家里曾有一套《世界文库》和一部《中国短篇小说集》第二集，是郑振铎先生编的，我知道他的名字早于知道鲁迅，可说我是读他的书长大的。后来我对俗文学的爱好就是从那时开始的。

　　那年暑假我读完大三就没有回家，留在校内看书，因为考虑到明年毕业离校后可能就看不到那些古籍了。假期内每天上图书馆阅览室看文学古籍，主要就是《古本戏曲丛刊》。还有一些善本的古代小说戏曲，那时阅览室的管理员，对我们爱读书的高班学生非常照顾，有些善本书也让我坐到柜台里边去看，不用老师开证明。我争分夺秒地浏览了两百种古本戏曲，有选择地做了一些笔记。秋季开学后又接着陆续看了一部分古代戏曲的书，因为文学史课上讲的古典小说都是我读过的，自学时间可以多用在戏曲方面。第二年毕业后分配到西安石油学校工作，果然看不到多少线装书了。我就凭在校时的笔记写出了一篇《读〈林冲宝剑记〉》，发表于

《光明日报》1956年3月18日的《文学遗产》专刊(笔名仲弘)。

　　1956年浦江清先生收取我为副博士研究生。我知道浦先生对古代戏曲深有研究,1957年初报到后交的第一篇读书报告,也是唯一的一次作业,就是关于几本古代戏曲作者的考证,实际上还是在校读本科时写的笔记。浦先生把它推荐给当时刚创办的《戏剧论丛》,后来以《几种古本戏曲的作者》为题,发表于《戏剧论丛》的1957年第4期的"学术通讯"栏。不幸的是,浦先生已于8月31日猝病辞世了,竟没有看到。我在文中对古本戏曲的目录有所商榷,提出了几个作者的疑问,首次考证了《蓝桥玉杵记》的作者云水道人不是杨之炯,而是《远山堂曲品》所著录的无名氏。这是为前辈业绩做的一点拾遗补缺,算不上什么书评。如今也早被戏曲学者认同了,但《中国古籍总目》里还照原目著录,没有更正。因此,我在2017年浦师逝世六十周年之际,请《文学遗产》网络版重发一次(已收入中华书局版《月无忘斋文选》),以表纪念。

　　1958年底,我提前分配到中华书局工作,办公室里书架上竟放着《古本戏曲丛刊》一至四集的全部毛样。原来是当年古籍整理出版规划小组成立后,实行分工,把商务印书馆的古籍出版业务全部转给中华书局,而《古本戏曲丛刊》本是商务印书馆代印的,也全部转交中华了。我到中华书局工作后曾通读了隋树森先生编的《全元散曲》和《元曲选外编》的清样,重温了一些有关戏曲的知识,有时就抽一份古本戏曲的毛样带回家细读。偶尔发现第三集里朱葵心《回春记》的自序,是一个残页,缺字很多,在付印时就删去了,不知印刷时是谁做的决定。第三集是由文学古籍刊行社代印的,不像前两集那样由商务印书馆代印时,张元济先生还亲自复阅过一部分毛样(详见齐浣心《1949—1959:张元济与古籍出版》及张元济书信集,相信《张元济全集》的书信卷里会有关于《古本戏曲丛刊》的资料,尚待发掘)。当时我觉得这篇序文虽已残缺,还有一定的文献价值,就抄了下来,一直保存着。现在把它附录在此,供没有机会上藏家查阅原书的读者参考。

　　(上缺)天子不倖于李贼,皆余前所云数项酿成此蚰蘖。为今之计,一曰清选举以收豪杰,二曰饬风俗以维人心,三曰去贪污以宁兆姓,四曰重文武以图安攘。四者行之,恢复中原,直反掌间耳。自恨孤臣无擎天捧日之权,仰答二祖列宗三百年养士之(中缺)调宫弄商作成(中缺)洒之楮间,敢博当事者赐乙夜之观,以(缺三字)疏可以之代痛哭,可会剧既成。偶西北白(缺二字)冉有洁衣冠而至者曰倪痴,谓尔眼光差似予,昵就尔饮。东南红云中有骑彩凤而至者,葛衣古巾,曰青藤道人,谓余有四声猿,与尔差似,昵就尔饮,觥筹交错,杯盘狼藉。予谓青藤道人曰:尔四声猿似骂世,予醒世,尔愤世,予救世,似为过之。青藤无以难,连浮之以大白者三。有三闾大夫,左挟云璈,右挟湘琴,谓予三人曰:尔等无自贡高,无自骄慢,无自吾我,特余个中人,为尔平章一番。众曰:唯唯。三闾曰:徐生戏笑怒骂,岂同梁父之清啸;朱生撮科打诨,聊同庄氏之卮言。十年前归诗蚕已看破了也。各相散而去。

　　时

　　崇祯十七年仲夏端阳后十日东海孤臣朱葵心洒泪书于望北居

文中有些字句有疑问,如三闾大夫“谓予三人”评论,前面也有“洁衣冠而至者曰倪痴”的话,但未见第三人出现。抄件可能有误认的地方,我试加的标点,也可能有疏失。希望藏家上海图书馆的同仁能提供书影,加以补正。中华书局所藏的毛样,在上世纪九十年代迁移到新址后就不知下落了。

　　最近从网络上得知张元济先生也曾过问了《古本戏曲丛刊》的出版，在他给影印工作专家丁英桂的信里谈到一些问题，值得重视。

　　在手边就有四集毛样的优越条件下，我继续阅读了几种古本戏曲，还写了几篇札记。特别是1960年历史剧的热潮，引起了我的兴趣。吴晗先生破门而出，编了《海瑞罢官》的新京剧，又编了一个《历史剧拟目》，交中华书局代印，号召大家编历史剧。古籍整理出版规划小组组长齐燕铭先生也决定提前编印《古本戏曲丛刊》第九集的宫廷大戏。为此1961年把文学研究所的周妙中女士调到中华书局，配合编委会工作，作为吴晓铃先生的助手，去各地查访戏曲版本。后来她写出了《江南访曲录要》的大文，为修订《古本戏曲丛刊》的拟目作了贡献。我也跟风而动，先后写了《试论古代历史剧》《再论古代历史剧》两篇论文（发表于《文学遗产增刊》第九、第十二集，中华书局版，1962、1963年），后来还造成了一些麻烦。但有人告诉我，张庚先生曾提到我的《再论古代历史剧》一文，表示赞许。我还写了一篇《现存古代文学家故事剧目》（见《古籍整理出版情况简报》1964年第1号），也得益于《古本戏曲丛刊》的资源。

　　周妙中女士是浦江清先生的第一个研究生，是我的大师姐。她调来中华书局后，有关戏曲方面的书稿，就由她负责了。我在重发了新版《太平广记》之后，则兴趣转向了文言小说，很少过问戏曲问题，但始终关注着《丛刊》的编印。直到1983年，李一氓先生抓了古籍整理出版规划，包括《古本戏曲丛刊》的续编工作，我也参与了讨论，但没有为中华书局争取《古本戏曲丛刊》而承担了《古本小说丛刊》的项目，这并非出于个人的偏好，而是另有某些原因。直到1986年第五集由吴晓铃先生编成出版之后，我已卸任副总编，不再干预中华书局图书馆的工作了，然而在几年之后，还是竭力建议图书馆主任赶紧去买进一部入藏，与前四集配套，因为那时琉璃厂中国书店只剩最后一部了，还是原价六百元，我自己又买不起。于此也可知我在各种会议上多次呼吁续编《古本戏曲丛刊》，还是由来已久的事。

《2011—2020 年国家古籍整理出版规划》公布后，国家图书馆出版社首先抓住了这个项目，自告奋勇，愿意承担。当时吴书荫先生正在参与国家图书馆的"再造善本"工作，他是张庚先生的高足，对明清戏曲的版本目录已有精深的研究，国图出版社殷梦霞女士首先咨询了他的意见，同时征求了我的意见。我提醒他们，《古本戏曲丛刊》是郑振铎先生首创的项目，必须和社科院文研所商议。继而又请我向规划小组写推荐书，我考虑到国家图书馆与各大图书馆关系密切，以后借书方便，而且影印书的经验相当丰富，就欣然同意了。我把自己收藏的上世纪中华书局油印的《古本戏曲丛刊》全部拟目提供他们参考，总算是重见天日了。

1981 年 9 月 17 日《中共中央关于整理我国古籍的指示》中有这样一句话："从事古籍整理的人，不但要知识基础好，而且要有兴趣。"李老就是知识基础特好而特有兴趣的人，又和郑振铎是老朋友，所以他一再抓了《古本戏曲丛刊》的续编工作。我只是一个少年时代读郑振铎著作长大的人，虽有兴趣而知识基础极其薄弱，能为《古本戏曲丛刊》续编加了一根稻草，实在是意外的机缘了。

2021 年 4 月

（原载中国社会科学院文学研究所编《箫韶九成——〈古本戏曲丛刊〉编纂纪程》，国家图书馆出版社 2021 年 7 月版；《中国社会科学报》2021 年 7 月 9 日 7 版节录）

不是电脑惹的祸

在新印古籍书里,经常发现有错用繁体字的现象,主要原因是排版时用简体输入,再转换成繁体,往往出错。就我手头记下的几个例子来说,如《瞿佑全集校注》(浙江古籍出版社 2010 年版)中连续出现了"有诗雲"(12 页)、"姑雲"(13 页)、"至今雲织女嫁牵牛"(14 页),这些"雲"字都应是"云"字之误。又如《元好问诗编年笺注》(中华书局 2011 年版)中的"了"字,竟改成了"瞭"。例如"朝攀暮折何时瞭"(4 页)、"几时却到承平瞭"(18 页)、"心声只要传心瞭"(53 页)、"长寝容未瞭"(96 页)、"清谈瞭送迎"(136 页)、"世事废兴无瞭期"(142 页)。注文里也是如此,所有的"了"字都转成了"瞭",真令人莫名其妙。其实"瞭"字很少用简体,连用简体字印的期刊《瞭望》也不作"了望"。又如《刘克庄集笺校》(中华书局 2011 年版)中的诗句"试为余求闢谷方"(215 页),"闢"应作"辟",意为避免,去除;"辟"又用作征召义,217 页《辞桂帅闢书作》及注文,289 页"苍头奉闢书"句,都不能作"闢"。又788 页"拮據自笑营巢拙","據"应作"据","据"是一个规范汉字,并非"據"的简体。"拮据"是一个词,出自《诗经·豳风·鸱鸮》:"予手拮据,予所捋荼。"本义是手疲劳而成病,后世则用作手头缺钱的雅语。这类字就决不可转成繁体。

更突出的是《水浒全传校注》的一例：

　　《大学》："若有一個臣。"《左传》："又弱一個马。"《吴
语》："一個负矢，百群皆奔。"《考工记》："庙门容大扃七個，闱
门容小扃叁個。"通作個，扬子《方言》："個，枚也。"《荀子·议
兵篇》："负矢五十個。"亦作個《仪礼·士虞》及《特牲馈食》
俱云："俎挥三個。"郑注云："今或名枚曰個者，音相近也。俗
言物数有云若干個者。"按：個属古字，经典皆用之，個起六国
时，個则用于汉末，郑康成犹谓俗言，唐人习用個字，如杜诗
"两個黄鹂鸣翠柳"，"樵音個個同"，今或反疑個为省笔，非
也。（河北教育出版社 2009 年版，引首第 55 页注［41］引翟灏
《通俗编·数目》为"個"字作注，原为繁体）

按《通俗编》的原文是：

　　《大学》："若有一个臣。"《左传》："又弱一个焉。"《吴
语》："一个负矢，百群皆奔。"《考工记》："庙门容大扃七个，闱
门容小扃叁个。"通作箇，扬子《方言》："箇，枚也。"《荀子·议
兵篇》："负矢五十箇。"亦作個。《仪礼·士虞》及《特牲馈
食》俱云："俎释三个。"郑注云："今或名枚为個者，音相近也。
俗言物数有云若干個者。"按：个属古字，经典皆用之。箇起六
国时，個则用于汉末，郑康成犹谓俗言。唐人习用箇字，如杜
诗"两箇黄鹂鸣翠柳"，"樵音箇箇同"，今或反疑个为省笔，
非也。

这是翟灏对"个"字演化过程所作的解释。《水浒全传校注》把
"个""個""箇"三个字都排成了"個"，又把"焉"字排成了"马"字，
"释"字排成了"挥"字，就使读者百思不得其解了。当然，这不仅
是简化字的问题，实际上还有异体字整理的问题。异体字的问题

更为复杂,这里暂不讨论①。

　　错用繁体字的现象,在传媒中屡见不鲜,尤其在新印的古籍里,更令人感到可忧和可悲。一部经过辛勤校勘的书,刚出版又要麻烦人再来校勘一遍,不是更可悲吗? 有人说都是电脑惹的祸。可是电脑是听人脑使唤的,能归罪于电脑吗?

　　当然,主要是责任者偷懒,没有认真校对原稿。而最根本的原因是当年制定简化字表的先生们没有考虑到还有使用繁体字的需要,认为汉字很快就可以拉丁化了,简化字也只是过渡性的工具,就用了同音替代的办法制定了一些新通假字(也不止是同音字)。用了几十年之后,才觉得拉丁化行不通,现在已经积重难返,再要恢复繁体字也很难了。

　　目前比较现实可行的办法还是补课,特别是编校工作者必须多认识一些常用的繁体字,记住哪几个字在转换时要注意辨别,在不同场合有不同用法。好在简繁转换时易于出错的字还不多,最常用的恐怕不到一百个。只要诚心学习,不难记住。鲍国强先生曾有《繁体电子书稿易错字举例》一文,载于《古籍整理出版情况简报》2005 年 1—4 期,包括了繁体字和异体字,极为详尽,可以参看。为了突出重点,减轻负担,我这里只从简化字表里选了八十来个常易错用的繁体字附表于后,加了一点极简略的注释,供大家参考,希望在实践中再作增减。

常见的繁体字:

纔[才]

　　人才、才子的才不可作"纔"。

---

①　笔者另有《古籍中常见异体字简表》(征求意见稿),载内部发行的《古籍出版工作手册》(讨论稿),希望见者批评指正。

厰[厂]

　　厂字原读作庵(ān)，义同，不可作"厰"。

衝[冲]

　　冲洗、冲龄不可作"衝"。

醜[丑]

　　地支之二的丑不可写成"醜"。

鬥(鬪、鬭)[斗]

　　鬥是战斗之斗的古体，升斗、北斗的斗，不可作"鬥"。

範[范]

　　姓范的范不可作"範"。

復、複[复]

　　復、複两字不同，复兴、光复用"復"，重复、复印用"複"，转换时需区别。

乾、幹[干]

　　乾、幹两字不同，干旱、干净用"乾"，干劲、干部用"幹"，需加区别。乾又读前(qián)，乾坤的乾，不可简化。

穀[谷]

　　穀只用作五穀，山谷的谷不可作"穀"。

後[后]

　　皇后的后不可作"後"。

鬍[胡]

　　鬍字只用在鬍鬚上，胡人、胡闹的胡不可作"鬍"。

迴[回]

　　回与迴在某些场合可通用，但不全同。章回、回家不可作"迴"。

薑[姜]

　　姜姓，孟姜女不可作"薑"。

藉[借]

藉只用于藉口、凭藉,借钱、借书不可作"藉"。

捲[卷]

捲只作动词。书卷、画卷不可作"捲"。

臘[腊]

腊(xī),意为干肉,不可作"臘"。

蠟[蜡]

蜡(zhà),是一种祭礼,不可作"蠟"。

纍[累]

纍是累的古体,劳累是晚起义,不可作"纍"。

裏[里]

公里、乡里不可作"裏"。

曚、濛、懞[蒙]

三个字用处不同。如承蒙、蒙受不可作"曚""濛""懞"。

麵[面]

脸面、面子不可作"麵"。

闢[辟]

复辟、召辟不可作"闢"。

僕[仆]

仆(pū)意为向前跌倒,不可作"僕"。

樸[朴]

朴用作姓,读作瓢(piáo),不可作"樸"。抱朴子习惯不作"樸"。

縴、纖[纤]

縴、纖两字不同,需区别。

麯[曲]

只有酒曲用"麯",曲折、戏曲都不可作"麯"。

捨［舍］
　　捨用作动词，宿舍、旅舍不可作"捨"。

瀋［沈］
　　沈用作姓不可作"瀋"。古代汉语中沈字又通作"沉"，需区别。

適［适］
　　适原读括(kuò)，古人名适的不少，不可作"適"。

術［术］
　　术原读竹(zhú)，草药名。苍术、术稷、金兀术不可作"術"。

鬆［松］
　　松树不可作"鬆"。

臺［台］
　　星名三台和敬称台启等不可作"臺"。

壇、罎［坛］
　　壇、罎两字不同，需区别。

係、繫［系］
　　係、繫两字不同，需区别。

鹹［咸］
　　咸丰、咸阳不可作"鹹"。

鬚［须］
　　鬚只用于鬍鬚，必须、须知不可作"鬚"。

葉［叶］
　　叶韵、和叶不可作"葉"。

餘［余］
　　余用为第一人称不可作"餘"。多余的余可简化偏旁作"馀"，简
　　化字表已加注说明。

禦［御］

禦只用于防禦,御用、御使不可作"禦"。

籲[吁]

　　长吁短叹的吁读虚(xū),不可作"籲"。

鬱[郁]

　　郁郁和郁姓不可作"鬱"。

臟、髒[脏]

　　臟、髒两字不同,需区别。

摺[折]

　　摺用于奏摺、存摺。折断、折扣不可作"摺"。

徵[征]

　　徵一读作止(zhǐ),宫商角徵羽五音之一,不可简化。

隻、衹[只]

　　隻、衹两字不同,需区别。注意:衹与祗又非一字。

鐘、鍾[钟]

　　钟、锺两字不同,需区别。如人名钱锺书就不宜简化。

種[种]

　　种原读崇(chóng),姓,如《水浒传》里说的延安府老种经略使种
　　师道,不可作"種"。

黨[党]

　　党项是民族专名,亦为姓,不可作"黨"。

發、髮[发]

　　發、髮两字不同,头发不可作"發"。

豐[丰]

　　古代豐与丰音义不同,丰采、丰姿不可作"豐"。

幾[几]

　　茶几不可作"幾"。

盡、儘［尽］

　　盡、儘有时可通用，但有区别。尽善尽美、鞠躬尽瘁不可作"儘"。

曆、歷［历］

　　曆、歷两字不同，需区别。

寧［宁］

　　宁原读注(zhù)，积宁、廷宁不可作"寧"。

雲［云］

　　云多用于言说，不可作"雲"。

较少用的字：

錶［表］

　　表字并非简化字，"錶"字只用在钟表、手表的场合，发表、表格不可作"錶"。

葡［卜］

　　葡字只用作萝葡的"葡"，"卜"字是规范的汉字，不可把占卜、姓氏的卜写成"葡"。

齣［出］

　　齣字只用在戏曲的场次，出入的出不可作"齣"。

鼕［冬］

　　鼕只用作鼓声，冬季的冬不可作"鼕"。

閤［合］

　　閤字很少用，且读作阁(gé)，一般合字不可作"閤"。

傢［家］

　　傢只用于"傢伙""傢俱"，实非家字繁体。家庭、国家不可作"傢"。

據［据］

　　拮据的"据"不是简体，不可作"據"。

誇[夸]

　　夸父逐日不可作"誇"。

瞭[了]

　　瞭只用于瞭望。了结、完了不可作"瞭"。

韆[千]

　　只有鞦韆简化为秋千,极少用。其他地方千字不可作"韆"。

鞦[秋]

　　鞦只用于鞦韆,已见韆字。春秋不可作"鞦"。

塗[涂]

　　水名不可作"塗"。

嚮[向]

　　向即嚮的古字,一般不必用"嚮"。

廣[广]

　　广原读严(yán),小屋。很少用,需区别。

無[无]

　　无与無古籍中通用,《易经》中都用"无",不一定都作"無",需选择。

附两个需注意的异体字:

閒[闲]

　　閒、閑(闲)本不同义,古代汉语中閒常通作"間",需区别。一般
　　说繁体用"閒"为好,作"间"与否可随机确定。

讎[仇]

　　两字用法不同,仇恨、仇敌不可作"讎"。校讎不可作"仇",简体
　　可简化偏旁作"雠"。

　　(原载《古籍整理情况简报》2013 年 4 期)

《古籍整理释例》序

"古籍整理"好像是个新名词。古人对古籍的加工,一般称为"校雠",或称作"校辑""纂修"等等。"五四"时期,胡适在提倡文学革命之后,又提出了"整理国故"的倡议。"国故"当然就包括了古籍,但当时只有少数人投入了这项工作。我们的前辈张元济先生做了许多工作,但主要力量还是放在影印古本、珍本这方面。新中国建立之后,1958 年,在郑振铎、齐燕铭等前辈的倡议下,成立了直属于国务院的古籍整理出版规划小组,制定了"整理和出版古籍计划"的草案。从此"古籍整理"才成为文化界、出版界通用的关键词了。

就在古籍整理出版规划小组的推动下,1959 年北京大学中文系设立了古典文献专业,培养了一批古籍整理的专门人才,也就初步建立了一个古籍整理的新兴学科。许逸民同志就是从这个古典文献专业出身的一位优秀人才。他在校时受到过许多名师的教导,具备较广博的古典文献知识,是科班出身的新生力量。到中华书局工作以后,安心做古籍出版的编辑工作,又在业馀时间专心做古籍整理的项目,在工作实践中精心积累经验,他是一个决心献身于古籍整理的有心人。在文学编辑室主任的岗位上做出了优异成绩后,调任为古籍整理出版规划小组办公室主任,退休后又返聘参与"点校本'二十四史'及《清史稿》修订工程"的组织和审订工作。他在工作中积累的实践经验,又有了一个充分发挥的用武之地。

这本《古籍整理释例》就是他多年来从事古籍整理出版工作的经验总结和理论概括,对当前的古籍整理工作有很切实的指导意义。读了之后,我觉得这本书有那么几点是值得称道的:

第一是"全"。他对今天的古籍整理工作,历举了标点、校勘、注释、今译、辑佚、索引、影印等七项,详加释例,再加上《古籍整理学术语解释》等知识性的讲解和有关"修订工程"的针对性的建议,差不多已经对当前古籍整理出版工作的各种问题都作了明确的解答。这里既总结了中华书局多年工作的集体经验,也包含着他许多卓越的个人见解,是一次从实践向理论的提升。

第二是"细"。书中对各项各条分别举例解释,由于古籍的性质和文体、文风是多种多样的,问题各不相同,必需多举实例,才能解决问题。作者举出了大量的例子,都是他在工作中积累的。然后再分门别类,逐条分析,面面俱到,显然出于他认真的思考和精细的辨别。古籍整理首先是实践的问题,归纳起来的原则只有那么几条。所以必需多举例子,加以细化,对具体问题进行具体的分析。

第三是"新"。古籍整理如果从孔子删《诗》、序《书传》算起,已有两千五百多年的历史,清代乾嘉学者更作出了许多杰出的成果。但我们今天面临的任务,则有许多新的课题。如古籍的标点,是近九十年来才有的新事物。从 1919 年民国政府的教育部颁布胡适等人提出的新式标点符号,到 1996 年 6 月 1 日起实施由中华人民共和国国家技术监督局发布的国家标准《标点符号用法》,经过了不少改进。古籍为使用新式标点,也经过了不断的试验,归纳了一些特定的通则。但古人的文字,本来没有和标点相应的习惯,因此标点至今还是古籍整理工作中的一道难题。至于今译和索引,则是古籍整理中的一种新的辅助方法。本书对这些方法都作了细致的讨论,包括新兴的制作古籍数据库的问题,也提出了自己的设想。于此可见作者在古籍整理方法上正注力于守正出新,与时俱进,探索继续发展的道路。

逸民同志和我共事多年,在古籍整理出版工作中经常一起讨论,交换意见。我也曾有志于总结一些古籍整理工作的经验教训,也曾写过一些有关的文件和讲稿,但我不像他那么专心致志,没有他那种锲而不舍的精神,只能半途而废了。读了本书,衷心高兴,对他的成就不胜钦佩,真有一种小巫见了大巫的感觉。蒙他不弃,把我草拟的《古籍校勘释例》一节附入书中,使我感到十分有幸和十二分有愧。其实这一节是中华书局总编室在赵守俨先生主持下,经好几位同仁讨论后,委托我执笔写定的。在 1991 年第 4 期的《书品》上发表后,又有所补充,其中就有逸民同志所提供的例子,在此应予说明。正因为我们有多年合作的关系,所以我不敢推辞逸民同志的嘱托,为本书写一篇导读性的引言,供读者参考。我的体会非常粗浅,只是初步阅读的感悟,不一定全面,相信读者自能从本书中得到更多的收获和启发,作出自己的评价。

2011 年 8 月

(收入许逸民著《古籍整理释例》,中华书局 2011 年 10 月版;亦载《书品》2011 年 6 期)

关于古籍数字化需要加强
统筹工作的建议

数字化的出版是当前文化建设的发展方向,而古籍的数字化更是保护、传播优秀传统文化的一个重大课题。现在不少单位在从事古籍数字化的工作,但进度缓慢,质量参差不齐,有些问题还没有一致的看法。十年之前就有人提出,古籍数字化存在许多问题,包括技术问题(如缺字的瓶颈)、人才问题(缺乏古籍整理的专业人才)、统筹问题(没有专业的机构)、标准问题(有无统一的数据格式)、经费问题等(据陈阳《中文古籍数字化的成果与存在问题》,《出版科学》2003 年 4 期)。目前这些问题还没有完全解决。我觉得首先是要有一个统筹的专业机构。全国古籍整理出版规划领导小组已在十年出版规划中列入了《中国基本古籍数据库》的选题,并已由中华书局在开始操作。但数据库容量很大,恐怕不是一个出版社所能承担的任务。这个数据库应该是收书很多、质量很高的一大项目,需要动员学术界、科技界、出版界和图书馆等各方面的力量来共同完成。一旦完成,就可能取代目前各自为政的许多数据库或电子书,将是大大超过《四库全书》的一项世纪工程。我们可以参照一下台湾"中央研究院"统筹的"古籍全文资料库",组织了许多学术机构,分工合作,从1995年开始,到1997年,上线的已超过一亿一千多万字。我们制定的《中国基本古籍数据库》,预计50亿字。如按一部书百万字计,将收五千部书。今后七年内任务非常艰巨,而面临的问题是:

一、选书的规划,需要讨论。如何根据轻重缓急分批进行,不可能毕其功于一役,也不能旷日持久地零敲碎打。这就需要有关部门来统筹安排。

二、底本的选择,理论上应该用目前最好的整理本。如2013年新闻出版广电总局和全国古籍整理出版规划领导小组公布的优秀古籍整理图书应该是首选的版本,但如何取得著作权,问题很多,还需充分的协商和投入。似有必要通过立法来进行保护和解决。建议今后国家资助古籍整理项目的协议要确认其著作权可由国家分享,可推荐入基本数据库(收入分配另议)。

三、对于学术界、图书馆界和企业界已有的古籍数字化成果能不能整合?如何整合,要有统一的标准。目前各单位各自为政,各有自己的数据库,有的选目重复,在人力物力上造成浪费。在目前的条件下,建议国家对古籍点校本的数字化只需资助一个最好的版本,一般不再资助复本,新注本和珍本书图像版除外。

四、对古籍数据库的学术质量和科技质量应有较高的要求,需要广泛听取各方面的意见。对已有成果要及时、公正地进行评估。建议有关部门对已有的古籍数据库、数字书组织一些评审。(我曾举《中国历代笔记》U盘为例写了《古籍数字化须以古籍整理为基础》一文,发表于《光明日报》2013年4月30日,引起不同意见,很愿意听到专家学者的批评。)

　　希望全国古籍整理出版规划领导小组和高校古籍工作委员会牵头,来担当这一有关建设文化强国的历史任务。

2014 年 2 月 8 日

珍本古籍还要分析对待

　　珍本古籍是重要文物，但不一定是精本，也可能有错误，这是前人早已说过的了。例如南宋临安尹家书籍铺刻本《续幽怪录》是唐代小说集惟一的宋刻本，历来受到藏书家的重视。翻刻的有《琳琅秘室丛书》本和《随庵丛书》本，影印的有《续古逸丛书》本、《四部丛刊续编》本、《中华再造善本》本，可见其影响之大。南宋刻本有一篇《辛公平上仙》是惟一《太平广记》未收的佚文，是影射唐顺宗被害宫廷政变的揭秘小说，具有特殊的文献史料价值。我们在整理《续玄怪录》时自然应该用它作底本，然而用明代高承埏刻《稽古堂新镌群书秘简》本《玄怪录》和陈应翔刻《幽怪录》所附的两卷《续玄怪录》校勘后，发现不同版本的异文很多，而明刻本的文字往往优于宋本，似乎更接近于原著。例如卷1《辛公平上仙》篇名就不通，"上仙"的应该是那个升天的皇帝，不是辛公平，高刻本和《逸史搜奇》所收选篇就没有"上仙"二字。再看正文，如：

　　　　辛、成之来也，乃遂步客于他床。（卷1页五上）

"遂步客"读不通，明刻高本和陈本"遂"作"逐"，就读通了。又如：

　　　　人皆自天生万物，唯我最灵。（页五下）

"自",高本、陈本作"曰"。

　　　　二君固明智之者,识臻何为者?（页六上）

前一"者",高本作"士"。

　　　　臻曰:"此行乃人世不测者也,幸君能一观。"成公曰:"何
　　独弃我?"（页六下）

"幸",高本、陈本作"辛"。

　　　　转所间,一旗甲马立于其前,王臻者乘且牵,呼臻速登。
　　（页七上）

"所"高本、陈本作"盼";第二个"臻"字,高本、陈本作"辛"。

　　　　既乘,观焉前后,戈甲塞路。（页七上）

"焉",高本、陈本作"马"。

　　　　将军者丈馀,貌甚伟。（页七上）

"者",高本作"长"。

　　上举这些异文,都是宋本不通而明本通顺,我已据以改正。例
证很多,详见《玄怪录　续玄怪录》的中华书局 2006 年 8 月第 1
版。宋本有误,明本却不误,会不会是后人臆改的呢? 这种可能性
是存在的,但不是很大,好在我凡改字都出校记,以后如发现反证,
还可以回改。可惜明刻的高本、陈本《续玄怪录》只有两卷残本,
不然就不必以宋本为底本。如以高本为底本,宋本的大部分明显
的错字,就可以不必出校了。

　　我举此书为例,想说明古籍整理要实事求是地选择底本和校
本,不要迷信珍本、古本,还要分析对待。但改字一定要出校记,以
免"书坏于校",重蹈前人的覆辙。

　　顺便再谈一下古籍的影印问题。影印古籍最好是用文献价值
和文物价值双高的版本,但往往不可兼得,一般还是要偏重其文献
价值。但即使最好的版本也会有错字,所以古籍整理需要校勘。

如上世纪 30 年代影印的《百衲本二十四史》，都选用了珍本、古本，又特地组织班子进行了详细的校勘，写成了篇幅很大的校勘记。当时没有把校勘记一起印出来，只选择一部分重要的成果对底本作了描改。这在当时是一项大胆的创举，但还没有来得及总结古籍整理的实践经验。影印古籍而在书上描改，既埋没了底本的文物价值，又难免出现"千虑一失"的错误。因此这种做法是不宜推广的。其实稍后张元济先生已经采取了两全其美的办法，在影印《四部丛刊续编》时，就不在书上描改，而把校勘记排印在书后了，如《南唐书》《宋之问集》《朱庆馀诗集》等书。这是对影印书进行加工整理的好办法。但至今有人仍沿袭已经过时的做法，爱在影印书上加工描改，结果是好心办了蠢事，对读者造成了误导。例如文学古籍刊行社 1955 年影印的《清平山堂话本》，就描改出不少错字，直到影印《续修四库全书》时还沿用了这种做法。原书有些墨丁和模糊的字，也加以描改或臆补，如《风月相思》四页（原书有错简）下五行，"于后花园裡风亭上观赏荷花"，按熊龙峰刻本"裡"字原为"迎"字，今因底本模糊而描成了"裡"字；《阴骘积善》二页上末行，"昨夕乃是一客商"，"客"原是墨丁，今为臆补，按《拍案惊奇》应作"巨"字；《五戒禅师私红莲记》二页上一行，"二人同升法座讲说佛经"，"经"字原为墨丁，今臆补为"经"字，按《古今小说》作"教"，《绣谷春容》作"法"，都是臆补；《刎颈鸳鸯会》十页下一行，"酒泛菖蒲，糖浇鱼黍"，"鱼"字原为"角"字，按《警世通言》作"角"不误，今因底本残损而误改为"鱼"，就不通了。这些描补既篡改了底本的原貌，又不一定正确。又如《续修四库全书》本的《醒世恒言》，第十三卷十九页下，原文作"只见蓝布上有一条白纸条儿，便伸两个指头进去一扯"，可能是底本文字有些模糊，竟把"便"字描改成了"價"字，就令人莫名其妙。最近新闻出版广电总局正在制定《古籍整理出版规范》，一定要把影印书不加描改这一条明确定为法则，才能避免误入歧途。影印古籍如有必要进行校勘，可以把校记加印在书后，那就两全其美了。

（原载《古籍整理出版情况简报》2014 年 12 期）

千万不要在书上描改

——谈古籍的影印

影印是传播古籍、保护古籍、整理古籍的重要手段。尤其是孤本、珍本，作为珍贵文物，必须得到妥善的保护；而作为文献资料，又应该加以充分的利用。如果要兼顾保护和利用两方面的需要，最好的办法就是影印。清代版本学和校勘学家顾广圻在《艺芸书舍宋元本书目序》中就曾提出："然则为宋元本计当奈何？曰：举断不可少之书覆而墨之，勿失其真，是缩今日为宋元也，是缓千百年为今日也。幸其间更生同志焉，而所谓宋元本者，或得以相寻而无穷，计无过于此者矣。"今天印刷技术的新发展，更为复制古籍提供了有利条件。

上世纪 50 年代以来，我们就开始了有计划的古籍影印工作。最著名的是郑振择先生主编的《古本戏曲丛刊》，从 1954 年到 1958 年，就出版了四集，缩印线装，共 480 册。这是由专家学者策划的专题古籍丛书，影响很大。接着文学古籍刊行社（即人民文学出版社的分社）影印了一批比较罕见或文献价值较高的古籍，如宋版的《诗集传》《乐府诗集》《白氏长庆集》等，继而商务印书馆影印了《弘治本西厢记》和宋本《杜工部集》；1957 年古典文学出版社影

印了《古本董解元西厢记》。1958 年中华书局影印了《全上古三代
秦汉三国六朝文》,这是注重实用价值的资料性总集,并非珍本古
本,但在书上加了断句和校语,就成为一个便于使用的新版了;
1959 年影印了残存 730 卷的《永乐大典》,朱墨套印,线装 202 册,
那就属于特别珍贵的重印古籍了。中华书局上海编辑所也影印了
宋版的《艺文类聚》等书。这一时期的影印书不少,为学术研究提
供了许多宝贵的文献资料。直到 1966 年中华书局印出了宋版残
卷和明版配合的《文苑英华》,却因"文化大革命"的干扰而压了十
年之后才公开发行。

　　改革开放以后,各地纷纷建立了古籍出版社,包括一些非专业
的出版社,也积极参加了古籍影印的工作。最专业的要数国家图
书馆出版社(原书目文献出版社),自 1979 年建立以来,已影印出
版了两万四千馀种历史文献,成为影印书的大户,其中如《中华再
造善本》《国家图书馆藏敦煌遗书》《原国立北平图书馆甲库善本
丛书》等,都是大型的珍贵文献丛刊。最近,又主动承担了续印
《古本戏曲丛刊》的任务,正好能发挥他们的独到的优势。

　　这些书的公开问世,确是嘉惠学林,功垂后代。对于古籍整理
工作者来说,提供了许多重要的底本和校本,也就大大提高了古籍
整理的水平,也大大提高了古籍整理的效率。以前我们要用古本
书来做校勘,上一次图书馆要花费许多时间,还只能用铅笔抄录,
回来后再用毛笔或钢笔重写一遍。外地的读者要来北京看善本
书,更是所费不赀。更重要的是时间,耗费的就是人的生命啊。加
以在阅览室内看书时间匆促,偶有疏忽,错了漏了一个字,或者发
生了疑问,是不是再上图书馆麻烦一次管理员呢? 我就常常为此
而困惑、犹豫。凡是我们整理古籍的同行者,差不多都有过这样的
经历。现在一大批善本书已有了影印本,就方便多了。如点校本

"二十四史"暨《清史稿》的修订工作,质量的提高一半就是靠着许多影印的善本史籍才有保证的。近年还有更多的出版社影印了域外所藏的中国古籍,又扩展了古籍整理的资源。

另一类是专题的文献资料丛书,选题更多,实用性更强。如《古本小说集成》《国家图书馆藏〈西厢记〉善本丛刊》《三国志演义丛刊》之类,为专业工作者提供了很大方便。至于一些近代历史文献的专题丛刊,其现实意义就更强了。

当然,目前影印书的利用,还有它的局限。不少读者在赞叹之馀,也提出了一些新的期望。

一是影印书大多是大型丛书,不少还是综合性的。收书很多,可以满足各学科读者的需要。但一般专业读者只利用其中某一专题的资料,因此希望更多注重编印专题性的文献,更切于实用。不少读者希望能买到单行本。在丛书中抽印单行本,可以采取预约优惠的方式少量加印。影印书除了供应公共图书馆的收藏之外,也要尽可能满足广大学者个人的需求。再说,豪华的仿真本成本太高,印数自然也不会多,在有些图书馆里还是作为新善本保藏,利用率也不高。许多专业的学者希望某些古籍能多印些单行本和简装本,以利更多的读者。

二是开本太大。整套丛书一般学者不仅买不起,就是有钱买也没有地方可放,连中小图书馆也买不起、藏不下。像中华书局的图书馆,虽然买了一套《中华再造善本》,至今还没有上架呢。因此有些读者提出了缩印本的建议。如上海古籍出版社编印的《四库全书》缩印本,就成了价廉物美的普及版。当然,缩印也要保证字迹清楚,四比一还是一比一,可根据原书版面的大小而定。按现在的技术条件,少量添印的成本已经不是太高,加印缩印本、抽印本都要有计划,可以在预约征订后再加印。以前商务印书馆的《四部丛刊》、中华书局的《四部备要》等丛书,也是预约征订后再重印的。除少数珍本确需印原大仿真本,一般的古籍在保证清晰可读的前提下可以缩印。其实在分色复制方面,图版纸的效果比宣纸更好,但纸的寿命却不及宣纸。精装本的分册不宜太厚,不要厚得翻不开,打开了还要用镇纸压住了才能读,那就不便使用了。

三是影印书希望尽可能地多做些加工。在选书上从严从精,保真保全,写好提要或前言,说清楚每一本书的特点、优点和可能存在的缺点。资料性的古籍一定要编好索引。某些书有残缺或模糊的地方,尽可能作些配补和校订的工作。例如《原国立北平图书馆甲库善本丛书》里的某些书,胶卷已有损坏或缺失的叶子,不妨用同一版本或其它版本来配补,最好是把配补的叶子附在每卷之后,加以说明,便于对照。必要时也可附加校勘记,就像《四部丛刊续编》里的一部分书,在影印本的后面附有排印的校勘记。这是一种兼存异本、两全其美的做法。还有一种做法,就是在某些实用性较强的文献资料书上,对一些明显的错字写出校记,用铅字印了贴在天头上一起影印,还可以加上断句,如中华书局版的《全上古三代秦汉三国六朝文》。这就是一种简要的整理本了。当然,影印书的读者对象主要是专业学者,一般说都能直接阅览白文本的。(如果为了作进一步研究,还需要深度加工的点校本。但点校本的完成一时还不会很多,有的书还不必要做深度加工。)读者在使用影印本时,有一些辅助功能就更好了。

这里特别要提出,影印书千万不要在书上描改。影印古籍而加以描改,往往是好心而干了蠢事。这种败笔在古本小说里更为突出,如影印本《三国志平话》描改的失真,《清平山堂话本》描改的谬误,已有好多人指出了。最近看到黄霖先生《关于〈金瓶梅〉词话本的几个问题》一文,指出1933年"古佚小说刊行会"影印的

《金瓶梅词话》"却未恪守忠于原著的影印原则",曾刊落了近三分之二的批语;而台湾联经出版事业公司重印的原大本《金瓶梅词话》,不仅又妄加描改,而且还号称是"比对'故宫博物院'珍藏的万历丁巳本,整理后影印",实际上是谎言欺人。这真是出版界的"奇迹"秘闻。我们一定要引以为戒!

四是期望能加强影印和数字化的结合,除大容量的数据库,还能提供小容量的光盘和 U 盘,为更多的读者服务。

这只是一个读者对出版者提出的一点不无奢望的期望,我们更能理解出版者面临的难处和压力,但愿古籍影印的条件能越来越好。

(原载《博览群书》2015 年 10 期)

翻书偶记

一

近日为了查对一些引文,翻看了几种宋人笔记。偶而发现一些疑问,随手记下,并作了一点校核。

叶寘《爱日斋丛钞》卷 5"上梁文"条:

> 予记《吕氏春秋》曰:"今举大木者,前呼与謣,后亦应之。"高诱注为举重劝力之歌声也。"与謣",注或作"邪謣"。《淮南子》曰:邪、许、岂、伟,亦古者举木隐和之音。(中华书局 2010 年 1 版 115 页)

最后一句引《淮南子》的话,没加引号,怎么会有"邪、许、岂、伟"四个字的句子? 根据"邪謣"两字的线索,从《中华经典古籍库》检索到:《淮南子》卷 12《道应训》说:"今夫举大木者,前呼邪许,后亦应之。"才明白原来叶寘只引了《淮南子》"邪许"两个字,下面"岂伟亦古者举木隐和之音"是他自己的话,他是引以解释上梁文"儿郎伟"的"伟"字的。点校者没查到《淮南子》的原文,所以没加引号,但加上顿号,却是误解了。

另一本《过庭录》中有一条,标题为《无名子题扇画诗》:

　　无名子从学鲁直，未几文大进。尝题扇上画小儿迷藏诗云："谁剪轻纨织巧丝，春深庭院作儿嬉。路郎有意嘲轻脱，只有迷藏不入诗。"盖得延小儿不及迷藏也。(《墨庄漫录　过庭录　可书》合印本，中华书局 2002 年版 353 页)

末句很费解，"得延小儿"如何理解呢？用《四库全书》本校一下，原来此下《稗海》本脱了一个"诗"字。然而还是费解，"得延"又怎么讲呢？再用数据库检索一下，查到《小儿诗》是唐人路德延的作品，见《太平广记》卷 175、《唐诗纪事》卷 63、《全唐诗》卷 719、《五代诗话》卷 2。据说他的《小儿诗》(《太平广记》卷 175《路德延》条引作《孩儿诗》)是讽刺河中节度使朱友谦的，他也由此而被杀害。这首《小儿迷藏》诗里已明说"路郎有意嘲轻脱"，当然就是指路德延的《小儿诗》了。《过庭录》里"德"字讹为"得"，又没有写出他的姓"路"，应该是脱了一字。《稗海》本又脱了一个"诗"字，就更无法读通。宛委山堂本《说郛》卷 14 下引《过庭录》也有"诗"字，而且"得延"上还有一个"路"字。因此在校勘时就需要用对校法和他校法综合整理。点校者以《稗海》本作底本，也用了《四库全书》本作校，但不慎漏校了一个"诗"字，就造成了疑案。《稗海》本和《四库全书》本的《过庭录》都有一些疑误，有待深入研究，有的问题恐怕还不是对校所能解决的。

　　这两本书都是孔凡礼先生点校的。他对古籍整理一向非常认真，但是晚年多病，编者为了转移他的心情郁闷，交给他不少点校任务，反而给他加了许多负担，实在是有些不近人情。书稿中出了一些失误，也是可以理解的。问题还是编者过于大意，不善于置疑。现在孔先生已经辞世，不能再作修订了。为了避免读者的困惑，我还是要提出来替他作一点勘误。宋人笔记很难标点，内容复杂，比正史还难整理。可能还有一些其他问题，只能希望今后再版时能全面审订一下。发现疑问,就要多查多思考。

现在有了不少数字化的古籍,我们使用起来比前人方便多了,有些问题查查数据库就能解决。因此我一再呼吁,要在保证质量的前提下多出数字化的古籍。

(原载《古籍整理出版情况简报》2016 年 9 期)

二

因为我准备校注《宣和遗事》,查阅了《宋史·杨戬传》,其中有一段话:

> 有胥吏杜公才者献策于戬,立法索民田契,自甲之乙,乙之丙,展转究寻,至无可证,则度地所出,增立赋租。始于汝州,浸淫于京东西、淮西北,括废堤、弃堰、荒山、退滩及大河淤流之处,皆勒民主佃。额一定后,虽冲荡回复不可减,号为"西城所"。築山泺古钜野泽,绵亘数百里,济、郓数州,赖其蒲鱼之利,立租算船纳直,犯者盗执之。

觉得有些疑问,"築山泺"三字旁加了专名号,令人费解。按明初人陈桱《通鉴续编》卷 12,宣和三年九月,在"诏宦者李彦括民田于京东西路"条下,其目文与《杨戬传》相同,在这里作:"梁山泺,古钜野泽,绵亘数百里,济、郓数州,赖其蒲鱼之利,亦立租算船纳直,犯者盗执之。"比较合理可信。梁山泺,即《水浒传》里的梁山泊。顾祖禹《读史方舆纪要》卷 33 东平州条:"梁山,州西南五十里,接寿张县界。……山周二十馀里,上有虎头崖,下有黑风洞,山南即古大野泽。……宋政和中盗宋江等保据于此,其下即梁山泊也。"可见"築"字当为"梁"字的形讹,点校本《宋史》没有出校,可见各个版本都如此,似可据《通鉴续编》校正。

又查了童贯的生平，看到陈东上钦宗皇帝书，指斥童贯的罪状说："贯本与京结为表里，因京借助，遂握兵权，至为太师，进封王爵。左右指使，官至承宣，阍卒庖人，防团是任。自古宦官之盛，未有其比。"（据《全宋文》断句）意为童贯提拔亲信，植党营私，左右的党羽都成了承宣使那样的大官，门丁厨师都任为防御使、团练使那样的要职。可是《续资治通鉴长编拾补》卷51引文却标点作："贯因京助，遂握兵权，至为太师，封王左右。指使官至承宣，阍卒庖人，防团是任，自古宦官之盛未有其比。"（中华书局版）把"左右"两字连在"封王"之下，还加了句号，那就无法理解了。

出于同样的目的，查阅了新编《宋人轶事汇编》里的徽宗故事，看到元佚名《东南纪闻》卷2的一条轶事（上海古籍出版社，2015年，140页），与小说《俞仲举题诗遇上皇》很有关系，因全录原文如下：

> 徽宗微行，遇一贫儒，李其姓，自号落魄子。问其生庚，则与徽宗年、月、日、时一同。上因怜之，问以当途官况好恶，李对曰："蜀最好。"上曰："吾与蜀帅有故，当作书使周汝。"李辞以囊乏，上又资之，以扉屦及书赠之。李固不识其为徽宗也，于是投书，剥封则敕札令其交代本职，帅遂办公，用迎人礼上李。交事后越两日，中风死。上闻之，遂以其命付太史局推算贵贱。史云："生于重屋者为帝，生于茅檐者为庶人。"

其中"帅遂办公，用迎人礼上李"句，觉得不大通顺，恐怕断句有误。因为"礼上"一词应为当时新官上任时的一种仪式。我在为《清平山堂话本·贬霸王》"选择吉日礼上"句作注时，曾引了《新编分门古今类事》《前汉书平话》《李元吴江救朱蛇》的书证，都是小说里的话语。现在再检索一些宋代的文献，补作笺证，庶几能符合"例不十，法不立"的训诂学法则。因为《汉语大词典》没有收这一词条，还得多举一些旁证。

1. 钱易《南部新书》丙集："李珏为河南尹，上之日，命工曹示之曰：'先拜恩，后上事。'今礼上之仪，谢恩之后，更拜厅，误也。"

2. 苏颂《杭州谢上表》："臣某言：昨奉敕差知杭州军州事充两浙西路兵马钤辖，已于四月初四日到任礼上讫者。"（《苏魏公文集》卷38）

3. 欧阳修《与王懿恪公书一》："某启：日思奉问。别后人事，益多端倪，但见邸报，知已礼上。"（《欧阳修集编年笺注》卷147）

4. 叶梦得《石林避暑录话》卷2："玉堂本以待乘舆行幸，非学士所得常居，惟礼上之日，得略坐其东，受院吏参谒而已。"（《宋人小说》本）

5. 夏竦《洪州到任谢上表》："臣某言：伏奉敕命，就差知洪州军州事，已于今月十三日到任礼上讫者。"（《全宋文》卷338）

6. 范仲淹《饶州谢上表》："臣某言：昨奉敕命，落天章阁待制，守本官差知饶州，已到任礼上讫。"（《全宋文》卷369）

7. 张师正《括异志》卷2《刘密学》："曰：'潭州刘密学，授南岳北门侍郎，明日礼上。'是夜复有内臣江供奉者来岳庙烧香，宿庙下，梦供帐纷纭，言新官礼上。洎见，乃刘密学也。"

看来，上引这句话应断作："帅遂办公用迎人礼上。李交事后越两日，中风死。"

当年我费了许多时间，才找出几条书证。现在有了一些数字化的古籍就方便多了，一按电脑就可以找到一大堆书证，并不是我的知识有所长进了。对于那两种原书的整理者来说，当然只是万虑一失而已。

　　我要说的是，希望广大的古籍工作者，多多关注和支持古籍数字化的工作，多为古籍数字化提供资源。

（原载《古籍整理出版情况简报》2019 年 8 期）

三

　　《资治通鉴》卷8《秦纪三》有一段话：

　　　　及二世所使案三川守由者至，则楚兵已击杀之。使者来，会丞相下吏，高皆妄为反辞以相傅会，傅，读曰附；凡傅会之傅皆同音。遂具斯五刑论，班志：秦法：当三族者，皆先黥、劓、斩左右止，笞杀之，枭其首，菹其骨肉于市；其诽谤、詈诅者，又先断舌：谓之具五刑。腰斩咸阳市。（中华书局 1956 年 1 版，1995 年第 9 次印刷，279 页）

　　《史记》卷87《李斯传》："二世二年七月，具斯五刑，论腰斩咸阳市。"（中华书局 1982 年 2 版，2562 页，注：以下皆为此版。）

　　其中"论"字在逗号前还是逗号后，两书不同，哪个对呢？按《汉书·刑法志》，"论"字多用于判决罪刑之前，如：

　　　　已论命复有笞罪者，皆弃市。（《汉书》中华书局 1962 年 1 版，1099 页，注：以下皆为此版。）

　　　　是以郡国承用者驳，或罪同而论异。奸吏因缘为市，所欲活则傅生议，所欲陷则予死比，议者咸冤伤之。（1101 页）

　　　　今犯法者已论，而使无罪之父母妻子同产坐之及收，朕甚弗取。其议。（1104 页）

　　　　狱之疑者，吏或不敢决，有罪者久而不论，无罪者久系不决。（1106 页）

　　再看《汉书·天文志》："其十二月，钜鹿都尉谢君男诈为神人,论死,父免官。"(1309 页)《汉书·酷吏传》:"尤巧为狱文,善史书,所欲诛杀,奏成于手,中主簿亲近史不得闻知。奏可论死,奄忽如神。"(3669 页)《汉书·佞幸传》:"及郑令苏建得显私书奏之,后以它事论死。"(3727 页)

再参看《史记·平准书》:"汤奏当异九卿见令不便,不入言而腹诽,论死。"(1434 页)《史记·张耳陈馀列传》:"今吾三族皆以论死,岂以王易吾亲哉!"(2584 页)《平津侯主父列传》:"王以为终不得脱罪,恐效燕王论死,乃自杀。"(2962 页)

据此,"论"字应属下句,《通鉴》这里本当读作"论腰斩咸阳市"。但胡三省注插在"五刑"之下,标点遂不得不置于其前,这恐怕是胡三省把《考异》与《通鉴》合刻时误置的,章钰校记也没出校,似应从《史记》改正。

2023 年 9 月

（原载《古籍整理出版情况简报》2019 年 8 期）

四

《高帝纪》记刘邦于十二年(前 195)十一月因伤发病,久治不愈,迁延到十三年,即惠帝元年(前 194)四月甲辰日去世。丙寅日下葬。

这一段原文如下:

> 夏四月甲辰,帝崩于长乐宫。……审食其入言之,乃以丁未发丧,大赦天下。五月丙寅,葬长陵。已下,皇太子群臣皆反至太上皇庙。

这一段沿袭自《史记·高祖本纪》:

> 四月甲辰,高祖崩长乐宫。四日不发丧。……审食其入

言之，乃以丁未发丧，大赦天下。……丙寅，葬。己巳，立太子，至太上皇庙。……太子袭号为皇帝，孝惠帝也。

按：《史记》说："己巳，立太子，至太上皇庙。"《汉书》改为"已下，皇太子群臣皆反至太上皇庙"。"已下"两字是什么意思呢？据《汉书》郑氏注说："已下棺也。"上文已说"葬长陵"，又接着说已下棺，好像还没有盖土掩埋，太子和群臣却回到太上皇庙去商议给高祖立号的事了。太上皇庙应该在长安，长陵大概在长安远郊，不在一起，距离不会很近。这就不合常情。这个问题，唐人张守节《史记正义》就提出来了："丙寅葬，后四日至己巳，即立太子为帝。有本脱'己'字者，妄引《汉书》云'已下'者，非。"我觉得张守节的说法是正确的，丙寅葬后，己巳是第四日，才和群臣回太上皇庙议定尊称刘邦为"高皇帝"，立太子刘盈为皇帝。但"已下"两字为"己巳"之讹，并非仅脱一"己"字。刘邦死后先不发丧，又过了二十二天才葬，葬后三天又给他议定尊号，再确定太子刘盈即位为皇帝，其间恐有争议，大概刘邦遗言要立赵王如意吧。

点校本《汉书》没有用《史记》作他校，所以没有发现问题。可能以前也没有几个人注意及此。

此外，还有汉高帝的忌日，"四月甲辰"是一致的，但据陈垣先生的《二十史朔闰表》，惠帝元年（即高帝十三年）四月乙亥朔，五月才是甲辰朔。如果刘邦死于四月甲辰朔，那么四月如果是三十日，五月就该是甲戌朔了。可见四月是小月，没有三十日。再说，葬日是丙寅，离甲辰二十二天，也无疑问。那么，葬在丙寅，《史记》连上文而言，不再说月份，《汉书》则说是"五月丙寅，葬长陵"，就不是四月的事了。大概《汉书》这里根据的是王莽改丑正后把四月改称五月，忘了前面死于四月甲辰的事，那么五月里就没有丙寅日,第二个丙寅要隔八十二天,就不是五月了。《史记》按殷历寅正纪年,还保持着汉初的历法,仍称四月。《二十史朔闰表》则是按东汉的历法编著的,五月就是西汉的四月。

我对历法毫无所知,只因近日重读《老学庵笔记》,看到卷7,有一篇宋人唐意的《滁州汉高帝庙碑阴》,他据庙庭中刻石的传说进行考证,认为"丙寅"是十七日,感到惊讶,试作了一番复核,写下笔记,拟向方家求教。希望这次《汉书》修订者能作出确切的解释。

2022 年 5 月

关于出版业加强质量检查
和适当减轻负担的建议

自改革开放以来,我国出版业有了重大发展。2016年共出版新书43万多种,创造了世界纪录。但从出版大国变为出版强国,恐怕还有一段路程。据说,五年内全国出版品种增幅为66%,而出版物销售量增长不到4%。有的书印出后不曾上架,不曾与读者见面,就成为库存或废纸。(据2017年4月22日《文汇报》)

书是精神食粮,出版业是文化建设的重要阵地。出版物门类很多,层次不一,不宜一律按一般企业来管理。但目前还是按企业的经营办法,追求数量,不断提高增长率。如中国出版集团公司对所属出版社要求每年递增10%,比全国经济增长率高出了一半。有的出版社又层层加码,急功近利,用奖惩制度促使编辑人员增产增收,压力不断加大。这样做不免会过度重视数量的增长而相对地忽视了质量的提高。以我熟悉的古籍出版为例,虽然有不少高水平的作者提供了自制电子版的书稿,保证了学术质量,但还是有一些存在瑕疵的书籍面世。重点工程的项目有专家学者的担当和政府资金的支持,质量一般有所保证,而非重点的常规项目则往往问题较多。如一位老编辑所指出的:"为数不少的新印古籍在编校质量中过不了关","细究起来,有九成以上都不是由于文章古奥艰深,也不是由于学术理论晦涩难懂,多数是由轻忽率意、潦草马虎所致"(见《古籍整理出版情况简报》2017年1期,郝新《珍惜难得机遇,切莫轻忽错过》)。有一些书已有读者提出了批评,指出了错误,但重印时仍不加修订,或照样复制电子书。古籍的标点往往是学术水平的考验,是古籍整理中的暗礁,而现在质检的标准是,一个标点错误只扣0.1分,这就从源头上降低了门槛,不符合古籍整理的规律。看来质检标准也要具体分析,因书而异。

古籍常规项目的读者较广,影响更大,如果不重视编校质量,则非常不利于优秀传统文化的传承和传播。另一方面,也不利于编辑人才的培养。今年上海图书出版单位总编辑论坛上有人呼吁,亟需培养新一代的出版家。原国家新闻出版广电总局副局长桂晓风指出:"以编辑和出版影响整个社会的出版大家,似乎已鲜少为从业的年轻人提起。""如今一些编辑,经手处理过的稿件甚至可以称为'清水稿子',也就是说,稿件要发排印刷了,稿纸上却找不到编辑工作的痕迹。"(据同上《文汇报》)年轻的编辑人员或为沉重的负担压得抬不起头,看不到远大的历史任务,或则抱着各自不同的抱负,离开了出版队伍。

附带还要谈到古籍保护的问题,古籍出版社由于工作的特点,往往保存着一部分善本古籍。如中华书局的图书馆藏有古籍十几万册,三级以上的善本大约有三百多种,但因缺乏专业人才和经费,自2007年国务院办公厅印发《关于进一步加强古籍保护工作的意见》以来,至今没有完成普查登记工作,不能提供古籍善本的确切数字(已报三种入珍贵古籍名录),也没有符合标准的书库和专业人员。出版社上交任务很重,缺乏自身积累的发展基金,就无法承担古籍保护的责任,成为一大隐忧。

　　我年老力衰,个人无法进行全面深入的调研工作,以上意见不免有片面性。建议有关部门像上海那样组织一些出版单位的总编辑论坛,广泛听取意见,探讨一下是否可以分类分级地控制数量,细化质检标准,并像民营企业那样适当降低税费,为进一步加强精品意识、发扬"工匠"精神、建设出版强国创造条件。

2017 年 9 月 21 日

取法乎上　精益求精

　　1958 年 2 月，中华书局转型为以古籍整理为主的专业出版社。我当年 12 月进入中华书局，编的第一本书是《王船山诗文集》。古籍出版整理工作对我来说是考验，也是机遇。因为这项工作需要一定的专业背景，而我所学的语文专业，并不完全对口，只能从实践中学习。之后编了《海瑞集》，通过编辑这本书，我学习了很多古籍整理的知识。当时，我去北京图书馆看了很多善本书来校勘，因为各个版本不一样，要从中整理适合的版本。除了尽量做到全面，我还试着从他的墨迹中寻找线索，辨别是否是海瑞自己的诗。这是我学习古籍整理的开始。

　　1961 年，我们文学组承担了编辑出版《徐渭集》的任务，由我来负责。我发现很多徐文长的书都是不全的，编辑过程中经历了很多曲折。中华书局上海编辑所同期交办的两个选题很快出来了，而我这边一直在改，压力很大。但是我还是觉得应该等编得更精准些再出，因为古籍整理就应该这么做。1965 年《徐渭集》打出了清样，由于种种原因，到 1983 年才印刷出版。编书的过程是一个学习的过程，要抓住机会。我自己基础不好，就借此向专家老师们学习古籍整理的基本功。从个人来说，我的教训是做编辑做古籍力戒浮躁。

对编辑来说,要取法乎上,一开始就取法乎中,不会有好的结果。要精益求精。虽然慢工出细活并不一定对,但太快往往会出问题。我们刚开始转型搞古籍出版的时候,计划定得很大,但是组稿不理想。所以,很重要的一点就是不能浮躁。另外,对待外来稿,编辑退稿也需要谨慎,否则容易错漏有优点的稿子。在我主持编辑室工作时,一般同事看过的退稿,我都会再拿来看看,也会写些意见,不少时间都花在写退稿信上了。这恐怕是不足为法的,但对作者的劳动一定要尊重。精益求精,也体现在重印时的修订工作上。这不意味着第一版可以放松,而是在取法乎上的第一版基础上再作一次加工,如有错误,知错就改,举一反三。

为读者服务　为作者服务

编辑工作,第一是为读者服务,第二是为作者服务。首先是为读者服务。为了保证书稿质量,编辑有时对作者会苛求一些,提意见,甚至退稿。因为编辑首先是为读者服务的。其次还是要为作者服务,作者有时候会出些疏失,但编辑作为第一个读者,发现问题就要提,要帮助作者出主意。我们当时的总编辑金灿然先生说过,"编辑是理发师,人家有点乱,你给他整齐一下,修饰一下"。有人说编辑没有知识产权,出了书也是作者的知识产权,这是工作的分工问题。编辑的本职工作就是为作者做这方面的服务,有时候责任往往比作者负的要大。虽然说作者文责自负,可是编辑要是没有把关,责任编辑就要承担一部分责任。对于现在的编辑工作,我认为最主要的是要提高质量,培养人才。编辑的成长一定要安心,安心学习,学中干,干中学。干中学的时候,你的能力就能提高,至于能不能成为学者,那是自己的努力和机遇问题。

品牌在外　致力创新

中华书局这个品牌已经 106 年了,这是几代人积累下来的成果。老店有老店的优势,毕竟品牌在外,但还是要创新。所以,我对中华书局的古籍数据库很关心。因为古籍整理的传统方法和先进技术结合在一起,就可以发挥更大的作用。数据库如果能搞好,就有很大的意义和作用。但是读者希望更多更快,数据库只能注重数量的扩大,来不及兼顾质量的提高。从顶层规划来说,到底是不是数量越大越好,这是需要考虑的。我在 2012 年给国务院提建议的时候就谈了,古籍数字化要加强统筹工作。从顶层设计来说,需要避免简单重复。我很赞赏电子数据库这个事,但也不是越大越好,不要单纯追求速度,要提高质量。同时有原书图像,就可以放心引用。所以对中华书局来说,把这个数据库做好是件好事,我希望多花力量在这里,这个力量不仅花在技术上,还要花在学术上。

让古籍活起来,是一个创新的工作,值得我们花大力气去研究。想让它活起来,就需要做转化的工作。

（原载《中国出版传媒商报》2018 年 5 月 18 日 8 版）

再谈求是与择善

最近读了向志柱先生的《〈稗家粹编〉与中国古代小说研究》一书，感到古代小说在流传中出现异文的现象，真是层出不穷，屡见不鲜。在写本流传时期更是"司空见惯浑闲事"了。近来学者对古代写本文献展开了新的研究，提供了一些新的资源，形成了"写本学"的新课题。但是在刻印流传之后，还是有许多不同版本，出现了不同的文字。向志柱先生以《稗家粹编》为中心，校勘了好几种古代小说的明代刻本和选本，包括《太平广记》在内，发现许多异文，有的可以确认是后人臆改的，有的是抄袭拼接的改编，有的则无法确定修改者是不是作者本人。另一方面，改得好还是改得坏，又是另一个问题。我们不能简单地说，改得好的就一定是作者的原著。我曾写了一篇书评，发表在《光明日报》2019 年 1月 26 日，提出了古代小说的校雠学问题。

小说主要来源于"街谈巷语"，记录者传闻异辞，再加以不断演化，异文必然更多。其文本有许多复杂的情况。古体小说如《燕丹子》的故事从秦末到唐代，不断演化。现存的《永乐大典》本是什么时代什么人写定的，争议很多。我认为这是中国古代世代累积型小说的一个代表作。近体小说那就更多了。

1997年我在《宋元小说家话本集》前言里提出："宋元小说家话本里的问题，看来不是简单的校点所能解决的，有些问题需要用他校、理校和笺证的方法才能解决。"之后多年来的实践，我对此更有了较深的认识。

诗文也有同样的情况。典型的例证如李白的《静夜思》，多种旧本都作："床前看月光，疑是地上霜。举头望山月，低头思故乡。"现在《唐诗三百首》里作"床前明月光"和"举头望明月"，脍炙人口，已无法改回，到底什么时候谁改的，还不清楚。陈尚君先生曾介绍，日本森濑寿三教授调查的结论是，两个"明月"的文本，最早出现在明代中期李攀龙编选的《唐诗选》中。李小龙先生又作了详细的考证，最早见于元人范梈《木天禁语》，但《木天禁语》也有不同的版本，我手头的是中华书局版据何文焕编的《历代诗话》本，也是用了两个"明"字，但不能确认是否元人所改。

早在1981年，我写过一篇《从"骥老伏枥"谈古书的异文》（《学林漫录》第二辑），是为曹操《步出夏门行》的异文而作的。我个人的倾向是"骥老"为曹操原作，"老骥"为晋乐所改的乐府辞，如果在书中加一条校记，就可以避免许多读者的疑惑了。文中提到了择善与存真的问题，我认为"择善"应该与"求是"相一致。当时古籍整理的基本要求是"择善而从"，反对"烦琐校勘"，因而中华书局版的《曹操集》没有出校（《曹操集》的责编是别的同事）。我在文中提出了"求是"的问题，基本倾向是要存真从古。同时还举出了诸葛亮《后出师表》"鞠躬尽力"的案例，直到嘉靖本《三国志演义》，还是如此。据我所见，毛纶、毛宗岗评本《三国演义》才改为"鞠躬尽瘁"，现在恐怕谁也不会再用"鞠躬尽力"作成语了。但是如果找不到更早的书证的话，我们就不必把它入校于《诸葛亮集》，因为这不是校勘问题，是修辞优劣的问题。

那时我归纳说:"古书的整理工作要讲科学性,就不能像古人那样以意去取,'求心所安',应该把求是和择善统一起来,而以求是作为统一的基础。"我们强调的是"求是",在我心目中求是就是力求接近作者的原著。在择善和求是不一致的时候,只能以求是为准,也就是以古本为准。如我那篇文章所说,"老骥伏枥"的异文只要出校说明就可以了。

在此后的几十年中,我在业馀时间主要在研究小说,经常会发现古本不如后出的版本,如明末高承埏刻印的《玄怪录》就比较早的陈应翔刻本好,甚至比《太平广记》的引文还好,因此我决心要修正自己的点校本。又如最近我拿到了《宣和遗事》的元刻本复印件,也就是黄丕烈《士礼居丛书》本的底本,进行整理时用哪一本做底本呢?元刻本非常粗劣,开场入话诗第三句"常汉贤君务勤俭","汉"字黄丕烈刻本已改作"叹"字,大概出于他的理校径改,那是对的。我敢肯定"常汉"决不是作者的原意,还要据此出校吗?经过考虑,决定用黄本作底本,可以少出一些校记,节省读者的时间和精力。这在底本的选择上是择善,在异文的选择上也是择善,就不再考虑要不要"求是"了。因为存元刻本之真,不等于求原著之是。至于许多世代累积型的小说,更难以求原著之是非,只能因书而异,因读者对象而采取不同的整理法。

文章的流传也有这样的情况。如欧阳修校勘韩愈的《田弘正碑》,"以碑校集印本,与刻石多同,当以为正"(《集古录跋尾》卷8《唐田弘正家庙碑跋》)。但董逌《广川书跋》卷9提出了不同意见:"然古人于文章磨炼窜易,或终其身而不已,可以集传尽为非耶?观其文,当考其词义当否,然后择其工于此者从之,则不得欺矣。……今人得唐人遗稿,与刻石异处甚众,又其集中'一作某''又作某'者,皆其后窜改之也。"董逌提出的问题,具有普遍性,就是古人对自己的文章,不断有所修改,刻到碑上的未必是定本。这种情况也确实存在,我们也很难判断哪个最晚。然而还有另一种版本,则是别人的改本,最近看到王瑞来先生的《古籍校勘方法论》一书,其中《生长的墓志》一文就谈到欧阳修所写的范仲淹墓碑,曾被范家后人删改过;而范仲淹所撰《天章阁待制滕君墓志铭》,在光绪间修的《青阳县志》里也有删有增有改,差异很多,但还是署着范仲淹的名字。经过详细的考证,确认县志本是滕家后人改过的。这又是另一种修改本,就不能用来校勘范仲淹的文集了。王瑞来先生对宋代文献作了精细的校勘,从实践中得出许多经验教训,值得学习。

再如,苏轼的《念奴娇·赤壁怀古》词,曾有许多异文,引起了争议。南宋洪迈《容斋续笔》卷8《诗词改字》条就载:"向巨原云:元不伐家有鲁直所书东坡《念奴娇》,与今人歌不同者数处,如'浪淘尽'为'浪声沉','周郎赤壁'为'孙吴赤壁','乱石穿空'为'崩云','惊涛拍岸'为'掠岸','多情应笑我早生华发'为'多情应是笑我生华发','人生如梦'为'如寄'。不知此本今何在也。"洪迈说是"与今人歌不同者",那么黄庭坚写本该是苏轼的稿本了,现在各家校注本采取的却大多不是黄庭坚所写的版本,也许是苏轼自己的改定本。但有一种作"强虏灰飞烟灭"的版本,我认为是南宋人改的,因为在北宋时还没有人把辽金称作强虏,更不会称曹操为"强虏"。

据项安世《项氏家说》卷8《因讳改字》说:"歌者多因讳避,辄改古词本文。后来者不知其由,因以疵议前作者多矣。如苏词'乱石崩空',因讳'崩'字,改为'穿空'。"这是因为讳避"崩"字不吉利而被歌者改的。那么其馀多处的异文又是谁改的呢?讳避不吉的词语的情况也是有的,如唐郑谷《雪中偶题》诗"乱飘僧舍茶烟湿"句,宋哲宗抄写时改"乱飘"为"轻飘"。据说禁中讳"危""乱"

"倾""覆"字,宫中皆不敢道(见晁说之《晁氏客语》)。但更多的异文却不是讳避而是审美价值取向的问题,还有歌者因配合曲调改字而歌的可能。晁无咎(补之)曾说:"苏东坡词,人谓多不谐音律,(自)然居士词横放杰出,自是曲子中缚不住者。"(《能改斋漫录》卷16,《湘南诗话》引晁无咎语作"小不谐律吕"。)

　　古籍整理,我们曾提出的一些体例,不外乎选好底本、选好校本、选好异文这几条。但具体操作时却有时会无所适从,因为善本的标准会有所不同,有人偏重古籍的文物价值,有人偏重古籍的文献价值。以往我们简单地偏信古本,以为越早的版本越近作者的原稿,实际上有些晚出的版本却错误较少。择善而从,就会发生困惑。我们一般把求是看作择善,认为真就是原著的本来面目,就是作者的原稿,实际上却很难断定。经过多年的实践,我们逐步认识到有时"求是"和"择善"并不完全一致。

　　此前不久,陈尚君先生写了一本《唐诗求是》,书中举出了许多唐诗的异文,并作了精细的分析。他在《唐诗文本论纲》一文中提出:"每一位唐代诗人,每一首唐诗,都有各自的传播接受史,都有其文献流传衍变的特殊记录。要做彻底的清理,就必须调查所有与唐诗保存有关系的文献,包括所有的存世写本和刻本,并逐一地加以记录。"他还提出了整理的方法:"检书求备,用书求善,引书求早,论断求稳,是始终坚持的原则。"这是陈尚君先生研究唐诗四十多年来总结的经验,给我以很大的启迪。唐诗最初产生时,印刷术还未发明,大概到中唐以后,才会有刻本流传。所以异本并存,不足为怪。陈先生做了精细考辨,指出"一首诗存在大量异文,或有完整残缺的记录,原因很复杂"。其中确有出于诗人自己不止一次的修改,但还有其他各种原因。陈尚君先生已做了详细的分析,准备今后将写出专著来讨论,我们正期待着专著的问世。

　　陈尚君先生把古籍校勘的原则概括为"四求"，就讲得更为全面了。"检书求备，用书求善，引书求早，论断求稳"，这前三条，我们都曾强调过，而第四条却有时注意得不够，还缺乏足够的认识。我以前就往往把"择善"和"求是"等同看待，认为我们的古籍整理一定要定是非，择善而从就可以把"不是"的异文排除在外，避免烦琐地出校。事实并不那么简单。个人的判断难免有片面性，千虑一失，智者不免，何况你还不一定是智者呢。所以陈尚君先生加上"论断求稳"这一条，非常重要。要全面考虑两种以上的可能性，再作自己的论断。

　　再说到我在《从"骥老伏枥"谈古书的异文》中所举的案例，当时我对陶渊明《饮酒》诗的"悠然见南山"句，倾向于"望"字为古，因为宋刻本的《昭明文选》和唐人编的《艺文类聚》都作"望南山"，白居易的《效陶潜体诗》也有"坐望终南山"之句，陶渊明未必那么认真思辨。但从修辞上看，与"悠然"两字相配合，显然较优。陶诗数量不算很多。现存宋刻递修的《陶渊明集》里附注的异文竟有七百四十处之多，因此袁行霈先生说"为诸善本中之最上者也"。此本之善，不仅由于它刻印最早，还在于它保存了七百四十处异文，可供研究者参考，可惜的是除了有一个"宋（庠）本"之外，都没有说根据什么版本。袁行霈先生的《陶渊明集笺注》绝大部分采用了宋刻《陶渊明集》的正文，但在校勘中列举异文时，一一作了论断，用"于义较胜"或"于义稍逊"加以评定，这就是择善而从，又是"论断求稳"的做法。

　　宋代是印刷术发展的时代，但是所用的底本，不一定是作者的定本。《陶渊明集》里的"一作"是后人改的还是陶渊明自己改掉的初稿，还无法判断。王叔岷先生《陶渊明诗笺证稿》卷3对此曾有评论，并引王国维《人间词话》的无我之境说来解释。又说："窃疑陶公此诗,初作'望南山'。因望字执着,与上下句意相隔,乃改为见。故传本有作望、作见之别。白居易效陶渊明诗:'时倾一尊酒,坐望东南山。'其意专于东南山,故用望字。此有我之境也。"他也是以择善为标准的,但疑陶公初作为"望"却是无法论证之谜。《陶渊明集》有七百四十个"一作"的异文,不可能都是本人的改笔,只能出校存疑了。

又如孟浩然《望洞庭湖上张丞相》诗,"波动岳阳城"一句,近人李景白先生《孟浩然诗集校注》注明"动"字:"明以后各本(除明活字本外)则作'撼',盖后人所改。此字改得好,……但非浩然原文。"(中华书局2018年版第235页)这也是比较严谨的处理。当然,我就听到有人说"动"字比"撼"字好的,这又是"择善"的主观取向了。

诗的语言要求精炼,如五代诗人刘昭禹说:"五言如四十个贤人,着一字如屠沽不得。"(《唐诗纪事》卷46)往往是"一字千金",所以给人改好一个字,就能称"师"。但后人改诗,各有各的审美取向,不一定就改好了。

宋代文人往往偏爱家藏的写本,而不信通行的刻本。如张淏《云谷杂记》卷4说:

近时闽中书肆刊书,往往擅加改易,其类甚多,不能悉记。今姑取一二言之:睦州,宣和中始改为严州,今所刊《元丰九域志》乃径易睦州为严州。又《广韵》"桐"字下注云:"桐庐县在严州。"然易去旧字,殊失本书之旨,将来谬乱书传,疑误后学,皆由此也。

周必大在重校本《文苑英华》的序言中说:

国初文集虽写本,然雠校颇精。后来浅学改易,浸失本旨。今乃尽以印本易旧书,是非相乱,一也。凡庙讳未祧之前当阙笔,而校正者于赋中以商易殷,以洪易弘,或值押韵,全韵

随之。至于唐讳及本朝讳存改不定,二也。原阙一句或数句,
或颇用古语,乃以不知为知,擅自增损,使前代遗文幸存者转
增疵颣,三也。

诗文总集《文苑英华》是宋朝皇家官修的书,也被随意修改。
现存《文苑英华》的校记,作为夹注,也都是标示"一作某",有时标
明"集作某",有时注明"凡一作皆集本",并没有说是什么版本,还
是令人困惑。第一〇七卷李德裕《攲器赋》第五篇末注:"一作皆
集本,似不及古书之善。"这里才表示了校勘者的态度,然而还是没
说明"古书"是什么书、什么版本。从周必大的话看,他认为写本
比印本好,所谓"雠校颇精"大概指保留了"一作"之类的异文。如
陆游《跋家藏造化权舆》说:

> 右《造化权舆》六卷,楚公旧藏,有九伯父大观中题字。
> 淳熙壬寅,得之故第废纸中,用别本雠校,而阙其不可知者。
> 两本俱通者,亦具疏其下。(《渭南文集》卷27)

南宋人朱熹编了一部《韩集考异》,把韩愈文集的异文都罗列
殆尽了,这就解决了上述欧阳修所提出的问题。不过,需要对古人
的文集都做成考异性的校勘长编吗? 这个问题值得研究讨论。以
前我们反对"烦琐校勘",强调择善而从,不出或尽量少出异文校
记,确有其片面性,丢失了不少有用的信息。中华书局点校"二十
四史"时,只有王仲荦先生校《宋书》时写下的校勘记长编,幸而保
存下来了,今天中华书局把它印了出来,对修订点校本就有不少用
处。所以内容重要的经典古籍,附加考异式的校勘记还是有用的。

史部的书是要考信,求是就是要存真,择善与求是完全一致
的。最近读了王瑞来先生的《古籍校勘方法论》,我更加深了认
识。而文学性的集部书则由于抄写者有不同审美观而有不同的择
善取向,因此常有不同的改本。而有些名家的选本,影响很大,如

李白的《静夜思》,因为收在沈德潜的《唐诗别裁》和蘅塘退士的
《唐诗三百首》里,影响极大,可以说已经"习非成是"了。近年由
于简牍整理的发达,兴起了新的"写本学"。又提出一些新问题,
如伏俊琏先生在《飘飘有凌云之气——对简牍写本的一点认识》
一文中说:"个人所用写本的制作者没有定本意识,写本不是为了
保存原貌,而是挑选于我有用的部分,具有'摘录'性质。"(《光明
日报》2019年4月8日13版)这就是一种特殊的写本或是为表达
个人见解的选本了。当然,有的书已是别人代替作者做的修订本,
近来也常有所见,如《中国典籍与文化》2019年第1期发表的周慧
惠《论诗集编纂中编者对原稿的删改——以清郑竺〈蕉雪诗钞〉
〈野云居诗稿〉为中心》,那就不是古籍整理的问题了。

今天在珍本古籍不断出现和电子书迅速发达的条件下,对校、
他校和笺证的条件大大改进了。因此整理古籍时有可能先制成校
勘的资料长编,再进一步择善而从,改正原书或载入校记,如"二十
四史"修订工程那样。但资料长编的需求不多,都印成纸质书不免
会造成浪费。而且由于电子书的普及,又会导致古籍整理中的过
度校勘和过度注释。因此我设想,如果由全国古籍整理出版规划
领导小组策划,对于已得到国家资助的重点古籍,可以适当方式征
集其已积累的考异性的校勘长编,制成一个数据库,存在国家图书
馆备查。暂时不印纸质版,可制成U盘或打印一些样本,征求各学
科专家的意见,继续修订增补,到适当时机,编成一部大大超越《四
库全书考证》的电子书,传之后世,以免后人再费重复的劳动。需
要利用的读者可以有偿选购其某一书的电子本,各取所需,避免浪
费,那将是一项莫大的公益事业。

再归纳一下,近年来我对古籍整理有一点新的认识,就是还要
辩证地处理"求是"与"择善"的关系。

一、自古以来,校雠家都是以择善而从、制成定本为首要目标,古籍整理的祖师刘向用了多种版本进行校雠,制出定本,那时还没有认识到要出校勘记,而是像陆法言《切韵》那样"我辈数人定则定矣"。汉代《诗经》就有三家不同的注本,一定各有不同的写本。刘歆的《七略》就兼收并蓄了。后来又不断增加了各种异本和异文,择善与求是就不一定统一了。尤其是集部文学类的书,有"新诗改罢自长吟"的创作过程,往往有"一作"而两通的异文。历来古籍整理者一般都以求是为定本的首要标准,就是以版本为客观依据,存古存真。择善和求是应该是统一的。特别是史部的书,必须以忠于史实为求是的标准。择善的第一步就是求是,寻求作者的原意。择善可以包括求是,而求是不能包括择善。

二、在各种版本异文纷纭,无法判是非的时候,只能以择善为准,因为有一些异文无法判断是谁改的。择善就是求事理之真,也是求修辞之美。善和美都必须以真为基础。

三、我们整理古籍的目的是为读者使用方便,择善包括了择底本之善和择异文之善。"用书求善"有可能"各善其善",因此我们要尽可能改正底本的错误,也要兼顾两通的异文,出校备考。

四、择善有整理者的主观取向,还有知识结构的局限,所以必须加上"论断求稳",改字必出校记,判断说明理由,可用"于义较胜"或"于义较逊"来评议。普及性的读本当然可以采用已整理的定本,说明依据,一般不加校勘。

五、校勘的详略应因书而异,因读者对象不同而异。对于重要的、版本复杂的古籍,可以做考异式的校勘资料长编,供研究者使用。现在有了数据库的载体,就有条件可以逐步扩展了。

（原载《古籍整理出版情况简报》2020 年 3 期）

关于古籍工作的几点建议

今年 4 月上旬,古籍办征求我对下一阶段古籍工作的建议,我拟了几点意见,以供参考。

一、古籍规划的编制要立足长远

关于 2021—2030 年的规划,似可在 2019 年第六次调整的规划上,检查还未完成的项目,再广泛征求各科学者和读者的意见,提出一些新的选题。我个人最关心的是古籍数字化工程,建议古籍小组鼓励和支持上海古籍出版社和人民文学出版社古典部也筹建古籍数据库,构成中国基本古籍的数字化,为广大读者提供方便。从顶层设计看,重大项目从来都是国家的文化建设事业,古籍整理的社会效益和经济效益都是长期的。《永乐大典》的效益持续了六百年,《四库全书》的效益持续了三百多年,至今还有不少整理出版者从中获得了双效益。我们要有远见,古籍工作不大可能在短期内就取得经济效益,回报的周期一般很长。因此对重大项目要有毅力和耐心,既要大力支持,又不宜操之过急。1981 年 9 月 17 日中共中央所发《关于整理我国古籍的指示》指出:"整理古籍是一件大事,得搞上百年。"过去四十年已取得了丰硕的成果,今后的六十年可以期待有更好更多的成绩。作为百年大计,更要取法乎上,精益求精。这十年内国家的经济建设还会遇到一些挑战,对古籍整理的投入不能要求过高,似可分出轻重缓急,集中力量支持重点工程,鼓励精品成果。因此新规划不宜贪多求大,不要跑马圈地,可以留有馀地适当补入确有价值的规划外成稿。古籍办可先列一个 2011—2020 年规划未完成的书目,给大家再作一次评议。

二、古籍出版的关键是人才问题

古籍出版目前严重的问题是缺乏人才。据我所知,有些专业出版社,近年招聘的人才还抵不上流失的人才,当年为培养古籍整理出版人才而创办的高校古典文献专业所培养的毕业生,很少愿意来出版社工作的。有些非专业的出版社,更缺乏有古籍整理能力的编辑。为了建设古籍专业出版社,必须培养专门的人才,留住能适应工作的人才。除了合理地提高待遇之外,还要适当减轻负担,给编辑人员以读书进修的时间。根据中华书局的实践经验,在点校"二十四史"暨《清史稿》的工作中,分配青年编辑跟专家当助手,参与实际工作,锻炼培养了一批能力很强的编辑骨干,这是成功的经验。在金灿然总编辑主持工作时,还曾保送青年编辑带薪到高校古典文献专业进修,得到研究生学历后回来工作,这是要不惜投入的。现在如有出版社能采取这种措施,就要订立合同,毕业后必须回原单位工作。另外,金灿然还任用了好几位专家学者,如宋云彬、杨伯峻、孙人和、傅振伦等,成为中华书局的编辑骨干或学术顾问,至于社外的学术顾问就更多了。我们今天如果能增加投入,礼聘一些已退休的或即将退休的对口的编审、教授、研究员为特聘编审,代替工作繁重的总编辑三审把关和主持质检工作,也许是一条提高书稿质量的捷径。总之，培养专业人才是当务之急，必须引起高度的重视。

三、古籍出版的重点是精品出版

今后的古籍整理出版，理应在总结四十年来经验教训的基础上，再提高一步，由偏重增长数量发展为提高质量前提下的兼顾数量。李克强总理在 2017 年政府工作报告中提出："崇尚精益求精，培育众多'中国工匠'，打造更多享誉世界的'中国品牌'，推动中国经济发展进入质量时代。"出版业更应向这一方向努力。从古籍出版来说，中国当然是出版大国，也是出版强国。但从古籍整理来看，还有许多地方不能自满。我自己年老力衰，做不了具体的调研工作，只从《古籍整理出版情况简报》上了解情况，如金良年、熊国祯、宫晓卫等几位先生提出的质量检查问题，已可以说明目前古籍图书还需要加强质检工作。我在 2016 年也曾给《简报》写过《落实规划，提高质量》一文，对过去工作中忽视质量的教训，做了初步检讨。同时也提出了征求"群查"的建议，具体课题是在互联网上设立一个古籍书评的专栏，继以前的《古籍点校疑误汇录》续编《古籍整理疑误汇录》，广泛征求读者意见。无论长篇大论，还是简单的留言，经过选择后陆续发表。对某些新手整理古籍的书评，可暂不发表，只转给出版者参考，以免挫伤其积极性（《古籍点校疑误汇录》第六册出版于 2002 年，此后的文章恐已足够编成两三册了，古籍办可以招标编纂者）。另一方面，要积极慎重地推荐古籍整理的优秀版本。2013 年由原国家新闻出版广电总局、全国古籍整理出版规划领导小组组织评选的优秀古籍整理图书，虽只 91 种，但包含多种丛书，实有数量不少。今后继续评选，最好对丛书区别对待。2019 年，又曾提出了评选经典古籍的权威版本的任务。今后可以把二者结合起来,作为经常性的工作,确定评选的规范,隔几年评选一次。

2020 年 5 月 4 日初稿

（原载《古籍整理出版情况简报》2020 年 7 期）

琐议古籍丛书的标准和
分类、编目问题

古籍分类,至今大多数图书馆还是采用四部法,似乎已经约定俗成了,因为还没有一种公认的科学的分类法可以取代它。现在《国学茶座》也采取了四部分类的栏目,就更扩大了它的影响。丛书独立成为一大类,却已成为定局,如《中国古籍总目》就专门设置了一部。丛书之独立成部,大概是从《书目答问》开创的,至今已有一百多年的历史,经过了文献学家的考验。那么,丛书是不是也应该作为国学的一个课题来研究呢?

从目录学来说,丛书的问题很多。首先是丛书的范围。《书目答问》粗分为"古今人著述合刻丛书目"和"国朝一人自著丛书目"两类。后者就很难确认,一般是一人自著,陆续出书,实为个人全集或选集。商务印书馆编印《丛书集成初编》的《凡例》之二说:"我国丛书号称数千部,惟个人诗文集居其半,而内容割裂琐碎,实际不合丛书体例者,又居其馀之半。其名实相符者,不过数百部。"可见《丛书集成初编》的编例比较严谨。然而也收录了价值较低的《龙威秘书》等书。其中较为麻烦的是收了《古今说海》。《古今说海》书中说渊部别传家收了五十多篇传记体小说,大多是从《太平广记》里辑录出来的;《四库全书》已收此书,列在杂家类杂纂之属。《中国丛书综录》也收了《古今说海》,编者却给它加上了许多原书没有的作者姓名,实在是画蛇添足了。书中许多笔记则多为选本或节本,版本价值不大。如按子目分别著录,就多出了许多书名,实际上只是篇名,还有不少是伪造的,对书名品种的统计就造成了混乱。把丛钞作为丛书,会造成许多新问题,能不能把每一个子目作为一种书名就需要分别对待。是不是可以考虑把丛钞类的书另列一个小类,加以特殊处理呢?

《中国丛书综录》收书较宽,也收了《说郛》的宛委山堂本。宛本《说郛》在《四库全书》中也属于杂家类杂纂之属。《中国古籍总目》也照样收为丛书,在《丛书部》编纂说明中说:"节录或摘编原书而汇刻之书,近于丛钞,……兹仍作为丛书著录。"《说郛》原书现存好几种抄本,远不止三个藏家。尤其是汲古阁旧藏六十卷明抄本《说郛》未见收录,十分可惜。《古籍总目》丛书部收录了《说郛》六种:抄本三种和宛委山堂刻本两种,都是卷数不同;又民国十六年涵芬楼重校铅印本,实际上就是明抄本的合编,也许可以说是一个新品种。因此《说郛》顶多只能说是三个品种,即抄本、张宗祥重校本和宛委山堂重编本。《说郛》明抄本很多,分藏各馆,但各存卷数不同,只能算是不同的版本。张宗祥先生重校本也是根据抄本辑校的,宛委山堂重编本则如鲁迅所说是半真半假的书,与陶宗仪原书大不相同,则可以说是同名异实的另一种书了。《丛书部》编纂说明之五说:"各家藏本子目存在差异,经比勘增补,一般选择收书最多者立目。"这是明确的,也就是说,立目的是子目最多的一部丛书。但说明之六又说:"……各家抄本不同则分别立目。"各家抄本不同指什么呢?应该是各存卷数不同的残本,只能说是不同的版本,不能说是不同的品种。类似的,如《唐宋丛书》

著录了三种,只是卷数不同,那么是三种丛书,还是一种丛书的三种版本呢? 据我所见,《唐宋丛书》确有卷数不同的版本,是不是不同的丛书,还需要仔细比勘才能确定。书名和版本是两个层次,不宜混为一谈。如果因藏本卷数不同就算另一种书,那么丛书的品种就无法统计了。

又如《中国丛书综录》子类艺术门收了王利器编的《历代笑话集》(1956 年),把现代人编的选本也视为丛书了。小说门收了鲁迅编的《唐宋传奇集》(1927 年)、吴曾祺编的《旧小说》(1935 年),都是铅印本的选集,恐怕不能算是丛书。如按此体例,则该收的选本古籍还有许多。现在《古籍总目》丛书部没有收这三种书是合理的,《子部》小说类丛编之属也没有列目,但在单独著录的书目里又收了一些《旧小说》《历代笑话集》的版本,如《子部》2116 页的《子姑神记》、2117 页的《书张主客遗事》、2152 页的《列异传七则》、2155 页的《幽明录十七则》、2196 页的《天篆记》等都是《旧小说》本,2195 页的《笑林二则》《启颜录一卷》《谐噱录三十九则》《笑言一则》,2096 页的《遁斋闲览二十八则》,2197 页的《籍川笑林十则》《稗史四则》《谐史五则》《权子一卷》等都是《历代笑话集》本。可是《旧小说》和《历代笑话集》并不见于《子部》的丛编之属,也不见于《中国古籍总目》的《丛书部》,令人感到有体例不严或挂一漏万的遗憾。如果循此体例,那么现代人编的古籍选本可收的还有许多,又怎么去取呢?

顺便指出,《综录》收了《说郛》之类的丛钞,还收了从宛委山堂本《说郛》再摘抄出来的小丛书《晋唐小说畅观》和《汉魏小说采珍》,那是清人马俊良编的。可是《综录》根据一个民国二十六年中央书店排印本《汉魏小说采珍》著录于杂纂类,竟把马俊良当作了民国人。《中国古籍总目》的《丛书部》也收录了《汉魏小说采珍》(20100726),仍标马俊良之名,也把它当作民国人的作品了。《总目》子部小说家类也当作一种版本著录了。其实这两部小丛书都是经过《龙威秘书》间接从宛本《说郛》摘抄的。像这类问题最好要有所说明。

其次是分类问题,《丛书集成初编》列有"专科丛书""地方丛书"等类目,便于读者按类索书,专科书目下再分的子目较细,很有创意,但过于繁琐,读者无法记住。《综录》对类编丛书也有分类细目,但书目按类区分则颇费斟酌。《中国古籍总目》的《丛书部》在编纂说明中交代:"本部著录'总聚众书'且'子目跨部'之汇编丛书,同部类合编之丛书,均分归四部。"也就是说,四部里的合编丛书就不入《丛书部》了。可是作为一套《中国古籍总目》的丛书,却没有统一的体例,各部之间并没有沟通。如《子部》小说家类的丛编,就和《丛书部》的杂纂类重出了《顾氏文房小说》、《顾氏明朝四十家小说》、《广四十家小说》、《稽古堂丛刻》(稽古堂新镌群书秘简)、《合刻三志》、《快书》等六种。《丛书部》对历来认为是小说丛编的如《五朝小说》《唐人说荟》《唐人小说六种》《笔记小说大观》等却都兼收并蓄了,可见《丛书部》编者对古代"小说"的观念是较严的,因为所谓的"小说"实际上包含了许多杂史笔记之类,而《子部》编者则收录较宽,除了子目中所有小说之外,把《顾氏文房小说》等合编丛书也兼容了,其中实有史部或"子目跨部"的书,如《隋唐嘉话》等就该属杂史笔记。

与之有关的是版本的著录。《子部》2168 页,笔记异闻门单独著录的有《绿窗女史》十四卷,此书实应属合编之属,《古籍总目》的《丛书部》杂纂类已收此书(10100168),又是两部重出了。但《子部》2111 页《汉杂事秘辛》、2205 页《莺莺传》《谢小娥传》等,都著录有《绿窗女史》本,又看作丛书的子目,那么《绿窗女史》就应列入"子目跨部"的丛书,不该收入单行本的笔记异闻门了。像这类问题,在编出索引之后,应该是很容易发现的。

《子部》里有些小说,著录了民国十六年铅印本,这是什么版本呢?从《丛书部》找,应即张宗祥先生校辑的涵芬楼本《说郛》,是民国十六年铅印本。如《子部》2111 页《国史异纂》一书,著录民国十六年商务印书馆铅印本,有七个藏家。按《国史异纂》在张宗祥校辑的涵芬楼《说郛》里只有十条,不可能别出一书。作为民国十六年涵芬楼版《说郛》的一种,应按全书体例称作涵芬楼《说郛》本,为什么别出一种商务印书馆铅印本呢?又 2160 页《异物志》,2163 页《异闻录》,都是民国十六年上海商务印书馆铅印本,都有七个藏家。实际上应即涵芬楼版《说郛》本,即使这七家图书馆藏有零本,也应优先著录作为丛书的《说郛》本。可是涵本《说郛》里《异物志》只有三条,《异闻录》只有一条,不可能别出一书的。这些问题,都与丛钞类的《说郛》作为特殊性的丛书著录有纠缠不清的关系。

与此类似的,2112 页《松窗杂录》,著录有嘉靖十年夷白斋刻本,应即《顾氏文房小说》之一,否则就是漏举了《顾氏文房小说》本,可参看《丛书部》及《综录》的索引卷。2114 页《明道杂志》有明刻本。按《顾氏文房小说》本题作《张太史明道杂志》,实即一书,《综录》著录有七种版本。2114 页《云斋广录》一卷,著录仅《说郛》(宛)本一种,《综录》则有三种。按《云斋广录》原书金刻本藏在台湾,通行的有中央书店铅印本,不少图书馆有藏,而《说郛》(宛)本只选收了六条,其实不能算是一种版本的。2120 页《宝颜堂订正晁采馆清课》二卷,明万历间刻本,实即《宝颜堂秘笈》中的一种。如果说国图藏有另一零本,那么《宝颜堂秘笈》也有国图藏本,《丛书部》著录的藏家还有好几家,为何不优先著录其丛书本呢？2172 页《宝颜堂订正知命录》，明刻本，亦即《宝颜堂秘笈》续集之一种，也应著录其丛书本。总的来看，丛书本的子目，《综录》索引卷所收的较多，而新编的《古籍总目》反而少，从著录的数量和精确度看，不免是倒退了一步。

　　古籍分类设置丛书部，已有一百多年的历史，但还有不少问题有待讨论。笔者提出的一些问题，可能只是孤陋寡闻，少见多怪，希望能得到文献学家的指教。

2016 年 5 月 11 日初稿

（原载《国学茶座》27 辑，山东人民出版社 2020 年 8 月版）

我与《古籍简报》

　　我是《古籍整理出版情况简报》的老读者，也是老作者。从1958年底创办《古籍整理出版动态》和1960年改版为《古籍整理出版情况简报》（以下简称《古籍简报》）以来，我一直关注着它的情况，并积极为它写稿。当年中华书局总编辑金灿然先生经常告诫我们，编辑工作者一定要及时了解学术界、出版界的情况，这话我至今还铭记不忘。

　　1960年，古籍整理出版规划小组制定的《三至八年（1960—1967）整理和出版古籍的重点规划》，向有关单位和学者分发之后，反应很强烈，所以1961年的《古籍简报》上发表了许多读者意见，特设了"读者·作者·出版者"专栏，发表了许多来信。还可以一提的是1960年是历史剧发热的一年，吴晗先生"破门而出"，自己写了剧本《海瑞罢官》，还号召史学家写戏剧，编了一个《历史剧拟目》，由中华书局代印。金灿然也随风而动，除了1959年就开始分配我整理《海瑞集》之外，还命我写了《关于历史剧的讨论》和《关于海瑞的参考资料》两篇报道，发表于《古籍简报》1961年第4号。为了配合历史剧的讨论，古籍整理出版规划小组组长齐燕铭又提出把《古本戏曲丛刊》第九集的历史大戏提前出版（1964年才出齐),大大助长了历史剧的热潮。我自己也跟风而起,写了一篇《再来一个编写历史小说的繁荣局面》,作为读者来信发在同年的第9号。我用了一个"仲弘"的笔名,后来知道了陈毅元帅曾用过这一字号,就不敢再用了。因此必须说明,这一封来信带来的影响应该由我负责,千万不要引起误会。陈毅元帅曾给中华书局建议的,是整理出版浦起龙的《读杜心解》,正好在那年第15号《古籍简报》上也有所报道,不过没有谈到出书的起因。在1961年的《古籍简报》上,我还参与了《有关弹词的资料和论著》(第9号)和《关于金瓶梅的研究、讨论及资料》(第15号)两文的讨论和整理。

　　1961年是《古籍简报》创办后大发展的一年,是我供稿最多的一年,当然也引起一些麻烦事,其中有一些事情值得我们反思和总结。事隔60年之后,当《古籍简报》刊行第600期之际,不禁又引起我的回忆,写了几句韵语,以作纪念:

　　　　古籍简报,信息不少。

　　　　正反经验,都成财宝。

　　(原载《古籍整理出版情况简报》2021年2期)

《翠微却顾集》序

徐俊同志自 1983 年入职中华书局以来,经历过许多职务,做过各种工作,阅历丰富。1991 年为了纪念建局八十周年,他参与了《中华书局收藏现代名人书信手迹》一书的编选,曾仔细查阅了中华书局的旧档。出于对书法的爱好,他精心选录了许多珍贵的名人书信。他是个有心人,我相信这时他对中华书局的局史已有了大概的了解,对这些信的史料价值,比我们许多早入职的同仁了解得更多。例如他把向达先生的九封信全部收入了,二十年以后他又对这九封信作了考证和阐释,为向达先生的学术传记作了重要的补充。

2006 年以来,徐俊同志担当了修订点校本"二十四史"及《清史稿》工作的重任,由文学专业出身而已学有专长的老编辑转向了历史学科,在边干边学中积累了许多经验,对史部古籍整理有了新的认识,成为中华书局点校"二十四史"的新一代负责人。在修订工作开始时就组织人员仔细清理旧档,访问前辈,建立了深厚的文献意识。"文"是书写的记载,"献"的古训是贤人。如孔子所说的:杞、宋二国的文献不足,所以就不能征之为夏礼、殷礼的史源(见《论语·八佾》)。文献才是历史记载的根源。

　　前贤的记忆还是要靠文字记载才成为"文献",如蔡美彪先生是从点校《资治通鉴》到启动修订点校本"二十四史"及《清史稿》工程唯一的、全面的历史见证人,真是古人所谓的"献",要不是徐俊和他进行过多次访谈,就不会写成《平实而通达的引路人》一文,使我们详细了解了《资治通鉴》与"二十四史"整理出版的缘起。此前蔡先生自己的著作没有在中华出版,只提出了不少评论和建议,对中华书局的古籍整理出版工作评价很高,他认为新中国学术成绩最突出的是考古发掘、古籍整理、民族调查三个方面,真是高瞻远瞩,独具慧眼。他对中华书局寄予了厚望,真是中华书局的老朋友和引路人。我对此才有了新的认识。

　　徐俊同志对历史的尊重,对文献的敬畏,对前贤的追慕,驱使他写出了这些充满热情的文章。本书第一篇《王仲闻:一位不该被忘却的学者》,就是产生于重印《全宋词》时查看旧档而产生的感动。他并没有见过王先生,但看到这些审稿笔记,就情不自禁地发愿要把这份笔记公之于世,让《全宋词》的读者都能记起它的责任编辑和参订者。又如他 1996 年从旧档里看到周振甫先生的《管锥编》选题建议及《管锥编》《谈艺录》的审读报告,深受感动,就用刚学会的技术亲手把近五万字的周先生审读意见全文逐字录入电脑,认真学习,后来就公之于众,显示了他对前辈业绩的珍重,也给编辑界的同仁提供了典范。这些文字里,都深含着他感情的温度。

　　点校本"二十四史"修订工程开始之后,徐俊同志更仔细地查阅旧档,请教前贤,访问老作者的亲属及学生,理清当年每一史的点校过程、体例形成过程和各史特点,尽可能地保持点校本已取得的整理成果和学术优势,在出版之后都做了详细的介绍,足见他对史部古籍整理工作有了深切的理解。最近的一篇《"二十四史"点校整理的回顾与现状》,也是修订工程的一个阶段性总结。我相信在修订版"二十四史"及《清史稿》出齐之后，他还会写出更完整更深入的总结。

"二十四史"的整理出版过程，反映了这二十年间中国学术文化发展的一段历史，也折射了二十年政治气候的变化。必须考虑到，1958年点校工作启动的时候，正是推行"大跃进"的时期，所以宋云彬点校《史记》时，上午还要为炼钢铁而劈柴。历史的进程，总是不以人的意志为转移的。规划、计划，赶不上客观条件的变化。因此我们的工作，总会留下一些遗憾，留待后人继续修订。

在主持修订点校本"二十四史"及《清史稿》的工作中，徐俊对史部古籍整理有了不少新的认识。他对已出的点校本，作了全面的调查和评估，并澄清了一些疑问。正如以中华书局编辑部名义写的《修订"二十四史"及〈清史稿〉缘起》所说的，既保持了点校本已取得的整理成果和学术优势，又如实地说明了修订本的重大突破，最后表明："成为定本"还需要广大读者的考验和后人的不断努力。

我们出版业的工作人员，永远只能向读者表示这样的态度。

整理出版"二十四史"最初是郑振铎先生提出的。毛泽东主席一向号召党政干部要读《资治通鉴》，1953年提出要做标点本，1956年由古籍出版社赶出来了，毛主席很满意，只是批评了精装本太重，拿不动。1958年提出要印"前四史"，以一年为期，经范文澜、吴晗等人请示报告，再扩展到"二十四史"的整理。中央领导只是提出一项任务，本来不会也不必考虑整理出版的具体细节，但进度总是要快。而实际工作的学者，则总是愿意尽自己所能，把工作做得好一些。因而1959年国庆献礼，只有《史记》因为有顾颉刚、贺次君先生的初稿，总算由宋云彬先生赶出来了。点校《三国志》的陈乃乾先生早起还是赶上了晚集，到1959年底才出书。后来前四史到 1965 年才出齐,主要原因是整理者、出版者都出于自己的责任感、使命感,忠于自己的职业操守,想提高学术质量,尽可能提高校勘的要求,追求体例的完善。据说古籍规划小组组长齐燕铭同志 1960 年还提出了"成为定本"的要求,压力很大。后来唐长孺先生的北朝四史、王仲荦先生的南朝五史,全面执行陈垣先生提出的"校勘四法",更增加了整理的难度,拖到 1965 年也没能出书。这都是学术工作者的一片好心,但也产生了一定的负面后果。直到 1976 年,毛主席也没有看到"二十四史"出齐,辜负了老人家对古籍整理工作的厚望。

本来吴晗先生等策划的也是先出"普通本",另出集注本、新注本,这一点恐怕是我们理解不到位,造成了越来越深的深井。吴晗作为明史专家,恐怕也想不到《明史》的标点会遇上那么多难题。1971 年,可能毛主席曾有所关注,张春桥、姚文元企图抢功,2月 10 日先由上海人民出版社发信给文化部五七干校十六连(原中华书局),说是上级指示,"二十四史"的标点任务今后由上海地区承担了。4 月 2 日才由姚文元写信报周总理,意图改由"四人帮"上海爪牙控制的出版机构接管"二十四史"全部的点校工作。幸而周恩来总理及时作了批示:"都请中华书局负责加以组织,请人标点,由顾颉刚先生总其成。"这才抵制了"四人帮"的阴谋。我体会到"文革"中周总理对"四人帮"的抵制是非常坚决而微妙的,记得 1973 年初中央"文革"小组的联络员迟群曾传达,要出《昭明文选》和《词综》、"五朝诗别裁"等书,先由"出版口"打报告请示,准备印了内部发行。周总理也曾批示:不论是不是内部发行,都要照价付钱(大意)。我领悟到,当时许多内部发行的书,都是出版社无偿送阅的样书,数量不少。周总理体谅到出版社的成本负担,才特加了这样的批示。

　　我个人对上级交办的任务,也总想取法乎上,力求保证质量,但往往延误了时间。如1959年接受了编辑《海瑞集》的任务,当时只知道文化部副部长钱俊瑞曾过问此事,吴晗更积极地写了《海瑞的故事》和剧本《海瑞罢官》等,我估计是有上级领导指示的,所以努力做了校勘、标点、辑佚的整理工作,屡次统版改版,拖延到了1962年底才出书,海瑞已经被看作彭德怀的替身了。到"文革"时,出版《海瑞集》更成为总编辑金灿然的一大罪状,我也陷入了说不清的困境。又如1962年3月,周扬曾指示要出老专家过去的论文集和专著,周一良先生的论文集就是一个例子,也因误了时机,到1964年就不敢公开发行了(详见本书《周一良〈魏晋南北朝史论集〉出版轶事》一文)。还是1961年,周扬写了一个条子,要出徐文长、汤显祖、郑板桥的集子,交到中华,我又接受了编《徐渭集》的任务。也是一再改版,拖延到1965年才打出纸型。那时文化部已经挨批了,就不敢付印,压到1983年才印出来。因此我的经验教训是上级交付的任务一定要快赶,但又不能草率从事,忙中出错,这使我非常困惑。1973年,我又接受了中央交办的重印《昭明文选》的任务,不敢排印,就提出影印宋刻本的方案,居然被批准了。当时乘机多印了一些,内部卖给曹道衡、袁行霈等专家学者,还办了一件好事。但是排印书还是要认真整理,取法乎上,否则就背离了我们的初衷。

　　1976年,大概是5月份,出版口下达命令,毛主席要看大字本《李太白全集》,中华、商务当时合署办公,社领导动员好几位同仁加急点校,委派周振甫先生和我负责定稿发稿。这次我们不等全书定稿,分卷发排,流水作业,打出一卷清样就送一卷到中央"文革"小组,大约送出了不到十卷。直到9月8日夜22点,我和校对科的好几位同事还在新华印刷厂加班校读清样,不料9月9日凌晨毛主席就去世了,不知他真看到了没有。这次我是急事急办了,可惜还是没赶上。

我个人的一点经验教训,也愿与同仁们共享。顺便写下来作为文献资料,附在徐俊的骥尾之后,借以纪念中华书局的110周年。

本书题名为《翠微却顾集》,化用了李白的诗句,与中华书局上世纪"翠微校史"的佳话相衔接而增加了诗意。"翠微校史"的佳话,最早是1963年王仲荦先生等入住翠微路中华书局宿舍时说起的(王同策先生在《翠微校史的日子里》一文中,记罗继祖先生的话,王仲荦先生曾提议罗先生画一幅《翠微校史图》,可惜没有实现,现存只有一张在陈垣先生家里拍的照片。赵守俨先生哲嗣赵珩兄写有《翠微校史:西北楼里的大师们》一文,已传为佳话)。本书里的文章已成为中华书局局史积累的史源文献,也是中国现代学术文化史史料的一个部分。因此徐俊把这本书加上"中华书局与现代学术文化"的副标题,并不是自我夸张。

本书为现代的多位专家学者补写了外传,但不是"儒林传",而是艺文志的大序。这些文章,都是中华书局局史长编的资料,也是现代学术文化发展史长编的资料。徐俊在清理档案文献中不断提高了他的史才、史学和史识,而他对前辈业绩的热情爱护,则养成了工作中的一种史德。我感到遗憾的是,中华书局有一时期的部分档案,竟流失在外了。徐俊从网络上搜索到了一些残片,稍稍得以补救,也算是拾遗补缺了。

徐俊同志委派我为本书写一篇序,我对这些书和人还略有所知,为"二十四史"只做过极小极少的一点工作,但义不容辞,勉力写了一点随感,聊以应命。通读本书,深为感动,不禁情发乎中,谨以小诗一首为赞:

书共人长久,绵绵史可征。

中华文与献,千载树常青。

2021 年 11 月 11 日

(收入徐俊著《翠微却顾集——中华书局与现代学术文化》,中华书局 2022 年 1 月版)

时刻要警惕古籍里的暗礁

骈文是古代文学中的一种文体,运用对仗作为主要的修辞手段。早在《周易·乾》卦里就有了这样的句子:"同声相应,同气相求。水流湿,火就燥。云从龙,风从虎。"基本上就是对仗句了。《诗经》里也有这样的对仗句:"喓喓草虫,趯趯阜螽。"(《召南·草虫》)"昔我往矣,杨柳依依;今我来思,雨雪霏霏。"(《小雅·采薇》)《楚辞》里也有这样的对仗句,《九章·涉江》:"与天地兮同寿,与日月兮同光。"《离骚》:"朝饮木兰之坠露兮,夕餐秋菊之落英。"这种句式就成为对仗的起源,到了汉赋里越来越多,经过历史的发展,出现了一部分不押韵的赋,后人就称之为骈文。

骈文全篇或大部分用对仗句,在魏晋南北朝大为流行,而且还用了大量的典故辞藻,到唐代就成为普遍流行的文体。最著名的如王勃的《滕王阁序》、骆宾王的《为徐敬业讨武曌檄》,都是典型的代表作。再到宋代有所发展,称为"四六",因为它主要都是四言、六言的句子。中唐时韩、柳等人提倡古文,对骈文有所批判和抵制,但它始终没有退出文坛。唐代之后还有不少新的发展。

骈文是中国文学的一种特殊文体,在文学史上有一定的地位,影响很大。但它的弊病也很大,在"五四"时期钱玄同曾把推崇

《昭明文选》的人称为"选学妖孽"。此后就极少人去学习和拟作了。王力先生在《古代汉语》讲义里曾讲过骈文的特点,也选讲了两篇范文。但读者学习的重点不在这上面,往往忽略了。

骈文在中国文学史上确实起过较大的影响,近年有关骈文的论著和选本也有不少新著。我最得益的是程千帆、吴新雷两先生的《两宋文学史》中《宋四六》一章,他们把骈文发展史的重要环节——四六——讲得非常清楚明白了。骈文到明清时期没有多少发展,有的趋向通俗化,融合到小说戏曲里去了。有的倒退仿古,回到魏晋南北朝"八代之衰"的老路,又偏爱用冷僻典故,炫示才学,甚至走上了八股文截搭题的斜道,因此在"五四"时期"选学"被骂为"妖孽",也是事出有因的。程千帆、吴新雷两位先生在谈到清人小说《燕山外史》时就指出:"但它的出现,一方面固可证明四六不宜叙事,另一方面,也可证明四六影响之大。"(上书 529页)

关于前一方面,我还要补充一个典型的例证,即在《燕山外史》之前,就有一部屠绅的《蟫史》,在小说里用了许多对仗,有的还是用在人物的对话里,因而造成了断句的困难。例如:

> 将领不可以木偶爲也;職官不可以萍蹤聚也。曾統千百人,不知其痛癢。謂之木偶,徒爲升斗計。無志於公忠,謂之萍蹤,同病而不相憐,依古然矣。(人民文学出版社 1992 年版 19 页。以下只注页数。)

这是一段骈体文,"謂之木偶"和"謂之萍蹤"就是两个对仗句,因此这几句应该读作:"曾統千百人,不知其痛癢,謂之木偶;徒爲升斗計,無志於公忠,謂之萍蹤。"在"癢"字、"計"字下加了句号就不通了。

又如:

隸也不力,西道分馳,乃下策縋城,狼尾將寠,而前軍伏
甲,鳶肩忽來,竟解越石之圍(引者注:越石,晋刘琨字,曾吹胡笳解
匈奴之围),免遭平原之縊(引者注:唐颜真卿,官平原太守,被李希烈
縊死),還轅告捷之事。遑敢與知,請室乞哀之文。僅能爲役。
(同上 60 页)

这一段里,逗号、句号用得不对,就令人莫名其妙。如果注意到"狼
尾"和"鳶肩"两个关键词是对仗,由此就可以把这两句断为:"乃
下策縋城,狼尾將寠;而前軍伏甲,鳶肩忽來。"下面的一联之后,也
应读作:"還轅告捷之事,遑敢與知;請室乞哀之文,僅能爲役。"

又如:

徒以李贊皇品水,趙學究多金,爲聖主所疑,讒人置喙,然
大范老子。豈真元昊能欺,漢飛將軍,畢竟匈奴畏服,此行也。
常則爲太傅(疑当作傳)之奕(当作弈。引者注:这句应是用谢安破
符坚的典故),諸將不驚。變則爲臨淮之刀(引者注:"臨淮之刀"
是用唐临淮王李光弼的典故)。大臣無辱,鼎不敢情牽別袂,固將
望切歸旌耳。(同上 234 页)

这一段话里,"大范老子"与"漢飛將軍"是对仗的关键词,不该用
句号断开,句号应移在其前的"喙"字之下。后面的"服"字下也应
加句号断开,中间"豈真元昊能欺"句用分号分成上下联,关系就
清楚了。下面"此行也"三字是一个转折句,应用逗号,"臨淮之
刀"与"太傅之弈"是对仗,不能用句号,句号应改到"辱"字之下,
而在"驚"字下用分号。

又如:

故撲朔之兔,相馴焉而學婦隨,雖畢羅之鴛,過狎者或爲
朋比,堅當吾始殁,枕股而哭,傷神不言,令人增分桃之義,氏
及彼先亡,黄頭毀形,青翰沉影,與世矯置幕之風。……乃堅

已降爲嘉種。尚書郎貴不易交，氏猶隔是衆生；薄命妾冥無墮行，固其所也。抑有求焉，或其柳毅歸來，結前緣于盧氏；韋皋老去，感再世之玉簫。（同上 276 頁）

这一段里，断句都没错，可是对仗关系没有弄清楚。文中的"堅"字指余抚军的前身金堅，"氏"是牛氏自称。校点者对大多数四六句的分句都用了分号，但这里却用了一连串的逗号，不免头绪混乱了。第一联里"兔"和"鴛"相对，"婦隨"之下就应该用分号，"朋比"之下应该用句号圈断。第二联"堅"与"氏"作对举，则"分桃之義"之下也应该用分号断开。这是一副长联。尤其是下面一联也是"堅"与"氏"相对，以下这几句就应该标点作："乃堅已降爲嘉種，尚書郎貴不易交；氏猶隔是衆生，薄命妾冥無墮行。固其所也，抑有求焉。"（"柳毅""韋皋"都是用唐人小说的典故。）

　　从《蟫史》校点本就可以看出屠绅爱用骈体，爱用典故，实在是逞才炫学，博士买驴，废话连篇。明代的"诗文小说"大量插入诗词，已是误入歧途，但对话里用骈体文的还不多。《蟫史》里的对话则大量使用骈体，不管场合和人物的身分、性格，一开口就是公文式的语言，令人读之生厌。这和《聊斋志异》在对话里适当运用口语正好成为对照，两者的得失成败可以不辨自明。

　　《蟫史》的影响不太大，主要是负面的影响，就是不要人读懂。以上我举了好几个例句，主要是说明屠绅写小说的方法不宜推广，连标点本书的相当专业的整理者也没有完全读懂，那么，教一般的读者又怎能读懂呢？

　　另一方面，关于证明骈文影响之大，当然也有其积极的一面，可以增加修辞的手段。但我还要补充一点，就是清人的骈文走向台阁体，弊大于利，负面的影响更大。在清末人的骈文里还有重大的发展。骈文不宜于叙事，也不宜于说理。手头有一篇清人潘祖荫写的《仪顾堂题跋序》，是我偶尔翻到的例证，很有典型意义。
先看原文的开头一段（这里先按中华书局 2009 年版《仪顾堂书目
题跋汇编》的标点本引录）：

> 　　晁、陳解題，歐、薛著録，各矜偏嗜，遂號專家。至若邯鄲
> 圖籍，附以《書畫》之志；夾漈《金石》，次於《校讎》之略。四水
> 潛夫、慶湖居士、金壇蒚壁（疑當作壁）、莊肅蓼塘、虹月、鷗波之
> 舫，墨林、青父之齋，雖亦塞屋充箱，連椟照軫，而部居僅分，流
> 略不别。是猶庪縣偶設，未必審音；牢膳雜陳，鮮能知味。惟
> 我同年陸存齋觀察，博物贍聞，深識宏覽，四部七略，百宋千
> 元，令適逸文，髻鬘殘齾，莫不簿録精審，異佳有裁，裒然巨編，
> 爲世津逮。頃又輯刻《題跋》都十六卷，郵來問序。觀其刊落
> 野言，糾正譌字之義，牽連如瓜蔓之抄，精詣絶特，有風葉之
> 喻，推之京蜀相臺、撫建公庫、麻沙書帕等，諸自鄶支那足利，
> 間亦用夷。版刻源流，收藏姓氏，剖析異同，如指諸掌。夫潛
> 研《跋尾》，但詳古刻；簡莊《跋文》，不出群經。桃溪、篁里，雖
> 亦兼綜其學，其識更非二家之比。

一开头就是四六句的骈文，我不得不先对几个辞语做点考查，以便
分析。"邯郸"应指宋代李淑的《邯郸图书志》，它分列有"书画"等
十个志；下面对句的"夾漈"，应指宋代郑樵的《通志》，它分列有
"校讎略""金石略"等二十略。这一联以地名作对，分指书目。下
面"四水潛夫"指周密，"慶湖居士"指贺铸，还比较好查，再下面
"金壇蒚壁"却比较难查了。金坛人很多，有名的首推段玉裁，他
在潘祖荫之前，可能引入藏书家之列，但恐怕与前后人物不相称。
而"蒚壁"则疑指宋末人金应桂，字一之，号蒚壁。他不是金坛人，
是临安府钱塘人，入元后隐居西湖南山风篁岭，筑蒚壁山房。书学
欧阳询，画学李公麟，当时目为"二绝"。见《画史会要》卷 3、《绘

事备考》卷 7、《宋季忠义录》卷 14 及所题《薛道祖三帖跋》（据《全宋文》卷 8287）。他算不上藏书家，但下句的"莊肅"却确是藏书家。

庄肃，字恭叔，号蓼塘，上海人。藏书八万卷，见《藏书纪事诗》卷 2 引《松江府志》《辍耕录》《山居新语》等书。按：另有一个庄肃，字公肃（不作恭叔），也是上海人，著有《画继补遗》，《四库全书总目提要》存目误作无名氏《画纪补遗》，有《四库存目丛书》本。疑即一人。

庄肃和蓼塘是一个人，那么金坛和苏璧又是什么关系呢？金应桂不是金坛人，或者他又名金某而误作"壇"，否则是潘序的对仗出了问题，有待续考。

再往下看，"虹月、鷗波之舫"，"鷗波"应指元赵孟頫的藏书室，见《藏书纪事诗》卷 2 引《式古堂书画考》等书。

下句"墨林、青父之齋"是两个地方，"墨林"指项元汴，"青父"指张丑，都见于《藏书纪事诗》。可证上句"虹月""鷗波"也该是两个藏书处。按：元人柳贯《三月十日观南安赵使君所藏书画古器物》诗，中有"是家素号虹月舫，载画盈簏书盈车"两句（《全元诗》25 册 128 页），似即南安赵使君的藏书室。不过这个藏家却很少人提到过，有待续考。

下面说"四部七略，百宋千元"都是用藏书的典故。但接着"令適逸文""髻墾殘甓"则是用了僻字僻典，"令適"见于《诗经·陈风·防有鹊巢》的毛传，是"甓"的合音，砖也；《说文》："甓，瓴甓也。""髻（kuò，不是髻）墾"，见于《周礼·冬官·旊人》的郑注，意为欹斜不正，"殘甓"指残损的陶器。《说文》："甓，瓴适也。"这些词语不加注释就无法读通。

再后，"京蜀相臺、撫建公庫"，都是刻书的地方，接着说："麻沙書帕,等諸自郐;支那足利,間亦用夷。"

"麻沙"指福建刻书坊集中地建阳县麻沙镇。"書帕"一词,是古代官员送礼的一个名义,并非专名,而下句中的"足利"是指日本的足利学校所藏的中国古籍,对仗就嫌不工了。下面"等諸自郐"与"間亦用夷"作对,"自郐"两字取《左传》襄公二十九年"自《郐》以下无讥焉","用夷"两字取《左传》僖公二十七年"用夷礼",对仗用典非常工整,可是断章摘字,却近于八股文截搭题的手法了。我们标点时要不要给它加引号呢?

下面的"潛揅"指钱大昕,有《潛揅堂金石文字跋尾》;"簡莊"指陈鳢,有《经籍跋文》。"桃溪"疑指吴骞,著有《桃溪客语》,桃溪是他所居的小地名,藏书有拜经楼,号称"千元十驾"。其子寿旸辑为《拜经楼藏书题跋记》。"筤里"疑指张廷济,字叔未,居新筤里,有《筤里纪事诗》。这两家都见于《藏书纪事诗》。(后面两句,《叶昌炽集》作"其學其識,更非二家之比"。)

后面又用了许多典故,更难懂的句子如"文章新集,在义熙之初;志雅杂钞,本善和之积。弇山宅子,不减春明;若水签题,半归秋壑"。"义熙之初"大概指陶渊明在东晋义熙年之后就不记年号;"志雅杂钞"应指周密的《志雅堂杂钞》。"善和之积",可能出自柳宗元《寄京兆许孟容书》:"家有赐书三千卷,尚在善和里旧宅,宅今已三易主,书存亡不可知。"下面"弇山"不大可能指金皋的《弇山堂诗文稿》,(清金武祥《粟香随笔》卷4:"从伯枚偶先生名皋,号曙洲,十龄即善属文,尤好为诗歌。嘉庆甲子,举京兆试第六名。闱艺惊才绝艳,传诵一时。有《弇山堂诗文稿》,经燹不存。")因为书已不存,并无影响,或为"弇山"之讹。"春明"疑指宋敏求所住的春明里,家富藏书。"若水"更为冷僻(冯贽《云仙散录》有一条说:《唐馀录》曰:"倪若水藏书甚多,列架不足,叠窗安置,不见天日。子弟直日看书,借书者先投束修羊。"),倪若水是唐代人,但《唐馀录》是宋人王皞的著作,所记唐代事就不大可信,而《云仙散录》更是一部伪托的书。从下面说"半归秋壑"看,"秋壑"是贾似道的号,该是宋代的故事。再考查贾似道的资料,周密《癸辛杂识》后集《向氏书画》说:

> 吳興向氏,后族也。其家三世好古,多收法書、名畫、古物,蓋當時諸公貴人好尚者絕少,而向氏力事有餘,故尤物多歸之。其一名士彪者,所畜石刻數千種,後多歸之吾家。其一名公明者,駴而誕,其母積鏹數百萬,他物稱是,母死專資飲博之費。名畫千種,各有籍記,所收源流甚詳。長城人劉瑄,字困道,多能而狡獪。初游吳毅夫兄弟間,後遂登賈師憲之門。聞其家多珍玩,因結交,首有重遺。向喜過望,大設席以宴之,所陳莫非奇品。酒酣,劉索觀書、畫。則出畫目二大籍,示之,劉喜甚,因假之歸,盡錄其副。言之賈公,賈大喜,因遣劉誘以利祿,遂按圖索駿,凡百餘品皆六朝神品。遂酬以異姓將仕郎一澤公明,稇載之,以爲謝焉。……景定中,其祖若水墓爲賊所劫,其棺上爲一槨,盡貯平日所愛法書、名畫甚多。

这个若水原来姓向,是宋神宗向皇后的家族。他家所藏书画有一部分归了贾似道,这是很冷很僻的典故。晚清文人写骈文特别爱用冷僻的典故,成为一种风气,尤其是用到清代的今典,给后人造成了许多麻烦。

因为这篇序文堆砌了许多典故,有些还是新典,我们读不懂时,要打破许多谜才能断句。这类骈文给我们添了麻烦,成为水下的暗礁。我曾给青年同志讲过,整理古籍要学一点骈文,还要努力查工具书。必须说明,我们不是鼓励今人学习和再来拟作骈文,不是为"选学妖孽"平反,我们可以批判它的弊端,对它作出负面的评价,但是在整理古籍时还是要懂得它的格律,不能绕过这种暗礁。我们要有对仗的知识和意识,对读不通的文章要辨别它是散文还是骈文,找找有没有相对的关键词。不仅诗文集和古籍序跋里有骈文,史书和诏诰公牍里往往也用骈文,因此所有从事古籍整理的同仁都需要注意,务必时刻警惕书中的暗礁。放松了警惕,还会造成标点前后的不一致。例如《刘克庄集笺校》的附录(中华版7577页),洪天锡《为刘克庄请谥议》中有两句:"生前殊常之眷,既幸邀于先皇身后;节惠之荣,不无望于嗣圣。""生前"对"身后",一望而知是一联对仗。笺校者对全书做了很详细的注,本文前面的四六句也都加了分号,可是在这里却疏忽了,把对句断成了破句,不免是百密一疏。

应该说明,笔者对上举例句的解释,大多是借助于《中华经典古籍库》电子版的检索,才查出了一些典故的来源,要不然有些问题是几乎无法解决的。以往高等院校中国文学史课程上,老师一般不讲文体发展史的知识,很少教师会讲骈文的特点和流变,所以前一时期的古籍整理者往往在标点上产生失误,这是不足为怪的。另外,我还发现,这篇序文实际上是潘祖荫的门生兼幕僚叶昌炽代他写的,见于中华书局版的《叶昌炽集》第360页,文字略有出入,可以互校。如文中"庪县偶设"句,《仪顾堂题跋》作"庪悬","庪县"一词见《尔雅·释天》"祭山曰庪县",注云"或庪或县,置之于山"。《叶昌炽集》用了简体字,此字却不误。

如果掌握了对仗的规律,骈文实际上比某些古文还易于断句。鲁迅曾说:

> 不过倘使是调子有定的词曲,句子相对的骈文,或并不艰深的明人小品,标点者又是名人学士,还要闹出一些破句,可未免令人不遭蚊子叮,也要起疙瘩了。(《点句的难》)

鲁迅只是借以讽刺某些反对白话的"名人学士",说话不免有些偏激。但根据我多年来读书和审稿的经验教训,骈文的标点往往最容易出错。这在新印的通俗小说的序跋和赋赞里也常能发现,几乎已成为一道难关。因此我要再一次提出警告。当然,古籍整理最好要先读懂全文。夏鼐先生曾提出一个设想,整理古籍要先做注释后加标点,这一要求虽然在理论上是正确的,但目前很难实现,我们只能从一部分急需做值得做注释的书做起。例如《蟫史》那样的小说,是不是值得为它作注,还是一个值得研究的问题。

　　　　　　　　　　　　　　　2020 年 12 月 6 日初稿

　　　　　　　　　　　　　　　2021 年 12 月 26 日改定

关于提升古籍整理出版能力的几点思考

——从《老学庵笔记》的版本说起

陆游的《老学庵笔记》是宋代笔记的一部代表作。1979 年中华书局《唐宋史料笔记丛刊》里出版的点校本,第一版就印了18000 册,影响很大。书中有一些缺点,如语言学家吕叔湘先生在《整理古籍的第一关》里指出的三条(载《出版工作》1983 年 4期),王迈先生在《古书标点失误举例》里举出的两条(载《中国语文》1983 年 5 期),宋史专家徐规先生的《〈老学庵笔记〉订误》里指出的 28 条中的 24 条标校失误(载《杭州大学学报》1998 年 1期),其馀四条为原著的问题。书中最突出的 104 页上一副对联标成两段失对的散句,是王迈、徐规两位先生都提到的。最近又发现启功先生一封给我的信,专对《老学庵笔记》校点提出的意见,非常珍贵。可是我毫无印象,可能是当时随手转给了古史室,也可能这封信并未寄出,最近才从他家里发现的。启功先生的意见里,很注重原著的避讳字。如:

　　p.2,行 6,元颜亮,完为钦宗赵桓嫌名,放翁避之改用元。此可存其原字。

　　p.7,行 4,文正,贞为赵祯之嫌名,宋人改为正,是为避讳,似可存其原字。

　　p. 12,倒 3 行,惟谨而已,此谨字为慎字之换用者,以避赵慎之讳。

　　p. 13,行 5,元颜璟(见上)。

最后,启先生还提出:

　　书中原用避讳字是否回改问题,鄙意仍存原避之字而出校记。否则一律回改,田登自讳其名,放灯改为放火,又将如何回改?

可见他对此问题非常重视,关注的是原著的历史背景。关于校点的问题,提了四十多条勘误,与上述三位先生提的意见有不少共同的看法,如 104 页上对联的标点错误,他也指出了。然而多次重印后还是没改对,到《中华经典古籍库》制成电子版时还按第一次印本照样录入,这是很大的遗憾。

　　前些年新整理出版的一种《老学庵笔记》,改用《稗海》本为底本,作了比较简明的校勘,在点校说明中还表明参考了中华版的点校本,有一些改进的地方,可惜没能充分吸收前人今人已有的成果,包括各界读者的反馈,如这个新整理本的 119 页,“晁之道为明州船场”一条,校记说:“‘之’原作‘以’,据《宋史》本传改,下同。”这个“本传”是谁的? 原书“晁以道”各本都同,“以道”是晁说之的字,“之道”是晁詠之的字,两人是同宗兄弟。晁说之《宋史》无传,但《宋史·艺文志》里有好几种晁以道的著作。《老学庵笔记》卷 9“近世名士”条就明说“晁以道说之,一字伯以”。而卷 1 这条所说他“为明州船场”,还有陆游的《吏部郎中苏君墓志铭》为证(《渭南文集》卷 39):“城东有造船场,晁公以道坐元符上疏,锢不许亲民,来为船官,所著书及文章最多,邦人至今言晁朝散。公慨然为筑祠立碣,致其师尊之意。”书中多次出现“晁之道”,不能以“下同”来概举。中华版卷 3"石藏用名用之"条有"晁之道",校记【13】定为晁詠之,是正确的。其馀"晁以道"都不出校,说明不是一个人。上述那个新版本 171 页又改了一次"之道",174 页出现了一个"晁之道",则是排校之误。更突出的硬伤是卷 3 第 150 页"初虞世字和甫"条,把"初"字独立,加了逗号,人名就改成"虞世"了,不知道初虞世是宋代的名医,著有医书《养生必用方》,见于庄绰《鸡肋编》、周密《齐东野语》等笔记和书目。笔者曾引用本条写过考证,见《从王安石的次子谈校书之难》(载《古籍研究》1996 年 3 期)。

最近,见到浙江古籍出版社版的《陆游全集校注》,书中也收有《老学庵笔记》,薛玉坤先生的校注非常详细,这一条的注作:

> 初虞世,北宋名医。与黄庭坚最为友善。宋朱彧《萍洲可谈》卷三:"初虞世和甫,名士善医,公卿争邀致,而性不可驯狎,往往尤急于权贵。每贵人求治病,则重诛求之,至于不可堪,所得赂旋以施贫者。最爱山谷黄庭坚,尝言'山谷孝于亲,吾爱重之'。每得佳墨精楮奇玩,必归山谷。"黄庭坚有《绝句赠初和甫》《和韵答和甫庐泉三首》诗。又,晁公武《郡斋读书志》卷一五著录其《养生必用方》十六卷,且云:"虞世,本朝士,一旦削发为僧。在襄阳,与十父游从甚密。"

再看,前面卷 3 第 119 页那条,《陆游全集校注》的注作:

> 晁说之,字以道,一字伯以,济州巨野(今山东巨野)人。因慕司马光为人,自号景迂生。神宗元丰五年进士。哲宗元祐初,官兖州司法参军,绍圣时为宿州教授,元符中知磁州武安县。徽宗崇宁二年,知定州无极县。后入党籍。大观、政和间监明州造船场,起通判郴州。宣和时知成州,未几致仕。钦宗即位,以著作郎召,除秘书少监、中书舍人,复以议论不合,落职。高宗立,召为侍读,后提举杭州洞霄宫。建炎三年卒,

年七十一。事具其《嵩山文集》附录、《宋诗纪事》卷二
八。……《渭南文集》卷一八有《景迂先生祠堂记》，言"其为
船场，则大观、政和间也"。《延祐四明志》卷一："景迂先生晁
说之以道以元符上书党人监明州造船场。"《至正四明续志》
卷一二："晁景迂大观庚寅冬为四明船场。"事又具晁以道《嵩
山文集》卷一八《康节先生谥议后记》。

那就更清楚了。这才是现有《老学庵笔记》最好的版本（可惜的
是，书中有些繁体字与简体字混了），才是后出转精的新版本了，值
得推荐和学习。

　　当然，不同的读者有不同的需要，白文本也可能还有修订重印
的机会。认真修订好一部曾有缺点的重点书，其社会效益可能不
亚于新出一部非重点的书，比低水平的重复自然更好。即使暂时
收不回投入的成本，也应该考虑取法乎上。最近中办、国办印发的
《关于推进新时代古籍工作的意见》，提到了"提升古籍整理研究
和编辑出版能力"，涉及统筹安排分体裁、题材、地域的通代断代古
籍整理工作。现在按地域编纂的大型丛书项目不少，常有交叉重
复的品种。为了节约资源，提高质量，可以参照大丛书《江苏文
库》的方式，设置"精华编"，采用兄弟出版社已出的书，开列一个
存目。江苏省委宣传部主持的《江苏文库》，一般的书都由凤凰出
版社承担，其中全国性的名家名著则分别采用其他出版社的书，列
为"精华编"，我觉得这样的策划值得推荐。例如中华书局版黄寿
成点校的《隋经籍志考证》，是以苏州人王颂蔚的批注本为底本
的，就可以推荐给《江苏文库》的"精华编"。又如《叶昌炽集》是江
苏人的名著，中华版略有不足，且用了简体字，如果修订后也不妨
推荐给《江苏文库》，或可节约人力物力，避免低水平的重复，同时
也保护了初次整理者的著作权。

　　《意见》中还提到了"强化人才队伍建设"问题,确是迫切又长期的任务。需要有条件的高等院校与存藏机构、出版单位、数字化企业联合试办一些"产学研"相结合的基地,反复实践,以重点项目为任务,创造经验,逐步推广,但不要太多变动高校古委会原来的设置和规划。要完善古籍工作成果评价办法,加强古籍优秀成果评选推荐工作。各专业机构要及时评审本单位的古籍整理成果,不能以出书为唯一标准。各出版社有各自的计划,出书有一定的流程。现在往往因为整理者需要参与评审,竭力催促加快出书而省略了必要的编审工序,造成质量问题。这个问题比较突出,值得认真讨论。出版社对于青年编辑,要给予充分的审稿时间,还要留给阅读"课外书"的时间,不鼓励加班加点。最近看到古籍修复和人工智能的文章,觉得要抓紧培养既懂古典文献又懂智能科技的复合型人才,这也是急需研究的课题。

（原载《中华读书报》2022 年 6 月 22 日 6 版）

略谈明清传奇小说

——兼评《稀见珍本明清传奇小说集》

　　"传奇"是唐代小说的一体。按宋代人的说法,"传奇体"是从裴铏的小说集《传奇》而得名的(见陈师道《后山诗话》)。还有其他不同的说法,这里我们暂不讨论。关于传奇小说的特点,也有许多不同的解释,据陈师道的记述,主要是"用对语说时景"这一条,就是说多用骈偶的词句来描写场景和叙事拟言。这一点确是《传奇》的特色。但并非所有唐人小说都具有这种特色。另一位宋代人赵彦卫在《云麓漫钞》卷8中讲到,唐代举人用《幽怪录》《传奇》作温卷,因为这种小说"文备众体,可以见史才、诗笔、议论"(他并没有称之为"传奇")。这话虽不全面,但有一定的道理。"史才"和"议论"是从《左传》《史记》以来的史传都具备的,只有"诗笔"才是唐代小说添加的新东西,最足以体现唐人"一代之所胜"。唐代小说主要的艺术特色之一就是具备了诗的语言,诗的意象,诗的韵味。当然,也并非所有唐人小说都是用到"诗笔"的。

　　唐代人并没有用"传奇"来统称他们的小说,南宋人只把"传奇"和神仙、灵怪、烟粉并举,作为戏曲、话本题材分类的名称。大致同时,谢采伯《密斋笔记》自序说:"要之无牴牾于圣人,不犹愈于稗官小说传奇志怪之流乎?"才把传奇作为小说的一种通称了。
元人虞集《写韵轩记》对传奇做了比较具体的解释:

> 盖唐之才人,于经艺道学有见者少,徒知好为文辞,闲暇
> 无所用心,辄想像幽怪遇合、才情恍惚之事,作为诗章答问之
> 意,傅会以为说。盍簪之次,各出行卷,以相娱玩,非必真有是
> 事,谓之传奇。元稹、白居易犹或为之,而况他乎。(《道园学
> 古录》卷 38)

虞集也沿袭赵彦卫的说法,认为传奇小说曾作为"行卷",但用来
"以相娱玩",那就只是文人聚会时"昼宴夜话"的消闲读物了。他
对传奇的评述是"想像幽怪遇合、才情恍惚之事,作为诗章答问之
意",主要是从题材着眼的。他又指出了"非必真有是事"的特征,
注意到了传奇小说的娱乐性和虚构性。这是最早为传奇定性的解
释。这里,戏剧化的"传奇性"开始取代了辞章化的"传奇体",就
揭示了唐代小说的普遍特征了。元明清的戏曲常被人称作"传
奇",正是从它的戏剧性得名的。我们应该注意到,今天文艺评论
中通行的"传奇性"一词,也是从传奇小说衍生而来的。所谓"传
奇性",似乎更能说明这类小说的特点。现代人也常用"传奇"来
作小说、戏剧的题目,注重的是故事的"传奇性"。按《现代汉语词
典》"传奇"条的第三个义项:"指情节离奇或人物行为超越寻常的
故事。"(商务印书馆 1996 年 7 月修订第 3 版,194 页)这个解释对
古代小说也同样适用。我觉得今天我们所说的"传奇性"一词就
是根据这一意义引申而来的。从"传奇体"演进到"传奇性",可以
说是传奇小说发展的一大特征。

　　明代人才把"传奇"作为唐代小说的通称,主要是指其中篇幅
较长的、艺术性较强的作品,与"志怪"相区别。明人胡应麟《少室
山房笔丛》卷 29《九流绪论》对小说做了分类:

　　　　小说家一类又自分数种,一曰志怪,《搜神》《述异》《宣
　　室》《酉阳》之类是也;一曰传奇,《飞燕》《太真》《崔莺》《霍
　　玉》之类是也;……至于志怪、传奇,尤易出入,或一书之中二
　　事并载,一事之内两端具存,姑举其重而已。

明代人编印的《唐人百家小说》里分别收录了偏录家、琐记家、托
讽家、传奇家四类作品,传奇家就有韩愈《道士弥明传》等五十六
篇①。其中不仅有许多并非传奇小说的志怪类作品,而且还有许
多伪书,即鲁迅所说"妄制篇目,改题撰人"的版本。后来汇编入
《五朝小说》时又删改为十六篇。《宋人百家小说》也大体如此。
《五朝小说》里的《魏晋小说》也列有传奇家一类,其实是后人伪托
的作品,把魏晋人的志怪小说也改称传奇了。《皇明百家小说》则
不分什么传奇家和偏录家、琐记家了。

　　鲁迅选编的《唐宋传奇集》只收单篇流传的作品,因此给人造
成了一种错误的印象,似乎传奇只是单篇流传的小说。这只是误
解。人民文学出版社所出张友鹤选注的《唐宋传奇选》已经纠正
了这种误解。唐宋传奇经过鲁迅等前辈的介绍,已为广大读者所
知了。明清有没有传奇小说,或者说哪些作品可以算传奇小说,恐
怕还会有不同的意见。因为对传奇文体的解释,比较公认的标准
如有意的虚构和"文采与意想"等,基本上是一个艺术鉴赏的估
价,评定时有一定的主观随意性,比较难以掌握;只有"篇幅曼长"
是一个客观标准,但也没有字数多少的界定。各家小说史的论述
不无差异。但明清时期确有不少相当好的古体小说,以往可能因

────────────

①　需要说明,单行本《唐人百家小说》(北京大学图书馆藏)原有传奇家一
　　类,我整理阅读笔记时匆促疏漏,在《唐代小说文献研究》一文(载《唐研
　　究》第5卷)中误称没有传奇家,应予更正。在此谨向读者及引用者
　　致歉。

为大家集中注意于通俗的近体小说而被人忽视了。如鲁迅的《中国小说史略》对明人的《剪灯新话》，只在《清之拟晋唐小说及其支流》一篇前带了一笔，说它"文题意境，并抚唐人，而文笔殊冗弱不相副"。其馀的作品就一概不提了。近年来由于小说史研究的深入，又从国外引渡回来了一部分明代古体小说的选编本，国内也发掘了一些明代小说的专集和总集，不少人逐步注意到了明代的传奇小说。虽然新发现的佳作并不多，但是改变了明代以后通俗小说一枝独秀、小说史只有半壁江山的偏颇。从而引起了我们的思考，唐宋传奇与《聊斋志异》之间，传奇小说史是不是就是一段空白呢？

且不管传奇小说的定义还有待深入研讨，明清有不少文言的古体小说已经引起了学者和读者的注意。近日由薛洪勣、王汝梅主编的《稀见珍本明清传奇小说集》就是一部目前收录最多、校订较精的选读本（吉林文史出版社，2007）。这部选集为我们了解明清传奇小说提供了基本的资料。它至少有三点值得我们赞赏。

第一，编者开发了许多以前不为人注意的新资源，扩大了我们的视野。如周礼的《湖海奇闻集》、玉峰主人的《钟情丽集》、佚名的《丽史》、陈鸣鹤的《晋安逸志》、谢肇淛的《江妃传》、叶绍袁的《窃闻》、吴骞的《扶风传信录》，乃至曾氏的《起事来历真传》、佚名的《汉宫春色》等，都是前人不大注意的。特别是明代的作品，发掘了不少新资料。这对我们研究《聊斋志异》之前传奇小说的发展，有很大的裨益。元明时期的传奇小说，对于唐宋传奇既有继承也有发展，特别是宋远的《娇红记》（编者认为是明代佚名所作，这个问题将另行讨论），在小说发展史上有一定的创新意义和历史价值（参看拙作《〈娇红记〉在小说艺术发展中的历史价值》，《许昌师专学报》1990 年 2 期）。明代的《剪灯新话》系列，就是与《娇红记》一脉相承的。即使它是明初的作品,在明代小说史上也是一个很突出的成就。《钟情丽集》系列的"中篇传奇小说"(参考陈益源《元明中篇传奇小说研究》,香港学峰文化事业公司,1997),也是从《娇红记》开其端的。孙楷第先生所提出的"诗文小说"的这一流派,是明代小说史上的一个重要现象。明代传奇的特点,一是篇幅特长,情节曲折多变,人物也逐渐增多;一是连缀大量的诗词。二者是密不可分的。不论其得失如何,总是一个值得讨论的问题。(参看拙作《唐人小说中的"诗笔"与"诗文小说"的兴衰》,《文学遗产》2007年6期)。多年前,我在薛洪勣先生的协助下编选《古体小说钞》时,因为当时市场形势不利,《明代卷》里不得不舍弃了一些篇目,至今引为遗憾。现在他们新编的《明清传奇小说集》,基本上已经把这个遗憾弥补了。当然,这本传奇小说集还是一个选本,"以名篇佳作为主",不可能把所有明清作品都收进去。除了《剪灯新话》《聊斋志异》等流传甚广的专集概不选录外,还有不少较著名的篇目也只能割爱,包括有些色情描写较多的中篇传奇。这是完全可以理解的。

第二,编者做了许多搜罗考证的工作。如《湖海奇闻集》,已经失传。现在经过考证从《幽怪诗谈》里辑出几篇佚文,就可以窥见一点原貌。《晋安逸志》也是一部佚书,现在从《榕阴新检》里辑出的佚文,也都是较好的作品。还有不少未见流传的稀见珍本,是第一次被发现,已如上面所说。编者对作者生平和作品版本都做了详细的考察,发掘了不少未为人知的史料,可以为明清小说史提供许多新的补充,填补一些空白。主编者薛洪勣先生已经为《中国文言小说家评传》(中州古籍出版社,2004)写了多篇评传,还有不少可以补写的。书中涉及的文献资料很广,有些还比较罕见,都出于编者多年的积累,可见其长期研究明清传奇小说的功力。

　　第三,在书前有一篇很长的前言,对明清传奇小说做了全面的介绍,包括已收和未收的作品都进行了分析评价。前言把明清传奇小说分为通俗化和高雅化两大类,下面又细分为几个小类,提出了编者不少独到的看法,对读者很有启发。加上编者为作品所写的题解和按语,往往提出了一些新的见解,有助于读者进一步的探讨。有些问题,很值得我们深入思考,对小说史的研究是一个有力的推动。诚如前言所说:"明清传奇小说为中国古代小说领域中研究薄弱环节,向无全面发掘整理。本书编者用长期精力进行搜集考察,将其研究成果公之于众。""传统与现代递接,将有助于对中国小说史研究的深化,有助于弘扬民族文化优良传统。"

　　如上所说,传奇小说的定义,至今还没有一致的共识。目前不妨按约定俗成的办法,姑且把篇幅较长的、文字较美的、情节较为新奇曲折的文言小说统视为传奇性的作品,进行选录和评论。但是我总觉得还不宜过宽。有些像是纪实性的传记、笔记,如宋濂的《秦士录》《录客语》、周容的《鹅笼夫人传》等,能不能称为小说恐怕不无疑问,都称为传奇小说是否适宜,似还可继续讨论。但不妨以这个选本为一个案例,听听广大读者的意见。这对中国小说史的研究,肯定是有好处的。书中有许多文情并茂的文章,作为一本学习古文的辅助读物,也是很值得一读的。

　　（原载《文史知识》2009 年 8 期）

读启功先生与孙楷第先生的通信

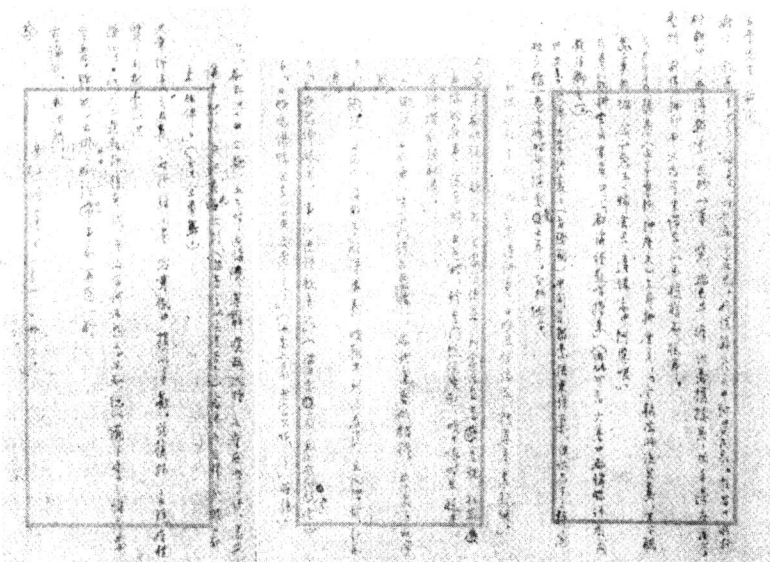

　　这是启功先生给孙楷第先生的信。从内容看,孙楷第先生在面谈时问到了有关敦煌变文中押座文的偈语范式,启功先生在信里抄了好几段押座文的例句,供孙先生采择。第一条 S. 2440 号《三身押座文》的偈语,已编入《敦煌变文集》卷七(人民文学出版社1957年8月第1版)第828页。另一条是同卷《八相押座文》之后的附件,亦见上书第826页。后面启功先生抄的是 P. 2305 号《无常经讲经文》中的偈语,共七条,也已编入《敦煌变文集》卷5第656—670页。前面《三身押座文》和《八相押座文》的偈语,孙楷第先生早在《唐代俗讲轨范与其本之体裁》一文中引用过了,发表于北京大学《国学季刊》第六卷第二号(1937年模印,1938年装于长沙)。所以启功先生说:"恐已早经大著援据矣。"不过那时启功先生的《国学季刊》不在手边,因而校核无从耳。下面从《无常经讲经文》里抄的偈语,是孙先生以前没见到的。于此可以知道孙先生那时还在关心敦煌俗讲的问题,还有继续研究的愿望。

　　启功先生的信写于1月23日,大概是1956年,那时他正和王重民先生等在编校《敦煌变文集》,看到了不少敦煌卷子。这篇《无常经讲经文》由王庆菽先生初校,标题原缺,是启功先生在传观传校时考定为《无常经》的讲经文,才补上了标题。那时王重民和王庆菽、向达、周一良、启功、曾毅公六位先生合编《敦煌变文集》,每篇变文由一人校录,由其馀五人传观传校,工作非常严谨,是古籍整理工作的典范。正好今年《文献》第2期发表了《王重民等有关〈敦煌变文集〉的信函二十四通》,都是启功先生所收藏的文献资料,可以对照参看。

　　(原载《中国社会科学报》2009年12月24日11版)

写在《清平山堂话本校注》之后

自从 1957 年先师浦江清先生给我出了宋元话本的论文题目，我始终忘不了这一课题，总想对中国小说史上的一大变迁弄得更清楚一些。《清平山堂话本校注》也是话本研究的又一个阶段性成果。现在拙著已由中华书局出版，给了我一个向同行学者请教的机会，而我最想请教的刘坚学长，却已过早地辞世了。

我在前言中提到刘坚学长曾指出《清平山堂话本》里有三篇是明代作品，是哪三篇呢？一时想不起来，在《刘坚文存》里也没查到，就没有注明。近日清理多年来的朋友信札，找出了 1997 年他的两封来信，这个问题就解决了。

1996 年我在校注宋元小说家话本时曾向刘坚学长请教过话本的断代问题。1997 年农历正月初四，他给我的信中说：

> 拙著所说的三篇是指《清平山堂话本》卷二的《风月相思》《张子房慕道记》、《雨窗集》的《花灯轿莲女成佛记》三篇。话本断代问题太复杂，我妄想搞清楚，主要是为了利用这批材料来研究语法史，为此看了一些中外论著，后来发现我的想法不可能实现，大概跟"永动机"之不可能做出来一样。后来编《近代汉语虚词研究》，完全是被室内年轻人裹胁而上

的。……那三篇中，《花灯轿……》有"看着和尚脸上只一拍，打个大耳光"，我以为"耳光"一词只能是明代语汇；而且"原来"不作"元来"，也不是宋元人的写法。（不过这一条不是主要证据，因俗文学作品刻写本来不那么严格，尤其晚明刻本。）至于《张子房……》不仅道家思想太浓厚，不类宋元，而且句式也接近明人风格。这些看法都是"大概其"，是经不起推敲的。您把它看成"参考消息"即可，不能当真的。《风月相思》明言"洪武元年春……"，是明人作品，自不待言。

他的看法很有道理，虽然我没有完全引用，但很受启发。特别是《张子房慕道记》一篇，有明刻的改编本《张子房归山诗选》和旧抄本《张子房归山诗》，说明它在流传中曾有变异性的传承，自然会有不同时代的痕迹。但这个故事在元代之前确已流传也是无疑的，因此我还是不忍舍弃。我对近代汉语毫无研究，只能从小说史上寻求旁证。经过反复的考虑，参考了前人早已整理过的《三国志演义》等讲史演义的演变史，我进一步认定了小说家话本的传承性和变异性。当我写了《试谈小说家话本的断代问题》《从语言风格看〈三遂平妖传〉确为旧本》和《宋元小说的写实手法与时代特征》等文送给他看后，他也赞同我所提到的"累积型"概念，竟说是"令我茅塞顿开"。

刘坚学长体弱多病，又长期忙于行政工作，有许多事没有做成。他在 1997 年 3 月 9 日的信中跟我说：

> 我身体一年不如一年，不过还是不死心，还是想看点书，写点东西。手头还有一个课题，叫做《近代汉语专书语法研究》，是一个集体的项目，所以尽管年龄早已过了 60，还不让退休，还在吃皇粮。其实我倒是很愿意早日退休，现在虽不担任行政职务，可是还为好多扯皮之事伤脑筋。不怕您笑话，我

一直想仿照英国 LAMB 姐弟《莎氏乐府本事》(林琴南最初译为《吟边燕语》)的做法写一本《关汉卿戏剧故事》,因为我在吴晓铃先生指导下做过关氏杂剧的校勘,对此还比较熟悉。不过要做的话,先得把有关的历史背景(大约从东汉到元代,如《玉镜台》涉及温峤,《单刀会》涉及汉末和三国),要把这么长时间的风俗人情、服饰、器用大体搞清楚,不说精通吧,也得不闹"关公战秦琼"式的笑话,又谈何容易!按年龄说,我早已过了喜欢幻想的时期,可是这种幻想总是挥之不去!拉杂写此,聊博一粲。

我重读此信,不禁黯然神伤。刘坚学长的幻想竟然成了遗愿。他严谨的治学方法也是对我的鼓励和提示,对古籍的整理——无论校注还是译述,必须把当时的风俗人情、服饰、器用大体搞清楚,这是很高的要求,真是"谈何容易"。这个目标不是简单地排查某些常见词语所能达到的。我在校注《清平山堂话本》中做到了多少,会不会闹"关公战秦琼"式的笑话呢?现在我无法再向他请教了,但愿把他那种美好的幻想和严格的学术规范传达给青年一代的学者,希望今后青年人的幻想都能陆续地成为现实。刘坚学长离开我们快十年了,我谨以这篇小文表达对他深切的怀念。

(原载《书品》2012 年 3 期)

苏州弹词与格律诗的吟诵

诗与歌本来是密切联系在一起的。秦汉之际,楚辞分化衍变出赋之后,诗也与歌分开而独立发展了。"不歌而诵谓之赋"(《汉书·艺文志》引"传曰"),后来就以此作为诗与赋的分别。那么,不诵而歌的就应该是诗。但是诗并不都是歌,先秦就有了"诵诗三百"的说法。稍后五、七言诗的产生,虽然还保持着楚歌的基因,和汉代乐府诗也很难划分界限,但诗人之诗确实也是不歌而诵了。同时又有"吟"的读法,《楚辞·卜居》说屈原"行吟泽畔","吟"大概和"诵"差不多,与歌是不同的。《卜居》是散文化的叙事赋,本应是不歌而诵的。但汉代还有《白头吟》《梁甫吟》的名称,似乎是配有琴曲而歌的。

到了六朝时期,沈约等人利用四声的语音声调,创立了近体诗,又把声律作为音律的补偿,为诗增添了音乐性的艺术手段。四声律大概只停留在理论阶段,在创作实践中很难实现,因而平、上、去、入四声又归纳为平仄两声。从吟诵方法说,两字一节,平仄交替,平长仄短,造成抑扬顿挫有规律的旋律。因为诗的句型基本上是两字一节,所以要求二、四、六分明,而且以三字脚为标准节奏。按律诗的规则,两联四句一个单元。只能押平声韵,因为平声字可以延长而不变调。四个基本句式就是：

平平仄仄平平仄

仄仄平平仄仄平

仄仄平平平仄仄

平平仄仄仄平平

弹词源于唐五代的词文，敦煌本《季布骂阵词文》末尾说："具说《汉书》修制了，莫道词人唱不真。""词人"即说唱艺人，"词文"即元明时代的词话。明代成化刻本词话《张文贵传》卷上结尾说："前本词文说了毕，听唱后本事缘因。"诸圣邻修订的《大唐秦王词话》第三十六回说："诗句歌来前辈事，词文谈出古人情。"可见"词话"正是"词文"的嫡系后裔。词话到了明代又分化为弹词和鼓词两大体系，大致分别流传于南北两方。

弹词在南方流行之后，又产生了案头的"拟弹词"话本，而且大多出于女作家之手。她们长期地精心写作，把唱词当作叙事诗来写，多用律化的句子，写成七言的长律。如陈端生的《再生缘》就是一部代表作。例如书中写孟丽君的一段：

只见那，两边侍女启珠帘，闪入风流一宰官。金翅幞头光闪闪，紫罗袍服蟒蟠蟠。靴声踏地初临砌，佩韵飘风已入帘。步稳行端威出众，神清骨瘦品非凡。面如傅粉溶溶白，唇若涂朱艳艳鲜。咳嗽一声朝内走，看他那，巍然颜色十分严。多娇郡主观瞧罢，倒不觉，暗惧当朝极品官。[①]

又如第十七卷开头的一段自叙：

搔首呼天欲问天，问天天道可能还？尽尝世上酸辛味，追忆闺中幼稚年。姊妹联床听夜雨，椿萱分韵课诗篇。……管

---

① 郭沫若校订本《再生缘》，北京古籍出版社，2002 年，第 857 页。

隙敢窥千古事,毫端戏写再生缘。也知出岫云无意,犹伴穿窗月可怜。写几回,离合悲欢奇际合。写几回,忠奸贵贱险波澜。义夫节妇情何极,死别生离志最坚。慈母解颐频指教,痴儿说梦更缠绵。自从憔悴萱堂后,遂使芸缃彩笔捐。刚是脱靴相验看,未成射柳美姻缘。……造物不须相忌我,我正是,断肠人恨不团圆。重翻旧稿增新稿,再理长篇续短篇。岁次甲辰春二月,芸窗仍写再生缘。悠悠十二年来事,尽在明堂一醉间。①

因此著名学者陈寅恪先生誉之为"在吾国自是长篇七言排律之佳诗"②。郭沫若先生对《再生缘》也倍加赞扬,给予更高的评价。

这类"拟弹词"文学性较强,偏重唱词,格律严谨,与近体诗关系密切。大体上可以说是格律化的叙事诗。同时,民间艺人编的弹词,也逐步走向格律化。如清代著名艺人马如飞整理的《珍珠塔》弹词及许多开篇,就用了大量的律句。马调系统的《珍珠塔》和马调开篇比较盛行,它的唱词大部分遵守格律,唱腔大多符合格律诗吟诵的基调,应该说是音律美的一个重要因素。当然,许多老艺人和弹词、开篇编写者如陈蝶衣、陈灵犀先生等,都懂得诗的格律,写的唱词大多符合格律诗的声律,但唱腔却不一定完全按照格律诗吟诵的声调,因为有些弹词艺人在演艺竞争中注重创造流派,追求新奇,往往会接受歌曲化、戏曲化的影响。这当然也应当百花齐放,推陈出新。不过将苏州弹词作为国家级非物质文化遗产来保护并传承,还需要了解它的历史传统和艺术特色。

按我对苏州弹词的认识,谈谈唱词的艺术特色:

---

① 郭沫若校订本《再生缘》,北京古籍出版社,2002年,第1084—1085页。
② 《论再生缘》,《寒柳堂集》,上海古籍出版社,1980年,第64页。

首先是专押平声韵,这从敦煌本《季布骂阵词文》以来就是如此,它用真文韵(杂用元韵),一韵到底。明代的词话也大体如此,除了用攒十字的句子,七言句都是用平声韵。现代人新编的弹词,有时因为找不到同韵的字,破格用了仄声字入韵,实际上唱起来一拉长也就唱成了平声,这在戏曲里就叫作"倒字"。

苏州弹词用吴语说唱,保留了入声字,这也是特色之一。入声字短促响亮,声调激越,如果用在出句的句脚,与对句的平声韵构成强烈的对比,就不宜唱成平声或上去声。例如《宝玉夜探》里"一阵阵朔风透入骨"("透"字去声,不合律,演唱时多读成"偷",实为倒字),如果变调唱成了"偷入股",就会造成歧义。

律诗的节奏是两字一节,平仄交替,如启功先生在《诗文声律论稿》里所说的在一根长竿上截取七个字,只有四种句型。弹词基本上也是七言律句,二、四、六分明(要点是第二、六或第四字用平声),平长仄短,一般在平声节上拖长行腔。这里我选一段唱词,按律诗吟诵的习惯,在平节后加——号,仄节后加·号,表示停顿的长短。例如《珍珠塔·看灯》一段:

灯映月,月映灯,今宵——灯月·倍分——明。团团——月下·灯千——盏,盏盏·灯中——(有)月一——轮。月下·观灯——灯富·贵,灯前——玩月·月精——神。月借·灯光——光闪·闪,灯乘——月色·色沉——沉。有月·无灯——月暗·淡,有灯——无月·灯凄——清。今宵——灯光——月夜·里,无非——赏月·赏灯——人。

这段唱词基本上是按诗律写的,从平仄节标的符号可以看出,只有"今宵灯光月夜里"一句不合律,因为它是"平平平平仄仄仄",不合平仄交替的规则。当然,如果严格要求,可以改作"今夜灯光明月下"。"有月无灯月暗淡,有灯无月灯凄清"两句里,"月暗淡"三个仄声,"灯凄清"三个平声,也不合律,而且与前两句还是"失粘"。但是它基本上是一首七言排律,中间还用了对仗,足见作者是精通诗词格律的。

又如马如飞的《红楼梦》之一:

　　金钗——十二·斗婷——婷,都是·红楼——梦里·人。一自·元妃——归省·后,大观园——花满·上林——春。椒房——有幸·邀君——宠,(好一位)福寿·双全——史太·君。消受·儿孙——无限·福,舞彩衣——日日·乐天——伦。……病虽——有病·原非——病,情到·无情——却有·情。红楼——有景·无非——幻,一梦·荣华——八十·春,(争奈)痴女·痴儿——唤不·醒(读平声)。

为什么说"痴女痴儿",不说"痴儿痴女"? 因为"儿"是平声,"女"是仄声,平节仄节要交替,上半句要"仄仄平平",才能和下半句"唤不醒"接上。这就是诗的声律。"争奈"两字当看作衬字。

马调开篇和律诗基本相似,两字一节,在平声节上拉长拖腔,尤其是在"平平仄仄仄平平"的句式里,常在第六字上拖腔,而句末第七字反而很快就收。如"干点心一路要留神"(《珍珠塔·干点心》),"留"字拖得比"神"字长,不在句末行腔,就和其他戏曲不同,而和律诗的吟诵法相同。我们吟诵唐诗"清明时节雨纷纷"时,前一个"纷"字拖长,后一个"纷"字却很短,可能因为要和下一句的"魂"字的长度相区别,显出二四六分明的特点。对于弹词来说,唱段的末一句最好用"平平仄仄仄平平"的句式,因为艺人演唱时总是爱在第六字上行腔的。

还要注意,七言句必须是上四下三,下半句三字脚,可以是二加一,也可以是一加二,演唱时一般还是要在平声节下延长。如果上三下四,古人叫作"折腰句",在诗里是很少用的,弹词里更少用。例如"水动风凉夏日长",可以改作"长日夏凉风动水",但如果改成"夏日长水动风凉"就是词曲或鼓词里的句式了。上三下四的句子在元人杂剧里常作为念白的词,再加三字就成"攒十字"的句子,在鼓词里比较常用,较早的如杨慎的《历代史略十段锦词话》第一段:

> 盘古氏一出世初分天地,至三皇传五帝渐剖乾坤。天皇氏定干支阴阳始判,地皇氏明气候序列三辰。人皇氏相山川君臣定位,有巢氏辨人兽物类区分。燧人氏治熟食钻燧取火,女娲氏补苍天复立昆仑。

《历代史略十段锦词话》后来改名为《廿一史弹词》,可能是张三异改的。张三异原籍汉阳,但定居在杭州,他续写的《明纪弹词》也用了攒十字的句式,那是沿袭了杨慎的体制。

这里再引一段北京的《孝顺歌》(《小五义》第八十九回)作比较:

> 众人们焚起香侧耳静听,柳真人有些话吩咐你们。谈甚今论甚古都是无益,有件事最要紧你们奉行。各自想你身子来从何处,那一个不是你爹娘所生。你的身爹娘身原是一块,一团肉一口气一点血精。分下来与了你成个身子,你如何两样看隔了一层。且说那爹和娘如何养你,十个月怀着胎吊胆提心。在腹时担荷着千斤万两,临盆时受尽了万苦千辛。

这种三、三、四的十字句弹词里极少见,有时作为韵白,只是念而不唱。但弹词里有很多三、四、三的十字句,实际上是加衬字的七言句,就像七古诗里往往加上"君不见"之类的衬字。加衬字在弹词里是允许的,不算出格,而是常用的句式。如"(乌洞洞)大观园里冷清清","(见鞏卿)气息奄奄不出声"等,都可说是加了衬字的七言句。

应该说明,弹词按诗的格律写,这是从它大体上说的。弹词还有它灵活和变异的方面。如上所说,七言句加衬字就不止是句首加三个字,也有两个字、四个字,还可以加在句中,或者把三个字压缩成一个两字节,仍按七言的节奏来唱。试把《珍珠塔·干点心》一段唱词加上符号示意如下:

保重·身躯——为第·一,太平——人返·太平——村,干点心——一路·要留——神。

荒村——雨露·眠宜——早,野店·风霜——晏起·身,干点心——到处·要留——神。

逢人——且说·三分——话,未可·全抛——一片·心,干点心——切记·要留——神。

(想你)还乡——全仗·攻书——本,科甲·终须——一点·心。

这里"干点心"三字读作一个平声节,也可以把"干"当作一个衬字,实际上"心"字读音相对地很长,"干点"两字只占极短的节拍,演唱者自然会处理好的。"想你"两字作为衬字,演唱者也可适当处理,好在弹词的节拍是可以灵活掌握的。

弹词的灵活性很大,如上引《干点心》唱段三句一个单元,以"干点心××要留神"为一组,两句连续押韵,就和律诗两句一联、偶句押韵不同。不少开篇的结尾都用连续两个押韵的句子,形成三句一个单元的组合,这就不是律诗而是古体诗的句式了。

传统书《珍珠塔》有许多优美的唱段,除了大部分声律和谐之外,还有许多修辞手段,如《妆台报喜》的"七十二他",用一连串的"他"字作韵脚,《十八因何》用了十八个排比句,自然就不能按照律诗的上下联句式,一个出句一个对句了。弹词多用排比句是一大特色,许多书里都有,但是《珍珠塔》是写得最好的。《珍珠塔》不仅是音调好,而且关子好,词章好,说表也好。

我不懂音乐,不能从乐理上加以评论,只从直觉上感觉到马调系统的唱腔最接近格律诗的吟诵,比较朴实明快,抑扬交替,对照鲜明,保持着吴语的自然声调,咬字清楚,很少出现"倒字"拗句,唱词很容易听清楚,体现了诗赞系说唱文学的传统,有别于乐曲系的说唱文学,更有别于戏曲和歌曲。因此马调可说是苏州弹词的基调。

在历史发展中,苏州弹词很大程度上接受了格律诗的影响,唱腔上也接近诗的吟诵,比较平直朴实,不如戏曲那么纡回曲折,也许有人认为它不够丰富多变,比较单调。但它的优点正在于平仄对称,抑扬有致,更符合语言的自然声调,因而虽有变化而易于听懂,便于传播。作为对比,可以看看北方子弟书的历史经验。子弟书是北方文人(主要是旗人子弟)对鼓词的发展创新,也是写得非常文雅,格律严谨而又有灵活性,所以启功先生誉之为"创造性的新诗"①。但子弟书的唱腔比鼓词纡曲转折,加工过多,启功先生也指出:"子弟书唱起来每一字都很缓慢,即使懂得听的人,有时也找不准一个腔中的每一个字。我亲眼看见我先祖手执曲词本子在那里听唱,很像听昆曲的人拿着曲本听唱一样。……这恐怕也是子弟书'广陵散绝矣'的因素之一。"②子弟书的逐渐衰落,可能正因为唱腔脱离语言的自然声调太远了。苏州弹词的有些唱段也可以说是一种"新诗",但愿它不要因为加工过度而脱离群众。另一方面,我觉得诗的吟诵倒可以适当借鉴苏州弹词的唱法,试探一下不同于朗诵和歌曲的读法。

① 《启功丛稿》,中华书局,1999 年,第 309—333 页。
② 同上,第 313 页。

弹词作为一种曲艺,是一种综合艺术,艺术手段包括了说、噱、弹、唱和起角色。唱只是弹词艺术的一个组成部分,因此不应过度偏重唱功而忽视了说功,也不必过度偏重唱词的声律而忽视了叙事的功能。况且弹词本来具有变异性和灵活性的特点,有些格律是可以突破的。但苏州弹词作为一项国家级非物质文化遗产,需要精心保护,对于它的历史传统和艺术特色,首先要研究和传承,在此基础上再创新和发展。对于整理和编创者来说,要向前辈老艺人、老作家学习,也要和诗词创作那样,知古倡今,求正容变,力求能编写出推陈出新、移步不换形的新书好书来。

(原载《评弹艺术》四十七集、《中国诗歌研究动态》2014 年 2 期)

《碾玉观音》与刘锜的诗词

    宋人话本《碾玉观音》(即《警世通言》第八卷《崔待诏生死冤家》)里有一段小插曲,讲到咸安郡王派一个郭排军到潭州送一笔礼金给刘两府。刘两府就是南宋中兴四大名将之一刘锜。他在绍兴十年(1140)顺昌战役中以少胜多,奇迹般地打败了十倍于己的金军,立了大功。但受到了主和派秦桧等人的压制打击,不许他乘胜追击,失去了恢复故土的大好机会。最后刘锜被贬职到潭州当知州,深受冷落。话本里先引了他的一首《鹧鸪天》词:

        竹引牵牛花满街,疏篱茅舍月光筛。琉璃盏内茅柴酒,白玉盘中簇豆梅。   休懊恼,且开怀。平生赢得笑颜开。三千里地无知己,十万军中挂印来。

接着说:

        这只《鹧鸪天》词是关西秦州雄武军刘两府所作,从顺昌八战之后,闲在家中,寄居湖南潭州湘潭县。他是个不爱财的名将,家道贫寒,时常到村店中吃酒。店中人不识刘两府,谨呼啰唣。刘两府道:"百万番人只如等闲,如今却被他们诬罔!"做了这只《鹧鸪天》,流传直到都下。当时殿前太尉是杨和王,见了这词,好伤感:"原来刘两府直恁孤寒!"教提辖官差人送一项钱与这刘两府。今日崔宁的东人郡王听得说刘两府怎地孤寒,也着人送一项钱与他。

这一段说话字数不多,却铺演了不少情节。一是刘锜"是个不爱财的名将",因此"家道贫寒",其实他也是一个岳飞所倡导的"不爱钱"的文臣。二是他闲在家中,寄居在潭州湘潭县,已经被削职为民,因此只能和老百姓一起上村店喝"茅柴酒"——一种很淡薄的劣酒。他微服私行,店小二不认得他,可能还欠了点酒债,竟遭受了人家的辱骂。在这样的情况下,他写下了这首《鹧鸪天》词。这大概是小说家的艺术创造,刘锜虽然被贬官,还不至于穷到如此。按《宋史》刘锜只是在荆南挂个虚衔,闲居了六年。三是同为南宋名将的杨沂中,知道刘锜的困境之后,首先送来了援助。接着,四大名将之一的韩世忠,也派人给他送钱来了。他们在主和派后台宋高宗的压制之下,对刘锜还表示了深切的同情。这也是说话人虚构的情节,实际上杨沂中和刘锜的关系并不好。小说里的韩世忠,被描写成一个专横残暴的军阀,这倒是相当符合史实的,《宋史》说他"嗜酒尚气""性戆直",而且家产豪富,姬妾众多,与小说里的刘锜客观上成为强烈对比。

这里,说话人突出了刘锜的"不爱财",也是有根据的。据《建炎以来系年要录》卷136说刘锜"凡统兵官之立功者,皆以上所赐椀带予之"。又说,刘锜"以犒军银帛十四万匹两均给将士,军无私焉"。同书卷137又说内侍陈腆"劳刘锜于顺昌,锜以例书送银五百两,例外又以六百五十两遗之,腆不以闻"。可见他开支很大,的确家无馀财。

刘锜在词中说:"休懊恼,且开怀,平生赢得笑颜开。"看来他还是能够解脱烦恼,强开笑颜的。然而他不能忘怀的是国耻未雪,壮志未酬,忘不了他"十万军中挂印来"的辉煌战绩。

　　这里需要做一点校勘工作：话本里"从顺昌八战之后"一句，是兼善堂本《警世通言》的原文，晚出的衍庆堂本和《京本通俗小说》"八战"都作"入战"，而据《世界文库》本排印的《警世通言》则作"大战"。"入战"难以解释，可能是"八战"之讹。"大战"很通顺，但版本来源不详，有待考证。有可能当时曾有顺昌八战之说，据章颖《宋朝南渡十将传》的《刘锜传》记载，顺昌战役自绍兴十年农历五月二十五日到二十九日，交战三次后，金军稍退，兀述（或作术）大军将至，"或曰：'今已三大战，军士伤者众，兀述至不可当，不若渡淮。'"第一个战役经过了"三大战"，加上后来六月份与兀述交战，共有八次战斗，是很可能的①。说话人为了宣扬刘锜的战绩，特别强调了"顺昌八战之后，闲在家中"，正是点睛之笔。

　　小说里的词，的确很像是刘锜自己的作品。刘锜的文集早已散失了，《全宋诗》卷1876收了刘锜诗七首。其中《资福寺》一诗，出自光绪《湖南通志》卷269，很值得一读：

　　　　汛扫妖氛六合清，匣中宝剑气犹横。夜观星斗鬼神泣，昼会风云龙虎惊。重整山河归北地，两扶圣主到南京。山僧不识英雄汉，只管滔滔问姓名。

这首诗的思想感情、精神风貌和《鹧鸪天》词是一致的。刘锜还有几首诗则表达了处境孤寒的牢骚，也可与小说参看，如《用前韵呈德瞻》诗：

　　　　门外蹄轮任迹疏，一廛深称水云居。平生事业将何用，叹括空能读父书。（《全宋诗》卷一八七六）

又如《题村舍呈德瞻友》二首：

　　　　一径萦纡山更深，满川烟霭夕沉沉。从来不问荣华事，自

———————

① 据《建炎以来系年要录》卷136记载，绍兴十年农历六月乙卯（十二日），顺昌围解。

有沙鸥信此心。

二月阳和花正繁,软风轻扇笋斑斑。扬鞭江路心无事,问
舍求田过浅山。(同上)

《碾玉观音》里的那首《鹧鸪天》,如果不是刘锜自撰而是说话人拟
作的话,那么应该说是非常切合人物的心态的。

另一篇宋元话本《史弘肇传》(即《古今小说》第十五卷《史弘
肇龙虎风云会》)头回引了一首刘两府的《水底火炮》诗,非常新
奇,很值得注意:

一激轰然如霹雳,万波鼓动鱼龙息。穿云裂石响无踪,却
虏驱邪归正直。

刘两府应指刘锜,与《碾玉观音》相同,诗中"却虏驱邪"也符合刘
锜的意志。而"水底火炮"的题材则写的是一种新式武器,可能是
刘锜抗金时所使用的。有人引此诗作为宋代使用火器的证据,是
很重要的史料。这首诗是不是刘锜所作,还可以考证,但作为宋代
的文献资料则比较可信,因为《史弘肇传》里确有不少宋代的名物
制度和当时的语言特征。《水底火炮》一诗循例也应收入《全宋
诗》,即使列为存目也好。

顺昌大捷,使南宋政权暂时稳定,刘锜的威名远振,也可以从
金人方面得到反应。绍兴三十一年金主亮南侵时,刘锜再次领兵
抗战,曾使金人望风丧胆。《宋史》卷366《刘锜传》说:

金主亮之南也,下令有敢言锜姓名者,罪不赦。枚举南朝
诸将,问其下孰敢当者,皆随姓名其答如响,至锜,莫有应者。
金主曰:"吾自当之。"

《宋朝南渡十将传》卷1《刘锜传》也说:

绍兴乙亥,虏使馆都亭驿,与其副饮酒,其副不肯饮,诃之
曰:"酒中安得有刘四厢,何不饮!"有使虏者,见其厩卒怒詈

　　马之不食草者,亦云。盖其威名著于南北,而制于二大帅,不
　　得专进止。故胜则锜不得与其功,不胜则锜专任其咎。
可惜的是,他和诸葛亮一样,"出师未捷身先死"了。这就是人民
群众怀念、歌颂刘锜的原因。我这里还想引一首宋末和尚行海
(1224—?)缅怀刘锜的诗来作旁证:
　　　　五色戎旌百万鞍,徒夸龙虎统兵官。嚣喧闪电蕃营乱,阵
　　算回风虏帐寒。兵法用过黄石远,血盟沥尽赤心干。太平弟
　　子忧成病,安得征君旧业宽。(《刘锜》,《全宋诗》卷3474)
　　刘锜是抗金名将,顺昌保卫战的功臣,诗僧行海对他的歌颂,
和说话人在《碾玉观音》里的叙说完全一致。小说插写了一笔,寥
寥几句,既为他鸣不平,也是从侧面对他歌颂了一番。这是代表当
时的民意。
　　《碾玉观音》是一篇优秀的宋人小说,有人怀疑它产生的年
代,因为话本中有一些后人修订的迹象。但话中称杨和王、咸安郡
王而不称名讳,因为他们在当时是民众熟知的名将,不需要解释。
而对刘锜的爱戴和怀念,则完全反映了南宋人的思想感情,不是后
世人所能拟构的。
　　可以引为旁证的是,《宋史·刘锜传》说:"金人纵矢,皆自垣
端铁著于城,或止中垣上。锜用破敌弓,翼以神臂强弩,自城上或
垣门射敌,无不中。"《宋朝南渡十将传》也多次提到神臂弓的威
力。神臂弓是当时宋军用以克敌制胜的武器,元刻话本《红白蜘
蛛》就是讲郑信依靠神臂弓克敌立功的故事,其修订本《郑节使立
功神臂弓》(《醒世恒言》卷31)也是世代传承的宋人小说,在神怪
故事里宣扬了神臂弓的威力和抗金将领的战绩。再参看徐梦莘
《三朝北盟会编》卷215引李大谅《征蒙记》也说金兀术深畏此弓,
临死时遗笔还说:"吾昔南征,目见宋用军器,大妙者不过神臂弓,

次者重斧,外无所畏。"正与他对刘锜的畏惧相应。可见《碾玉观音》和《红白蜘蛛》一样,借用神怪故事从一个侧面表达了南宋人的思想感情,是有十分强烈的时代气息的。

（原载《文史知识》2013 年 7 期）

《史记》是一部经典的文学著作

在"二十四史"里,《史记》是写得最早的,也是写得最好的一部。因为它文学性最强,除了作为上古三千年通史的文献资料来研究,还可以作为传记文学来阅读、欣赏。书中有许多脍炙人口、流传千年的故事,永远留在我们的记忆中。如《项羽本纪》里霸王别姬的英雄美人故事,《司马相如列传》里文君私奔的才子佳人故事,《赵世家》里的赵氏孤儿故事,《刺客列传》里的荆轲刺秦王故事,至今还是各种戏曲、电影、电视剧的热门题材。

司马迁写这些故事,有他独到的方法和手段,前人称之为史迁笔法。就是说他在行动和对话中写人物的性格,而笔底带有自己的感情,这是后来的史官和碑传作者难以做到的。我们文学史的学者向来是把《史记》放在汉代文学的重要地位,视为古文的经典。而中国小说史的研究,又不能不从《史记》中寻找艺术的资源。宋人赵彦卫曾提出,唐人小说兼备"史才、诗笔、议论"三者,其中"史才"就是指史书所运用的叙事笔法。浦江清师曾在讲《聊斋志异》时指出:"中国以文言写故事有悠久的历史与优秀的传统,《左传》——《史记》——唐人传奇。……蒲松龄继承了这方面的传统,他以高度的文艺创作才能总结了志怪小说的成就,在唐人

传奇小说外别立一帜。"(《浦江清中国文学史讲义》明清部分,天
津古籍出版社 2009 年 9 月 1 版,219 页。)就充分赞扬了《史记》的
优秀传统。

　　史传是写人的,小说也是写人的,但《史记》善于在故事里写
人,写出人与人的关系,不是孤立地写一个人。不像后世写碑传的
文人,只孤立地、抽象地叙述传主的出身、仕历、德行,不注意他与
其他人的互动。司马迁把人物放在典型环境中写传主与其他人的
互动交往,乃至传主与对手的配合或斗争。如《项羽本纪》写他与
刘邦的关系,连同他们周围的战将谋士,演出了一场鸿门宴的群
戏。而《高祖本纪》里则侧重写刘邦的战策和策略,对鸿门宴只写
了寥寥几句:"沛公从百馀骑,驱之鸿门,见谢项羽。项羽曰:'此
沛公左司马曹无伤言之。不然,籍何以生此!'沛公以樊哙、张良
故,得解归。归,立诛曹无伤。"对照《项羽本纪》里鸿门宴那一大
段精彩的描写,把项羽、刘邦和范增、项伯、张良、樊哙等人的活动、
性格都写出来了。这些人在本传里各有互见的记载,都不如这一
次群体亮相时的光彩。鸿门宴这一故事又贯注了最终汉兴楚亡的
大局,项羽的弱点已经暴露无遗。正如范增所说:"唉!竖子不足
与谋。夺项王天下者,必沛公也,吾属今为之虏矣。"他不听范增的
计谋还有情可说,可是把给他送情报的曹无伤也出卖了,他身边的
间谍项伯却比范增得到了更多的信任,直到他乌江自刎。这是"任
人唯亲"的结果。司马迁在鸿门宴故事里就写出了项羽的悲剧是
他的性格弱点造成的。(详见《项羽本纪》)

　　《史记》讲故事时往往用了全知视角,有些场合,只有一人或
两人相处,他们的对话又是谁听见的、记录的? 不无可疑。如项羽
帐中悲歌、垓下突围的情景,是谁见到的? 伍子胥与江上渔父的对
话,是谁听到的? 张良谏止汉王封六国后的"八不可"问答之辞,

完全是汉赋的格局，又是谁记录的？这些细节的描写，很可能有司马迁的艺术构思在内。有人说这是小说笔法。但《史记》之前如《汉书·艺文志》所著录的小说家著作，还没有这种笔法，只有《左传》用了。清代人说某人的文章用了小说笔法，可是古文家不屑、也不敢用，倒是后世的小说家用了左、迁的史传笔法，逐步采用了全知视角的叙事。

　　《史记》写成于两千多年之前，用的基本上是当时的通用语言。司马迁引用《尚书》的文献，就用当时的汉语作了一些"今译"的工作，可见他是考虑到读者的接受能力的。我少年时代读的是《史记菁华录》，作为古文读本，总觉得《史记》比唐宋八大家、明代前后七子、清代桐城派的古文还浅显易懂，生动有趣得多。这除了内容的故事性以外，应该说还有语言的魅力。

　　司马迁在《太史公自序》中叙述他的经历说："迁生龙门，耕牧河山之阳。年十岁则诵古文。二十而南游江、淮，上会稽，探禹穴，窥九疑，浮于沅、湘；北涉汶、泗，讲业齐、鲁之都，观孔子之遗风，乡射邹、峄；厄困鄱、薛、彭城，过梁、楚以归。于是迁仕为郎中，奉使西征巴、蜀以南，南略邛、笮、昆明，还报命。"这些经历非常重要。他写作《史记》，不仅充分运用了官府的档案资料，而且还重视实地考察和田野采风。读万卷书，行万里路，才能写出这样的文章。他在《留侯世家》的论赞中说："余以为其人计魁梧奇伟，至见其图，状貌如妇人好女。"可见他曾观察过张良的图像，在"太史公曰"中加上这一笔，如颊上添毫，就有了艺术的形象化。在《魏公子列传》中讲了夷门监者侯嬴的奇计和如姬、朱亥等盗符夺兵的故事之后，又在后记中说："吾过大梁之墟，求问其所谓夷门。夷门者，城之东门也。"《淮阴侯列传》的"太史公曰"说："吾如淮阴，淮阴人为余言，韩信虽为布衣时，其志与众异。其母死，贫无以葬，然乃行营高敞地,令其旁可置万家。余视其母冢,良然。"就说明他确是注重实地考察的。《刺客列传》详细讲了荆轲刺秦王的故事,又在"太史公曰"中讲了他记载的来源:"世言荆轲,其称太子丹之命,'天雨粟,马生角'也,太过。又言荆轲伤秦王,皆非也。始公孙季功、董生与夏无且游,具知其事,为余道之如是。"夏无且是秦王的御医,当时在殿上用他的药囊挡住了荆轲的匕首,救了秦王,可惜现代的编剧者都忽略了这个重要人物,没有宣扬他的事迹。司马迁具体说明了史料的来源,他是亲耳听夏无且的朋友讲述的,当然是最珍贵最可信的第一手资料。同时,又从另一侧面辨析了民间传说中"太过"的部分,也说明当时确有许多流传的荆轲故事,传记性小说《燕丹子》自有其历史的渊源,并不能认为是后人的伪作。

《史记》给后世的小说戏曲提供了许多素材,如敦煌说唱文学《季布骂阵词文》和《王陵变》《李陵变》等,讲史家话本《前汉书平话》和由之衍化的《两汉开国中兴传志》《全汉志传》《两汉志传》《西汉通俗演义》,以及小说家话本《汉李广世号飞将军》《老冯唐直谏汉文帝》等。《史记》也给后世小说开创了写人物、讲故事的艺术技巧。如蒲松龄就继承并发展了史迁笔法,写了文言小说《聊斋志异》,也在篇后用"异史氏曰"的方式发表了各种不同作用的评论。更重要的是继承了司马迁的孤愤著书说,因此在《聊斋志异》自序中说:"集腋为裘,妄续幽冥之录;浮白载笔,仅成孤愤之书。"

司马迁在《太史公自序》里说:

> 昔西伯拘羑里,演《周易》;孔子厄陈蔡,作《春秋》;屈原放逐,著《离骚》;左丘失明,厥有《国语》;孙子膑脚,而论兵法;不韦迁蜀,世传《吕览》;韩非囚秦,《说难》《孤愤》;《诗》

三百篇,大抵贤圣发愤之所为作也。

鲁迅在《汉文学史纲要》里说《史记》乃"史家之绝唱,无韵之《离骚》",也强调了它的文学性。《离骚》是屈原的发愤之作,《史记》也是这样发愤而作成的书,因此可以媲美。这一论点早有前人加以引申,如李贽《忠义水浒传序》说:"《水浒传》者,发愤之所作也。……施、罗二公身在元,心在宋;虽生元日,实愤宋事。"吴组缃师曾对此加以发挥,他说:

> 孤愤是什么东西呢?我的体会,孤,就是自己的,个人的,我自己的,我个人的。愤,应该说是一种激情,激动的感情。……所以李贽讲的这一条孤愤,这一条真情是必要的。你无论是做诗,做散文,做小说,做戏曲,都必须要有真实感情。孤愤里头除了真情以外,还有一条就是实感。

吴师又说:

> 《史记》这部书,讲系统,应是史的系统,不是小说的系统。可是它对后世的小说影响很大。后世小说发展到现实主义,发展到成熟阶段,都在《史记》里头取经,学《史记》。(《关于中国古代小说理论的几点体会》,《文艺理论研究》2002 年第 1 期)

班固《汉书·司马迁传》评论《史记》说:"其文直,其事核,不虚美,不隐恶,故谓之实录。"唐人刘知幾《史通》总结了历史经验,曾提出史家的规范应该是:"爱而知其丑,憎而知其善,善恶必书,斯为实录。"后世的小说家学习了《史记》忠于史实的"实录"精神,善恶必书,才逐步懂得艺术要忠于生活,人物描写不能好人完全是好,坏人完全是坏。这就把中国现实主义的文学创作方法,推向了成熟阶段。

《史记》作为史书,影响当然不止于小说,但影响极大。我的两位老师都引用了《史记》以说明中国小说的发展，我深受启发，所以引述师说，再就这方面作一点简略的诠释。相信读过《史记》的读者，一定会有更多的体会。

（原载《博览群书》2014 年 1 期）

读《启颜录笺注》随笔

　　《启颜录》是一部优秀的笑话集,它的敦煌写本又是一个现存最古最接近原著的版本。虽然还不是足本,然而它保存了分门编纂的类目和中古汉语的一些语汇和俗字、异体字,很值得研究。此外,《太平广记》和《类说》里还保留了六十四条佚文(实际上包含更多个故事)。现在由语言学专家董志翘先生对它作了辑集和极详细的笺注,不仅能帮助读者理解书中的语义和典故,而且也加深了我们对其书编者的认识。

　　此书不是侯白一个人编成的,但编者确是很有学问的文人。其中有些笑话是从民间来的,但很多是从经史古籍上引录或根据成语典故编创出来的。作者不仅读过不少古籍,而且还熟悉道经佛典,引经据典,显得博学多才,机智敏捷。真如《隋书·陆爽传》所说的侯白,"好学有捷才";又如《苏氏演义》所说的,"博闻多知,谐谑辩论,应对不穷"。如果不是《笺注》本作了详细的解释,有些笑话读者会莫名其妙,不知原意为何,就笑不起来了。所以《启颜录》还是一部高雅的笑话集,比之后来充满低级趣味的《笑林广记》之类的书要高出不止一个层次。我认为对这部古典笑话集作学术性的深度笺注是很必要的。由于今本《启颜录》存在不少缺文诇字,有些问题似乎还可以研究讨论。例如第 71 条里的"莫离支",从字面上看,疑是指高丽国的盖苏文,详见《新唐书·东夷传》。"莫离支"是高丽的一个官名,相当于兵部尚书的职权。但为什么要把行蛊毒的人送作莫离支的食手,是不是想用他杀害盖苏文呢?据周密《齐东野语》卷 18《昼寝》说,侯白曾注过《论语》,提出宰予昼寝的"昼"字当作"画",实际上恐怕又是他说的笑话,但前人确有采此一说的。可惜现在找不到相应的故事。现存《启颜录》的佚文里有好几个侯白身后的人物,因此前人都认为书是后人编辑而成的。中国古代小说的渊源具有民间文学的特性,世代累积的现象不仅在近体小说里存在,在古体小说里也有所体现,《启颜录》就是一个例证。

　　董志翘先生利用多种文献资料做了辑集和校勘,包括明代人纂辑的《广滑稽》《捧腹编》《续百川学海》等,花了许多精力。此前,王利器先生在《历代笑话集》里就用到了这些书。其实那些丛书都是从《太平广记》里抄来的,并没有超出《广记》所收的范围。现在董先生用《太平广记》逐条校录之后,更证明了明代人编的丛书正如鲁迅所说的,多半是转辗抄来的,并没有什么新的第一手资料。宋人编的《类说》里有仅见的佚文,但是又经过大刀阔斧的删节,缺漏很多。我在辑录唐人小说史料时对《启颜录》也做过一些校勘,曾注意到它的佚文,偶尔在《永乐大典》第一二〇四三卷发现"赐方朔牛酒"条据《古今事通》引《启颜录》的一条佚文,正好可以校补《类说》本的缺漏。即《笺注》本所辑的 104 条,《类说》本在东方朔对话里漏了一些文字,在"馀四公不能对"之后,《永乐大典》本作"东方朔前曰臣请代四公"。东方朔原有四条"大言"的对话,《类说》本缺了第三条。《永乐大典》本作:"三曰:欲为大衣,恐不能起。用天为表,用地为里。装以浮云,缘以四海。以日月明,往往而在。"下面接着"四曰天下不足以受臣坐"云云。可见《类说》本"三"字下的文字因与下一行"曰"字相重而脱去了对话的正文。此外,还有一些异文可以互补互校。又,沈氏野竹斋抄本和孙潜校宋本《太平广记》卷245《东方朔》条中都有这一段佚文,但残缺不全,张国风先生的《太平广记会校》已在校记里录入了残文,可以参校。再有,孙潜校宋本《太平广记》同卷《袁次阳》条,原出自《启颜录》,与谈刻本不同,但残缺过甚。张先生亦已录入校记。我对董先生的笺注工作非常钦佩,在欣赏之馀愿意作一点小小的补充,提供董先生和读者参考。

　　顺便再提一下,《永乐大典》第七七五六卷"形陋"条引《太平广记》的《启颜录》,即《笺注》本的第75条。其中所说"乐工小来长斋"的"工"字作"公",应该是对的。谈刻本有错字,也可据以改正。

　　另外,陶穀《清异录》神部有一条《侯白唾神荼》说:

> 侯白,隋人,性轻多戏言,尝唾壁,误中神荼像。人因责之,应曰:"侯白两脚堕地,双眼觑天。太平田地,步履安然。此皆符耳,安敢望侯白哉!"(《四库全书》本卷下)

这一条可能也是《启颜录》里的佚文,我在拙著《唐代小说史》里曾提出过(人民文学出版社2003年5月1版,76页),也希望董先生加以核定。

2014年9月7日写定

（原载《书品》2014年4期）

我与《文学遗产》六十年

《文学遗产》创刊60年了。我是它最忠实的读者，也是它最早的一批作者之一。1954年4月12日，作为《光明日报》专刊的《文学遗产》周刊第4期上发表了我的习作《从神话传说谈到白蛇传》，从此我和《文学遗产》便结下了不解之缘，也决定了我一生的学术道路。《文学遗产》当时的主编陈翔鹤先生，亲自到北京大学学生宿舍来访问，召开座谈会，听取意见和组稿，我们班上有好几位同学就成了《文学遗产》的作者或通讯员。早期作者中我们同班同学如李厚基、沈玉成、金申熊（金开诚）等，现在已成古人了，我幸而还能参与这次60周年的纪念活动，这是一个甲子的历史记忆。我在《文学遗产》40周年纪念时写的诗里有一句是"喜见新人逐浪高"。60年前，以陈翔鹤先生为首的编辑部热情培养了我们那一代的新人。随后几代的编辑部又培养了好几代的新人，这是《文学遗产》的一项重大贡献，也是一个优良的传统。我相信今后随着新人的不断涌现，研究水平不断提高，《文学遗产》必将越办越好。

作为最忠实的读者，我从《文学遗产》周刊第1期起，就保存着全部的报纸，现在只缺一期。这些报纸最初是编辑部赠阅的，后来是自己订阅的星期日专刊，那时《光明日报》可以单订专刊，对读者是非常大的便利。至今我还是《光明日报》的自费订阅者，也是因为有这个历史渊源。"文化大革命"之后，中国社会科学院文学研究所的朋友们筹划复刊《文学遗产》，当时我在中华书局主持文学编辑室的工作，也尽力推动和支持这项举动。《文学遗产》由此改为期刊，也可以说是一个重大的发展。期刊可以发一些较长较扎实的文章，这是有利的一方面。但同时也继续发一部分较短的稿件，也能得到作者和读者的欢迎。文不在长，有见则强。特别是谈理论问题的文章，并不是非长不可的。有些达到哲理高度的文章，倒是应该短而精。文章越来越长，恐怕是现在博士论文规格所决定的。我们要改进文风和学风，就不要给人以字数歧视的印象。《文学遗产》能不能与那些学报有所分工，创造自己的特色，多发表一些有思想、有材料、有文采的短文呢？我建议，今后短文不必另立一个专栏，有些短文可以放在读书札记和书评栏里。这是一个老读者的小建议，当然就不必写成大文章了。最后，谨以小诗一首为贺：

　　　　千秋古树发新花，两世①期刊起百家。
　　　　文化兴邦非梦想，重修诗史振中华。

　　（原载《文学遗产》编辑部编《〈文学遗产〉六十年》纪念文集，社会科学文献出版社 2014 年 9 月版）

---

① 古人以 30 年为一世。

歌行体与长篇叙事诗的演化

中国古代没有汉语的长篇史诗,有人感到遗憾。这可能也是汉语诗歌的特色之一。因为汉语诗歌特别精炼,不善于铺叙。而叙事的功能却由不歌而诵的赋去承担了。

《红楼梦》第七十八回,贾宝玉在写《姽婳词》之前,先发表了一番议论,他说:"这个题目似不称近体,须得古体,或歌或行,长篇一首,方能恳切。"这是曹雪芹的诗论,是十分中肯的经验之谈。因为贾政要他写林四娘的事迹,先得把故事叙述清楚,然后再发点议论,才能恳切动人。如果像贾兰那样写一首七绝,平空发一点赞叹,读者就很难感动。否则诗前就得加一篇纪事的长序。可见叙事诗最适宜用长篇的歌行。

前面已谈过从楚歌的三字尾演进到七言诗的发展①。古体的七言诗成熟之后,到唐代进化为七律和七绝及七言排律。但七古并没有消亡,而且还有新的发展。七言的古体又有律化和反律化的双重取向。如白居易的《长恨歌》里就有许多律化的句子,在120句中有70个合律的句子,30个近似合律的拗句,共占83%强。

---

① 参见拙文《楚歌与七言诗的传承》,载《中华诗词研究》第一辑,东方出版中心 2016 年版,第 209—222 页。

其中还有完全对仗的"金屋妆成娇侍夜,玉楼宴罢醉和春""春风桃李花开日,秋雨梧桐叶落时""迟迟钟鼓初长夜,耿耿星河欲曙天""为感君王辗转思,遂教方士殷勤觅"四联;不完全合律也不太工整的对仗有"行宫见月伤心色,夜雨闻铃肠断声""梨园弟子白发新,椒房阿监青娥老""昭阳殿里恩爱绝,蓬莱宫中日月长""在天愿作比翼鸟,在地愿为连理枝"八句。这种新体歌行是律诗盛行之后新创的,与有意复古的古体诗正好各趋一端,形成不同的两派。这一派影响到清代的梅村体,即吴伟业的《琵琶行》《圆圆曲》《萧史青门曲》《永和宫词》等。另一派则是有意地避免律句,故意多用三平脚和三仄脚。清朝人对此视为独得之秘,如赵执信的《声调谱》。

　　七言歌行是唐诗中非常重要的一个部分,在叙事中融合了抒情的成分。高适、岑参、杜甫都有优秀的作品。以律诗擅长的杜甫除了律诗以外,还写了许多精彩的以叙事为主的七言歌行,如《兵车行》《丽人行》《茅屋为秋风所破歌》《丹青行》等,都是他的代表作。和他五言的"三吏三别"等比翼齐飞,共同形成了唐代新乐府的一体,为元白的"元和体"开辟了道路,在"诗言志""诗缘情"之外,开发、扩展了"诗叙事"的功能。白居易除了《长恨歌》《琵琶行》,还写过《任氏行》,与元稹的《李娃行》《崔徽歌》、李绅的《莺莺歌》等一样,与唐代小说相配合,可惜都已残佚了。唐代传奇本事的歌行都是很好的叙事诗,可能因为受到正统思想的压制而大都没有收入诗人的本集,如韦庄的《秦妇吟》那样,因而叙事诗只能转向民间说唱去发展了。

　　叙事诗与民间的说唱文学有密切的关系。敦煌出土的词文、变文和讲经文,都发挥了叙事的功能。白居易的《长恨歌》曾被张祜嘲笑为《目连变》(《本事诗》嘲戏第七),也可说明叙事歌行和民间文学的联系。这里重点谈谈敦煌遗书中的词文。

敦煌本《季布骂阵词文》，又称《捉季布传文》(P. 3697)，全称为《大汉三年楚将季布骂阵汉王羞耻群臣拔马收军词文》，是一首长篇叙事诗歌。以往我们常以汉语文学没有长篇叙事诗为憾事，总觉得《孔雀东南飞》还是太短，在看到《季布骂阵词文》之后，似乎可以稍稍感到欣慰了。它全诗 640 句，4474 字，在汉语诗歌史上是空前的长篇作品。

《季布骂阵词文》演唱汉初季布的故事，根据史实而又有许多虚构，属于民间的说唱文学。它有唱无说，与变文体裁不同，从全文看并没有删节说白的痕迹，应该是纯粹的叙事唱词。篇末明说是："具说《汉书》修制了，莫道词人唱不真。"可见确是供"词人"演唱的底本。它的体裁称作"词文"，也是很明确的。前人因为它和变文是相似的叙事文学，就把它编入了《敦煌变文集》，但实际上则和变文有所不同。"词文"全部都是唱词，在敦煌遗书里是非常罕见的品种，而篇幅之长则是仅见的孤本。

《季布骂阵词文》的出现，证明了古代曾有长篇的叙事诗歌，证明了古代说唱文学（即现代所说的曲艺）的多样性，也证明了元明词话、明清弹词、鼓词的渊源自有由来。明代成化刻本词话《张文贵传》卷上结尾说："前本词文说了毕，听唱后本事缘因。"诸圣邻修订的《大唐秦王词话》第三十六回说："诗句歌来前辈事，词文谈出古人情。"可见"词文"正是词话的前身。明代人还把词话称作"词文"，这个"词"不是曲子词的词，而是词话的词。《季布骂阵词文》的一个写本(S. 5441)，篇后题"太平兴国三年戊寅岁四月十日记"。这是它抄写的时间，撰写当在此之前。

敦煌遗书里还有一卷演唱董永故事的歌词(S. 2204)，原卷失题，有人拟题作《董永变文》，实际上它只有唱词，并无说白，应按

《季布骂阵词文》之例定为《董永词文》。这两篇词文的特点是七言的叙事诗，只唱不说，一韵到底，并不换韵，因此不能说中间已有删节的白文。《季布骂阵词文》长达 640 句，其中有不少是按平仄声节交替的律句，通篇用"真""文"韵和"元"韵混押，如"门""魂""恩""昏"等字，大概是民间艺人所作。（文人作品会注意真韵和元韵的分别，如元好问《元遗山集》卷 36《杨叔能小亨集引》说："无为琵琶娘'人''魂'韵词，无为村夫子兔园册。"就是鄙薄琵琶娘的唱词"真""元"韵通押。）但不和庚青韵混用，还保持着中原的音韵体系，与后世的词话、弹词、南方的戏曲有所不同。吴世昌先生早就指出，"这一首词文把'真''文''元'三韵通押，已开后代词韵打破诗韵拘束的先例"①。其实唐代歌行早就有"真""文""寒""删"韵通押的先例，如杜甫的《彭衙行》。

　　这两篇词文基本上是叙事体，但唱词中间也有代言体的对话。《董永词文》的故事情节与《清平山堂话本》的《董永遇仙记》非常接近，已经衍生了董仲寻母和金瓶火烧孙宾天书等情节，显示了民间传说的变异性。词文是古代说唱文学中诗赞系的一体，主要来源于民间的叙事歌行，其性能、句式与白居易的《长恨歌》《琵琶行》及《新乐府》等叙事歌行非常接近。其间应有交流和互相借鉴的关系。一般说民间创作总是先于文人作品，如《孔雀东南飞》《木兰诗》早已开辟了叙事诗的先路，但七言歌行却是较晚出现的。我们不能断定《季布骂阵词文》《董永词文》产生于中唐之前，但白居易之前一定有通俗的七言叙事诗存在。《季布骂阵词文》的下限是太平兴国三年（978），可能是唐五代的作品，至少也是一千多年前的古代词话的标本了。词文作为诗赞系说唱文学的一

① 　吴世昌:《敦煌卷〈季布骂阵词文〉考释》，见《敦煌变文论文录》，上海古籍出版社 1982 年版，第 545 页。

体,比较接近于六朝时期歌行化的俗赋,可能还早于变文的产生,至晚是早于鼓子词等乐曲系的说唱文学而出现的。"词文"的名称首见于敦煌遗书,这是值得重视的历史文献。

还值得注意的是,董永故事流传更广,据杜颖陶编的《董永沉香合集》(古典文学出版社1957年版),所收有晚出的挽歌《新刻董永行孝张七姐下凡槐阴记》和弹词《董永卖身张七姐下凡织锦槐荫记》,都是长篇唱词,没有说白,与敦煌本《董永词文》体制相同。可惜这两篇说唱文学的写作年代难以考证,无法研究它的传承源流,只从文体来看正是与敦煌词文一脉相承的。尤其是《槐荫记》弹词,全篇除少量词句换韵,绝大部分都用了庚青和真文韵通押,几乎是通篇一韵到底,也和《董永词文》相同。

这种词文到后世变化多端,名称各异,如宋代的陶真、元代的词话,都是诗赞系的说唱文学。"词话"的名称流行于元代,屡见于《通制条格》《元典章》《元史·刑法志》等书(又有称为"唱词"的),但未见全本的作品。叶德均先生把元人杂剧中引到的片断词句,拟测为诗赞系的词话。但元人杂剧里插入的"词",都是很短的片断,类似戏曲里的数板韵白,而且多数是上三下四的折腰句。例如孟汉卿《魔合罗》第三折里旦的诉词,与诗赞系的七言词文又有所不同:

> 哥哥停嗔息怒(此句似有缺字),听妾身从头分诉。李得昌本为躲灾,贩南昌多有钱物。他来到庙中困歇,不承望感的病促。到家中七窍内迸流鲜血,知他是怎生服毒。

有人把《快嘴李翠莲记》看作元代(或说明代)词话的例证,可是《李翠莲记》的唱词,多用仄声字押韵,与敦煌词文全用平声韵不同,显然又有变异。唱词用仄声押韵,应该是节奏比较快的念诵,像现代北方的顺口溜、数来宝。这与上引《魔合罗》中的词文相似,但大体上还是上四下三的七言句。而后来南方的弹词,则原则上都押平声韵,唱起来悠扬婉转,音调铿锵,延长而声调不变。可见词文在后世的发展,是千变万化、灵活多样的。元代的词话未见整本留传,难以比较。直到1967年上海嘉定县出土了一批成化刻本说唱词话,书名上多数标明"说唱"两字,我们才得到了完整的元明词话的实物样本。

从成化本词话看,明初乃至更早的作品,以七言唱词为主,说白很少,如《白虎精传》全部都是唱词,大概是较早的作品。《曹国舅公案传》和《张文贵传》只有少量说白,可能也是早期词文的规格。《花关索传》词话四卷,从版式和字形看,与元刻平话十分相似,可能还是元代传承的旧本。从词话的发展史看,在演唱中逐步加入了说表的散说部分,更逐步增加了代言的成分,因而篇幅越来越长了。可见词话是由以唱为主逐渐向增加说白发展的。从韵散相间、说唱兼备的体制看,词话似乎逐步接近于变文了,而且越来越多地以说为主,更便于叙说故事。所以《张文贵传》说是"前本词文说了毕",《大唐秦王词话》说是"词文谈出古人情",已用了"说"和"谈"的字样,而唱的部分还是更重要的,所以还是说"听唱后本事缘因"和"诗句歌来前辈事"。这是词文在后世发展的一种趋势。到了《珍珠衫词话》(《古今小说》第一卷开场白)、《金瓶梅词话》,就是以说表为主的小说了。

词话的基本特征是:以七言句的唱词为主,而且主要是上四下三的句型;唱词在偶句上押平声韵,特别是多以押真文韵为常规;说白逐步增多,增加了代言体的部分。这是与敦煌词文一脉相承的。

词话到明代大体上分化为弹词和鼓词两个系统,似乎是由流传地区不同而变异的,伴奏的乐器也分别为琵琶或鼓板两大类。

明代杨慎编写的《历代史略十段锦词话》,应该是模拟民间词话而作的,但唱词部分用了三、三、四的十字句,还加上了《西江月》词和诗,文采和文体都有许多特色,有他自己的许多创新。这种格式流行于北方,后来通称为鼓词。

上三下四的句子在元人杂剧里常作为念白的词,前面再加三个字就成为"攒十字"的句子,在鼓词里比较常用,如《历代史略十段锦词话》的第一段:

> 盘古氏一出世初分天地,至三皇传五帝渐剖乾坤。天皇氏定干支阴阳始判,地皇氏明气候序列三辰。人皇氏相山川君臣定位,有巢氏辨人兽物类区分。燧人氏治熟食钻燧取火,女娲氏补苍天复立昆仑。

明代诸圣邻修订的《大唐秦王词话》也有一些十字句的唱段,但主体是七言句,还保留了不少民间说唱的格式。

《历代史略十段锦词话》后来改名为《廿一史弹词》,可能是张三异改的。张三异原籍汉阳,但定居在杭州,可能采用了江浙人的习称。他命儿子张仲璜作了《廿一史弹词注》,自己续写的《明纪弹词》也用了攒十字的句式,那是沿袭了杨慎的体制(据序知作于康熙十三年,1674)。弹词最初盛行于浙江,到清代才在江苏(以苏州为中心)发扬光大,有所创新。

流行于南方的词话改称为弹词,大概是明代以后的事。臧懋循《负苞堂文集》卷3《弹词小纪》说元人有《仙游》《梦游》《侠游》三种弹词,不知是否原题。明代的弹词传本极少,《廿一史弹词》和《明纪弹词》实际上应说是鼓词,只有董说《西游补》里插入的一段弹词可作例证。董说曾著有《续廿一史弹词》,未见传本,他的《西游补》第十二回里讲到唐僧听盲女隔墙花唱弹词《西游谈》,开头是一首七言诗,接着是七言唱词,中间有说白:"话说唐天子坐朝方退,便饮酒赏花,忽然睡着,梦见一个龙王,叫声:'天子,救我性命,救我性命!'"接着又插叙说:"又弄一种[泣月琵琶调],续唱文词。"可见明末的弹词是有说白的,而且又可称作"文词",与"词文"却是倒文。弹词《西游谈》用韵很宽,大部分也是真文韵而杂用庚青和东钟韵。董说是浙江南浔人,似乎是从俗按方音押韵了。否则他精通经史,擅作诗词,不会不懂得写诗要遵守官韵的。

　　清代弹词作品很多,民间作品的年代难以考定,流传的本子大多已经有了变异。从文人拟作的作品可以推想民间说唱的大致情况。最著名的是杭州女作家陈端生写作的《再生缘》。弹词《再生缘》偏重唱词,走向格律化,绝大部分唱词是律化的诗句,这是文人作品的特色。所以陈寅恪先生大加赞赏,说:

　　　　弹词之作品颇多,鄙意《再生缘》之文最佳,微之所谓"铺陈终始,排比声韵","属对律切",实足当之无愧,而文词累数十百万言,则较"大或千言,次犹数百"者,更不可同年而语矣。……如《再生缘》之文,则在吾国自是长篇七言排律之佳诗。在外国,亦与诸长篇史诗,至少同一文体。①

　　郭沫若先生也作了极高的评价,说:

　　　　我每读一遍都感觉到津津有味,证明了陈寅恪的评价是正确的。他把它比之于印度、希腊的古史诗,那是从作品的形式来说的。如果从叙事的生动严密、波浪层出,从人物性格塑造、心理描写上来说,我觉得陈端生的本领比之十八、九世纪英法的大作家们,如英国的司考特(Scott,1771—1832)、法国的斯汤达(Stendhal,1783—1842)和巴尔塞克(Balzac,1799—1850),实际上也未遑多让。他们三位都比她要稍晚一些,都

────────────

①　陈寅恪:《论再生缘》,见《寒柳堂集》,上海古籍出版社1980年版,第64页。

是在成熟的年龄以散文的形式来从事创作的,而陈端生则不然,她用的是诗歌形式,而开始创作时只有十八九岁。这应该说是更加难能可贵的。[1]

这里引《再生缘》的两段为例。如第十三卷中写刘燕玉见孟丽君的一段词句里用了好几联对仗:

> 只见那,两边侍女启珠帘,闪入风流一宰官。金翅幞头光闪闪,紫罗袍服蟒蟠蟠。靴声踏地初临砌,佩韵飘风已入帘。步稳行端威出众,神清骨瘦品非凡。面如傅粉溶溶白,唇若涂朱艳艳鲜。咳嗽一声朝内走,看他那,巍然颜色十分严。多娇郡主观瞧罢,倒不觉,暗惧当朝极品官。(第857页)

> 皇亲说得这般凶,竟只道,性命真于旦夕中。此刻看来还可救,止不过,忧悲凝结在心胸。若然遂得他心愿,也无须,妙药灵丹顷刻松。(咳!这教我怎生区处?难道竟为他染病,便承认是孟丽君不成么?)这是千难与万难,再没有,几回抵赖再扬言,然而不说如何好,我难道,看着芝田丧九泉。(咳,好生惆怅!如今又弄出这等事来。)日前略略得安康,偏又芝田病在床。一件事完重一件,总是个,逼生逼死逼明堂。(呀,也罢,且待我劝劝芝田看。)郦相沉思暗不宁,红腮惨淡色凄清。眉皱皱,目凝凝,半晌抬头叫一声。(咳,小君侯,你要放开心事,再把右手伸来看看。)……此是君侯没主张,何必要,只将原配挂心肠。日烧夜热非轻患,真个是,损力劳形大祸殃。尔若要思除贵恙,但把那,孟家小姐撇于旁。(第十五卷,第965—967页)

这一回写孟丽君看着皇甫少华因她而病,虽也有思想斗争,经过反

---

[1] 郭沫若:《再生缘·序》,见《再生缘》卷首,北京古籍出版社2002年版,第6页。

复考虑,还是不肯承认,故意安慰他一番。但因为情节复杂,心理活动很多,所以加入了一些说白,不多几句唱词就一再转韵,不能通押一韵,显得有些支离破碎。也可见弹词以唱为主的文体本身就有其局限性,连陈端生也不能不采用比较灵活的形式了。

《再生缘》是弹词文本中偏于高雅的文人作品,但是它在故事情节的构造和"关子"的设置等方面,还是学习了民间弹词的许多艺术技巧,已经从叙事体加上了代言体的说白。

南方弹词的话本有许多变异性。可分有唱无说的,有唱有说的,有唱有说有演的(代言体),但总是有叙事的唱词。又有多种改编本,如《玉蜻蜓》有许多版本,又有许多异名,如《芙蓉洞》《节义缘》等,如果加上新的整理本,更是百川分流,百花争艳了。

词话在北方演化为鼓词,又有各地各家的流派。归庄的《万古愁》是乐曲系的鼓词,与诗赞系的词话略有不同。著名的贾应宠(凫西)《木皮散人鼓词》,又名《历代史略鼓词》,篇幅不长,极嬉笑怒骂之能事,属于文人拟作的讲史唱本,基本上还是七言句。去年春风文艺出版社出了一部《中国历代曲艺作品选》,收的作品较多,可参考。其中也收了文人拟作的唱本,没有作严格的区别。如贾应宠的《历代史略鼓词》以及韩小窗、罗松窗的子弟书,都可以作为明清的叙事诗来一读。

这里只引《历代史略鼓词》引子的一段唱词,以见一斑:

> 忠臣孝子是冤家,杀人放火享荣华。太仓里的老鼠吃得撑撑饱,老牛耕地倒把皮来剥。河里游鱼犯了何罪,刮净鲜鳞还嫌刺扎。那老虎生前修下几般福,生吃人肉不怕塞牙。野鸡兔子不敢惹祸,剁成肉酱又加上葱花。古剑杀人还称至宝,垫脚的草鞋丢在山洼。吴起杀妻挂了帅印,顶灯的裴瑾倒挨些耳瓜。活吃人的盗跖得了好死,颜渊短命是为的甚么?莫

不是玉皇爷受了张三的哄,黑洞洞的本账簿那里去查。好兴
致时来顽铁黄金色,气杀人运去铜钟声也差。我愿那来世的
莺莺丑似鬼,石崇他来生没个钱渣。世间事风里孤灯草头露,
纵有那几串铜钱你漫诈撒。俺虽无临潼斗的无价宝,通! 通!
通! 只这三声鼍鼓走遍天涯。

　　由鼓词派生的子弟书,却更多地采用了七言句,基本上都采用
了律诗的格律,比较文雅。启功先生有一篇《创造性的新诗子弟
书》①,对子弟书作了简要的介绍,并给予高度的评价。启功先生
指出:

　　　　子弟书的形式,基本上以七言诗句为基调。每句中常常
衬垫一些字数不等的短句,比起元人散曲,在手法灵活上有相
同之处,而子弟书却没有曲牌的限制。元散曲句式灵活而不
离开它的曲牌,子弟书句式灵活而不离开七言句的基调。②

　　子弟书除了七言句上加衬垫的三字顿之外,还有四言的短句,
在演唱时是可以自由调节的,基本上还是以上四下三的七言诗句
为基调,似乎保持了敦煌词文以来叙事诗的传统。但它的唱腔却
比鼓词更多纡曲转折,启功先生曾引了春澍斋的《忆真妃》为例,
还指出:"子弟书唱起来每一字都很缓慢,即使懂得听的人,有时也
找不准一个腔中的每一个字。我亲眼看见我先祖手执曲词本子在
那里听唱,很像听昆曲的人拿着曲本听唱一样。……这恐怕也是
子弟书'广陵散绝矣'的因素之一。"③

　　启功先生传录的《忆真妃》,是春澍斋的代表作,转引其开头
一段如下:

①　《启功丛稿·论文卷》,中华书局2008年版,第309—333页。
②　同上书,第311页。
③　同上书,第313页。

马嵬坡下草青青，今日犹存妃子陵。题壁有诗皆抱憾，入祠无客不伤情。三郎甘弃鸾凰侣，七夕空谈牛女星。万里西行君请去，何劳雨夜叹闻铃。杨贵妃，梨花树下香魂散，陈元礼，带领着军（卒）才保驾行。叹君王，万种凄凉，千般寂寞，一心似醉，两泪如倾。愁漠漠，残月晓星初领略，路迢迢，涉水登山那惯经。

偏于高雅的子弟书，比较不易为广大群众所接受，就逐步离开书场而成为案头读物了。一般子弟书都是短篇，只有一两回，长篇的就多半是民间传唱的鼓词了。所见最长的子弟书《全彩楼》有三十回之多①（傅惜华《子弟书总目》著录的本子作三十二回），篇幅很长，但没有说白，全是唱词，与早期的"词文"基本一致，所以仍属子弟书而不是鼓词。如韩小窗的《黛玉悲秋》的开头一段：

大观万木起秋声，漏尽灯残梦不成。多病只缘含热意，惜花常是抱痴情。风从霞影窗前冷，月向潇湘馆内明。透骨相思何日了，枕边惟有泪珠盈。孤馆生寒夜色暝，秋声凄凄不堪听。人间难觅相思药，天上应悬薄命星。病久西风侵枕簟，梦回残月满窗棂。

其中有不少对仗的律句，与《长恨歌》近似，但专押平声韵，又与鼓词有所不同。至今京韵大鼓还有唱《忆真妃》的，但改名为《剑阁闻铃》了。我在电视上听过骆玉笙唱的京韵大鼓。（京韵大鼓也有《黛玉悲秋》，不知与子弟书有无异同。）

从《季布骂阵词文》到长篇的弹词和子弟书，体现了叙事诗从民间词话到文人拟作，又回到场上演唱的历史过程。但以雅变俗

---

① 《清蒙古车王府藏子弟书》，国际文化出版公司1994年版，第1304—1341页。

的缺点也显示了它的局限性,文人作品过于文雅而不谐于里耳,不易为广大群众所接受,如果只有唱词而没有说表,就不能与民间的说唱体曲艺竞争,因此以唱词为主的《再生缘》只能被改编为《孟丽君》才得以传唱。北方的子弟书也因唱腔过于纡曲转折而沦为绝响,但子弟书的文本却日益受到读者的青睐,现在,有编总集的,有编总目的,又形成了新的热门。这里恐怕有一些经验教训值得总结和借鉴。

　　陈寅恪先生称《再生缘》"在吾国自是长篇七言排律之佳诗",启功先生称子弟书为"创造性的新诗",他们都承认唱词是诗,我们为什么要把通俗的唱词排除在叙事诗之外呢?古代的叙事诗至晚自唐代以来,无论是文人的作品,还是民间无名氏的作品,都在文学史上作出了贡献,展示了诗歌的叙事功能。但至今还没有引起文学研究者和作家的充分注意。我认为,现代诗歌中李季的《王贵与李香香》、阮章竞的《漳河水》是新诗里最具有民族性和群众性的作品,可是现在很少有人提起他们了,这又是什么原因呢?大概主流诗人认为它不是新诗。

　　叙事也是诗歌的一种功能,在中国诗歌的百花园里,也应该占有一块园地。我觉得,有志于振兴诗词的作者,可以在叙事方面作一些探索和尝试,从古代叙事诗和民歌、民间曲艺汲取一些养料,也许可以成为新诗的一个突破口。

　　中华传统诗词大体上以抒情为主流,而又以写自然景观为强项,因此产生了许多情景交融的"意境",在山川风月、花鸟虫鱼里写出了人的性情。这是中华诗词的优秀传统,然而注重的是写个人的性情和个人的记忆,写社会人事的作品相对量少和质弱,在当代的历史环境中就难免使人感到有所不足,兴、观、群、怨的功能还没有全面发展。古人如严羽《沧浪诗话》强调诗的抒情性说:"诗者,吟咏情性也。盛唐诸人,惟在兴趣。……"从而批评了时人的"以文字为诗,以才学为诗,以议论为诗",但他还没有批评以叙事为诗。近人更强调了诗的抒情功能,认为叙事的韵语就不是诗。如胡怀琛先生在《诗的作法》中说:"倘然绝对没有情感,那就可以说不是诗。"从而他就认为"咏史诗不是诗""咏物诗不是诗",纪事诗也不是诗,因而说范成大的《田园杂兴》之一就不是诗。[①] 我觉得这就有片面性了。用诗的形式来纪事、咏物、咏史,乃至论诗,不能说就绝对没有感情。尤其是纪事诗中往往含有隐藏的言外之意,强烈的事中之情。如杜甫的纪事诗是以叙事和缘情融合在一起的,因而被称为一代的"诗史"。他强烈的感情正是用大量的叙事来体现的,因此我们要重视叙事诗的价值,也要重视以诗纪事的功能。我曾提出当代诗词创作要注重时代精神、生活气息和个人特色的结合,这就需要加强叙事的力度,注重历史的记忆和群体的精神生活,不能因为强调诗的抒情性而忽视它的纪事作用。我的理解和想法不一定正确,请大家批评指教。

（原载《中华诗词研究》2016 年 2 辑）

① 胡怀琛:《中国八大诗人》,中华书局 2010 年,第 108—111 页。

读《大唐秦王词话》札记

《大唐秦王词话》相传为罗贯中撰,实不可信。只说现存的明刻本,一、三、五、七卷题作"澹圃主人编次,清修居士参订",二、四、六、八卷题"澹圃主人编次,梦周居士参订",至少是已经过三个人加工的了。书前有陆世科写的序,说道:"吾友诸圣邻氏以风流命世,狎剑术纵横,雅意投戈,游情讲艺,羡秦封之雄烈,挥霍遗编,汇成钜丽。"陆世科名下有一方"丁未进士"的印,诸圣邻的年代也可由此略知一二。陆世科其人见于《明史》卷242《董应举传》,说到天启五年(1625)陆世科为巡盐御史,因知他中进士的丁未应为万历三十五年(1617)。《大唐秦王词话》第五十九回前有两首诗是赞叹于谦的,诗后说"诗谈肃愍褒封日,词整秦王受谮时"。"肃愍"是弘治二年(1489)追赠于谦的谥号(《纲鉴易知录·明纪》作弘治元年,误),后来在万历(1573—1629)中又改谥"忠肃"(《明史·于谦传》),所以《大唐秦王词话》当编成于弘治二年之后,万历十八年改谥之前,比《金瓶梅词话》还略早一些。按:明孙高亮《于少保萃忠全传》第四十传载更谥谕祭文,明说万历十八年八月十有六日,非常具体(《纲鉴易知录·明纪》卷9作万历十八年十一月,改谥忠肃)。陆世科写序在万历三十五年之后,与东吴弄珠客写《金瓶梅词话序》的年代也大致同时。当然,编者没有改用"忠肃"的谥号,可能有消息滞后的缘故。澹圃主人是否就是诸圣邻的别号,还有待求证。

　　旧传与《大唐秦王词话》同为罗贯中所编的《隋唐两朝志传》,有些故事与《大唐秦王词话》相似,但很多情节不同。二者的异同,我在《试探〈隋唐两朝志传〉的渊源》一文中已作了初步的探讨(载《文献》2009 年第 3 期)。现在再作一点补充,从两部书的异同可以看出《大唐秦王词话》对史料的取舍和增饰,从而进一步探讨其源流。

　　第一回《李公子晋阳兴义兵,唐国公关中受隋禅》,讲的事实很多,大致包含了《隋唐两朝志传》第九至十四回的内容,但详略和先后次序有很大差异。如:《大唐秦王词话》第一回讲了隋炀帝荒淫失政,引起十八家兵团起事,李世民鼓动李渊兴兵建国,裴寂又挟持说服李渊,终于自称大将军,传檄郡县,郡守高德儒抗拒唐军,被杀。李世民征霍县,斩宋老生,李靖与房玄龄、杜如晦来投,迎立代王杨侑为恭帝,封李渊为唐王。炀帝被弑后,恭帝愿让位给李世民,世民却让给父亲李渊,改元武德,立建成为太子,封世民为秦王。这一回的事非常繁富,在《隋唐两朝志传》里就分见于九回。不同的地方分别对照如下:

《大唐秦王词话》第一回	《隋唐两朝志传》
炀帝失政	1、2 回
李世民、裴寂劝李渊起兵	9、10 回
李渊传檄	11 回,檄文不同
李世民攻西河,殷开山擒高德儒	11 回,长孙顺德斩高德儒
征霍县,"斩宋老生"(只四字)	(叙战事约八百字)
李靖及房玄龄、杜如晦来投	13 回,房玄龄来投

	14 回李世民召李靖
	31 回李世民用杜如晦
立代王侑为帝	14 回
义宁三年,隋恭帝欲禅位于李世民	21 回,隋恭帝禅位
世民让其父,封秦王。	

按《资治通鉴》,李渊称帝在大业十三年,即义宁二年(618),《大唐秦王词话》误系三年。《大唐秦王词话》叙事多出虚构,不足为据。如恭帝愿意禅位给李世民即属编创。

《大唐秦王词话》里虚构成分较多,基本上是民间说唱话本。元明杂剧中有许多隋唐故事,取材于前代或当时的说唱话本,可以与《大唐秦王词话》参证。

《大唐秦王词话》第四回《唐秦王私看金墉地,程咬金明劈老君堂》,讲李世民私看金墉,被程咬金追到老君庙,举斧即将劈下,幸得秦叔宝挡住,只把他擒住送交李密,关入南牢。现存元杂剧有郑德辉的《程咬金斧劈老君堂》,可作对照比较。杂剧的特点是从斧劈老君堂一直演到程咬金归顺大唐。中间加了一个楔子,演李世民消灭萧铣的故事。第三折又由正末扮探子,用唱词描述了李世民和萧铣的战斗场面。第四折由李靖向秦王报告李密降将内有程咬金,秦王不念前仇,亲释其缚。杂剧与《大唐秦王词话》不同的是预言李世民有百日之难的不是李靖和李淳风、袁天罡“三仙”,而是袁天罡一人,又把李孝恭、李靖征服萧铣的功劳放在秦王身上,把时间提前了。

脉望馆所藏钞校本元明杂剧《魏徵改诏风云会》,也演李世民私看金墉,被程咬金抓住。与《大唐秦王词话》第四、五两回故事相合,但配角人名略有不同,剧中李密派出五个大将,除程、秦二人外,还有王伯当、裴仁基、蔡健得,《大唐秦王词话》第四回则说是秦叔宝、王伯当、单雄信、罗成、程咬金。

《魏徵改诏风云会》杂剧头折李世民上场有一大段念白，叙述了十八处烟尘的形势，最后说到："别处军兵也不打紧，则有这江南萧铣、洛阳王世充、金墉城李密。某今先要收伏洛阳王世充，后破李密。"剧中军师李靖看出李世民面色不好，不可远行，没有说是袁天罡，就和《斧劈老君堂》不同。幸而李密打败了孟海公，大赦一应罪人，惟独不赦李世民、刘文静，魏徵改"不"字为"本"字，放了两人。两本杂剧都说李密打败了孟海公，因而放赦。这在《大唐秦王词话》里则是打败了梁师都，而且还有一些新奇情节，与两本杂剧都不同。《隋唐两朝志传》则孟海公讹为"凯公"了。

《大唐秦王词话》第十四回《定巧计十羞李密，吟反诗三忤秦王》，讲李世民命十将扮演秦王，使李密拜迎十次。又以枯竹为题，吟诗讽刺李密。无名氏《四马投唐》杂剧第二折里只有三将出场，这是可以理解的，可能演员不够。但是杂剧里假扮秦王的有段志玄，却是《大唐秦王词话》里没有出场的。杂剧开头有一个很长的楔子，演述王世充和李密交战之前，先向李密借粮，随后背信下书挑战。单雄信打破金墉城，李密与王伯当、柳周臣、贾润甫四马投唐（《隋唐两朝志传》里随李密投唐的有魏徵等）。唐公李渊封李密为邢山公，并赐他独孤夫人。第二折演李世民西征薛举得胜回来，唐公命李密去迎接，李世民有意羞辱李密。又出题命他作诗，互相讽嘲，激怒了李密，就决意出逃叛唐。第三折演盛彦师于断密涧射死李密，李世民又下令射死了王伯当。这些情节几乎包括了《大唐秦王词话》里李密的全部故事，大体相合，但细节不同。如《大唐秦王词话》第十四回李密的《竹》诗云："拂云苍玉手亲栽，饱历风霜足干才。寄语时人莫轻弄，曾从葛水化龙回。"杂剧中李密吟《竹》诗则作："老竹苍苍节大坚，等闲小辈莫摧残。潇潇雨洒深秋月,惊的邪魔心胆寒。"他再吟一首云:"小笋全无君子节,初生岂有化龙时。消疏绿叶飞池畔,出土微尖更不知。"还有李世民和李密咏鸡的两首诗,文字也完全不同。另有一首咏风筝的诗,杂剧就省略了。杂剧和《大唐秦王词话》都有两人吟诗相嘲的情节,当有共同的来源。但《大唐秦王词话》的诗似乎更雅净一些。

《大唐秦王词话》第十六回《野猪坡李密败兵》,说到李密射死一犬,射了自己本命;又遇见宜山老母,收回了以前赐他的火星剑,说他犯了"盛独鹿"三字,违逆天命。杂剧第三折也有黎山老母出场,说当初曾有三戒:"一者勿杀阴人,二者不许反唐,三者勿割鹿肉。""今三事皆犯,必遭亡身之祸。"这也是同出一源的故事。但《大唐秦王词话》前文对"三戒"并无交代,似有删略。

从《大唐秦王词话》的情节看,有一些摹仿前人作品的痕迹,如第二十六回,秦叔宝命家僮持简上街出卖,要一千贯钱,近似《水浒传》林冲、杨志故事。而说要一千贯钱,又是按宋代的钱币计数。明代已经改用银子计价,这是现在考证古代小说年代的依据之一。当然,我们不能据此推论《大唐秦王词话》产生于宋代。又如第五十四回元吉设计,命家将把一口宝剑以五百贯钱卖给尉迟恭,骗尉迟恭进英王府比剑,完全模仿高俅陷害林冲的故事。从中可以看到编者对《水浒》故事非常熟悉,比《隋唐两朝志传》更接近于民间话本。

《大唐秦王词话》第二十七回《茂功智说秦叔宝,世民义释程咬金》,说徐茂功(即徐懋功、徐茂公)扮作道人,潜入河南,遇见秦叔宝命家僮出卖双简(锏),就跟着到秦家游说秦琼,又拿出尉迟敬德的画像,刺激秦琼的好胜心,决意归唐。共事者有牛进达、牛进雄、程咬金三人。程咬金曾斧劈老君堂,冒犯过李世民,李世民不念旧恨,赦免其罪。脉望馆所藏钞校本《徐懋功智降秦叔宝》杂剧就演此故事,剧中徐懋功拿着李世民的信去说降了秦叔宝和陆德明、程知节、李君实、田留安等,一起归唐。最后由殿头官念诵断语韵白,宣读圣旨:

> 您听者:隋室乱天下荒荒,四海内各占封疆。太原城先朝旧业,王世充搅乱村坊。仗手下文强武胜,秦叔宝双铜高强。徐懋功施谋用智,一封书拱手来降。各罢兵干戈宁静,众将军武艺非常。秦叔宝封胡壮公之职,陆德明加紫绶金章。李君实田留安二将,取家小直到洛阳。今日个加官赐赏,一齐的拜谢吾皇。

杂剧里有李君实、田留安而没有牛进达、牛进雄,与《大唐秦王词话》不同,却与《隋唐两朝志传》相同。《隋唐两朝志传》第四十七回讲李世勣(即徐懋功)路遇程知节,通过程劝说秦叔宝、陆德明、李君实、田留安归唐,接着第四十八回《秦叔宝弃郑投唐》。两书情节、人物、文字大不相同。按《资治通鉴》卷187有李君羡、田留安继秦叔宝降唐,杂剧与《隋唐两朝志传》较近史实。

尉迟敬德是《大唐秦王词话》里的主要人物,第二十一回至二十六回讲他的出身,有许多传奇性情节。第三十七回榆窠园单鞭夺槊是一个著名故事,讲尉迟敬德救秦王,赤身单鞭夺了单雄信的槊。接着齐王李元吉要谋害李世民,诬告尉迟敬德,在唐高祖前提议要和尉迟比武。秦王在尉迟右臂上系一块金牌,不许下手,只是三次夺了元吉的槊。英王李建成又生一计,提出明天到南御园扮演一次榆窠园夺槊的故事。让英王家将黄庄(绰号立地太岁)假扮单雄信,追赶秦王,尉迟敬德再来救驾。黄庄按元吉的指使举刀真要砍杀秦王,尉迟急来救主,打死了黄庄。元人尚仲贤有《尉迟恭单鞭夺槊》和《尉迟恭三夺槊》两个杂剧,就演这两个故事,但元刻本《三夺槊》杂剧文字有缺漏,不易读通,第四折唱词有"谢吾皇

把罪愆免,打元吉丧黄泉"的话,大致可以解读出尉迟敬德三次夺
槊后竟打死了元吉。这是元杂剧的虚构,离史实更远了,《大唐秦
王词话》也没有采取。《隋唐两朝志传》则又有变化,第六十二回
叙元吉与尉迟敬德比武,阴谋刺杀世民,被敬德夺槊刺倒,只有一
次。次日又命黄太岁扮演单雄信追秦王,真要下手,还是敬德夺槊
刺死黄太岁,就没有"三夺槊"的情节了。按《隋唐嘉话》卷上、《资
治通鉴》卷188确有敬德三夺槊的记事,所以流传极广。

　　元明杂剧演尉迟恭的故事极多,除《单鞭夺槊》《三夺槊》外,
现存的有杨梓的《功臣宴敬德不伏老》、无名氏的《小尉迟将斗将
认父归朝》(《大唐秦王词话》无此故事)、无名氏的《尉迟恭鞭打单
雄信》,已佚的有关汉卿《敬德降唐》、郑廷玉《尉迟公鞭打李道
焕》、于伯渊《尉迟公病立小秦王》、屈子敬《敬德扑马》、无名氏《敬
德挝怨鼓》等,都已失传。有些情节还可以在《大唐秦王词话》见
到踪迹。《敬德不伏老》杂剧演尉迟恭与李道宗争功,打了李道
宗,被贬去田庄闲居,后来高丽军进犯挑战,徐茂公(功)去召他复
出,敬德装疯不应。徐茂公用计激怒他,使他复出建功。"装疯"
这一折保留在戏文《金貂记》和多种戏曲里,传唱不衰。可是在
《大唐秦王词话》里却改为李元吉设计陷害尉迟恭,虽得免死,仍
把他贬去田庄闲住,最后也是徐茂功去骗他出来复职出战。看来
是编者为了要加重李元吉的罪名,有意把起因转加到他头上,对传
统的《敬德不伏老》故事作了夺胎换骨的改造。于此可见《大唐秦
王词话》应是较晚的作品。

　　《大唐秦王词话》后面还有许多建成、元吉阴谋杀害秦王李世
民的故事,从五十三回至六十三回,都是兄弟相残的内斗,直到玄
武门政变,唐太宗即位,有不少十分离奇的情节,都是《隋唐两朝志
传》和《唐书志传》《隋史遗文》《隋唐演义》《说唐全传》等所不

取的。

　　总的看来，《大唐秦王词话》保留了不少民间说唱的故事，离史实较远，如"三鞭换两锏"之类孙楷第先生所谓"粗鄙"的情节。但书中也有一部分比《隋唐志传》更近史实的叙事，就不知是原著所有还是诸圣邻"按采史鉴"修订的改笔。

　　《大唐秦王词话》的每一回卷前都有一些诗词歌赋作为入话，也就是现在弹词开场前唱的"开篇"，前人有的称之为"滩头"，至今上海青浦人还这么说。如第一回开头的四首词，分咏四季景物，格式与《金瓶梅词话》卷首的《四贪词》相似。试举第一首为例：

　　　花开禁苑春光早，万紫千红斗新巧。偷香粉蝶艳丛飞，酿蜜黄蜂芳径绕。秋千蹴罢玉钗横，倦倚银屏午睡清。芳草梦成谁唤醒，绿杨枝上一声莺。

四首词之后，又有一首定场诗：

　　　晴窗煮茗谈经史，静夜挑灯阅简编。要识古今兴废事，分明都在话中传。

诗词都写得比较优雅，与成化本词话大不相同，似出文人手笔。又如第二回卷前的四首咏秦汉史的诗，也写得较好。再举第四首来看：

　　　垓下初闻铁骑过，拔山力尽奈愁何。数年霸业移刘策，一旦雄师散楚歌。夜永挥戈悲壮士，月明按剑泣娇娥。繁华满目空流水，依旧闲花野草多。

第三回前三首咏张良的诗显然是改写话本的再创作。第三回卷前咏张良辞朝的三首诗，似据话本改写，第二首作：

　　　鸟尽弓藏意可哀，高人何事忌贤才。金章紫绶无心恋，绿水青山有意来。双手擘开名利锁，一身跳出是非垓。子房因甚休官早，恐蹈韩侯剑下灾。

这首诗在元刻本《前汉书平话》里作：

> 懒把兵书再展开，我王无事斩贤才。腰间金印无心恋，拂袖白云去不来。两手拨开名利路，一身跳出是非垓。老臣若不归山去，怕似韩彭剑下灾。

清平山堂话本《张子房慕道记》也有此诗，又有数字不同。

《大唐秦王词话》所引如果是诸圣邻的改笔，就改得比较好了，如与第五十九回那两首诗参看，似乎寄寓了作者对于谦的同情。这应是明代后期的作品。

第九回前是一篇独立的短篇词话，先是四句诗："玉貌遗青冢，丹枫出玉沟。舞同垂柳弱，情向锦筝留。"随后解释这四句讲的是王昭君、韩翠琼、赵飞燕、薛琼琼的故事。第二个故事不太著名，引出原文，以见一斑：

> 丹枫出御沟，乃唐僖宗时韩翠琼题红叶的故事。
>
> 香烬玉炉烟，帘响金钩控。正遇着清秋昼永。拈笔聊将怀抱写，步金莲直至沟东。叶叶谁知雌与雄。寄新诗仗你成功。暗叮咛风飘水送，趁清波流出帝王宫。
>
> 红叶无情句有情，御沟流出寄知音。
>
> 九关虎豹真虚设，漏泄春光一片心。

这是韩夫人红叶题诗故事的一段词话，翠琼的名字仅见于此。一支曲加一首诗，和宋代人的"缠达"非常相似。四段故事连在一起，作为一个"头回"，放在正传之前，还是宋代说话人的惯例。可见《大唐秦王词话》的文体也保存着不少宋元话本的传统。

今本《大唐秦王词话》应有文人修订的部分，如每回前面所有的"入话"诗词都非常优雅，与《大唐秦王词话》正文的风格相差较远，显然出于文人手笔。其中有引用前人如胡曾的《咏史诗》，也有不知出处的，有可能为诸圣邻自撰，第五十九回前有两首七律，

实际上咏的是明代的事,都是赞叹于谦的,现引录全文于此:

　　补天豪气已消磨,成就人间好事多。正统再更新日月,大明重整旧山河。功超吕望扶周室,策迈张良散楚歌。今日辞朝臣去也,白云影里笑呵呵。

　　当时忠义冠群公,死后英魂直上通。荒草含悲秋雨下,杜鹃啼血夕阳中。经邦事业千年制,盖世声名一日功。炳炳封章隆庙祀,行人谁不仰高风。

前一首诗据陕西师大郑敏婕硕士论文《〈大唐秦王词话〉研究》的考查,是于谦被杀之前的绝命辞,出自徐咸《西园杂记》。原文作:

　　于少保遇害之日,从容口占一诗云:庄椿居士老婆娑,成就人间好事多。正统再更新岁月,大明重整旧山河。功超吕望扶周室,德迈张良散楚歌。长叹一声归去也,白云堆里笑呵呵。

这首诗又见于孙高亮《于少保萃忠全传》第三十二传,文字有所不同:

　　村庄居士老多磨,成就人间好事多。天顺已颁新岁月,人臣应谢旧山河。心同吕望扶周室,功迈张良散楚歌。顾我今朝归去也,白云堆里笑呵呵。

按:《于少保萃忠全传》是一部小说化的传记,书中抄录了许多实录笔记,有不少可贵的史料。作者的祖父是于谦的好友。年代虽晚于《西园杂记》,但这首诗的文字却比较通顺得体,很有参考价值。徐咸所记的诗中说"正统再更新岁月,大明重整旧山河",应指正统十四年景帝(代宗)继位后于谦打败也先重振明朝山河,而不是天顺元年英宗复辟的事。于谦会不会自夸战功,宣扬代宗建立新朝的业绩,而根本否定天顺复辟?"功超吕望""德迈张良"也像是后人对于谦的歌颂。孙高亮所记的诗句作"天顺已颁新岁月，人臣应谢旧山河"，却有反讽天顺清除异己、杀害功臣的意思。总之，不论文字如何变动，这首诗不大像于谦自己的绝笔，尤其是末两句有些莫名其妙，把悲惨的结局化为超脱潇洒的笑声，更像是民间传说的拟构。类似《宣和遗事》前集讲张天觉辞朝时的词句说："瓦钵与瓷瓯，闲伴白云醉后休。"《张子房慕道记》里的诗句："若问小臣归何处，身心只在白云山。"恐与于谦的性格不甚相合。《西园杂记》和《于少保萃忠全传》的故事可能都是从民间传说里采集来的。《大唐秦王词话》引用此诗，并没有说是谁作的。而后一首诗，有可能就是诸圣邻自己的作品。这一插曲不妨留待以后另作研究。

　　明代的近体小说或古体小说都有引用前人诗词的惯例。尤其是讲史演义往往引胡曾、周静轩的咏史诗为证。《大唐秦王词话》引诗一般都不说明作者和诗题，可以考出的有胡曾《咏史诗》，如第一回的《汴水》，第四回的《涿鹿》《洞庭》《箕山》《长城》（文字略有出入），第二十一回的《商郊》《傅岩》《钜桥》《首阳山》，又如四十九回引《西湖十景》诗，即明人聂大年所作，见《西湖游览志馀》卷11。《西湖十景》诗后又有诗云："歌罢西湖十景诗，词中发出史中枝。有根有叶秦王传，不比荒淫妄诞书。"这才是说话人的定场诗。《大唐秦王词话》每回前多引诗词作为"入话"，还沿袭宋元话本的格式，和现代弹词演说前之加唱"开篇"相似。可能"词人"只用以吟诵，也是说唱艺术的一部分。所选的诗词都比较优雅，正如宋元小说的入话，如《西山一窟鬼》卷前引的诗，缪荃孙称之为"韵雅欲流"。《大唐秦王词话》里有不少优雅的诗，因为并没有假托书中人物的作品，还不致破坏整体的风格，造成不调和的弊病。

　　今见《大唐秦王词话》大约编定于万历中期，刻印于三十五年之后,不能说它是《隋唐两朝志传》和《唐书志传》的祖本,但是它应有诸圣邻所据以修订的底本。这本书的特点是,神异色彩较多,如《高祖试三仙斗术,李靖诱梁王起兵》《飞鼠耗粮同天谴,美人困使亦人谋》《桓军师大布神师计,李魏王兵败翠屏川》《野猪坡李玄邃败兵,断密涧王伯当死节》《桓法嗣再布神师计,王世充重借纳命军》等,都出现神仙或妖术的情节。特别是尉迟恭出身的几回,有《因借宿力伏铁妖,为投军智降水怪》《六丁神暗传战策,猛敬德明夺先锋》等回目。第二十九回尉迟恭鞭打李世民时,半空中被五爪金龙托住;第六十一回李世民被元吉下毒后,神医孙思邈来救活。这无非是神化李世民的虚构。

特点之二是在史传的基础上加强了对唐太宗的美化,竭力丑化建成、元吉,夸大他们的阴谋活动,写他们一而再、再而三地陷害李世民和尉迟恭,引起读者(听众)的憎恶,从而宣扬唐太宗夺位的正义性和必要性。《大唐秦王词话》大体上按历史程序讲了王世充打败李密和李世民先后消灭薛仁杲、王项(当作须)拔、朱灿(当作粲)、刘武周、王本行、刘黑闼、王世充、萧铣的战功。唐军屡胜之后,自第四十七回《杀忠臣元吉报私怨,救良将士信劫法场》起,主要写李世民与建成、元吉兄弟之争。李元吉一再谋害李世民和尉迟敬德等秦府诸将。《大唐秦王词话》极力描写元吉的阴谋诡计,完全是按照两《唐书》根据唐太宗改写过的历史铺演的。又加上许多虚构和夸张,如说元吉逼罗成在恶煞红沙忌兵之日出战,因而被箭射死。五十三回《英齐练马咬秦王,敬德保驾救真主》摹拟屠岸贾谋害赵盾的故技,训练烈马咬红衣草人,意图害死世民,烈马幸为尉迟恭打死。建成又用针刺一匹马的背脊,骗世民上马,几乎把他摔死。按:《资治通鉴》卷 191 载:

> 建成有胡马,肥壮而喜蹶,以授世民曰:"此马甚骏,能超

越数丈涧,弟善骑,试乘之。"世民乘以逐鹿,马蹶,世民跃立于数步之外,马起,复乘之,如是者三,顾谓宇文士及曰:"彼欲以此见杀,死生有命,庸何伤乎!"

《大唐秦王词话》似乎是据此敷演的。孙楷第先生曾认为"三跳涧"由李世民三跃乘胡马的故事演化而来(《日本东京所见中国小说书目·隋唐两朝志传》提要自注),那就是一事二用了。

从这方面看,编次者似有为明成祖夺位辩护的用意。另一方面,第五十九回正文前插入赞叹于谦的诗,更可能有批判明英宗复辟后杀害功臣的寓意,暗讽了本朝宫廷兄弟夺位的丑恶现实。因此书中许多渲染李建成、李元吉罪恶的情节,应该出于明代后期人的续补。

特点之三是《大唐秦王词话》的文采较好,许多诗词写得非常优美,可见作者的才华。即使其中不少诗词是借用他人的作品,但也显示了编者的眼界和眼力,与成化本词话迥然不同,比《隋唐两朝志传》《唐书志传》也高出一个层次。《大唐秦王词话》可以说是文人参与俗文学再创作的优秀成果。明代词话留传的不多,成化本词话的出土,给我们提供了鉴别的文献资料,也使我们对《大唐秦王词话》的成就,有了比较的标本。

另一方面,《大唐秦王词话》散说的部分很多,又被称为《秦王演义》,书中多处题作"按史校正唐传演义",可以和多种唐史演义参照研究。因此我们对于《金瓶梅》之称为词话,也就不必置疑了。《大唐秦王词话》增改的诗赞,可能出自诸圣邻之手,比《金瓶梅词话》里借用的那些文不对题的诗词高明得多,兰陵笑笑生这方面的文化修养就较差。《大唐秦王词话》从话本向文本小说过渡中,诗词的增改和明代政治的暗讽隐喻,也推动了小说艺术的提高,但总的艺术成就却不如《金瓶梅词话》,则由于编写者是讲史家而不是"小说家",缺少的是现实社会生活的阅历。我们如果对明代词话作一番综合的研究,或许还能扩展一下对明代小说研究的视野。

2008 年 5 月初稿

2017 年 3 月改定

（原载梅节九旬寿诞论文集编辑委员会编《寒梅着花未:梅节九旬寿诞论文集》,国家图书馆出版社 2018 年 12 月版）

读文学古籍如何结合"非遗"传承

　　阅读文学古籍,也可以与非物质文化遗产的传承相结合。古籍是传统文化的载体,非物质文化则是靠记忆和口头传承的艺术或技能,二者往往有直接或间接的关系。我在阅读宋元话本的时候,就借助于听书的经验,解决了一些困惑的问题。现存的话本或详或略,或雅或俗,总的说都不会是实况录音的记录。因此有的被认为是拟话本,如鲁迅对《大唐三藏取经诗话》和《宣和遗事》的判断。有人认为话本只是故事的代称,如日本的增田涉等学者。还有人不承认宋元话本的存在,认为都是明代人改写的小说。其实,说话人一般有底本,自古以来都是如此。北方的评书艺人,把提纲式的简本叫做"梁子",把语录式的繁本叫做"册子",但也不会是实况的记录。如现代评书名家刘兰芳播讲《岳飞传》的时候,每天要写上万字的稿本,但还是要加上许多临场发挥。我在参观苏州评弹博物馆的时候,注意到收藏的弹词话本,一般只有唱篇,没有表白;有的虽有表白,也很简略。也有已整理成书的,一般也不像场上说唱的那么详细生动。

　　当然,也有老艺人自己整理成比较详备的底本,或徒弟继续加工的繁本,那是很少见的。例如苏州评话老艺人陆耀庭和顾宏伯,都有说《三国志》的脚本,是自己编写的抄本,都把一部分脚本送给了学生王忠元。王忠元自己又整理了一个脚本。2015年5月18日,王忠元遗孀华琦把三种脚本都捐赠给了苏州评弹博物馆,成为一时佳话(何兵《留住名家珍贵史料,三部手稿展现戏痴情怀》,据《古代小说研究网》转载2015年5月20日《姑苏晚报》)。师父整理了自己的底本,最后送给了徒弟,这是曲艺界常有的事,有些话本大概就是这样流传下来的。因此就有了传承性和变异性的特征,形成了世代累积型的作品。

另一方面,我们还要注意到宋元时期的特定背景,文化重心逐渐下移,特别是元代一度停止科举,文人没有出路,走向民间,出现了不少书会才人。他们为艺人编写脚本,杂剧、散曲是大宗的,都见于《录鬼簿》。但编写话本的只见陆显之《好儿赵正》一例。"腹笥有文史"的朱桂英女士,讲的是"道君艮岳及秦太师事",则是讲史家(见杨维祯《送朱女士桂英演史序》),但有无话本留传,亦未可知。现存的《宣和遗事》则是收集了许多史料的一部话本,编者掌握不少史传和诗词的资源,文化修养较深,应该说是当时的"才人"。但《宣和遗事》可能并未全部付诸场上演说。我认为这也是话本的一种类型。因此我提出了讲史平话的多样性问题,对古代作品不能用一个标准来衡量,但从历史发展的视角看,有些艺术性不强的本子,却有很重要的史料价值和文献意义,如《宣和遗事》就是。

清代的话本如《清风闸》《飞跎子传》也是艺人自己整理的,但比较简略,又没有才人帮他润色。俞樾虽然对《三侠五义》作了一点修改,但没有仔细加工,所以没能像《水浒传》那样成为杰作。

苏州评弹是国家级的非物质文化遗产,也有许多世代累积型的话本和多种流派的唱腔。我作为苏州评弹的老听客,很关心它的保护和传承。在探讨近体诗的格律及吟诵问题时,觉得苏州评弹在雅化和格律化的过程中,曾深受近体诗的影响,特别是以马如飞为代表的《珍珠塔》和马调系统的唱腔,最能体现传统的吟诵方法。因此写了《苏州评弹与格律诗的吟诵》等文章,希望能以吟诵的方式来扩展传统诗词的传承,包括对诗词格律的普及。另一方面,也希望苏州评弹的艺人,能继承并发展前人的经验,适当借鉴传统诗词的格律,提高评弹的艺术性。反过来,吟诵家也可以借鉴曲艺家的唱腔,适当改进吟诵的音乐性。例如平起式的七言诗,如果结句是"平平仄仄仄平平"的,在苏州评弹里一般都是在第六字上延长行腔,而在第七字时却很快收束,与其他剧种大多在末字上延长行腔迥然不同。我觉得近体诗的吟诵,也可以适当夸张第六字的长音,显示"二四六分明"的平仄反差。最近在电视上听到上海陆锦花女士指导、培养的小学生,用苏州评弹唱腔吟唱的唐诗,比较准确地体现了平长仄短的声调,也很好地给少年儿童传播了古典诗歌和非物质文化遗产,这是一个一举两得的诗教方式,值得重视和提倡。

　　"常州吟诵"已被批准为国家级非物质文化遗产,是以赵元任先生的吟诗方法为代表的。在目前百花齐放的吟诵流派中,我认为"常州吟诵"可以代表吴语地区及大多数方言地区的传统吟诵方法,以"平长仄短"的声调和两字节、三字尾为基本节奏,是和近体诗的格律相适应的,完全可以作为"非遗"保护并传承下去。其他流派的吟诵,是否分别列入"非遗",还有研究讨论的必要。至于以音阶高低为艺术手段的歌唱方法则是在探讨和试验中的创新,同样可以为传统诗词的传播作出贡献。

　　　　（原载《古典文学知识》2018 年 5 期）

重读朱东润先生《宋话本研究》

朱东润先生有一篇《宋话本研究》的遗稿,刊于《中西学术2》(宋立元、裴高主编,复旦大学出版社 1996 年 11 月 1 版)。

那是一本论文集刊。我有这本书,但把它放在期刊一起,多年来隐藏在刊物堆里,忘了它的书名。因此在 2014 年修订《宋元小说家话本集》的时候,没能参考和引用朱先生的论点。最近清理杂书,忽然发现了这本书,重读这篇文章,得到一些新的启发,开扩了我的思路,亟提笔记于书后。

朱先生这篇遗稿写于 1957 年,经朱邦薇校订,1996 年才公开发表。朱先生对宋话本有许多创见,在当时是超出了过去的中国文学史著作里有关宋话本的论断,显得是独树一帜的。

首先,在第一节《什么是宋话本?》里,说明:

南宋人所作的话本,即使在 1276 年临安陷落,或 1279 年崖山失败以后,也算是宋话本。这个正同文天祥、谢翱、林景熙、刘辰翁、张炎、周密、王沂孙、郑思肖这些人后期的作品,也算是宋人作品一样。……

放宽一点,我们把"宋"看成时代中的一个段落,这是说把 960 年—1276 年看成一个段落,在这个段落中作的话本,都算是宋话本。……一则1126—1276年之间,北方的话本和南方的话本,出于一个来源;二则彼时北方话本和南方话本之间,不易指出截然不同的所在。

这个观点很有启发性。我们可以把一些令人困惑的问题暂时搁置一旁,先研究作品的内容,有哪些特色。如有确切的地域特征,再作分析也不妨。推而广之,如罗贯中就可以肯定为元末人,即使他活到明初哪一年,他的作品还可算作元代作品。有人过于谨慎,把罗贯中分为作杂剧的和作《三国志演义》的两个人,未免对中国小说戏曲流传的特点不太理解了。我自己也曾困惑于后人修改的少数字句,不敢肯定一些作品的属性和年代,因而在总体评估上只能有所保留。

朱先生对宋话本的研究对象,可以肯定的二十篇,基本上可以肯定的十九篇,共三十九篇,虽然不无有待继续考证的问题(如《金虏海陵王荒淫》的年代和文体很可疑),但总的原则是很有创见的。他说明:不能从字句方面来判定是否宋人作品,"因为宋话本经过后人的编定,字句都被修改了",所以还要从书目著录、文献记载和故事内容等方面找旁证。

《宋话本研究》(以下简称《研究》)对这三十九篇话本进行分析和概括,提出了三个假定,论述了话本能比较直接迅速反映现实和从侧面批判现实的特点,认定它具有人民的思想感情,从而突出地独立一节来写"宋话本的爱国主义精神和对于现实的批判"。《研究》举出了《碾玉观音》和《杨思温燕山遇故人(燕山逢故人郑意娘传)》等作品,阐明其思想和艺术上的特点,给予很高的评价。特别对《郑意娘传》作了详细分析,在论它的艺术手法时发掘其深刻的内涵:"把灵怪故事和爱国思想有机地结合在了一起","正是对于偷生苟活的统治阶级施以最辛辣的鞭挞"。朱先生把宋话本和陆游乃至文天祥等爱国人士的诗一并看作南宋人民艰苦抗战的记录。当时还没有发现元刻本《红白蜘蛛》的残页，否则也会把它及其修订本《郑节使立功神臂弓》列入宋话本的名单，加以分析。因为神臂弓是当时抗敌的先进武器，是金兀尤最怕的克星，所以小说也是借一个灵怪故事表达了爱国精神。至于人民群众深受苦难的惨状，我们在宋话本里也能看到一斑，如郑意娘就是被金兵掳掠的众多妇女之一，她为保护丈夫而自我牺牲了，丈夫却辜恩负义另娶新人，最后竟把她的骨灰匣从坟墓里挖出来抛入江水。韩思厚备受谴责，就是说话人对背信弃义者的严厉批判。宋朝妇女被大批押去金国，在《宣和遗事》里有更多更残酷的描写。后来元军灭亡南宋，没见到反映人民抗元的话本，因为元代统治者控制很严，禁止民间说唱词话的禁令很多，《辍耕录》卷27还有杀了说野史者胡仲彬徒众三百六十馀人的记载。关于妇女被掳，《研究》引了元好问的两首《续小娘歌》作旁证，我觉得还有一首更适合为《郑意娘传》作注："饥乌坐守草间人，青布犹存旧领巾。六月南风一万里，若为白骨便成尘。"（《续小娘歌》之九）"饥乌坐守"的是草间的尸体，"白骨"就是像郑意娘那样留在北方的骨灰。这与《宣和遗事》所写的许多被掳妇女的命运完全相同。

　　《研究》的对象只限于小说家的话本，如果再放宽一些，把讲史家的话本也合在一起考察，还可以更有力地说明"宋话本的爱国主义精神和对于现实的批判"。如《宣和遗事》虽然编定于元代，但基本上还是宋人话本，它对现实的批判精神更为鲜明尖锐，还保存了《水浒传》成书的重要史料，影响很大。整合了讲史、小说两家艺术成果的《水浒传》里也保存着不少宋话本的成分。我们在评估宋代文学的总体成就时，决不能无视宋代说话人和书会才人的贡献。

　　浦江清师早就说过:"没有宋元话本就没有后来明代的拟话本小说、长篇的章回小说;没有这些无名氏文人,就不可能产生施耐庵、罗贯中这样伟大的小说家。"(《中国文学史稿》宋元卷,北京出版社,2018 年)

　　1983 年,吴组缃师进一步推论:"没了'说话'和话本,哪有拟话本、《金瓶》《儒林》和《红楼梦》?"(《关于现代派与现实主义》,《中国小说研究论集》,北京大学出版社,1998 年)无论在思想内容上、艺术形式上、创作方法上、文学语言上,话本都是代表发展方向的新生事物。

　　朱先生则率先提出了文学史上的一个比较重大的问题,即"宋话本在文学史中应有的位置"。他说:

　　　　对于文学的评价,我们必须看它是不是能够反映那样一个时代,是不是能够表达人民的要求和愿望。

　　《研究》指出:南宋是一个民族矛盾和阶级矛盾交错的时代,而民族矛盾最为严重,因而有许多特点。人民的主要愿望是尽忠报国,抗敌复华。说话人以讲史家王六大夫为代表,敷演了《复华篇》和《中兴名将传》,直接反映了人民的要求和愿望。小说家则以巧妙的手法,从侧面轻轻点出了矛盾复杂的现象,表达了自己的思想感情,从而提高了写实和虚构相结合的艺术。这时话本才得到了迅速发展,以独特的艺术技巧反映了那个时代。又说:

　　　　我们从话本看问题,最初的文学史家,没有提到宋话本,这很难怪,因为他们还没有看到人民,当然也看不到民间的作品。乃至看到宋话本以后,对于宋话本的评价,似乎还没有给予足够的认识。

　　朱先生把话本和诗文相提并论,强调指出:

　　　　在那个时代里,诗人一般地还把自己关在书斋里创作,他们不习惯于走到群众中去,把自己的作品提供在群众的面前。因此从效果看,比之诗、词、古文,话本获得一定的优势,这是话本的作用决定的。

从而得出最终的结论:

> 在宋话本的价值得到更好的认识以后,它在文学史中的地位,也必然会得到更必要的提高。

他说得多么坚定明确啊,我对此很有体会,很愿意为之努力做一点推荐和论证的工作,可是我已是强弩之末了。

朱先生这些话是60年之前写的,今天对宋话本的研究当然已大有改观了。但是有些文学史论著里,对宋话本的评价还不够到位,甚至对它采取了怀疑乃至虚无主义的漠视。这个问题是由日本人增田涉提出的,他认为话本根本不存在,现存的只是故事的记载。国内也有人接受了这个观点,按疑古派的思路,根本否认宋话本的存在。有的就是从后人修改的个别字句否定了它主体的时代特征,这就取消了宋代说话的传统文化,主要是南宋金元时期说话人和书会才人的爱国精神和反强暴反压迫的表达艺术,也忽视了那个时期人民的要求和愿望,如《研究》所揭示的爱国主义精神和对于现实的批判精神。

朱先生辩证地指出,宋话本当然不能和陆游诗、辛弃疾词那样的大作家相比,但完全可以与一般的宋代优秀文学媲美。

我们在评估宋代文学的总体成就时,不能无视宋代说话人和书会才人的贡献。我多年来致力于宋元话本的校注,反复阅读,越来越感到宋代说话人和书会才人的贡献,他们对中国小说的重大变迁,起了不可小觑的作用。近一千年后,中国小说史的再一次变迁,很快就能顺利地为广大民众所接受,"五四"以后白话小说比散文、诗歌、戏剧的成就更多,影响更大,不能说没有传统文化传承的原因。这一点朱先生早已看到了，可惜当时没有发表，直到今天还没有得到多数人的认同，因此我还要大声疾呼一下。

（原载《文汇报》2018 年 12 月 21 日 7 版）

《稗家粹编》整理与研究的新发现

——兼谈古代小说的校雠学

《稗家粹编》是一种罕见的古体小说选本,属于明代胡文焕所编的《胡氏粹编五种》之一。向志柱先生于 2006 年"发现"了这部孤本,进行仔细研究,陆续发表了多篇文章,并对此书作了精心整理,交中华书局出版(2010 年),从此孤本不孤,有了一个更为精善的版本。向志柱先生"十年磨一剑",又在广泛他校的基础上,对《稗家粹编》的文献价值和研究价值作了深入探讨,整合成《〈稗家粹编〉与中国古代小说研究》(以下简称"向著"),又有许多新的发现。

广校他书,触类旁通

《稗家粹编》收入的 146 篇古代小说中,有 18 篇未见他书,当然是新资料;而互见他书的又有许多异文。向著从异文中发现了不少问题,有的可以用于校勘、辑佚,有的则可以研究、解决一些小说史上的新问题。

比较明显的如书中引自《剪灯新话》的篇章,与多种通行版本有不同的异文,特别是瞿佑自传性的《秋香亭记》,成为两种不同版本。早期刻本体现了瞿佑早年的心态,而晚年改笔则体现了瞿佑晚年的追忆和思考,不像是后人所能拟改的。向著把《稗家粹编》的异文与晚年的改笔相比较,得出一些新的见解,从而推进了《剪灯新话》和瞿佑生平的研究。

还有《裴珙》,出自唐薛用弱的《集异记》。《稗家粹编》卷6所引与《太平广记》卷358所引相差很大,少了一百多字,而与《顾氏文房小说》本大体相同,但也有一段文字不同,形成"三种版本两种类型"。这种现象罕见,要不是仔细比勘是很难发现的。《稗家粹编》似无必要和可能作这样的修改,可能在明代还有一种较全的《集异记》版本,因为《顾氏文房小说》虽说据"宋本重刻",但实际上是不全的节本,《太平广记》所保存的佚文就很多,其中《王维》一条就有大段缺文。

比较重要的还有书名与内容的异同,汤显祖《牡丹亭》的本事,《稗家粹编》所收的《杜丽娘记》与何大抡本《燕居笔记》所收的《杜丽娘慕色还魂》,详略不同。哪个是《宝文堂书目》著录的《杜丽娘记》,研究者曾有不同意见。现据《杜丽娘记》与《杜丽娘慕色还魂》的对比,确认后者是话本体的小说,改编者无论根据《杜丽娘记》还是《牡丹亭还魂记》,都在其后。经过对比,后者编得粗糙混乱,可以说明《宝文堂书目》著录的《杜丽娘记》不像是后者(我也曾误认为是后者)。亡友刘辉兄曾提出过《杜丽娘慕色还魂》出于戏曲之后的论断,现在向著提出了不少新的佐证,包括《杜丽娘记》结尾的送别词及截取《征播奏捷传》里的一段情节,就差不多可以作为定论了。

再如《稗家粹编》所收《孔淑芳记》,亦见《古今清谈万选》卷2《孔惑景春》,但后者有插增的诗词。经过认真他校,诗词竟出自《剪灯新话》中的《田洙遇薛涛联句记》,大概是《古今清谈万选》编者移植的。《熊龙峰小说四种》中的《孔淑芳双鱼扇坠传》也是根据《孔淑芳记》改编的话本，但有"双鱼扇坠"的信物，却与《西湖游览志馀》中的《幽怪传疑》相同，年代更早。而《孔淑芳双鱼扇坠传》还移植了《剪灯新话》的许多片段，特别是与《牡丹灯记》有诸多相似之处。向著用《剪灯新话》与《双鱼扇坠传》相校，发现了其间的秘密，特别是双鱼扇坠这个信物亦见于《渭塘奇遇记》，又为《宝文堂书目》著录的《孔淑芳记》提供了新的旁证，这就是广校他书的长处，正是触类旁通的新成果。

综合研究，得到新结论

向志柱先生以《稗家粹编》为中心，对其他古代小说选本与话本、拟话本以及书目进行了综合研究，取得了许多新的成就。从中国小说的演化史来看，他为我们开辟了一些新的领域，最重要的是在古籍整理上运用了综合研究的方法：首先是在版本学上注意了年代先后的差异，如《剪灯新话》的早期刻本；其次是在校勘学上注意了跨类文献的他校，如古体小说与近体小说的关系；再次是在目录学上注意了类目和年代的异同，如专立一章讨论《稗家粹编》与《宝文堂书目》等书目著录研究，就是跨类文献的校勘。

我们从中可以得到一些启示。明代小说的发展，也包括了对古代小说的传播。选本层出不穷，版本增多，但是校勘不精，因此鲁迅有"明人刻书而古书亡"的慨叹。前人对胡文焕刻的丛书，也颇有诟病。《稗家粹编》是一个孤本，只能用他书来他校。经过细校，发觉它还有不少优点。同时发现，各种选本异文情况复杂。有的胜于早期版本，但也要分析。有的采用的底本确是古本，接近原著；有的是理校臆改。有的改好了，也有的改坏了，不能一概而论。明代人校勘不严谨，改字不出校记，因此改对了也不知谁的功劳，改错了也不知谁的责任,因此造成了许多疑案。例如谈刻本的《太平广记》,根据前人校宋本的异文,宋本也并非都对。谈刻本较胜的文字又有什么依据,很难追究。幸有古本可以对校,如《集异记》《博异志》两书,现存《顾氏文房小说》版本,但只是一个节本,文字也不一定全对。李复言《续玄怪录》有南宋书棚本,但也非全本,而且错误也很多,还不如明末高承埏刻本好,可惜只存两卷。《稗家粹编》所引《玄怪录》有与高刻本不同的异文,是否另有古本依据,也难以判断。但向先生点校本列出了异文,写出校记,可以参证,这是今人借鉴前人经验而进步的地方。

明人选本有许多臆改和插增的地方,这是不能认可的。向著作了精细校勘,得出新的发现,如果不是认真地对比,就不能发现后来选录者移植的部分,实际上就是一种有意的抄袭。而《稗家粹编》有确切的刻印年代,起到了承先启后的作用。因而其后一些选本的异文真伪,就可以得到较多的旁证。

向著的贡献,主要在于使我们对明代的小说选本,有了进一步的了解。明代小说选本既有利于传播的积极作用,也有随意妄改、混淆是非的消极作用。向著为我们提供了古籍整理的新思路,对于未得确证的文献资料,一定要小心求证,除了直接证据,还要多方寻求旁证。如《杜丽娘记》与《杜丽娘慕色还魂》的关系,就是多方求证才得到新的结论的。

精校精注,建立新校雠学

近年来我有一点新的体会,有些古籍,没有别本可以对校,就要尽可能利用他校和旁证,把文字校勘扩展到综合整理,即前人所说的"校雠学"的层面。从广求版本到综合校勘,经过精校精注,做成张之洞所要求的"善本",然后进入新的书目,补充古籍的目录学,再建立现代的新校雠学。例如周勋初先生的《唐语林校证》就是在校勘的基础上,对所收各书进行深入的考证,再做出全书的笺注和辑佚,从而又写出了《唐代笔记小说叙录》。许逸民先生的《酉阳杂俎校笺》,也是在他校、理校之外,再运用笺证的方法,改正了原书的许多错误,辑录了原书的一些佚文。这种古籍整理不同于单纯的点校,也不限于四种校勘法,可以说是刘向所开创的校雠学的新发展。有些学者提倡广义的校雠学,把校勘和版本、目录、典藏综合起来研究,把研究和整理结合起来,这是传统文献学的一种创新。

古代作者,往往会不断修改自己的书稿,如李善注的《昭明文选》,据说有好几个版本,现在通行的是不是最后的定本,也有待研究。特别是小说、戏曲,在抄本流传中,异文很多。直到清代,《红楼梦》就有多种抄本,是不是曹雪芹自己改的,改得好还是坏,就造成了疑案。出了刻本,还有人改,有人认为程乙本最好,但不能说是曹雪芹自己改的吧。明代以至清代的选家、出版家喜欢改动古书,尤其是小说、戏曲,可能有改得好的,但不是原书的真面目。当代古籍整理者就难以处理“求真”还是“择善”,又陷入了困境。这就需要进行新校雠学的研究和实践了。

向志柱先生对古代小说的传承和传播作了新的探索,发现了许多新问题,取得了不小的成绩。我知道他还在继续努力,奋进不已。因此对书中的一些不足之处,也愿意提出来商讨。如第二章中篇目来源第119条,考出了《鸳渚志馀雪窗谈异》的《招提琴精记》,但未指出其更早出处为元郭霄凤《江湖纪闻》的《琴声哀怨》(我曾把它附录于《古体小说钞·明代卷》第247页)。原始出处未明而见于他书的第116条《画工》,未能找到原始出处应为《太平广记》卷206引《闻异录》的《真真》,这是常为人引用的典故。

第五章考证《鸳渚志馀雪窗谈异》的影响,列表显示,大体上以年代先后为序,但是把《广艳异编》误作了《艳异编》(第85页),就先后倒置,混淆了两种书的关系。其实,《稗家粹编》晚于《艳异编》,显然受其影响,向著在第九章里已作了明确论断。如果把它放到《鸳渚志馀雪窗谈异》前面来谈,可能效果更好。我相信此书一定会有重版的机会,因此提点意见供作者修订时考虑。

（原载《光明日报》2019 年 1 月 26 日 9 版）

《水浒传》与宋元话本

《水浒传》是中国第一部长篇的白话小说，但它不是一时一人所作，而是世代累积型的作品。无论是施耐庵或罗贯中，只能说是"集撰""纂修""编次"，就是整合前人话本而成的。

《水浒传》的资源很多，现存最早的祖本是《宣和遗事》里的宋江三十六人故事。《宣和遗事》定型于元代，但书中摘录和改写了许多宋代的文献资料。宋江故事必早于《宣和遗事》，很可能还是宋人话本。

《水浒传》故事在南宋时就已广为流传，罗烨《醉翁谈录》卷1《小说开辟》里列举的小说有朴刀类的《青面兽》，杆棒类的《花和尚》《武行者》；还有一篇公案类的《石头孙立》，可能也是《水浒传》故事之一。《醉翁谈录》的《小说引子》有一首歌，末四句说：

> 唐世末年称五代，宋承周禅握乾符。子孙神圣膺天命，万载升平复版图。

显然是宋朝人的口气，所以这些话本应该是宋代的作品。可惜的是这几种话本没有留传下来，无从比较。我们只能从今本《水浒传》来探讨故事的渊源。

《宣和遗事》里的故事非常简略，在元刻本里只有《杨志等押

花石纲违限配卫州》《孙立等夺杨志往太行山落草》《宋江因杀阎
婆惜往寻晁盖》《宋江得天书三十六将名》《宋江三十六将共反》
《张叔夜招宋江三十六将降》六个关目。梁山好汉分批上山,第一
批起义的是以杨志为首的十二个运花石纲而犯案的"指使"(《水
浒传》作"制使",如指"置制使",那是很高级的官职,恐怕只是一
种美称,实际上如林冲是一个教头),第二批是晁盖等八个劫生辰
纲的强人,第三批是宋江介绍入伙的四人,第四批是宋江带领上山
的九人(其中武松等四人名字都没提到),之后才陆续发展到三十
六人。杨志那一批是先上太行山落草,后来又跟晁盖上了梁山泊
入伙。在《宣和遗事》里杨志是第一个出场的重要人物,因为在颍
州等待孙立不来,遇雪阻路,旅途贫困,迫不得已出卖宝刀,与泼皮
厮争,被迫杀人,结果发配卫州。途中遇见孙立,说了案情,孙立回
京纠集李进义等,一起杀了防送军人,劫夺杨志,十二人"同往太行
山落草为寇"。到《水浒传》里,有了重大变异。卖刀还是杨志传
的重要关目,但移置了地方。从杨志口中自述的前情,可知他因
"遭风打翻了船,失陷了花石纲",才逃往他处。如今已遇赦罪,所
以收拾钱物,准备去枢密院运动复官。他拒绝了梁山泊王伦的邀
请,不愿入伙,回到东京后"买上告下",请求复官,不料被高俅一
笔批倒,训斥一通,赶出殿司府。杨志盘缠使尽,才上街出卖宝刀,
被迫杀了牛二。《水浒传》把卖刀杀泼皮的情节移置在回东京之
后,把迫害杨志的罪责放在高俅身上,加强了官逼官反的矛盾,提
高了思想性,也提高了艺术性。接着,把押送生辰纲的任务嫁接到
杨志身上,则是一大发展。《宣和遗事》里押送生辰纲的是县尉马
安国,现在转换给正在谋求进升、改变命运的杨提辖手里,就构成
了一段精彩的《吴用智取生辰纲》的故事,在他手里失陷了生辰
纲。由于粗暴、急躁、骄傲等性格上的缺点,杨志在"智斗"中失

败了。

　　杨志的命运,与花石纲、生辰纲都有密切的关系,在他手里失陷了这两纲,正体现了梁山起义的缘由,因此是三十六人中的主要人物。《宣和遗事》里说晁盖"邀约杨志等十二人""前往太行山梁山泊去落草为寇",把他作为十二制使的代表(《水浒传》只说是十人),《水浒传》则把他作为"智取生辰纲"的对手,加强了人物性格的描写。这应该是小说家的贡献。《醉翁谈录》所著录的《青面兽》并无话本留传,但我们可以从《水浒传》的故事里看到《青面兽》的大致面貌。

　　杨志在《水浒传》里到第十二回才出场,前面是花和尚和林冲的故事。《水浒传》第十六回,讲完故事后,有一句话交代:"这个唤做《智取生辰纲》。"说明这是一段相对独立的话本,《智取生辰纲》就是它原来的回目。故事在《宣和遗事》里早已存在,比较完整,但押送生辰纲的马安国毫无作为,只是一个过场人物,现在嫁接到杨志身上,则形象鲜明,性格突出,情节也曲折新奇,引人入胜。这是说话人的再创作。与《宣和遗事》里的李师师故事一样,可以作为一个相对独立的小说家话本,很可能就是《醉翁谈录》所引《青面兽》的创新。也许经过了后人或多或少的修订,但还是保留了许多宋元话本的痕迹。如白胜卖酒的价钱,一再说是"足钱",他说:"我一了不说价,五贯足钱一桶,十贯一担。"①继而向七个客人说:"五贯足钱一桶,十贯一担。"(《水浒全传校注》,第3册,第825页)最后众军健"凑了五贯足钱,来买酒吃"(《水浒全传校注》,第3册,第826页)。这就不会是明代人的语言。

---

① 王利器《水浒全传校注》,河北教育出版社2009年版,第3册,第823页。本篇引文都据此本,以下只注页码。

我们知道，"足钱"是宋代货币制度的一个特点。元明以后用的是钞钱或银子，就不必讲足不足了。值得注意的是白胜的酒价，强调的是"足钱"两字。足钱，即足陌钱，宋代通用以七十七钱为一百。孟元老《东京梦华录》卷3《都市钱陌》："都市钱陌，官用七十七，街市通用七十五，鱼肉菜七十二陌，金银七十四，珠珍、雇婢妮、买虫蚁六十八，文字五十六陌，行市各有短长使用。"①洪迈《容斋三笔》卷4《省钱百陌》："太平兴国二年，始诏民间缗钱，定以七十七为百。自是以来，天下承用，公私出纳皆然，故名省钱。但数十年来，有所谓头子钱，每贯五十六。除中都及军兵俸料外，自馀州县官民所当得，其出者每百才得七十一钱四分，其入者每百为八十二钱四分，元无所谓七十七矣。民间所用，多寡又益不均云。"②只有官俸可以拿到九百五十钱一贯，如沈括《梦溪笔谈》卷23说："尝有一名公，初任县尉，有举人投书索米，戏为一诗答之曰：'五贯九百五十俸，省钱请作足钱用。'"③《宋史》卷180《食货下二》载："自唐天祐中，兵乱窘乏，以八十五钱为百，后唐天成中，减五钱，汉乾祐初，复减三钱。宋初，凡输官者亦用八十或八十五为百，然诸州私用则各随其俗，至有以四十八钱为百者。"④"足钱"常见于宋代文献，一贯钱实际上只有七百七十文，甚至少到四百八十文。因此白胜声明要"五贯足钱"。元至明初的钞上印明是一贯或几百，就不必说足不足了。第四十三回李逵说："我与你一贯足

---

① 孟元老撰，邓之诚注《东京梦华录注》卷3《都市钱陌》，中华书局1982年版，第115页。
② 洪迈《容斋随笔》，上海古籍出版社1996年版，第460页。
③ 参见沈括著，胡道静校证《梦溪笔谈校证》，上海古籍出版社1987年版，下册，第738页。
④ 脱脱等《宋史》卷180《食货下二》，中华书局1977年版，第13册，第4377页。

钱,央你回些酒饭吃。"也都表明只要"足钱"不要省钱。这是按宋代的实况来说的。《宣和遗事》中说到宋徽宗看到李师师后,先上周秀茶坊,"将金篋内取出七十足伯长钱,撒在那卓子上"。那就是"足钱"。直到《水浒传》里还保留了这个有时代特征的名词。

再看,《水浒传》第四十回,有一句话为其上一大段文字作了一个小结:"这个唤作《白龙庙小聚会》。"它和《智取生辰纲》一样,研究者认为这就是以上一段故事的回目。"小聚会"是与第七十一回的"大聚会"相对而言的。《梁山泊英雄排座次》后,有句话说:"看官听说:这里方才是梁山泊大聚义处。"前面虽没有"唤做"两字,实际上就是一大回目,而且那个"处"字,可能与《大唐三藏取经诗话》回目的"处"字有传承关系。

我们知道,宋代说话有讲史和小说两派,是说话人最重要的两家。小说家话本都是较短的,宋江三十六人故事本来该属讲史家,《宣和遗事》所收的可能已有删略,而且错误很多。宋代在民间流传时可能比《宣和遗事》里所收的长不了多少,随后在瓦市勾栏演说中不断扩展,整合了许多专讲英雄故事的朴刀、杆棒及公案小说家话本,才成为一部长篇的白话小说。其中闹江州的故事不见于《宣和遗事》,只见于好几个元人杂剧里的科白,宋江自白就有"迭配江州牢城"的话,是经过铺衍的宋江故事。

《白龙庙小聚会》讲的是各路好汉大闹江州,从法场上救了宋江和戴宗,杀到白龙庙暂时歇脚,又赶来了张顺等当地的英雄。此行梁山泊来的有晁盖、花荣、黄信、吕方、郭盛、刘唐、燕顺、杜迁、宋万、朱贵、王矮虎、郑天寿、石勇、阮小二、阮小五、阮小七、白胜等十七人,来自江州附近的有张顺、张横、李俊、李立、童威、童猛、穆弘、穆春、薛永等九人,加上宋江、戴宗、李逵三人,共是二十九人。这二十九人中,除了宋江、戴宗、李逵,只有晁盖等七人和张顺等四人可以和《宣和遗事》的三十六人相对照,其中有的姓名或绰号还有出入。在《宣和遗事》里,如混江龙李俊作混江龙李海,没遮拦穆弘作没遮拦穆横,船火儿张横作火船工张岑[①],不无疑问。其馀黄信、吕方、郭盛、燕顺、宋万、朱贵、王矮虎、郑天寿、石勇、白胜和李立、童威、童猛、穆春、薛勇等十五人,都是后来的地煞新星。可见这段故事出现较晚,已经超出三十六天罡星的名单了。

那么这段故事又是从哪里开始的呢?

从这里往前看,宋江杀了阎婆惜,自首认罪,发配江州,是江州故事的起因。一路上遇见的李俊、穆弘、张顺等人,是见于《宣和遗事》的人物。《宣和遗事》里宋江杀了阎婆惜,就逃奔在外,躲入玄女娘娘庙得到天书后,就直奔梁山泊入伙了。《水浒传》加出了闹江州故事,补出了李俊、穆弘、张顺等的出场,是宋江传上的一大关目。所以往前数,从宋江揭阳岭黑店遇李俊开始,该是白龙庙小聚会故事的起点。

当然,再往前追溯,杀阎婆惜的关目,是智取生辰纲后刘唐下书引起的。在《宣和遗事》里刘唐送来的只是金钗一对,宋江竟给娼妓阎婆惜收了,因此知道了宋江的机密,到《水浒传》里才插入了王婆说媒的情节,又引出私通张文远的故事(《宣和遗事》作私通吴伟)。从情节结构看,闹江州和智取生辰纲正是紧相衔接的。

这段《白龙庙小聚会》大概还产生于元代以前,根据之一是:第三十七回,张横自述:"本合五百足钱一个人,我便定要他三贯。"(《水浒全传校注》,第 5 册,第 1624 页)也明言要的是"足钱"。它是宋代话本的传承,已如上述。

根据之二是:第三十七回,宋江被张横劫持时,"那个长汉说

---

① 　元锺嗣成《录鬼簿》载红字李二杂剧有《全火儿张弘》,又有异文。

道：'元来是张大哥。你见我弟兄两个么？'"（《水浒全传校注》，第
5 册，第 1618 页）这里"元来"两字，还没有改成"原来"，这是一个
重要的标志。元代以前，通用"元"字，明代以后，才改用"原"字，
我曾多次用以考辨，这里不免再复述一下。

　　明李诩《戒庵老人漫笔》卷 1"国初讳用元字"："余家先世分
关中，写吴原年、洪武原年，俱不用'元'字。想国初恶胜国之号而
避之，故民间相习如此。"（中华书局 1982 年版，第 14 页）明沈德符
《万历野获编·补遗》卷 1"年号别称"："又贸易文契，如吴元年、
洪武元年，俱以'原'字代'元'字，盖又民间追恨蒙古，不欲书其国
号。如南宋写'金'字俱作'今'字。"（中华书局 1997 年版，下册，
第 799 页）清顾炎武《日知录》卷 32《元》："元者，本也。本官曰元
官，本籍曰元籍，本来曰元来，唐宋人多此语，后人以'原'字代之，
不知何解。……或以为洪武中臣下有称元任官者，嫌于元朝之官，
故改此字。"①

　　当然，明代改用"原"字，不会一到洪武元年，就一律改变了。
但总是从明初就开始的，所以早期的文献，还保留着"元"字。如
《清平山堂话本》里的大部分作品，都用"元来"而不作"原来"，只
有少数几篇用了"原"字。题作"罗贯中编次"的《三遂平妖传》也
多用"元来"而不作"原来"②。《水浒传》的百回本已经把绝大多
数的"元来"改成"原来"了，但偶有漏改的地方，如这里的"元来是
张大哥"，就不会是由"原来"回改的。说有易，说无难，不能说洪
武元年之后，就立即没有人用"元"字了，而且洪武、建文、永乐也
有元年，并非全面避讳，但机率较小，与文本的其他特征联系起来

---

① 　《日知录》卷 32"元"条，黄汝成《日知录集释》，上海古籍出版社 2006 年
　　版，下册，第 1827 页。
② 　参见拙文《再谈二十回本〈三遂平妖传〉》，《文学遗产》2003 年第 1 期。

考察,这段话本基本上还属元人的作品。

有些学者认为《水浒传》在明宣德年间还未成书,或者还只有三十六人。但书中文字却有不少宋元时代的特征,不会到宣德年间还没有改"原"字,更不会有人把"原"回改成"元"字。实有其人的罗贯中可以活到明初,但决不能活到宣德年间,因此《三遂平妖传》里用"元来"的部分属于旧本就比较可信。

根据之三是:第三十七回,李俊来救宋江时,有一首李俊的赞词:

> 家住浔阳江浦上,最称豪杰英雄。眉浓眼大面皮红。髭须垂铁线,语话若铜钟。　　凛凛身躯长八尺,能挥利剑霜锋。冲波跃浪立奇功。庐州生李俊,绰号混江龙。(《水浒全传校注》,第 5 册,第 1622 页)

这首词用的是《临江仙》调,第二句六个字,与秦观的《临江仙》"千里潇湘接蓝浦"同体。此后又有张横的赞词,也是一首《临江仙》(《水浒全传校注》,第 5 册,第 1623 页),再后是穆弘的赞词,也是《临江仙》(《水浒全传校注》,第 5 册,第 1627 页)。再后戴宗的赞词,又是《临江仙》(《水浒全传校注》,第 5 册,第 1644 页);第四十回,白龙庙前,张顺从江上带船来救,又补出张顺的赞词,还是一首《临江仙》。连着出现的赞词,可以认为这一段故事是同一人的作品,惯用《临江仙》调。《白龙庙小聚会》是在《宣和遗事》之后铺演出来的关目,是宋江传的一个重要部分。这些赞词用同一个调,而且往往不放在人物第一次出场时,而用在战斗的重要场合,因此值得注意。《白龙庙小聚会》不仅是相对独立的一回,而且与其他几回有密切联系,值得作一番全面的考察。

《水浒传》的诗词赋赞很多,但水平不同,大概插入的时间也先后不同。第四十六回,淫僧裴如海被石秀杀了之后,说:

后来蓟州城里书会们备知了这件事,举起笔来,又做了这只《临江仙》词,教唱道:"破戒沙门情最恶……"

这种格式亦见于宋代小说家话本《简帖和尚》:

当日推出这和尚来,一个书会先生看见,就法场上做了一只曲儿,唤做《南乡子》:"怎见一僧人,犯滥铺模受典刑。……"

两者可以参照,大致是当时书会才人的惯例。这个"蓟州城里书会"的先生,也是《水浒传》作者之一,但不是最早,而是较早的作者,应是看到故事精彩的地方才插增的。他为梁山好汉写了不少赞词,水平比那些"有诗为证"的作者高出一筹,可惜只写了十八首人物赞词。分别为第十三回朱仝赞("义胆忠肝豪杰",《水浒全传校注》,第3册,第725页),雷横赞("天上罡星临世上",《水浒全传校注》,第3册,第726页),第十四回吴用赞("万卷经书曾读过",《水浒全传校注》,第3册,第761页),第三十三回花荣赞("齿白唇红双眼俊",《水浒全传校注》,第4册,第1494页),第三十四回秦明赞("盔上红缨飘烈焰",《水浒全传校注》,第5册,第1530页),第三十七回李俊赞("家住浔阳江浦上",《水浒全传校注》,第5册,第1622页),张横赞("七尺身躯三角眼",《水浒全传校注》,第5册,第1623页),穆弘赞("面似银盆身似玉",《水浒全传校注》,第5册,第1627页),第三十八回戴宗赞("面阔唇方神眼突",《水浒全传校注》,第5册,第1644页),李逵赞("黑熊般一身粗肉",《水浒全传校注》,第5册,第1645页),第四十回张顺赞("万里长江东到海",《水浒全传校注》,第5册,第1738页),第四十四回杨雄赞("两臂雕青镌嫩玉",《水浒全传校注》,第5册,第1862页),第四十七回李应赞("鹘眼鹰睛头似虎",《水浒全传校注》,第6册,第1966页),第四十九回解珍赞("虽是登州蒐猎

户"，《水浒全传校注》，第 6 册，第 2009 页），第五十七回杨志赞
（"曾向京师为制使"，《水浒全传校注》，第 6 册，第 2293 页），第五
十九回史进赞（"久在华州城外住"，《水浒全传校注》，第 7 册，第
2345 页），第七十七回杨志、史进合赞（"盔上长缨飘火焰"，《水浒
全传校注》，第 8 册，第 2875 页），卢俊义赞（"马步军中惟第一"，
《水浒全传校注》，第 8 册，第 2877 页）。值得注意的是第五十九回
史进的赞词，也是《临江仙》的又一体：

久在华州城外住，旧时原是庄农。学成武艺惯心胸。三
尖刀似雪，浑赤马如龙。　　　体挂连环铁铠，战袍飐猩红。
雕青镂玉更玲珑。江湖称史进，绰号九纹龙。

这首赞词连同朱武、陈达、杨春三人的赞诗不在第二回出现而在第
五十九回补出，史进又在第七十七回里和杨志合加一首赞词，是一
个令人感到困惑的问题，值得深入研究①。赞词也许是某一位书
会才人在编次、修订《水浒传》时补加的。不过从全书看，《白龙庙
小聚会》里的人物与其前的朱同、雷横、吴用、花荣、秦明，其后的杨
雄、李应、解珍、史进、杨志、卢俊义都用《临江仙》词作赞，说明这
几部分话本是大致同时的作品。可能赞词产生得较早，但穆弘的
事迹却被删削了②。

　　更值得注意的是，《水浒传》开头第一首入话词，没有说明词
调，实际上是《临江仙》调（与其后各首略有变异，或有脱字）。原
书把《临江仙》和《鹊桥仙》两首词连在一起，造成了分段标点的困
难。其实后一首从"见成名无数"开始，是另一首词，可能更早一

① 参见马幼垣《从朱武的武功问题和芒砀山事件在书中的位置看〈水浒
传〉的成书过程》，《水浒二论》，生活·读书·新知三联书店 2007 年版，
第 277—289 页。
② 参见马幼垣《三论穆弘》，《水浒二论》，第 238—247 页。

些,亦见于小说话本《钱塘梦》的入话和《警世通言》第六卷的《俞仲举题诗遇上皇》,文字略异,似借用了元人鲜于枢的作品①。前一首《临江仙》是:

> 试看书林隐处,几多俊逸儒流。虚名薄利不关愁。裁冰及剪雪,谈笑看吴钩。　　评议前王并后帝,分真伪占据中州。七雄扰扰乱春秋。兴亡如脆柳,身世类虚舟。

这首词是全书总评,表明了编次者的感慨和志趣,像是一个隐身书林的失意才人。他宣称书林有不少"俊逸儒流",在"七雄扰扰乱春秋"的时代,编写了这部《水浒传》,用以"评议前王并后帝",那该是元末群雄割据尚未统一的时期。

王利器先生对后一首词作了详细考证,可是对前一首《临江仙》却忽略了。这首词的原型亦见于《钱塘梦》的入话,文字不同:

> 试问水归何处,无明彻夜东流。滔滔不管古今愁。浪花如喷雪,新月似银钩。　　暗想当年富贵,挂锦帆直至扬州。风流人去几千秋。两行金线柳,依旧缆扁舟。②

这首《临江仙》与《水浒传》引首的韵脚完全相同,但文字全改了。后者可能是另一位书林才人步韵而写自己块垒的新作。但原作者是谁,有待考证。如果说前一首是《钱塘梦》的作者模拟《水浒传》而改写的,那就应该贴近《钱塘梦》的故事内容,写一点烟粉鬼恋之情。但两首词都透露了失意才人的牢骚,更可能是同一人所作。王利器先生考证《钱塘梦》的《鹊桥仙》是拟《水浒传》引首而作,则于此可以得一旁证。但《钱塘佳梦》著录于《醉翁谈录》,应该还是

---

① 此词程穆衡《水浒传注略》认为《踏莎行》调,非。元鲜于枢《鹊桥仙》"青天无数",唐圭璋编《全金元词》,中华书局 1979 年版,下册,第 820 页。出《珊瑚网法书题跋》卷 9。

② 《钱塘梦》,参见弘治十一年北京岳氏刻本《西厢记》卷首。

宋代话本,早于《水浒传》,那又涉及另一个疑案了。这里且按下不谈。

其后第十回有一首咏雪的《临江仙》("作阵成团空里下",《水浒全传校注》,第 2 册,第 615 页),也可能是同一人作的。第十一回又有一首描写林冲心中郁闷的词,只说是"有《临江仙》词一篇云"("闷似蛟龙离海岛",《水浒全传校注》,第 2 册,第 655 页),没说是林冲所写,应该也是书会才人的手笔。第二十四回又一首咏雪词,也是《临江仙》调("万里彤云密布",《水浒全传校注》,第 4 册,第 1121 页)。如果从引首到第七十七回都有同一人写的《临江仙》词,加上蓟州书会那首嘲骂海阇黎的,共二十三首,则说明较早的版本已不止于第七十回前的故事。而招安以后就不再出现《临江仙》词,又可说明后半部确是较晚的版本。当然,也可能《临江仙》词是更早就有的,而《白龙庙小聚会》故事已是经过了改写的新版本。因为现存赞词只限于天罡星的部分将领,还不到三十六人的一半。但有解珍的赞词,则这一段故事是近于龚开《宋江三十六人赞》那一个系统的"街谈巷语",当稍晚于《宣和遗事》。不过,全传本第一百零四回另有一首咏西湖的"临江仙"词,长达一百三十多字,不像《临江仙》的又一体,当为误题。

接着,再看花和尚的故事。《水浒传》正文从王进开头,引出史进,史进引出鲁达。第一个着力讲的就是花和尚鲁智深,他在《宣和遗事》里却是最后一批上梁山的,书中没有写他任何事迹。但《醉翁谈录》所载小说有《花和尚》一目,没有话本留存,只能从《水浒传》看到他的形象和事迹,写得十分精彩。《水浒传》第四回《鲁智深大闹五台山》里有一句话,"此乱唤做'卷堂大散'"。"卷堂大散"很像是一个独立的关目。但鲁智深传的重心还在后面。以下转入林冲传,应另有回目。我们知道,较早的小说是先有单句的关目,稍晚才有对偶式的回目。

花和尚原名鲁达,是一名提辖。他仗义疏财,见义勇为,舍己为人,特别是对林冲肝胆相照,赤心侠骨,最典型地体现了梁山好汉结义的义气。在野猪林分手之后,屡建战功,后半部说他打倒方腊之后,最终在六和寺"听潮而圆,见信而寂",终成"正果",真可以说是"放下屠刀,立地成佛"了。

鲁达因救济金氏父女而打抱不平,拳打镇关西,过度猛烈而打死了郑屠,因而逃生为僧,继而又抱不平救了刘太公的女儿,杀了瓦罐寺的恶僧崔道成,到了东京大相国寺的菜园子巧遇林冲,结为兄弟,生死相托,成为一百单八个好汉结义的典范。书中的情节虽不算太多,但可说是《水浒传》里最动人肺腑的关目。《水浒传》前半部所写的鲁智深,我想应有小说家话本《花和尚》提供的资源。

林冲出场是由鲁智深演习使棒引起的,接着展示了鲁、林两人的合传。估计林冲可能也有独立的小说话本,可惜没有留下痕迹。这一部分里有许多历史背景、典章制度、常用词语与宋元话本相似,王利器先生在校注里已有详注。值得注意的如:王进和史进比棒与林冲和洪教头比棒一段,与宋代小说家话本《杨温拦路虎传》中杨温和马都头、李贵比棒的情节有许多相似之处,文风也相当接近。宋元时期的"杆棒"小说很多,《醉翁谈录》记载的就有十一篇,包括《武行者》和故事约略可知的《飞龙记》《五郎为僧》等。比棒的套式到处可以借用。

林冲故事自菜园外见到鲁智深起,到梁山泊遇见杨志,占了五回,与前面鲁智深传的篇幅大致相当。比起后来所说的"武十回""宋十回",还是少了些。林冲上山后还有火并王伦等活动,可能是较晚的后话了。

《武行者》也没有其他线索,只知道在《醉翁谈录》里是列入

"杆棒"类的,大概还是打虎时使用的梢棒,后来冒充行者才换了戒刀。在《宣和遗事》里是宋江带领上梁山泊的九人之一。这一批名单书中只点明了朱同、雷横、李逵、戴宗、李海五个人名,武松和史进、公孙胜、石秀四人是从后文推算出来的。《宣和遗事》的名单上也说是"行者武松",那就早有后来的绰号了。李逵、戴宗、李海(应即李俊的前身)都是《白龙庙小聚会》里的人物。武松在《水浒传》里是宋江到柴进庄上才遇见的。

　　《水浒传》中武松故事特长,从第二十三回到第三十二回末,占了十回(第二十四回特别长,在《金瓶梅词话》里就分作四回)。第四十五回里所说"上三卷"的话,指的就是这一回。王利器先生校注说,应在古本的第五卷,恐有误。如果第四十五回属于第九卷,则"上三卷"是第六卷,即第二十五至第三十回,不包含第二十四回。大概更早的底本分卷较多,武松故事还不止十回,百回本已有压缩。第三十二回里话说:"看官牢记话头,武行者自来二龙山,投鲁智深、杨志入伙了,不在话下。"看来,二龙山这一大伙是梁山好汉的骨干力量,所以小说家有《青面兽》《武行者》《花和尚》三篇单行的话本,到《水浒传》里就成为书中核心部分。这二龙山三侠是梁山好汉的代表人物,后来武松、鲁智深都是反对招安的主力,杨志比较暧昧,这和他前面的表现也是一致的。《水浒传》后部第九十二回(全传本第一百一十二回)讲到杨志在打方腊时就已患病,寄留丹徒县,没有参加战斗,最后就病死在丹徒。这个设计较为特别,可能也有所据。武松在《宣和遗事》里被宋江带上梁山时连名字都不提,没有任何作为,可是在《水浒传》故事的流传中,武松打虎和杀嫂、杀西门庆、打蒋门神、杀张都监、打店等都是家喻户晓的情节。最后鲁智深圆寂于六和寺,武松则留在六和寺,还看视了风瘫至死的林冲,至八十寿终。这三侠的结局,和其馀多数好汉有所不同,也很有特色,可能别有所据,决不止于《武行者》一种话本。元锺嗣成《录鬼簿》(明钞本)卷上记载红字李二有杂剧《武松打虎》《窄袖儿武松》两种,另有《病杨雄》一种。钱曾《也是园书目》有元高文秀《双献头武松大报仇》杂剧,时代较早,可知故事一定不会太简略。武松故事从宋代到现在,始终活在曲艺书坛上,没有中断。《水浒传》则是成书时期的一个定格。值得注意的是第二十四回里有一首诗说:"武松正大元难犯,耿耿清名抵万金。"(《水浒全传校注》,第4册,第1118页)这里的"元"字还没有改"原",也是漏网之鱼,似还保留了早期版本的痕迹(到《金瓶梅词话》里就改作"原"了)。同回有一首《临江仙》咏雪词,与林冲故事里的咏雪词及《白龙庙小聚会》里的《临江仙》疑似一人所作。

　　第二十五回末有一段:"用五轮八宝万着两点神水眼,定睛看时,何九叔大叫一声,望后便倒。"这"五轮八宝"的成语,程穆衡和王利器先生先后已作了详注。"万"别本作"犯",也费解。现存宋元小说《定山三怪》有"衙内用五轮八光左右两点神水,则看了一看";《种瓜张老》有"两个媒人用五轮八光左右两点瞳人打一看时,只见屋山头堆垛着一便价十万贯小钱儿"。可证武松故事的时代与之相近,可作他校。"万着"两字似有误(《金瓶梅词话》改作"玩着"),有待研究。武行者的故事可能早有不同版本,《金瓶梅词话》所收的部分与今本《水浒传》略有差异,也许别有所本。

　　《水浒传》里许多语词和叙事手法,常见于宋元小说家话本,可以参看。如《水浒传》引首开宗明义就说:"话说这八句诗,乃是故宋神宗天子朝中一个名儒,姓邵讳尧夫道号康节先生所作。"("讳尧夫"三字是错的,应作"名雍")这"故宋"两字就说明作者不是宋代人,而是金元时期的编次者。第三十八回,《白龙庙小聚义》故事中也有一段插话:"那时故宋时金陵一路,节级都称呼家长;湖南一路,节级都称呼做院长。"金元人习惯把前朝称为"故宋",如金元好问《南冠录引》:"旧所传谱牒,乃于河南诸房得之,故宋以后事为详,而宋前事皆不得而考也。"①元姚燧《襄阳庙学碑》:"襄阳,宋之鄀城也。金社既墟,尝归吾元。由于忽弃不成,故宋切筑为蓟北门殆四十年。"②元人习惯用"故宋"一词,李修生先生主编的《全元文》中两百多篇文章用了"故宋"字样,除少数几处可以把"故"字作"所以"解,绝大多数都用"故宋"指宋朝。宋元小说《错斩崔宁》说:"却说故宋朝中,有一个少年举子。"《勘靴儿》说:"这首词调寄《柳梢青》,乃故宋时一个学士所作。"同此。

　　《水浒传》第二回就交代:"此殿内镇锁着三十六员天罡星,七十二座地煞星,共是一百单八个魔君在里面。"这个"单"字表示百位以外的零数,是宋元时代常用的称数法,书中屡见不鲜,王利器先生的注已有解释和例证(参见《水浒全传校注》,第1册,第117页)。《宣和遗事》中用了"丹"字,说隋炀帝"起天下百万民夫,开一千丹八里汴河,从汴入淮,从淮直至扬州。"则是同义异体。我们再参看一下宋元时期的话本和戏曲,小说《张主管志诚脱奇祸》说:"小夫人将一串一百单八颗西珠数珠,颗颗大如鸡荳子,明光灿烂。"《三国志平话》卷上说:"乃二百单五年事,交朕怎生断!"《张协状元》戏文第四十八出丑白:"这官人曾做三百单八只词,博得个屯田员外郎。"元无名氏《博望烧屯》杂剧第二折张飞白:"夏侯惇若是领着九十九个,是你输了;若一百单一个,也是你输了。"应该是当时口语里常用的。《水浒传》中屡见"一百单八"字样,可是

①　元好问著,狄宝心校注《元好问文编年校注》,中华书局2012年版,第346页。
②　苏天爵《国朝文类》卷19,《四部丛刊》影印元至正间刻本。

征辽部分,却始终不用"单"字了①。如第八十四回说:"道他有一百八人,应上天星宿。"(《水浒全传校注》,第 8 册,第 3092 页)第八十五回说:"你就为使臣,将带一百八骑好马,一百八匹好段子,俺的敕命一道,封宋江为镇国大将军。"(《水浒全传校注》,第 8 册,第 3099 页)第八十五回宋江说:"侍郎不知,我等一百八人,耳目最多。"(《水浒全传校注》,第 8 册,第 3102 页)第八十九回说:"某等一百八人,竭力报国,并无异心,亦无希恩望赐之念。"(《水浒全传校注》,第 9 册,第 3205 页)这可以说明,征辽部分出现较晚,与其他部分作者不同。众所周知,征辽部分是晚出的"续书",从文风看,与宋元话本有许多差异,文字简朴而比较典雅,口语化程度较低。可能作者对"单"字的用法已经不习惯了。只要看看吴用和宋江的对话,文绉绉地一套书生语言,和前部草根军师的口气大不相同,已像是案头写作的拟话本。当然,明清以来的文献,还有用"百单+"的字样,有的是沿用,有的是模拟,但白话小说里却极少见了。

　　顺便提一下,《水浒传》中前后多用"们"字表示人称的多数,而插增的田虎、王庆部分则全都改用了"每"字。第一回洪太尉说"显耀你们道术",王利器先生的注就引了翟灏《通俗编》对"们"字的解释;第七十五回又对"每"字作了解释。按《通俗编》卷 33《语辞》原文为:"懑本音闷,俗音门,犹言辈也。知此本无正音正字,北宋时先借'懑'字用之,南宋别借为'们',而元时则又借为'每',

————————

① 第七十一回,就说宋江"计点大小头领,共有一百八员"(《水浒全传校注》,第 7 册,第 2670 页),已不用"单"字,下面还说"今者一百八人,皆在面前聚会"(《水浒全传校注》,第 7 册,第 2671 页),可能是宋江当上寨主,学点官腔,不用口语了。但第八十一回入回诗仍说"百单八位尽英雄,乘时播乱居山东"。

《元典章》诏令中云'他每'甚多,馀如'省官每、官人每、令史每、秀才每、伴当每、军人每、百姓每',凡其'每'字,悉'们'音之转也,元杂剧亦皆用'每'。"《水浒传》全传本第九十一回,戴宗道:"俺每也知一二。"(《水浒全传校注》,第 9 册,第 3242 页)第九十二回,石秀道:"我每连日守城辛苦,时刻不得合眼,今夜权在这里睡了。"(《水浒全传校注》,第 9 册,第 3272 页)第九十五回,乔道清想:"且留着他每,却再理会。"(《水浒全传校注》,第 9 册,第 3319 页)第九十九回,马灵道:"你每这伙鸟败汉,可速还俺们的城池!"(《水浒全传校注》,第 9 册,第 3388 页)都不用"们"①。元人的确多用"每"字,如《元典章》《通制条格》等书。但"们"字从宋代一直通用到今天,而"每"字也通用到明代的部分场合,如《万历起居注》和《张居正集》等书。所以我们不能确认田虎、王庆部分一定产生于元代,只能说明它与其他部分不是同一作者。《水浒传》全传本这部分与其馀部分显然不同,但与所知的插增简本也不同,会不会是袁无涯有意改的,还是别有所本,有待继续研究。

王利器先生《水浒全传校注》对书中许多语词已作了详尽的注释,我再补充几个有时代特征的例证。如第三回里,讲到史进"身穿一领白绞丝两上领战袍"。"两上领"是宋代服饰的一个专名,即衣领上加一条短领,用以加固。如《郑节使立功神臂弓》,即宋代小说《红白蜘蛛》的修订本,也说到夏德"着两上领白绫子衫"。《碾玉观音》:"正行间,只见一个汉子,头上带个竹丝笠儿,穿着一领白段子两上领布衫,青白行缠找着裤子口……"1975 年福州黄昇墓出土南宋时的袍九件,衣四十六件,多数在靠领部外缘

---

① "每"字最早出现于第七十五回,吴用传令:"恁每尽依我行,不如此行不得。"王利器先生有注,此前已有"我每受了招安"一处,但这回里多处还是用"们"字。

重叠加缝一条短领。这就是两上领衫的实物①。

第十六回里，梁中书本想"着落大名府差十辆太平车子"，运送生辰纲，还准备"每辆上各插一把黄旗，上写着'献贺太师生辰纲'"，却被杨志否决了。这种"太平车"是宋代北方搬运货物的大车。宋元小说《种瓜张老》说："（张老）从里面叫出几个人来，都着紫衫，尽戴花红银撲子，推数辆太平车。……车子上旗儿插着，写道'张公纳韦谏议宅财礼'。"《东京梦华录》卷3《般载杂卖》对太平车有详细的说明。《水浒传》第六十一回，还讲到卢俊义命令李固"觅十辆太平车子，装十辆山东货物"，后来还在四面白绢旗上写了一首诗，插在车上，向梁山泊挑战。可见车上插旗正是当时的习俗。

第十二回，讲杨志自首，府尹"叫取一面长枷枷了"，王先生只引了一条宋代书证，没有详解。按第四十九回："包节级措手不及，被解宝一枷梢打重，把脑盖擗得粉碎。"第五十一回，雷横枷打白秀英，说："那一枷梢，打个正着，劈开了脑袋。"这"枷梢"一词，亦见于宋代小说《简帖和尚》，讲到山前行吩咐狱子"把枷梢一纽"，"枷梢在上，道士头向下"。《三遂平妖传》第十三回："狱卒把和尚两脚吊在枷梢上，且是阐阗不得。"唐宋时的长枷前面一头宽，叫做道士头，后面一头有窄长的枷梢，所以能用来打人。敦煌本《佛说十王经》（S.3961）有图，可以参看②。

又如第七十三回到第七十四回，三次提到"嘉宁殿"。按嘉宁殿即东岳庙的正殿，实为宋朝皇家所建，完成于建中靖国元年

① 参见福建省博物馆编《福州南宋黄昇墓》，文物出版社1982年版；刘坚《联系文化和历史进行词语研究》，《中国语言学报》第8期，北京语言文化大学出版社1997年版。

② 参见林沄《枷的演变》，《中国典籍与文化》1994年第3期。

（1101）。据曾肇《东岳庙碑》记载，"中为殿三，曰嘉宁、蕃祉、储祐"（《曲阜集》卷3）。金代大定二十一年（1181）重建后改称"仁安殿"，见《大金集礼》卷34①。《水浒传》所说"嘉宁殿"，是大定二十一年前的旧名，但第七十四回的岱岳庙赋里，又有"仁安殿"的改名，两个时代的殿名同见并存，可见编次者的疏忽，但正可说明书中保存着宋金两代的元素。《郑节使立功神臂弓》里也保留着"嘉宁殿"的名称，时代大致相近。

《水浒传》中有许多常见词语，见于宋元小说家的话本，不仅是个别词语的摹仿和沿用，而且是语言习惯和叙事方法的相通，从情节结构、诗词赋赞、艺术风格等方面看，二者基本相同。如果细读了全书，就会觉得征辽部分和其他部分的风格明显不同。

宋江三十六人故事，初见于《宣和遗事》，在流传中演化出许多不同的版本。元代就有《宣和遗事》和龚开《三十六人赞》不同的名单，其后除了有各不相同的简本和故事梗概可知的吴读本，可能还有其他版本。明代或有只讲宋江故事的版本，如文徵明所听的"词话"就说是《宋江》而不说是《水浒》②。一百零八将则出自施耐庵本的《水浒》。施耐庵生平不详，但从书目著录和民间传说看，应在元末人罗贯中之前。明徐复祚《三家村老委谈》首先提出：

> 三十六，正史所载；一百八，施君美（或云罗贯中）《水浒传》所载也。……征辽、征腊，后人增入，不尽君美笔也。即君美之传《水浒》，意欲供人说唱，耸人观听也，原非欲传信

---

① 参见周郢《岱庙大殿三考》，《泰山与中华文化》，山东友谊出版社2010年版，第169—171页。
② 参见钱希言《戏瑕》卷1，《丛书集成初编》据《借月山房汇钞》本影印。

作也。①

他指出，一是施耐庵即施惠（字君美），二是征辽、征腊部分系后人增入，三是《水浒传》本为供人说唱的话本。

据我所见，徐复祚年代虽晚，他是最早提出施耐庵即施君美（名惠）的②，也明确指出征辽、征方腊是后人增入的。虽不知他有何依据，但不无参考价值，而我更重视的是，他指出施耐庵编辑的《水浒传》是"意欲供人说唱"的。就是说除了增入的部分，大体上还是话本。我们要注意这一点，才能理解俗文学的特质和传承过程，才能解释许多前后矛盾的现象。书中前后矛盾的地方很多，同一段故事里就有例证。第七十三回里说的"泰安州"，即兖州奉符县，金代已改为泰安州，而下又称"祥符县"，实为"奉符县"之讹。但两名并称，前后相承，能记得旧名的应去金代不远。第七十四回，赋中把原名嘉宁殿和改名仁安殿并存一起，也很奇怪。董平的绰号始终是"双枪将"，但第七十八回前赋中却有"万马怎当董一撞"（《水浒全传校注》，第8册，第2885页）的话，还沿袭了《宣和遗事》和龚开《三十六人赞》的绰号"一直撞"。赋后还接着有一诗："去时三十六，回来十八双。纵横千万里，谈笑却还乡。"第一百一十回征辽凯旋时又引一次。这是对《宣和遗事》中宋江誓词的改写，《宣和遗事》原作是："来时三十六，去后十八双。若还少一个，定是不归乡。"气势非常雄壮。可是招安之后，到第一百一十九回，一百单八将只剩得三十六员了，就改写此诗为："宋江三十

---

① 《三家村老委谈》，国家图书馆藏抄本。
② 施惠，见元锺嗣成《录鬼簿》，明钞本作字君承，曹楝亭本作字君美，《太和正音谱》作字均美，著录他与范冰壶（名居中）等合作杂剧《鹣鹣裘》。《四友斋丛说》等说他即戏文《拜月亭记》的作者。邵茗生增补本《传奇汇考标目》、吴梅《顾曲麈谈》都据此说。

六,回来十八双。内中有四个,谈笑又回乡。"似为宋江的自誓作了回答,这一点深有讽刺意味。有人把《水浒传》当作一人一时之作,从而考证他的作者和确切的年代,难免会陷入"刻舟求剑"的困境。

王利器先生的校注,给我们提供了大量资料,可以证明百回本基本上传承自元人旧本,全面肯定了施耐庵的著作权,但也是以一时一人之作来立论的。遗憾的是,王先生辞世时全书尚未定稿,序言对征辽部分没作明确的评价,而且为了给读者了解全传的面貌,也插增了田虎、王庆部分,校注里又没作详细的对校,不易区别早晚,又造成了纠葛。

笔者为了校注宋元小说家话本和《宣和遗事》,重读了《水浒传》,想找些语料为宋元话本的常见词语作旁证,从中感到《水浒传》确有许多地方保存着元代乃至宋代话本的元素,似曾整合了某些宋元小说家话本以及元人杂剧的关目,包括了《智取生辰纲》《白龙庙小聚会》那样的中篇话本,因此比讲史平话更为丰富、更为通俗,更具有个性化。即使《三国志演义》也以"说三分"的话本为基础,也曾采用到小说家的资源,但走的是"按鉴演义"的道路,沿用了许多史书的文字,用的是浅俗的文言,为明代书坊主的"按鉴演义"开创了一种模式。《水浒传》则保留了话本的多种元素,基本上是一部世代累积型的话本小说,即按胡士莹先生所提出的:"由话本加工而成的,可称话本小说,模仿话本而创作的,可称拟话本小说。"①正如冯梦龙编辑的"三言",其中注明为宋人小说的几篇,也或多或少有后人修订的痕迹,只要把见于《清平山堂话本》的那几篇校勘一下,就可辨别。

---

① 　胡士莹《话本小说概论》,中华书局 1980 年版,第 156 页。

　　拿《水浒传》的骨干部分,与宋元小说家话本对看,可以感到其历史环境、社会风貌、生活习俗和叙事方法、语言风格、文字习惯、艺术技巧等都有不少相似之处①。我觉得它还保存了许多宋元话本的元素,本身基本上就是一部话本小说。我摸索到的只是大象骨头的几块化石,难以复原大象的整体。然而,总觉得从中还是可以探索到中国长篇白话小说传承、演化、发展的一点线索。拙作《近体小说论要》里已经提出了我的初步看法,谈得还太简略,所以再提供一些内证,以就正于同好方家。

　　附记:《文学遗产》2019 年第 3 期所载拙作《〈水浒传〉与宋元话本》一文,漏举了第十八回宋江赞词《临江仙》(“起自花村刀笔吏”,《水浒全传校注》,第 890 页),出于笔者疏失,谨向读者和编辑部致歉。

　　(原载《文学遗产》2019 年 3 期;附记原载《文学遗产》2020 年 6 期)

---

①　参见刘洪强《〈水浒传〉与宋元话本小说》,《中国文学研究》第十五辑,复旦大学中国古代文学研究中心编,中国文联出版社 2010 年版。

反两纲的斗争

——漫谈从《宣和遗事》到《水浒传》的演化

《宣和遗事》的主题,以反对花石纲、生辰纲为中心,批判宋徽宗和蔡京等奸臣贪官。

方腊起义时曾发表宣言,以反对花石纲为目标,提出了斗争纲领。他号召群众起义时说:"东南之民,苦于剥削久矣,近岁花石之扰,尤所弗堪。诸君若能仗义而起,四方必闻风响应。旬日之间,万众可集。"

事实果如他所说,起义军迅速扩展,声势浩大(见于方勺《泊宅编》附《清溪寇轨》)。

《宣和遗事》也披露了一些实况:"时方腊家有漆园,常为造作局多所科须,诸县民受其苦。两浙兼为花石纲之扰。腊以妖术诱之,数日之间,啸聚睦州青溪帮源洞,响聚者数万人,以诛朱勔为名,纵火大掠,驱其党四出。"

书中有多处批判徽宗征收花石纲的文字,如太学生邓肃在诗中讽刺徽宗建造艮岳说:"灵台灵囿庶民攻,乐意充周四处同。但愿君王安百姓,圃中何日不春风。"邓肃为此诗几乎被蔡京杀掉。

后来太学生陈东上书宋钦宗请杀六贼,也把矛头指向花石纲,这里按《宣和遗事》所引的话（史书所载太详）：

> 曩时清溪之寇，实由朱勔父子侵夺东南之民，怨结数路。方腊一呼，四境响应，屠割州县，杀戮吏民，天下骚然，弥年不已，皆朱勔父子所致。

> 按朱勔父子，皆曾犯徒杖脊，始因贿事蔡京，交结阉寺，收买花石进奉之物，其实尽以入己，骚动数路，蔑视官司，仅同奴仆。所贡物色，尽取之民，撤民屋庐，掘民坟冢，幽明受祸，所在皆然。

> 甚者深山大泽，人迹所不到之地，苟有一花一石，擅作威福，迫胁州县，期于必取，往往颠踣陷溺，以陨其身。东南之民，怨入骨髓，欲食其肉而寝其皮。

可见反对花石纲的不仅是农民群众，还有一部分中小地主和文人学士。

这是一次广大群众的政治运动，包括了武装起义。而朱勔就是蔡京所提拔的党羽。方腊起义军曾挖了蔡京的祖坟，也是一种报复。

《宣和遗事》所收的宋江三十六人故事，把杨志等十二人起义原因归于失落花石纲，到《水浒传》里却把它淡化了。因为要肯定宋江打方腊的正当性，竟掩盖了这次农民起义的根源，但也适度反映了花石纲罪案的主犯是宋徽宗。

《水浒传》除了保留着杨志因失落花石纲而得罪的线索，还有一个孟康，原是造运花石纲船的技师，因为"要造大船，嗔怪这提调官催并责罚，他把本官一时杀了"，才逃走绿林安身。这里对花石纲只是轻描淡写地带上了一笔，比《宣和遗事》是大大淡化了。

《宣和遗事》里杨志等十二人，是押送花石纲的武官。到了《水浒传》里，除了李进义变为卢俊义，王雄变为杨雄，张青变为张清(身份没改),穆横变为穆弘,出身也有变异,如李应变为李家庄庄主,但其馀八个还是官府的武将,他们不是农民或游民出身,还是小官。

这十二个首领,只是由花石纲事故造成的公案才逼上太行山的。其中病尉迟孙立可能因花石纲失事,没准时到达,杨志在颍州等待孙立,阻雪被困,由卖刀而杀了恶少,被判刑发配。随之,孙立又因救杨志而与李进义等杀了防送军人,劫了杨志同往太行山落草为寇。追根究柢,起因还是花石纲这一荒政,而罪魁祸首正是宋徽宗。他们不仅是官逼民反,而是官逼官反,这部分起义将领对招安比较容易接受,留下了后来起义失败的根子。

《宣和遗事》里一再提花石纲事件,把它作为方腊起义的导火线,祸国殃民的大事件,这是很突出的。在书前的标目里就列有"张阁知杭州兼花石纲事""朱勔因花石纲得幸""杨志等押花石纲违限配卫州""罢花石纲下诏求直言"四条;正文里有张阁知花石纲事,朱勔进贡花石纲,太学生邓肃咏诗讽刺花石纲,方腊宣言反对花石纲,杨志等押送花石纲违限等。

书中引吕中《大事记讲义》也批评花石纲激两浙之盗起,特别是太学生陈东上书请杀六贼,有大段文字指责朱勔进花石而虐民(见上),可见花石纲在宋代民众心中的地位。

佚名《南渡录》里有一段骨碌都对宋钦宗说的话:"吾本姓王,河洲人也。汝父子为官家,尝运花石纲,役使天下人,苦虐不堪言。今至此,天报耳,尚何怨耶?"就从一个侧面反映了民间的呼声,但《宣和遗事》却没有采用这一段。

宋江三十六人上梁山的起因则是生辰纲引起的。《宣和遗事》所收宋江故事说是晁盖等八人劫了梁师宝送的生辰纲,然后上了梁山泺。《水浒传》里吴用智取生辰纲,与《宣和遗事》一脉相承。但把失落生辰纲的责任也转嫁给了杨志身上，却是一大发展。

蔡京是个大贪官，如王明清《挥麈馀话》卷2所载：

> 蔡元长少年鼎贵，建第钱塘，极为雄丽，全占山林江湖之绝胜，今行在殿前司是也。宣和末，金寇荐突，尽以平日之所积，用巨舰泛汴而下，置其宅中。靖康初，下籍没之诏，适毛达可友守杭州。

> 达可，元长门下士也，缓其施行，密喻其家，藏隐逾半，所以蔡氏之后皆不贫。又，尝以金银宝货四十担，寄其族人家海盐者。已而蔡父子兄弟诛窜，不暇往索，尽掩为己有，至今海盐蔡氏富冠浙右。

光是寄给海盐亲属家的金银宝货就有四十担，比梁中书的生辰纲多了三倍。至于巨舰运载的当然还要多出许多。蔡京家里藏的财宝，几乎无法计算，他家鸣銮堂极其豪华，宋徽宗常去他家，亲自给他写了《鸣銮堂记》（见《鸡肋编》卷中）。

蔡京的豪富，屡见于宋人笔记。他的财富，除了宋徽宗的赐与，大概就来自以"祝寿"为名的生辰纲。

元末明初人瞿佑《归田诗话》卷中《周公礼乐》说：

> 蔡京当国，倡为丰亨豫大之说，以肆蛊惑。其生日，天下郡国皆有馈献，号"太师生辰纲"，富侈可知也。文士锦囊玉轴，竞进诗词。独喜周邦彦诗云："化行《禹贡》山川外，人在周公礼乐中。"

> 及燕山之役，其子攸与童贯北征，京寄诗云："百年盟誓宜深虑，六月师徒盍少休。缁衣堂下风光美，及早归来捧寿瓯。"既知伐辽为非策，不于朝廷明言之，而私以谕其子，误国不忠甚矣，周公礼乐安在哉？

蔡京生日，天下郡国都要送礼，这事直到明初瞿佑时还在传说。

"太师生辰纲"的故事,在民间广泛流传,可能就是由宋江故事所造成的。借过生日收贿,是贪官们的惯技。

《金瓶梅词话》里也有很详细的描写,小小一个清河县里的商人西门庆也要一再给蔡太师送"生辰担"大礼,买到了一个理刑副千户的官衔,这也是从《宣和遗事》衍生出来的情节。

再看,蔡京的姬妾非常多。据王明清《挥麈后录》卷8记载:

> 蔡元长既南迁,中路有旨,取所宠姬慕容、邢、武者三人,以金人指名来索也。元长作诗以别云:"为爱桃花三树红,年年岁岁惹东风。如今去逐它人手,谁复尊前念老翁?"初,元长之窜也,道中市食饮之类,问知蔡氏,皆不肯售,至于诟骂,无所不道。

于此可见人民对蔡京的愤怒。张邦基《墨庄漫录》卷4又载:

> 蔡元长后房曰武恭人,亦妙丽不凡。元长谪岭表,武在京师为一使臣姓孙人所畜。乃携孙窜至南京,亦为郡所拘。七月,开封差人擒之,送入京师。

蔡京家的豪富,从他家的厨房可见一斑,罗大经《鹤林玉露》丙编卷6《缕葱丝》记载:

> 有士夫于京师买一妾,自言是蔡太师府包子厨中人。一日,令其作包子,辞以不能。诘之曰:"既是包子厨中人,何为不能作包子?"对曰:"妾乃包子厨中缕葱丝者也。"曾无疑乃周益公门下士,有委之作志铭者,无疑援此事以辞曰:"某于益公之门,乃包子厨中缕葱丝者也,焉能作包子哉!"

就是说,蔡京家厨房里专做包子的的人就有好多,分工很细,有专门切葱丝的。据明顾起元《说略》卷25说:"蔡太师京厨婢数百人,庖子亦十五人。""庖子"应即指包子厨。又说:"蔡京每杀鹌子辄千馀。"可见其豪华的生活享受。

《宣和遗事》所收宋江故事，只说北京留守梁师宝派县尉马安国押送蔡京生辰纲，被晁盖等八个大汉劫了，没提到梁师宝和蔡京的关系，也没提到杨志。到《水浒传》里，把失落生辰纲和失落花石纲的的公案都集中在杨志身上，这是又一次发展，对杨志这个人物做了精致的描塑。

吴用智取生辰纲是晁盖等对蔡京的一次报复性打击，《水浒传》里刘唐、公孙胜一再说这是"不义之财，取之无碍"。虽然比《宣和遗事》的批判已经有所弱化，但书中多次出现蔡京及其子婿的身影，如送生辰纲的梁中书，是蔡京的女婿。他是大名府知府，后来成了北京留守，又抓了卢俊义和石秀，引起一场大战。卢俊义和他有血海冤仇，也可说是梁山泊的死对头。梁中书是蔡京的代理人，多次与梁山泊作对。

还有江州府的知州，是蔡京的第九个儿子蔡德章（这是虚构的，按《宋史》蔡京只有八个儿子），就是迫害宋江的主犯。闹江州部分的故事，由宋江发配江州开始，到白龙庙小聚会，实际上是宋江上梁山的关键情节。

在此以前，宋江一贯奉行忠孝，遵守朝廷法度，坚决不肯留住梁山泊，想得到赦免之后，还乡当良民，做一个服侍父亲的孝子。但是偏又碰上了蔡九和黄通判，造成弥天大罪，几乎刑场正法。这就构成了宋江和蔡京的矛盾，才结下了不共戴天的冤仇。

第五十八回，抓了史进、鲁智深的华州贺太守，是蔡京的门人，"那厮为官贪滥，非理害民"，强抢了王义的女儿，引起史进的义愤，要刺贺太守被捉，才发生了吴用赚宿太尉金铃吊挂的一段故事。这贺太守也是蔡京的爪牙，横行不法，激起了江湖英雄的众怒，闹华山在《水浒传》里是一大关目，和蔡京也有间接关系。

这一段史进上梁山的情节，可能是较早就有的，而整合入《水

浒传》则较晚(参看拙作《〈水浒传〉与宋元话本》,载《文学遗产》
2019 年 3 期),所以史进的赞词《临江仙》直到第五十九回才出现,
"久在华州城外住,旧时原是庄农",显得晚了。

　　接着芒砀山故事与第二回的少华山故事出现了一些重复的文
字,因此马幼垣先生认为芒砀山故事原应在少华山故事之前(见
《水浒二论·从朱武的武功问题和芒砀山事件在书中的位置看
〈水浒传〉的成书过程》),似可存疑。

　　闹江州不仅是宋江个人和蔡氏家族的冤仇,而且也是梁山好
汉乃至广大民众和蔡京等六贼的矛盾。直到最后,高俅设计诬陷,
假名赐酒毒杀宋江等人,也往往有蔡京、童贯等人的参与。

　　我们要注意,在浔阳楼题反诗之前,蔡京已经写信通知蔡九,
要抓"耗国因家木,刀兵点水工"的嫌疑犯,也就是说,蔡京已经认
定宋江是危险人物,是民间传说中呼为保义的群众领袖,要各地官
府通缉的要犯。

　　这谣言前两句与《宣和遗事》里玄女娘娘天书上写的预言基
本相同。原文是:"破国因山木,兵刀用水工。一朝充将领,海内耸
威风。"后两句《水浒传》改作"纵横三十六,播乱在山东。"因此,蔡
京通缉宋江,早在宋江题反诗之前。似乎蔡京对宋江早就有所了
解,并不止是杀阎婆惜的罪案,私放晁盖的公案并未败露,不过《水
浒传》的编次者没有交代清楚(元人《大劫牢》杂剧里宋江自白说
是烧了官房获罪)。

　　宋江酒后吐狂言,把隐藏在心底的野心和怨气都写上了粉壁,
就给黄文炳提供了罪证。这和此前宋江的言行大不相同,他一再
说要遵从父亲的教训,恪守国家法度,尽忠尽孝,否则就是"上逆天
理,下违父教",因此刺配途中有意绕避梁山泊,被刘唐截住后还是
坚决要走;后来又拒绝李立的建议,不肯留在揭阳岭。

我怀疑题反诗之前原来宋江故事还有一段受迫害的情节,才激发了宋江的凌云壮志,酒后吐露了真情,但在整合中却漏失了。否则为了插入闹江州的一段故事,配合蔡京的通缉令,主动给黄文炳提供罪证,编次者竟不顾人物性格的发展逻辑,让宋江先题反诗,未免太突兀了。

然而,《水浒传》还是把宋江上梁山的契机和"生辰纲"连接上了。起因是放走了劫取梁中书生辰纲的晁盖一伙,才有刘唐下书,引起阎婆惜的威胁要挟,迫使宋江杀了阎婆惜,犯了命案。经过几度逃奔波折,最终因为蔡京写信给儿子蔡九知府要抓"耗国因家木,刀兵点水工"的嫌疑犯,迫使宋江要报冤仇,杀了黄文炳全家,彻底断了退路,不得不上梁山当首领了。

那个蔡德章,在派戴宗去向蔡京送家书时,也忘不了还要打点金珠宝贝,作为六月十五日的"生辰纲"呢。蔡京的生辰纲,贯穿着梁山泊的斗争,链接了晁盖、宋江两人的人生道路,也始终围绕着惩贪反腐的主题。在这点上,《水浒传》还是继承了《宣和遗事》的反两纲斗争的。

当然,《水浒传》成于众手,整合者有意制造悬念,插增情节,往往对底本会有所增删。后面宋江上梁山之后,忽然又请假回家探望父亲,就是为了追补宋江还道村受九天玄女天书的情节。这一节在《宣和遗事》里本来是紧接杀阎婆惜之后,宋江躲入屋后九天玄女庙,才得到了天书和三十六人名单。到《水浒传》里,整合者觉得这一情节不应舍弃,又大加改造,删掉了三十六人的名单,保留了三卷天书,又增添了"替天行道"的使命。

《水浒传》把高俅作为反面人物的代表,集中于宣和年间消灭梁山起义军的罪案,没有讲到靖康之乱北宋灭亡的大事变,所以没有像《宣和遗事》那样着重批判徽宗和蔡京。

　　方腊起义是声势较大的一次农民起义，但很快就被镇压了。"成则为王，败则为寇"，就成了"不替天行道"的强盗。方腊的失败，可能在战略上没有像朱升那样的谋士。元末朱元璋起义的成功，就在于"高筑墙，广积粮，缓称王"，而方腊则反其道而行，没能取得更多的联盟。

　　从政治大势看，宋江三十六人起义只是一次较小规模的没有成功的反政府战乱，很快就平息了。而宋金对峙的百年局面，是更大的国家祸乱，更值得关注。

　　《水浒传》吸收了宋元小说家话本的成果，加工塑造了好多英雄人物的形象，在《宣和遗事》的基础上纂修成了中国第一部长篇白话小说。这是伟大的成就。

　　我们把它称为经典著作，首先是因为它传承了反两纲的精神，坚持了反腐惩贪的主题，批判了徽宗皇帝和蔡京、高俅等高官大臣。虽然受了弟兄结义盟约的约束，多数人盲从宋江的"忠义"观念，终于走上了招安道路，但也揭露了奸臣当道的黑暗朝廷。

　　有人批评《水浒传》只反贪官，不反皇帝，实际上骂贪官也骂了皇帝，至少是被奸臣掌控了政权，皇帝是最高决策者，怎能没有罪责呢？

　　《水浒传》第六十四回，宋江对关胜说："盖为朝廷不明，纵容奸臣当道，谗佞专权，设除滥官污吏，陷害天下百姓。"第六十五回宋江对索超说："盖为朝廷不明，纵容滥官当道，污吏专权，酷害良民。""朝廷不明"就是说皇帝不明，纵容奸臣污吏，祸害天下百姓，这也就是骂了皇帝，不过留有馀地，还保留了对皇帝的幻想。这是宋江的局限，也反映了书会才人的局限。

　　而从作品的实际描写来看，对徽宗皇帝的批判，还是相当尖锐的，比起此前的诗文词赋和小说，已经有了很大的突破，只是比《宣和遗事》略有逊色。

《宣和遗事》里却真骂了皇帝，称徽宗是"无道的君王"，说："今日话说的，也说一个无道的君王，信用小人，荒淫无度，把那祖宗浑沌的世界坏了，父子将身投北去也，全不思量祖宗创造基业时，直不是容易也。"又说："敢破家丧国天子，是甚般聪俊，何事不理会！"

正因为骂了徽宗皇帝，还披露了许多宫廷丑闻，所以《宣和遗事》的后半部，在南宋时代就不可能用于场上演说，因而在底本上就没有加上诗赞和说话人的套话。直到第十段康王南渡的部分，才加上了"且说康王自靖康元年二月初二日使斡离不军营……"这段叙事后又加上"真是：龙离铁网归深海，鹤出金笼翔远霄"一联，回到了话本体格式。所以，鲁迅所指的《宣和遗事》第九段，有可能是另一个编者插增的。

《宣和遗事》所收的宋江三十六人话本，基本上可认为是南宋作品。完全可以按照朱东润先生《宋话本研究》的意见："南宋人所作的话本，即使在1276年临安陷落，或1279年崖山失败以后，也算是宋话本。这个正同文天祥、谢翱、林景熙、刘辰翁、张炎、周密、王沂孙、郑思肖这些人后期的作品，也算是宋人作品一样。"（《中西学术》2，复旦大学出版社1996年11月1版）

随后《水浒传》传承了《宣和遗事》的反两纲斗争的精神，对宋徽宗和蔡京等奸臣贪官作了尖锐的批判，歌颂了"广行忠义，殄灭奸邪"的侠义英雄，成为反传统的文学作品，是第一部代表平民文化的长篇白话小说，在中国文学史上成了划时代的里程碑。

其次，根据现有的文献史料，宋江确曾受了招安，随同官军讨伐方腊。《宣和遗事》也说到："后遣宋江收方腊有功，封节度使。"《水浒传》忠于史实的素材，写了梁山泊好汉受招安的结局，这是难以更改的。但打方腊的结局只能是自取灭亡。

不管这一部分和前面部分的作者是否一人，这个结局对宋朝政府的阴谋毒计揭露得比较尖锐，对招安道路批判得比较深刻，对后来的农民起义军是很好的反面教材。因此，百回本的《水浒传》基本上是一部批判现实主义的杰作，这是在宋元话本基础上纂修而成的中国文学经典。

再次是在一定程度上宣扬了梁山好汉们"替天行道"的侠义精神。为什么宋元时代的平民群众对三十六人如此喜爱，采取了歌颂的态度？

宋末元初人龚开《宋江三十六赞》序说："宋江事见于街谈巷语，不足采着，虽有高如李嵩辈传写，士大夫亦不见黜。余年少时壮其人，欲存之画赞，以未见信书载事实，不敢轻为。……"他"壮其人"的原因大概是出于肯定宋江"不假称王，而呼保义"，因而"士大夫亦不见黜"。但民间的"街谈巷语"中为什么不赞扬打方腊真有功的王禀、刘镇等大将呢？

民间广为流传的三十六人故事，在《宣和遗事》里可以看到一些梗概，并没有宣扬他们收方腊的事，而是从一个侧面写了反两纲的斗争，还由九天玄女在天书中授命，委任宋江为帅，"广行忠义，殄灭奸邪"。这"奸邪"不是指方腊，指的是蔡京、童贯、朱勔等六贼，甚至还包括宋徽宗。

《水浒传》里九天玄女给宋江加上了"替天行道"的使命，能替天行道的是什么人呢？按宋代官制，"保义郎"只是正九品的小武官，不可能有"替天行道"的权力。而"呼保义"更是名誉职称，实际上正是"假称王"的意思。

《水浒传》里有一点世外桃源的空想社会观念，第七十一回里的梁山泊赋赞，就有一些"替天行道"的气势："交情浑似股肱，义气真同骨肉","人人戮力,个个同心。休言啸聚山林,真可图王霸业。列两副仗义疏财金字障,竖一面替天行道杏黄旗。"后来李逵要砍倒杏黄旗,就因为宋江违背了"替天行道"的宗旨。

所谓"替天行道",如果从道家的思想来解释,就是"天之道,损有馀而补不足;人之道则不然,与天地合德,乃能包之如天之道。"(《老子》第七十七章)梁山好汉们大体上是主张"劫富济贫",是"损有馀而补不足"的行为。

《宣和遗事》里九天玄女给宋江的天书,只说要"广行忠义,殄灭奸邪",主意是"殄灭"那些奸臣邪党。《水浒传》第四十二回九天玄女嘱咐宋江说:"汝可替天行道为主,全忠仗义为臣,辅国安民,去邪归正,他日功成果满,作为上卿。"就改变了主意,"为主"之后又要"为臣","去邪归正",也可以做上卿大官了。这是对"替天行道"的曲解,误导了宋江和大多数的梁山英雄。

元人杂剧,有许多作品敷演了梁山好汉的侠义故事,接过了九天玄女"替天行道"的口号,把梁山泊改造成主持正义的道德法庭,替人民除暴安良,申冤理狱。

比较典型的如佚名的《鲁智深喜赏黄花峪》杂剧,演的是蔡衙内强夺了刘庆甫的妻子李幼奴,刘庆甫上梁山告状,宋江派李逵去打探,救出了李幼奴。最后又由鲁智深去把蔡衙内抓上梁山,宋江下断判决,杀了蔡衙内。这就是一个理想的"替天行道"的道德法庭。受害的平民无处诉冤,只能上梁山去告状了。

在小说戏曲里,宋江三十六人像是三分天下有其二的周文王(相传虞、芮两国争田,不找商纣王而找周文王判断),成为与宋皇朝并立的一个民间政权,广大民众已经归心于梁山了。可是宋江不想"缓称王",而是"不假称王",甘心当个"保义郎"级别的小官。

馀如佚名的《争报恩》杂剧,演关胜、徐宁、花荣三人先后下山打探军情,因病滞留,遇上赵通判的妻子李千娇救助,还认为兄弟,送给关胜、徐宁各一只金钗;赵通判的管家丁都管与赵妾通奸,反告李千娇与人通奸,屈打成招,即将处刑,关胜等三人来救,并调解李千娇与赵通判和好。这三个好汉竟成了报恩救命的清官。

至于康进之的《李逵负荆》杂剧更是写了李逵的正直无私和宋江、鲁智深的坦率认真,最后被害人王林上山告状,又由李逵抓到了罪犯,辨明疑案。这几个杂剧都是由宋江出场作了最终判决,俨然是为民作主的大法官了。

《水浒传》第七十三回李逵负荆的情节与杂剧大体相同,但没有王林告状的情节,第七十四回还加出了李逵到寿张县假扮知县,也算当了一回法官,不过是胡乱判案,大闹公堂。

马幼垣先生认为这些杂剧都早在《水浒传》成书之前(见《水浒论衡·从招安部分看〈水浒传〉的成书过程》)。我还想保留一点异议,因为元代可能还有不少演说梁山故事的小说家话本,是《水浒传》和元人杂剧共同的素材资源。况且元代早期的杂剧故事,并不排除元末书会才人可以整合成书。我已提出最主要的整合者,应是《水浒传》引首《临江仙》的作者,他大概是元末人(见拙作《〈水浒传〉与宋元话本》,《文学遗产》2019 年 3 期)。

最后,历史上宋江三十六人的活动,与方腊起义大致同时,可能略早于宣和二年十月,如果受招安后收方腊有功,那么早在宣和三年八月以前宋江就已归附朝廷了。《水浒传》把宋江收方腊得胜回朝的时间延迟到了宣和五年九月,"为主"的时间还是很短,为什么三十六人的影响却如此之大?

除《宣和遗事》所收的三十六人故事之外,画家李嵩等传写了三十六人像,龚开(圣与)写了三十六人赞,罗烨《醉翁谈录》记载了《青面兽》《花和尚》《武行者》《石头孙立》等小说家的话本,对宋江以外的好汉做了各别的传记。其中鲁智深、武松正是梁山上反对招安的代表人物。

龚开说:"余然后知江辈真有闻于时者。于是即三十六人,人为一赞,而箧体在焉。盖其本拨矣,将使一归于正,义勇不相戾,此诗人忠厚之心也。余尝以江之所为,虽不得自齿,然其识性超卓有过人者,立号既不僭侈,名称俨然,犹循轨辙,虽托之记载可也。古称柳盗跖为盗贼之圣,以其守壹至于极处。能出类而拔萃若江者,其殆庶几乎!"他肯定的是宋江"立号既不僭侈,名称俨然,犹循轨辙",就是说他"不假称王,而呼保义",愿为宋朝的忠臣。这是在宋末元初时对挽救南宋皇朝的一种期望和幻想。

历史上梁山好汉的幸存者,可能曾参与征辽和抗金的战斗。后来又成为河北忠义军的一支力量,如张青、杨志、关胜、张顺等,在史书上还留有一些痕迹。余嘉锡先生的《宋江三十六人考实》已作了详细的考证。其中有些线索,可能寄托了南宋人民的记忆和怀念。如在史书中就有曾抗辽的杨志、抗金的张青、抗伪齐而被杀的关胜、抗元而牺牲的张顺等同名人,有人据此认为它反映了太行山忠义社抗金的史实。

《宣和遗事》里就说到,晁盖"邀约杨志等十二人,共有二十个,结为兄弟,前往太行山梁山泺去落草为寇"。这句话曾引起读者疑惑,太行山和梁山泺不在一起,怎么合伙了?原来宋金对抗时期太行山忠义军可以渡过黄河到梁山泺打游击战,配合岳家军抗金。岳珂《金佗续编》卷11记载:

一、前燕山府工曹掾方喜自虏中脱身回,探得大名、开德府界梁小哥人马截了山东路金、帛纲、河北马纲。一、泗州申:"干事人王德回,供称十一月九日出徐州东门外,见清河岸贴城立炮座,河内有厂槽船,船上有番人棹船教阅,恐梁小哥从

　　　梁山泺内乘船下来。"

这个梁小哥即梁兴(一作梁青),他的活动就跨越了山东、河北两路。《建炎以来系年要录》也有梁兴的事迹,称"太行山忠义社梁兴",官至"亲卫大夫忠州刺史鄂州驻札御前选锋军同副统制"。"兴自太行山率其徒奔岳飞于江夏。从军凡十年。"他的活动实即反映了杨志等为太行山抗金忠义军的前身。

　　宋江三十六人,本来横行于河朔、山东,"转略十郡",采用的是游击战术,也可以从太行山渡河到梁山泺,南北配合。《水浒传》虽把宋江等的根据地放在梁山,但也捎带写到了抗金的后话。第一百回提到呼延灼"后领大军破大金兀术四太子,出军杀至淮西阵亡"。"只有朱仝在保定府管军有功,后随刘光世破了大金,直做到太平军节度使。"

　　元代的说话人对梁山英雄始终采取了歌颂的态度,也寄托了恢复宋朝的希望,所以天都外臣(汪道昆)《水浒传序》说:

　　　使国家募之而起,令当七校之队,受偏师之寄,纵不敢望髯将军(指杨存中)、韩忠武、梁夫人、刘岳二武穆,何渠不若李全、杨氏辈乎?

　　李贽《忠义水浒传序》则进一步说:"施罗二公身在元,心在宋,虽生元日,实愤宋事。是故愤二帝之北狩,则称大破辽以泄其愤;愤南渡之苟安,则称灭方腊以泄其愤。敢问泄愤者谁乎?则前日啸聚水浒之强人也,欲不谓之忠义不可也。"

　　《水浒传》传承了《宣和遗事》反两纲的孤愤,也传承了抗金复国的心史,既肯定了宋江的"忠义",又深深同情地表彰了反招安的代表人物鲁智深、武松、李逵、燕青等。这也是不能忽视的一面,值得继续探讨的。

　　《水浒传》当然有这样那样的缺点和局限,特别是残暴血腥的过度报复,恐怕对"少儿不宜",但总的成就是正面的,因此我还是愿意向青年人推荐这部经典名著。

(首发于"古代小说网"微信公众号 2019 年 8 月 2 日)

从《红白蜘蛛》到《郑节使立功神臂弓》

　　《醒世恒言》卷31《郑节使立功神臂弓》,以前不太为人注意,从发现元刻《红白蜘蛛》残页后,才引起了我们的重视。大家都确认它是《红白蜘蛛》的增订本,但是什么时代增订的,还有不同看法。

　　元刻本《红白蜘蛛》现存的是第十页,全页约四百八十字,那么全篇应有四千多字,在宋元话本里算是较长的一篇。但《郑节使立功神臂弓》约有八千多字,加了一倍,当然是经过增订的。从而它的年代就有待考证了。

　　我认为现存的《郑节使立功神臂弓》(以下简称《神臂弓》)是一个世代累积型的话本。

　　首先,红白蜘蛛故事来源很早,源于宋初的《牧竖闲谈》,作者耿焕,又因避宋太宗讳作景焕。佚文寄存于《永乐大典》卷13075:

　　【玉局井洞】成都玉局内井洞,初莫得知其深浅。唐末,高太尉骈节制西蜀时,因罪人令以绳绊其腰,并赍粮垂下,令探井洞深浅。若得命即舍前愆。于是接续绳索,两日方绝。其罪人但觉幽暗,罔知昼夜。

　　及底,渐有明处,乃是一洞穴,四壁峭石,中有浅水沙石而已。罪人遂解绳,寻水而行。约数里以来,亦多有毒蛇,复不伤害。

出洞口,乃是一宫阙。旋有人至,问言:"何以到此?"罪人即备述所因。遂引见二三道流,诘之。"某则犯法罪人,相公令某来探玉局观井洞深浅。如得命,则舍前过。"道流遂令左右:"引此人至高骈下处。"

于是开锁数重,有屋宇甚严。面排二阁子,皆封锁了,上有牌额,左书"王建",右书"高骈"。罪人于阁子孔中,遥见一大蟒蛇,赤色,盘屈在石床上,深闭两目。又于左畔阁子孔中见白大蛇,亦如赤蛇闭目盘在石床。罪人见之,惊骇不已。

回见道流,乞指归路。道流问曰:"汝见高骈否?"言见。又谓曰:"汝罪恶之人,不合来此秽触仙洞。"遂令左右送出洞门。于是离其山穴,回望,但见丛林崖巘。信步行数里,夜在青城山洞天观门,遂投宿。

相次寻路归府,渤海令引于池亭,去左右问之。其罪人一一备细言说……骈默然久之,遂令引去。其夕,暗杀之以灭口,则不知尽泄于路人矣。

这个罪人与郑信并无关系,所说高骈、王建都是晚唐人,故事当产生在唐末至宋初。据李剑国先生考证,《牧竖闲谈》作于宋太宗朝。

《红白蜘蛛》显然从此脱化而来,可能是南宋说话人据之改编,也可能是这个民间故事在两百来年中不断演化,到南宋时红白蟒蛇变成了红白蜘蛛,还变成了美女,又和另一个皮场神故事结合起来,再嫁接上神臂弓的故事,才编成了一个新话本。红白蟒蛇的洞穴本在四川,《神臂弓》的郑信官任两川节度使,可能也有点关系。

　　《神臂弓》是《红白蜘蛛》的增订本,但并不是明代人开始改写的。《醒世恒言》的文本显然有前后矛盾的痕迹。如文中三处用"元来"一词,另两处用了"原来",这就体现了不同时代的烙印。元代以前一向用的"元来",到明代开始改作"原来",李诩《戒庵老人漫笔》有记载,详见拙著《宋元小说家话本集》的注释,也有人认为是避朱元璋的名讳(见谈迁《枣林杂俎》智集《避讳》)。

　　又如红蜘蛛自称"日霞仙子",后面改称"日霞公主",又两处出现了"日华公主",可能是冯梦龙或更早的人误改的。

　　从整体看,《红白蜘蛛》是南宋时的作品。黄永年先生根据"皮场明灵昭惠大王"的封号考证在宋大观元年(1107)十一月至咸淳五年(1269)十一月加封"显佑"之间(《记元刻〈新编红白蜘蛛小说〉残页》,《黄永年古籍序跋述论集》145—157页);周郢先生根据泰山"嘉宁大殿"在金国大定二十一年(1181)改建为"仁安殿"(据《大金集礼》卷34)的记载,也把《神臂弓》的上限提到了1181年之前(《岱庙大殿三考》,《泰山与中华文化》169—171页)。但《神臂弓》里确有后人增改的部分,需要分析研究。

　　我们从《红白蜘蛛》结尾一段看,郑信靠着献神臂弓的功绩,"后来收番,累获战功,百姓皆感大恩",官至节度使,死后又"阴功护国",被封为皮场明灵昭惠大王。

　　他投奔的种师道,是宋徽宗时的抗金名将,但宋钦宗不接受他的建议,没有实现他阻击金兵的战略,抱恨病死。可见所谓"收番"就是抗金战争,还在北宋灭亡之前。因此"百姓皆感大恩",得到立祠祭祀的崇敬,这是宋人爱国思想的寄托,也是抗击外敌、收复故土的期望。《红白蜘蛛》可能创作于金人统治的北方,因而没有直说抗金,只说"收番",把时间放在北宋未亡之前。

　　《神臂弓》的结尾基本相同,但明确讲出了时间和抗击对象:

其后，金兵入寇不已，各郡县俱仿神臂弓之制，多能杀贼。到徽、钦北狩，康王渡江，为金兵所追，忽见空中有金甲神人，率领神兵，以神臂弓射贼，贼兵始退。康王见旗帜上有"郑"字，以问从驾之臣。有人奏言："前两川节度使郑信，曾献克敌神臂弓，此必其神来护驾耳。"康王既即位，敕封明灵昭惠王，立庙于江上，至今古迹犹存。

这里说康王即位后才封郑信为明灵昭惠王，删去了"皮场"两字，已在大观元年之后好多年，正是与金国对抗时期。《神臂弓》表达的抗金复国意识更为鲜明，仍保留着南宋时人民群众的集体意识，值得我们注意。

从《红白蜘蛛》到《神臂弓》，把灵怪故事结合抗金的史实，宣扬了神臂弓的威力，鼓舞了抗金御敌的气势，从侧面反映了当时的现实。这正是宋代话本的文化主流。

神臂弓是宋代的先进武器，在文献上有许多记载。《建炎以来系年要录》卷154引李大谅《征蒙记》说，金兀尤也害怕此弓，临死时遗嘱还说："吾昔南征日，见宋军器，大妙者不过神臂弓，次者重斧，外无所畏。今付样造之。"可见神臂弓的作用非同小可，所以当时在社会上有深刻的影响。甚至科举考试曾出《克敌弓铭》为题，也就是神臂弓的改名。据王明清《挥麈三录》卷3《洪景伯试克敌弓铭》说：

> 洪景伯兄弟应博学宏词，以"克敌弓铭"为题。洪惘然不知所出，有巡铺老卒睹于案间，以问洪云："官人欲知之否？"洪笑曰："非尔（原作而）所知。"卒曰："不然。我本韩世忠太尉之部曲，从军日，目见有人以神臂弓旧样献于太尉。太尉令如其制度制以进御，赐名克敌。"并以岁月告之。

> 洪尽用其语，首云"绍兴戊午五月大将"云云。主文大以

惊喜。是岁遂中科目,若有神助焉。此盖熙宁中西人李宏中
创造,因内侍张若水献于裕陵者也。

按:洪适《盘洲文集》(《四部丛刊》影宋本)卷 28 有《克敌弓铭》,
有目无文。据王明清所说,接受神臂弓的不是种师道,而是韩世
忠;献神臂弓的不是郑信,而是更早的张若水。

而创造神臂弓的则是西人李宏中,不是日霞仙子,也不是什么
神仙。这个李宏中,洪适的弟弟洪迈《容斋三笔》卷 16《神臂弓》条
作"李宏",原文说:

> 神臂弓出于弩遗法,古未有也。熙宁元年,民李宏始献之
> 入内……绍兴五年,韩世忠又侈大其制,更名克敌弓,以与金
> 虏战,大获胜捷。十二年,词科试日,主司出"克敌弓铭"为
> 题云。

献弓时间则早在熙宁元年(1068),绍兴五年(1135)或戊午(绍兴
八年)是韩世忠改进为克敌弓的节点。他们同时应试的兄弟两人
说法就不一致,已有传闻异辞的问题。民间说话更是随意捏合,就
不必拘泥了。

神臂弓之演化为神话传说,是南宋时抗金战斗的一种艺术创
作。《宋史》里多处记载,除了韩世忠,名将如种师中、宗泽、刘锜、
吴璘,都用神臂弓以克敌制胜。话本《神臂弓》则是南宋时的民间
文艺作品,反映的是南宋时的爱国主义精神。

朱东润先生在《宋话本研究》一文中提出:"我们能否单纯从
字句方面判定一篇作品是宋人的作品呢? 不能,因为宋话本经过
后人的编定,字句都被修改了。"同理,"即当一篇作品从内容或其
他的方面,基本可以肯定为宋人作品的时候,即使偶然用了一个后
代的地名或是后代特有的词汇,我们不应当因此而怀疑这篇作品
的时代。"(《中西学术 2》,复旦大学出版出版社,1996 年 1 版,85、

89 页）

我从中得到了启迪，认为《神臂弓》基本上是宋代的作品，而且是一篇世代累积型的作品，在宋代也经过了演化和变异，到明代又被修改过。不过，它的主题还保持着南宋时代抗金爱国的精神。

《挥麈三录》所谓"西人"，是指西部党项人。沈括《梦溪笔谈》卷 19"器用"说："熙宁中，李定献偏架弩，似弓而施干镫。以镫距地而张之，射三百步，能洞重札，谓之神臂弓，最为利器。李定本党项羌首，自投归朝廷，官至防团而死。诸子皆以骁勇雄于西边。"

原来是党项羌族人制造的偏架弩，传入宋朝后又一再改进升级，经张若水改造后，宋神宗赐名为"神臂弓"（见《皇宋十朝纲要》卷 9），成为中国的一项文化传承。这又是中华民族文化融合发展的佳话。

我曾在中央电视四台播放的《神秘的西夏》视频中，看到了宁夏临羌寨古城遗址 1993 年出土的神臂弓实物，更相信沈括的说法应该是最早最清楚的记载，同时，也更佩服南宋说话人创造性的传承和捏合的艺术。

2019 年元旦初稿

（首发于"古代小说网"微信公众号 2019 年 12 月 17 日）

《拦路虎》的入话诗及其时代

《拦路虎》的题目见于罗烨《醉翁谈录》的《小说开辟》杆棒类，现存洪楩清平山堂刻本《杨温拦路虎传》，文字简朴，有许多宋元人语言的特征，应即此本。

洪刻本似未加校订，文中时有错字，拙著《宋元小说家话本集》初次校点时对其入话没有作注。重印修订时据《中华经典古籍库》检索，入话八句诗找到了六句的出处，为了避免太烦琐，没有注出诗题，不免遗憾。

现在重新检查，托刘明同志帮我检索到第七句的来源，是唐人崔橹的诗。我当时也查过《中华经典古籍库》，不知怎么竟漏了这一句。现在补注如下：

第二句"苇岸无穷接楚田"，唐李频《湖口送友人》句，见《全唐诗》卷587；

第三句"翠藓（话本误作苏）苍崖森古木"，宋欧阳修《冬至后三日陪丁元珍游东山寺》句，见《欧阳修诗编年笺注》卷11；

第四句"坏桥危磴走鸣（话本作飞）泉"，宋林逋《安福县途中作》句，见《林和靖集》卷2；

第五句"风生谷口猿相叫"，唐杜荀鹤《山居寄同志》句，见《全唐诗》卷 692；

　　第六句"月上青林人未眠"，唐顾况《临海所居》三首之三句，见《全唐诗》卷 267；

　　第七句"独倚阑干意难写"，唐崔橹《春晚岳阳言怀》二首之一句，见《全唐诗》卷 567；

　　第八句"一声邻笛旧山川"，唐许浑《重游练湖怀旧》句，见《全唐诗》卷 534。

　　还有第一句待考。可知此诗为集句，如为说话人所集，则可见其才学之广。当然，也可能抄自他人之作。但决非洪楩所增订。

　　从全篇看，写定者文化修养较差，话中脱误甚多，集句诗有可能为另一个才人所为。现知他引用到欧阳修、林逋的诗，大概是北宋以后的人，但未必会入南宋。

　　第一句"阔含平野断云连"，还找不到出处。"阔含"一词，见于唐项斯《远水》诗："阔含（《全唐诗》卷 554 作"浮"）萍势远，寒入雁愁长。"（高棅《唐诗拾遗》卷 7）从下联以"寒入"作对看，似亦可通。我曾怀疑"阔含"为"宽"字的"切脚语"，恐亦未谛。

　　这句疑是宋人诗的佚文，可以收入《全宋诗》的补编，至少《拦路虎传》是宋人作品，不会更晚。

　　宋元话本有的是书会才人所编，引用古体小说或杂史传记为素材，插入诗词赋赞比较优雅；有的是说话人自编，或雅或俗，水平不齐，入话或抄录前人作品，不代表作者的实际水平。

　　总的说，讲史家文化修养较高，小说家可能修养较差，但不少是如《醉翁谈录·小说开辟》所说的"虽为末学，尤务多闻。非庸常浅识之流，有博览该通之理"。又说："论才词有欧、苏、黄、陈佳句，说古诗是李、杜、韩、柳篇章。"的确不全是自夸。像《拦路虎传》的入话，编成一首集句诗的，应该是饱读唐宋诗的才人或说话人。

但正话也可能不是一个人所为。话中引用了"才人"的诗"求人须求大丈夫",看来说话人不是指自己。说话人借用他人的诗词插入话本,也是常有的事。某个才人粗略修订一下别人的话本,没有作全面的润色,也是可能的。

清平山堂刻印的某些小说摘抄了素材的原文,根本不作加工,只是提纲式的简本,就难以判断其属性和年代了。

我们拿"三言"里取自清平山堂刻本的几篇小说来比勘,就可以看出冯梦龙的改笔或多或少,并不一致。详见拙作《明代小说丛稿》。

这里试对《拦路虎传》作一点分析。

第一,《拦路虎传》是一篇语录式的话本。理由是:

1. 有分回叙事的标志,如八处用了"正是"两字引出一联诗句,就是说话人分回停顿的地方。还有一处用了"真个是"。另外用"可谓是"引出联语或赋赞,如结尾为:"可谓是:能将智勇安边境,自此扬名满世间。"话文中又有"可谓是""古人所谓""所谓""果谓是""正所谓",都接着一首诗或赋赞。这是话本的常规体制。

2. 话文中还有一些反问句,是说话人自问自答,引起听众的注意。如"那杨温当时怎的计较?"这是话本中常见的手法。

第二,话本产生的年代,很可能在北宋。

1. 故事发生在北宋,靖康乱后,山东奉符县已被金人占领,杨温就不会去东岳烧香了。

2. 冷太尉的官职为"左班殿直",还是北宋时的武官职名,级别不高,正九品。政和二年(1112)改名成忠郎,而以内侍官高品改称左班殿直,见《宋史》卷169《职官志九》。本篇称武官冷镇为左班殿直,还是政和二年以前的旧官名。太尉,高级武官的官名,本为三公之一,政和二年定为武阶之首,正二品,后来多用作武官的美称,这里用以尊称左班殿直。

3. 杨温最后官至"安远军节度使",也是北宋时的建置。安远军在今湖北安陆,建隆三年(962)建置,宣和元年(1119)升为德安府,见《宋史》卷88《地理志四》。以后就没有安远军之称。

4. 话中还说到岳庙的景物,"草参亭上炉内焚百和名香",这草参亭在泰山东岳庙前,见于元高文秀《双献功》和《水浒全传》第七十四回。明嘉靖间改名"遥参亭"(参看周郢《泰山志校证》336页)。从这几方面看,《拦路虎传》还是很早的作品,值得珍视。

第三,话中还有"元来"等语词,还没有改作"原来",应是元代以前的文本,至多是经元代人修订过。但文中助词用"的"字而不用"底"字,却是元末以后的习惯。

据汉语史学者的研究,"'的'最终取代'底'的时间,大概是在元代中叶"(刘坚等著《近代汉语虚词研究》,语文出版社1992年1版,144页)。因此已不是宋代的原貌。它的写定大约晚于《简帖和尚》《山亭儿》等话本。

有人认为说话人的底本只有文言写的提纲,还没有用口语写的繁本,现存繁本已是明代人改写的拟话本小说。其实,冯梦龙注明的"宋人小说"确是有根据的,只是或多或少作了修改。没有收入"三言"的《拦路虎传》就保持了较早的面貌,比收入"三言"的几篇更为近古。

入话的集句诗是什么时候编写的,很难确定。但除入话之外,全篇穿插的许多诗和赋赞,也都对仗工整,典故丰富,可见编写者文化修养不浅。因此入话诗也可能是原有的。

应该注意到,从整体看,这些赋赞和诗词,不会是听话者的记录,而是书面的稿本原有的。说话人必须记熟了才能随时背诵如流。因此,它是一篇语录式的繁本,不会等到场上演出时再临场发挥。

再从文风看,语言十分通俗,许多语词常见于宋元话本,详见拙著《宋元小说家话本集》的注释及索引,不再赘述。所以,我认为《拦路虎传》是一篇产生较早而又是世代累积型的小说家话本。它的入话就体现了小说家的文化水平。

《拦路虎传》里的杨温,据说是杨业的曾孙,即杨家将的第四代,其名亦见于《水浒全传》第七十八回,有一个江夏零陵节度使杨温,恐怕与此杨温无关。

所谓"杨员外"的父亲秃尾虎杨青,姓名也见于《建炎以来系年要录》卷 1,确是占山落草的强盗首领,后来投降康王赵构,成为抗金保宋的武将,官至武翼大夫阁门宣赞舍人元帅府先锋统制,最后被濮州人杀害。

此杨青恐怕只是偶尔巧合。但杨温与马都头、山东夜叉李贵比棒的套路,却对《水浒全传》里王进与史进、林冲与洪教头比棒的情节不无影响,应是小说家熟悉的套路。

话里描写三月二十八日东岳庙会上杨温比棒时的盛况,也与《水浒全传》第七十四回燕青上东岳庙与任原相扑的背景基本相同。应该说这个庙会场面的铺叙,《水浒全传》是青出于蓝的,《拦路虎传》只起了素材的作用。

山东夜叉李贵可能也是宋元小说里另有故事的人物,《金瓶梅词话》第九十九回出现了一个自称山东夜叉李贵侄子的李安,又嫁接上《志诚张主管》的故事,带着春梅给的银子逃到叔叔李贵那里去了。这个人物至少与《拦路虎传》有一定的传承关系。

(首发于"古代小说网"微信公众号 2020 年 2 月 16 日)

浪子燕青与梁小哥

浪子燕青是《水浒》故事里的一个重要人物,是宋江三十六人之一。他在《宣和遗事》里就跟晁盖等一起参与了智取生辰纲的聚义,随后又一起上太行山梁山泺落草为寇。到了《水浒传》里,他变为卢俊义的家人,但还是大名府人,可以算是一位河北籍的首领。

在历史文献上,有一个梁小哥,名叫梁兴,又作梁青,是一位太行山忠义军杰出的首领,在金占区保聚民众抗敌作战,屡建奇功,最后被金军紧逼,于绍兴六年(1136)投奔南宋岳飞,受朝命得官。又被岳飞派遣从梁山泺渡河去河北联络太行山各路忠义军,配合作战,详见岳珂《鄂国金佗粹编续编》及《宋史·岳飞传》。

此外,熊克《中兴小纪》卷19有一条记载:

（绍兴五年冬）自靖康以来,中原之民不从金者,于太行山相保聚。初,太原张横者有众二万〔毕沅《续通鉴》引作千〕,往来岚、宪之境。岚、宪知州、同知领兵一千五百人,入山捕之,为横所败,两同知俱被执。

又梁小哥者,有众四千,破神山县。神山距平阳帅府百里而近,本府遣兵三千,付总管判官邓爽,将而讨之。金军遥见小哥旗帜，不敢进。既而有都统马五者，领契丹铁骑五百至。责奭逗遛，并将其军，与小哥战，亦败而死。小哥名青，怀、卫间人也。

因此，有人认为，梁小哥就是浪子燕青的原型。

这是张政烺先生在《宋江考》中首先提出的，他先引了龚开的《宋江三十六赞》：

　　　　浪子燕青　平康巷陌，岂知汝名。太行春色，有一丈青。

接着引了上面《中兴小纪》的那一段话，但有所删节，又没注出处，他说："梁青改作燕青，小哥改作小乙，也颇有可能。"（《水浒研究论文集》，作家出版社1952年1版，221页）只说是"可能"。

近年孙述宇先生在《水浒传：怎样的强盗书》（上海古籍出版社2011年1版，以下简称"孙著"）中又反覆论证，坐实了燕青就是梁青。认为"燕青"就是"河北（燕地）那个名叫青的人"（孙著182页）。但大多还是推测之辞，恐尚有待细心求证。

不揣谫陋，提出一些可以商榷的问题：

一，龚赞所说"平康巷陌，岂知汝名"，应指今本《水浒传》中燕青会见李师师的故事。燕青和李师师结拜为姐弟一段情节，似即从《宣和遗事》里李妈妈假称贾奕是李师师哥哥的谎言演化而来。

《宣和遗事》的史源年代较早，到元初龚开作赞时仍保持着"浪子"的外号和"春色"的意象，因此到《水浒传》里还突出描绘了浪子燕青的浪漫机智的个性。至于"有一丈青"的疑问，则很难解释，可能指燕青身上的刺绣花纹。总之，"浪子"的外号和梁小哥的形象无法联接，只能存疑。

二，燕青跟从晁盖劫取生辰纲的案件，《宣和遗事》系于宣和二年（1120）五月，已经晚于史实上的宋江起义，本是说话人随意设计的。

孙著把它和梁小哥拦截伪齐刘豫运送金国的金、帛、马纲连系起来,作为一项关键书证。除了时间远不相应,也把梁山聚义的导火索取消了。反对花石纲和生辰纲,是宋江三十六人起义的主题,从《宣和遗事》一直贯串到《水浒传》的各种版本,这是不能忽略的。说话人不会大题小做,把拦截金、帛、马纲的一两次战役拔高到梁山起义的战略性的高度,又把吴加亮的智慧弃而不顾。

我们再看看《鄂国金佗续编》卷11,绍兴十年(1140)十二月的一份有关梁小哥的情报记录:

一、光州奏:"归正人陈兴供,本朝梁统制人马取却怀、卫两州,四太子去滑州策应。"

一、前燕山府工曹掾方喜自虏中脱身回,探得大名、开德府界梁小哥人马截了山东路金、帛纲、河北马纲。

一、泗州申:"干事人王德回,供称十一月九日出徐州东门外,见清河岸贴城立炮座,河内有厂槽船,船上有番人棹船教阅,恐梁小哥从梁山泺内乘船下来。"

我相信,生辰纲的故事不会是说话人看到了这条官方档案才编造出来的。但梁小哥确曾往来于梁山泺和太行山之间,配合了岳飞的战略。他确曾在梁山泺驻足,但并没安营扎寨,只是乘船渡河的一个码头。

三,燕青在征方腊回来,中途就要辞别队伍,劝告卢俊义说:"主人岂不闻韩信立下十大功劳,只落得未央宫前斩首,彭越醢为肉酱,英布弓弦药酒。主公,你可寻思,祸到临头难走。"他是见机而作,急流勇退,走了归隐避祸的道路。这和第九十四回费保等劝告李俊的话是基本一致的。

孙著据此认为梁青也是走了这条道路,在岳飞被害后就留在河北不再回来,说他在绍兴十年之前便又早回到华北去作战了。

"绍兴十年岳飞班师时,他不肯回军,留在故乡,以后下落不明。"
(孙著 83 页)。

可惜的是,由于先坐实了宋江是岳飞的影子,对宋高宗议和之
后的史实就忽略不计了,没有注意到梁兴后期的事迹还是很清楚
的。如李心传《建炎以来系年要录》卷 158 就明白记载:

> (绍兴十八年闰八月庚申)亲卫大夫忠州刺史鄂州驻札
> 御前选锋军同副统制梁兴卒。兴自太行山率其徒奔岳飞于江
> 夏。从军凡十年。

梁兴官至亲卫大夫忠州刺史,实际上驻札在鄂州,《要录》载
明他卒于绍兴十八年(1148)闰八月。同书卷 97 曾记明他在绍兴
十二年(1142)的奏状自述绍兴五年"渡大河归本朝"(见下)。可
为旁证的还有刘克庄的《龙学竹隐傅公(伯成)行状》:

> 梁兴者,故隶岳侯军,官至横行遥刺,死无子。鄂州以户
> 绝法没入之,公为立后,以其赀分给诸女,军中感悦。(《刘克
> 庄集笺校》卷 167,辛更儒笺校,中华书局 2011 年 1 版,6479
> 页)

这位傅伯成,字景初,《宋史》卷 415 有传,他官任湖北提举常平茶
盐事,时在嘉泰(1201—1204)初年,可知绍兴十八年梁兴卒于鄂州
驻札御前选锋军同副统制任上之后,他的诸女至 1204 年前尚在鄂
州,则本人享年不会太高。五十年之后,梁兴之名望仍存在民心。

岳珂《金佗粹编》卷 8 曾载:

> 十年冬,司农少卿高颖慷慨自陈,欲"裨赞岳飞十年连结
> 河朔之谋",措置两河、京东忠义军马,为攻取计。梁兴不肯南
> 还,复怀、卫二州,绝山东、河北金、帛、马纲之路,然竟亦无所
> 就,虏人之强自若。

又:

　　（绍兴十年）十一月，命益光州兵，援田邦直。虏聚粮顺昌，将寇唐、邓，入比阳、舞阳、伊阳诸县，命捍御堤备。是冬，梁兴在河北，不肯还，取怀、卫二州，大破兀术之军，断山东、河北金、帛、马纲之路，金人大扰。

又见《宋史·牛皋传》：

　　梁兴在河北取怀、卫二州，大破兀术军，断山东、河北金、帛、马纲之路，金人大扰。未几，岳飞还朝，下狱死，世以为恨云。

　　梁兴不肯还南，夺取了怀、卫二州，这是绍兴十年十一月的事。所谓"断山东、河北金、帛、马纲之路"，也是这一年的事，比《宣和遗事》所说智取生辰纲的时间晚了二十年，说话人也不会把刘齐的事嫁接到蔡京头上去。

　　当然，《宣和遗事》是话本，不能据以考史，但蔡京是个大贪官，则是众所周知的，直到明初还在广泛流传，他靠祝寿敛财的传说不是无中生有的（参见拙作《反两纲的斗争》，古代小说网，2019年8月2日）。岳飞被杀后，梁兴在河北孤立无援，大概就回南就任了。

　　南宋郑刚中《北山文集》卷1《勘襄阳府疏》：

　　臣契勘襄阳府城池深固，三面阻水，一面依山，新作山寨，并已毕备。今系统制李道、梁兴等戍守，上下安帖，不烦圣虑。

按：王曾瑜先生注："郑刚中在绍兴十一年十月任川、陕宣谕使，明年正月到任。'又适因岳飞死，虑江、鄂诸军有所未喻，因慰抚焉'（《勘襄阳府疏》说明词）。可知梁兴应于绍兴十一年、十二年间返鄂州。时李道任选锋军统制，估计梁兴此后一直于选锋军任统制。绍兴十二年六月，又与赵云分别上状自叙生平经历。"（《鄂国金佗粹编续编校注》卷8，596页）

梁兴归南后一直任守境将官,并非下落不明,与《水浒传》所说的浪子燕青走的不是同一条道路,因而不能比拟。

梁兴的事迹,除《鄂国金佗粹编续编》和《三朝北盟会编》《建炎以来系年要录》等书所载,还有多处。如:

张嵲《梁兴、赵云、李进先于靖康,因金人攻破太原以南侵犯,不肯顺番,首先率本府及绛州管界忠义人兵,措置收复河东怀、泽州、隆德、平阳府。渡河寻归本朝,有伪齐占据黄河以南,隔绝前来不得。复渡河北,与番人大军战斗一十馀年,大小数百阵,前后约杀头目三百馀人。坚守忠节,永不顺番。自后思本朝,于绍兴五年内前来归朝。梁兴武经郎、阁门宣赞舍人,赵云敦武郎,李进修武郎制》:

敕:"朕惟河朔诸郡,间沦陷于干戈俶扰之馀;忠义遗民,终不谖乎国家涵养之德。尔等转徙十年之后,间关百战之馀,脱身归来,深用嘉叹。俾跻荣于秩序,且风示于迩遐,益励远图,以卒前志。可。"(《紫薇集》卷19。据《全宋文》187册,卷4105)

似乎他在绍兴五年归宋之前,已经"与番人大军战斗一十馀年"了。归宋后官封"武经郎",以后还有封赠他父母的诰命,那时他的官衔是"亲卫大夫",差遣是"权发遣河南府路兵马副都监御前同副都统制",比武经郎已升级了。

张扩《亲卫大夫忠州刺史权发遣河南府路兵马副都监御前同副都统制梁兴父建赠武翼郎制》:

敕:"尽臣节者,求诸孝子之门;蹈义方者,必本严君之训。倪有士能自奋立,则于亲安可弭忘?具官故父某,由间阎而兴,识逆顺之理,亲诏乃子,纠合义兵。虽间关同厄于百罹,然忠愤独先于一死。迨此策勋之际,难从常典之拘,其超赠于武

阶,以申恩于幽壤。营魂未泯,尚克歆承。"(《东窗集》卷7。据《全宋文》148 册,卷 3187)

又《梁兴母乔氏赠恭人制》:

敕:"尽臣节者,求诸孝子之门;蹈义方者,必本慈母之训。傥有士能自奋立,则于亲安可弭忘?具官故母某氏,起由隐微,早识逆顺,是为烈妇,生此奇男。虽间关同厄于百罹,然忠愤何辞于一死!逮此策勋之际,难从常典之拘。其增封号之华,以示襃恩之厚。营魂未泯,尚克歆承。"(同上)

可见梁兴在归正之后,宋朝还是给他以较高的待遇,他也没有辞官退隐的意思,而是忠于职守,如郑刚中的报告那样防守襄阳山寨,最后终于鄂州。

当然,题宇文懋昭所著的《大金国志》卷 11 有一条不同的记载,皇统二年(1142),即绍兴十二年,说:"平阳义士梁小哥,败国兵于太行,杀契丹都统马五太师。"其下目文云:

梁小哥有众四十人,时破平阳府神(仙)〔山〕县,去帅府五百里远,总管判官邓橚以三千人讨之。橚军常与梁小哥相去五六里方敢行,遥见梁旗帜则止。遇夜,相去十余里方敢下营,多置火炬、巡警,以备冲劫。营中转箭唱号,不敢少眠。三夕之间,两次惊溃。

至第四日,有契丹都统马五太师领契丹铁骑五百,与橚军会,大诮其怯,并橚之军率众先登而战,为梁小哥首杀之,五百余众尽皆犇散。夫以横与小哥无六十人,而乃对大金六千之众,枭擒主将,追犇逐北,则今之大金非昔之大金矣。倘宋朝有志恢复,燕、云等路汉军纵不南归,岂不北走哉?(《大金国志校证》,崔文印校证,中华书局 1986 年 1 版,165 页)

据说 1142 年梁兴还在金占区奋战杀敌,好像是别有所据,可是,这条资料已见于前,实在绍兴五年,见前引《中兴小纪》卷19和《建炎以来系年要录》卷97。可能是《大金国志》的编者误读了绍兴十二年梁兴自己的奏状,系于金国皇统二年是错的。

四,梁小哥正名梁青,只见于熊克《中兴小纪》和张浚《建炎笔录》卷中《论岳飞措置疏》(绍兴六年九月):

> 飞之措置甚大,今既至伊洛间,如河阳、太行一带山寨,必有通耗者。自梁青之来,常有往来之人,其意甚坚确。青,怀卫间人,尝聚众依太行,数出扰磁、相间,金人颇患之。今年春并兵力攻,青以精骑数百突出渡河,由襄汉来归岳侯,两河人呼为梁小哥。(据《全宋文》187册,卷4125)

此外如赵鼎《丙辰笔录》和岳珂《金佗续编》卷29、李心传《要录》卷105,都是引自张浚的文字。另有一处为《要录》卷97:

> (绍兴六年正月癸酉)荆襄招讨使岳飞言:"太行山忠义社梁兴百馀人,欲径渡河自襄阳来归。"时金人并力攻青,故青以精骑突而至飞军前。上曰:"果尔,当优与官以劝来者。谍言固未可信,若此等人来归,方见敌情。"沈与求曰:"若敌诚衰,来者众则敌情审矣。"

《要录》此条下原注:

> 绍兴十二年六月十一日,亲卫大夫忠州刺史梁兴状:"四年十月。与鸟玛喇太师接战。至次年,夺路渡大河归本朝。"则兴至飞军前,当在去冬。今因奏到附此。

可疑的是《要录》前面引岳飞的话说是梁兴,后面又两次出现了"青"字,令人莫名其妙。注文中所说的"鸟玛喇太师",应即《金佗粹编》卷5所谓"伪马五太师",《中兴小纪》所谓"都统马五","鸟"字大概是"马"字之讹。其馀多种史籍都作"梁兴",而"梁青"只有少数书证。如果按少数服从多数的话,燕青的原型就与梁兴无关了。

按:此条亦见《宋会要辑稿》兵二之五九—六〇,文字略异,下面就没有"青"字而明说是"梁兴"了:

> （绍兴）六年正月五日,宰执进呈岳飞言,太行山忠义保社梁兴等百有馀人,夺河径渡,欲自襄阳府至飞军前。上曰:"果如此,则梁兴当与优转官资,以劝来者。朕固知谍者之言未可尽信,若此等人来归,方见敌情。"沈与求曰:"若虏诚衰,则此等人皆相继来归,何但梁兴,来归者众,则敌情寡（审）矣。"（转引自《鄂国金佗粹编续编校证》）

五,孙著 183 页还提到,《水浒全传》第九十回讲到许贯忠送给燕青一轴画,应即太行山的详图,以助他打田虎的成功。可是许贯忠还劝告他"到功成名就之日,也宜寻个退步"。这正是燕青后来的结局,与梁青的道路完全不同。

况且这些情节只见于 120 回的杨定见本,《水浒传》的百回本里并无此节。征田虎故事是很晚才插增的,全出虚构,恐怕不能作为论证梁青的史料吧。

《水浒全传》第 91 回里还有一个漏洞,燕青射雁时说:自己是初学射箭,偶尔射下了飞雁。竟忘了前面第 61 回初出场时,就说他擅长射箭,在救卢俊义时就射死了解差董超、薛霸。书中曾多次写到了他的箭艺,怎么到征田虎时才初学了呢?

至于梁兴,史籍上没有提起他是否善射,也没有说到他善于相扑和吹笛、唱曲、写词等才艺,显然不可能成为浪子的典型形象。但梁小哥确是忠义军的一名勇将,《宋史·忠义传》里没有他的名字,显然是不公平的。

我们真该为他写一篇详尽的补传（修订本《辞海》里有"梁兴"一条简历）。根据现存的不少资料,就可以给他写一篇相当完整的传记,完全不必借用说话人塑造的艺术形象来重编一个忠义军将领的故事了。

　　梁小哥是太行山抗金忠义军的杰出首领,最后是南宋防守鄂州的武将。鄂州就是今武汉地区。后来岳飞于宋宁宗嘉泰四年(1204)追封为鄂王,也就是他的封土。

　　我补辑了一些梁小哥的事迹,愿为武汉人和守护武汉的战士讲一个可以激励斗志的故事,为抗击疫情加油。

　　（首发于"古代小说网"微信公众号 2020 年 3 月 10 日）

《中国小说史学史长编》读后

本世纪初我接受了中国俗文学学会给我分配的任务,要写一篇《简述"五四"以来中国通俗小说的研究》。虽然力不胜任,也不敢不黾勉从事,在搜集资料时曾从图书馆借到一本胡从经先生的《中国小说史学史长编》,有所参考,颇得教益。

因为我的任务只要求"简述",不需多加引用,只在文中推荐了一下这本书。

当时我对此书资料之丰富,分析之细致,深表惊讶。从书中所用大量上世纪前半段的文献史料看,我猜想作者一定是一位积累和收藏了许多旧书报的老学者。后来才发现作者在开始撰写时还是个青年人,更增加了对他的敬意。

本书最大的特点是资料丰富,从《绪论》列举的章太炎、杨守敬、梁启超到路大荒等一百数十人的大名单和书后所列的《参考与引用书目》,就可以看出作者是多么努力地搜集了上世纪前半段的文献史料,几乎有见必录,巨细不遗。而且绝大多数都找出了原始出处,提供了第一手的资料。这正是"长编"所应承担的历史任务。

作者有幸赶上了不少小说史学前辈专家的晚年,曾虚心向他们请教,得到了许多无私的帮助,这也是他勤奋和诚心的结果。同时也是替前辈完成了他们未竟之业,写出了第一部中国小说史的学术史,为中国小说研究开拓了史学史的新路。

当然,半个世纪的史料很多,还有后人有关的著作更浩如烟海,不可能竭泽而渔,毫无遗漏,这也是不能对开创新路者作苛求的。

有些信息是很重要的,如指出《京本通俗小说》最早提出质疑的是黎锦熙先生的《京本通俗小说考评》,刊于《努力周报》创刊号(1929);孙楷第先生写有四十九篇《中国通俗小说提要》,发表于《北平图书馆馆刊》5卷5期(1931),后来戴鸿森替孙先生整理的《中国小说戏曲解题》也没有用到这份材料,因而遗漏很多;游国恩先生曾写有《读儒林外史》一文,刊于1924年的《民国日报》副刊《文艺旬刊》19、20、22、23期:这些都是我以前不知道的。

对我来说,从书中得到了许多新的信息。有些偶尔涉笔中国古代小说研究而文章不多的作者,在《长编》中也得到了表彰。如郭立诚的《小乘经典与中国小说戏曲》一文,对中国比较文学史有一定贡献,但影响不大;袁圣时(袁珂)在四十年代曾作过宏观的中西小说的比较研究;沈从文先生曾写过中国小说史的绪论和两章讲义的油印本,颇有他独到的创见:这也是一般人所不知道的。

作者对曾有一得之见的文章尽量肯定其在小说史研究上的贡献,尊崇创新,重在开拓,旨在表彰先行者的劳绩。这确是史学家所持的客观公正的态度,也是作者史识独见的体现。

《长编》作者非常严谨,把书稿称为“史学史长编”,一方面是为了尽量多收录一些原始资料,另一方面也是谦虚谨慎。鲁迅在评论郑振铎先生的《中国文学史》时不无遗憾地说:“然此乃文学史资料长编,非‘史’也。但倘有具史识者,资以为史,亦可用耳。”

（1932 年 8 月 15 日致台静农函）

资料长编就是按历史年代编次或分类编辑的史料，可为史学者提供充实可信的依据。如宋人李焘的《续资治通鉴长编》就是一部以原始资料丰富著称的编年体史书。《中国小说史学史长编》则是按专题编排的，实际上更像是纪事本末体。称为"长编"，本来可以"述而不作"，不必作系统的分析和评论，但作者还是作了不少学理性的评议。

他在分章和分节的标题上已经体现了自己的价值判断。特别是第五章里对鲁迅的《中国小说史略》一书做了详尽周密的评介，指出其独特的五大优点，因此成为经典性的小说史；对于大量剽窃他人成果的郭箴一《中国小说史》，则给予了严肃的批评。这方面又体现了作者的史识和史德。

《长编》断限于 1949 年，本来可以不涉其后的研究成果，但作者在介绍重点论著时偶尔也谈到对后人的影响，这也是史学史应有之义。然而后来的著作纷至沓来，就不能要求他面面俱到了。

在这里我不禁要提出一点补充，《长编》第三章第三节谈到先辈陈寅恪先生对唐代传奇的巨大贡献时，竟连带提到了拙作《唐代小说史话》，我深感荣幸，但是自问决无隐没陈寅恪先生开创性研究之意。因为我非常尊崇诸前辈的贡献，也大胆提出了自己的质疑，对古文运动与唐代传奇的关系曾表示了自己的管见（见拙著《唐代小说史话》第 327—328 页）。

其实王运熙先生早在《试论唐传奇与古文运动的关系》一文中提出了同样的意见（载 1957 年 11 月 10 日《光明日报》），更应先予关注。像这样的资料太多，看来只能留待续写 1949 年之后的史学史时再处理了。

《长编》和上世纪初的小说史研究一样，筚路蓝缕，开拓了中国小说史学史的门径,填补了现代学术史上的一段空白,也可以视为前半段中国小说研究的一个总结。作者的努力是令人钦佩赞赏的。我们更期待胡先生能鼓其馀勇,与时俱进,继续编写 1949 年之后的史学史。

其后的史料自然日出不穷,如果以"五四"一百周年的 2019 年为期,现在就进行准备,先做编年体的"长编",然后再博采约取,分出纪事本末体的章节。胡先生年事还不算高,如果能得到有关部门的支持,再加上几个年轻的合作者,新的杰构我想还是有可能完成的。

现在中国书店出版社准备重印此书,蒙彭震尧先生垂爱,竟委派我为《长编》新版写一个导读性的前言。自惟年迈体衰,学殖荒疏,显然力不胜任。但我和胡先生虽未识荆,仰慕已久,叨为同好,愿附骥尾。略书所感,以表欣喜之情。

2017 年 7 月 21 日

此稿写于 2017 年 7 月,将近三年,迄今未见中国书店的新版,可能在版权问题上还有波折。但蒙胡从经先生曾以香港中华书局 1999 年新版本见赠,勉书数语,并提建议,聊以报命。

近日见到苗怀明先生的《二十世纪中国小说文献学述略》一文,提及此书,喜而检出旧稿,未能修改,试击柝鼓,敢向读者导夫先路。

2020 年 4 月 11 日记

（首发于"古代小说网"微信公众号 2020 年 5 月 1 日）

忠义军与《忠义水浒传》

多年前,我曾写过一篇《〈忠义传〉与〈水浒传〉》①,对《水浒传》里宋江所奉行的"忠义"试作了一些分析,但不够全面,还有不准确的论断。其中有一个地方引用《水浒传》的原文出了断句错误,就是第四十二回九天玄女对宋江的嘱咐,应该是:

> 汝可替天行道为主,全忠仗义为臣,辅国安民,去邪归正……(王利器校注《水浒全传校注》,河北教育出版社2009年版,第5册,第1797页)

以往多种版本读作"为主全忠仗义,为臣辅国安民",就发生歧义了。这里"为"字应该读平声,不应读去声。宋江在梁山作寨主时就已"竖一面替天行道杏黄旗"了,"替天行道"本来是天子的事,现在由寨主来代理执行,有点像现代的"执行副主席"之类的职务。元人杂剧里大多把梁山泊写成一个独立的政权机构,宋江是作最终决策的领袖。这个现象似乎反映了宋金对峙时期某些忠义军在政治、经济、人事上的相对独立性。宋朝皇帝在危急时也曾发布过诏令,允许某些地方将领可以有一些特权,可以"久任"乃至

---

① 程毅中《〈忠义传〉与〈水浒传〉》,《文史知识》2003年第10期。

"世袭",如靖康元年(1126)二月李纲就曾提议,要给地方将领以"世袭"的特权,他说:

> 为今之计,莫若以太原、真定、中山、河间建为藩镇,择帅付之,许之世袭,收租赋以养将士,习战阵相为唇齿,以捍金人,可无深入之患。(陈均编,许沛藻等点校《皇朝编年纲目备要》卷30,中华书局2006年版,下册,第779页)

此后,如徐徽言(李心传《建炎以来系年要录》卷20)、谢克家(《要录》卷26)、范宗尹(《要录》卷33)都提过同样的建议。宋高宗在建炎四年(1130)也曾下诏允许忠义军的将领可以"久任",说:

> 足食足兵,听专征于阃外。若转移其财用,与废置其属僚,理或应闻,事无待报。惟宠光之所被,既并享于终身;苟功烈之克彰,当永传于后裔。(李心传《建炎以来系年要录》卷33,中华书局2013年版,第2册,第767页)

绍兴十年(1140)五月,高宗又下诏说:

> 凡尔怀忠抱义,乡里豪杰之士,有能杀戮首恶,或生擒来献者,并与除节度使,仍加不次任使。其馀能取一路者,即付以一路;取一州者,即付以一州,便令久任。应府库所有金帛,并留赏给兵士。其馀忠力自奋,随功大小,高爵重禄,朕无所隐。(《建炎以来系年要录》卷135,第6册,第2528页)

其实,这是高宗勉强承认的既成事实,那时敌占区的忠义军早已独立行动,无所谓久任不久任了。朱东润先生曾把这种和中央隔绝而在敌后作战的力量看作是"替天行道"的要求,"甚至是中央所要求"①。

　　近年重读《宣和遗事》,注意到早先九天玄女给宋江的天书写

---

① 朱东润《〈水浒〉人名考》,《朱东润文存》,上海古籍出版社2014年版,上册,第399页。

的诗："破国因山木,兵刀用水工。一朝充将领,海内耸威风。"①就是说,宋江当了将领,可以威震海内。这个"将领"显然是指朝廷的将官,而不是山寨的首领。后面吴加亮又向他传达晁盖的遗言,也说是"须是助行忠义,卫护国家"。可见"助行忠义,卫护国家"也是晁盖的既定方针,并非宋江继任寨主后才改变的。到《水浒传》里九天玄女娘娘又加上了"替天行道为主,全忠仗义为臣"的使命,意为当寨主时可以替天行道,当朝臣时要助行忠义。也就是在宋朝危亡时要把"卫护国家"作为首要任务了。

替天行道,有人把它引申为替宋朝行"保民抗金"之道,那任务就更重大了。但今本《水浒传》并没有正面接触这个问题,只是第七十一回,宋江在菊花会上作了一首《满江红》词,其中说:"中心愿,平虏保民安国。日月常悬忠烈胆,风尘障却奸邪目。望天王降诏,早招安,心方足。"②这个"虏"字在《水浒传》里是极罕见的,值得注意。这首词显然有岳飞《满江红》的影响,至少可以说明它在元代就已流传了。还有明人吴从先所见某一版本的《水浒传》有这样的话,宋江曾说:"宋江流离,金人相陷,苟能我用,当听其指挥。"③似乎那本《水浒传》里的宋江确有卫国抗金的意愿,但吴从先也只讲到宋江灭方腊以后被毒死而止,并没有讲到抗金的行动。

《宣和遗事》虽然讲到了康王南渡,岳飞邀击兀术大捷,但没有把抗金复宋作为重点。书中宋江故事只讲到"收方腊有功,封节度使"(《宣和遗事》,第32页)就完了。大约稍晚的龚开《宋江三

① 《宣和遗事》,中华书局1985年版,第30页。
② 《水浒全传校注》,第7册,第2693页。
③ 吴从先《小窗自记》卷3,朱一玄编《水浒传资料汇编》,南开大学出版社2012年版,第193页。

十六赞》则称赞了宋江的"不假称王,而呼保义"①,肯定他的忠于朝廷。那时宋朝已经亡于元朝了。

周密《癸辛杂识》续集上《宋江三十六赞》后面提出:

> 此皆群盗之靡耳,圣与既各为之赞,又从而序论之。何哉?太史公序游侠而进奸雄,不免异世之讥,然其首著胜、广于列传,且为项籍作本纪,其意亦深矣,识者当自能辨之云。

(《癸辛杂识》续集卷上,第150页)

他的意思是说,宋江三十六人可以像陈胜、吴广那样起义,为推翻元朝、复兴宋室扫除道路,作出贡献。这是周密替龚开表达他作赞的"深意"。龚开的确也表示了这个意图。他说:"余尝以江之所为,虽不得自齿,然其识性超卓有过人者,立号既不僭侈,名称俨然,犹循轨辙,虽托之记载可也。"(《癸辛杂识》续集卷上,第145页)"名称俨然,犹循轨辙"就是说他恪守臣礼,忠于宋朝,不像方腊、杨幺那样僭号称王称帝。《三十六人赞》中特别对张顺用了"忠魂"两字。说:"雪浪如山,汝能白跳。原随忠魂,来驾怒潮。"(《癸辛杂识》续集卷上,第147页)前人多认为这个张顺就是以抗元救襄阳而牺牲的张顺为原型的。这个张顺后来载入了《宋史》的《忠义传》。周密、龚开都存活于元朝,有的话不能明说,只能借古喻今,有意用同名人来说事。龚开曾为文天祥和抱着宋朝末代皇帝跳海的陆秀夫写传,相信他也会为抗元殉国的张顺写赞的②。因此周密说:"其意亦深矣,识者当自能辨之云。"(《癸辛杂识》续集卷上,第150页)

还要注意,龚开的《三十六人赞》屡次提到"太行",如张横赞

---

① 周密撰,吴企明校点《癸辛杂识》续集卷上,中华书局1988年版,第145页。
② 参见袁世硕、[日]阿部晋一郎《解识龚开》,《文学遗产》2003年第5期。

说:"太行好汉,三十有六。无此火儿,其数不足。"(《癸辛杂识》续
集卷上,第147页)可见他所见到的三十六人图,画的是太行山的英
雄,并不是梁山泊的好汉。因为那时的抗金战斗,正集中在太行山
周围,有好几支抗金的忠义军。宋熊克《中兴小纪》卷19说:"自靖
康以来,中原之民不从金者,于太行山相保聚。初,太原张横者,有
众二万(毕沅《续通鉴》引作"千"①),往来岚、宪之境。岚、宪知州
同知领兵一千五百人,入山捕之,为横所败,两同知俱被执。"②
(《大金国志》卷一一作"张横有众一十八人"③,当别有所据。十八
人和宋江三十六人一样,只是指首领。但他的群众也不会有二万
人。)这个张横才是龚开所赞的,也就是在太行山抗金的张横。
《宣和遗事》曾说"一丈青张横"是最后第二个上梁山的,所以龚开
说"无此火儿,其数不足"。《宣和遗事》也说晁盖邀约杨志等十二
人,"前往太行山梁山泊去落草为寇"(《宣和遗事》,第29页)。可
见宋末的三十六人故事,已经和太行山的忠义军相融合了。如梁
兴就是不止一次从梁山泊渡河去太行山联络忠义军的④。

　　王利器先生也曾据此推论,施耐庵是把太行山的好汉搬来创
造了梁山泊的⑤,其实无论太行山的英雄还是梁山泊的好汉,都有
后来抗金的忠义人,他们是互相配合,又互相争夺,而且是常用游

---

① 毕沅编著,"标点续资治通鉴小组"校点《续资治通鉴》卷116,中华书局
　　1999年版,第7册,第3075页。
② 熊克《中兴小纪》卷19,福建人民出版社1985年版,第239页。
③ 宇文懋昭撰,崔文印校证《大金国志校证》卷11,中华书局1986年版,上
　　册,第165页。
④ 参见拙作《反两纲的斗争——漫谈从〈宣和遗事〉到〈水浒传〉的演化》,
　　"古代小说网"微信公众号,2019年8月2日。
⑤ 参见王利器《谈施耐庵是怎样创造梁山泊的》,《光明日报·文学遗产》
　　1954年8月15日总第16期。

击战的战术,并不一定死守一处的。

张横和梁兴都是岳飞所任用的河北忠义军首领。岳珂《金佗
稡编》卷8载:

> 先臣自绍兴五年遣义士梁兴,败金人于太行,杀其伪马五
> 太师及万户耿光禄,破平阳府神山县。遣张横败金人于宪州,
> 擒岚、宪两州同知及岢岚军军事判官。遣高岫、魏浩等破怀州
> 万善镇。又密遣梁兴等宣布朝廷德意,招结两河忠义豪杰之
> 人,相与掎角破贼。(岳珂编,王曾瑜校注《鄂国金佗稡编续
> 编校注》卷8,中华书局1989年版,上册,第563页)

绍兴五年(1135)岳飞派遣张横去打宪州的金军,这个张横就是太
行山的忠义军首领。后来梁兴于绍兴六年回归宋朝,受岳飞指挥。
张横也可能同时归正,疑即绍兴二十年的建康府选锋军使臣①。
到《水浒传》里则把他和"船火儿张岑"混而为一了。但宋江并没
有赶上抗金的机遇,明人天都外臣(汪道昆)《水浒传序》就说:

> 使国家募之而起,令当七校之队,受偏师之寄,纵不敢望
> 髯将军(按:指杨存中)、韩忠武、梁夫人、刘岳二武穆,何渠不
> 若李全、杨氏辈乎?(《水浒全传校注》,第10册,第3938页)

说到李全,就不能不谈到南宋忠义军的存在和发展。

南宋时有忠义民兵、忠义军、忠义社、忠义人等名目,专指金占
区的民众武装组织及由金归宋的人。如:

《宋史》卷360《宗泽传》:

> 又据形势立坚壁二十四所于城外,沿河鳞次为连珠砦,连
> 结河东、河北山水砦忠义民兵,于是陕西、京东西诸路人马咸
> 愿听泽节制。(脱脱等《宋史》卷360,中华书局1977年版,第

---

① 余嘉锡《宋江三十六人考实》,浙江古籍出版社2012年版。

32 册,第 11280—11281 页)

《宋史》卷 368《王彦传》:

　　未几,两河响应,忠义民兵首领傅选、孟德、刘泽、焦文通
等皆附之,众十馀万,绵亘数百里,皆受彦约束。(《宋史》卷
368,第 33 册,第 11452 页)

《宋史》卷 365《岳飞传》:

　　(绍兴)六年,太行山忠义社梁兴等百馀人,慕飞义率众
来归。……(十年)梁兴会太行忠义及两河豪杰等,累战皆
捷,中原大震。飞奏:"兴等过河,人心愿归朝廷。金兵累败,
兀术等皆令老少北去,正中兴之机。"(《宋史》卷 365,第 33
册,第 11385、11390 页)

《宋史》卷 401《辛弃疾传》:

　　金主亮死,中原豪杰并起。耿京聚兵山东,称天平节度
使,节制山东、河北忠义军马,弃疾为掌书记,即劝京决策南
向。(《宋史》卷 401,第 35 册,第 12161 页)

《宋史》卷 476《李全传》:

　　丞相史弥远鉴开禧之事,不明招纳,密敕珏及纯之慰接
之,号"忠义军",就听节制。于是有旨依武定军生券例,放钱
粮万五千人,名"忠义粮"。……秋,授(张)林武翼大夫、京东
安抚兼总管,其馀授官有差。进(李)全广州观察使、京东总
管,刘庆福、彭义斌皆为统制,增放二万人钱粮,徙屯楚州。
(《宋史》卷 476,第 39 册,第 13819—13820 页)

宋金对抗时,敌占区有许多民间的武装组织,号称忠义军。其中有
地方豪富组织的自卫队,就像《水浒传》里史进开始组织的自卫武
装,有的就是溃散的官兵,有的就是"盗",也劫掠地方财富,以维
持军饷的供给。一般都以抗金为旗帜,如果受了宋朝招安,封给官

职,得到钱粮资助,与宋军配合作战,也就像梁山好汉那样担当起"助行忠义,卫护国家"的使命了。大概在水浒故事整合之前,元人杂剧就强调了"替天行道"的使命,把梁山泊塑造成一个民间的相对独立的政治军事集团,替朝廷执行了"保民除暴"的任务。这在稍晚编定的《水浒传》里也有所体现,因而顺理成章地被称为《忠义水浒传》了。

但《水浒传》并没有讲到靖康之后的宋金对抗。事实上宋江在协从打方腊之后就失联了,可能是被折可存消灭的。其馀部则有可能赶上了抗金的战争,如张横、关胜、杨志等人(杨志确为一位抗金的将领,余嘉锡先生已有考实。其墓志 2014 年发现于河南济源市,见 2014 年 6 月 20 日《中国文物报》)。史书上有记载的馀党史斌,则曾反宋而僭号称帝,因而不可能进入三十六人名单。《水浒传》里说宋江被毒酒害死,是宣和六年的事,那时金军还没有入侵,当然谈不上参与抗金。

南宋忠义军的首领,比较著名的如李宝、魏胜、梁兴等,都在史书里有所记载,值得后人称颂(参见《鄂国金佗稡编续编校注》所引史料)。这都是南宋初年岳飞等中兴名将抗金时期的将领。在宋高宗杀了岳飞,决心议和,割地纳币,奉表称臣,一再压制抗金战斗之后,山东、河北等地的忠义军就不被朝廷重用,让他们留在北方,但仍然坚持游击战,此伏彼起,四处出击。从高宗到孝宗、光宗、宁宗、理宗各朝,以至宋朝灭亡,抗金及抗元的忠义军还是山头林立,各树义旗,大有三十六大伙、七十二小伙的局势。因此不少人认为《水浒传》就是南宋忠义军的影子。其中时间最长、影响最大的正是李全、杨四娘子的一伙,或者说是现存史料最多的一伙。可是李全入了《宋史》的《叛臣传》,而且破格地占了两卷之多,只有李纲可与他相等,可见这一伙活动之久。

李全、杨氏是南宋宁宗、理宗时期的忠义军首领。这伙忠义军本来也是以抗金起义的,李全接受宋朝招安,做了官,最后又因叛宋准备投元而被杀。李全、杨氏这一伙忠义军规模较大,活动时间较长,在历史上影响远比宋江三十六人为大,可是却没有人把他们的故事编写成一部《续水浒传》,就因为他最终成了不"替天行道"的"叛臣"。只有汤显祖在《牡丹亭》里把李全、杨娘娘写了好几出戏,作为插曲。其实,李全在抗金时期,还是起了一定作用的,如果有人像宗泽、王彦、岳飞那样善于联络、调动他们,也许真能打败金军,收复失地。

《宋史》卷403《贾涉传》说:

> 淮人季先、沈铎说楚州守应纯之以招山东人,纯之令铎遣周用和说杨友、刘全、李全等以其众至,先招石珪、葛平、杨德广,通号"忠义军"。……涉虑珪等为金用,亟遣陈孝忠向滁州,珪与夏全、时青向濠州,先、平、德广趋滁、濠,李全、李福要其归路,以傅翼监军。数日,孝忠捷至,珪屡破金人,遂与先及李全趋安丰。时金人环百馀砦,攻具甫毕,珪等解其围,李全挟仆散万忠以归,见《李全传》。金人不敢窥淮东者六七年。
> (《宋史》卷403,第35册,第12207—12208页)

李全最初投宋,意志也很坚决,周密《齐东野语》卷9"李全"条载:"金主珣下诏招之,全复书有云:'宁作江淮之鬼,不为金国之臣。'遂以轻兵往潍州,迁其父母兄嫂之骨葬于淮南,以誓不复北向。"[①]他曾使金军不敢进攻淮东六七年之久。《齐东野语》还记录了胡榘所作歌颂李全的《濠梁凯歌》,表彰他的战功。那时有一位给贾涉干办公事的陈㹠曾建议说:

---

① 周密撰,黄益元校点《齐东野语》卷9,上海古籍出版社2012年版,第87页。

山东河北遗民归我，宜使归耕其土，给以耕牛农具，分配以内郡之贷死者，此晁错实塞、赵充国留屯之策也。然后三分齐地，张林、李全各处其一，又其一以待有功者，以分其权。河南首领以三两州归附者与节度，一州者守其土。忠义人尽还北，然后括淮甸闲田，仿韩魏公河北义勇法，募民为兵，给田而薄征之，择土豪统率。通泰盐贩，又别廪为一军，此第二重藩篱也。（刘克庄《忠肃陈观文神道碑》，见刘克庄著、辛更儒校注《刘克庄集笺校》卷 146，中华书局 2011 年版，第 12 册，第 5762 页）

意思是把山东、河北敌占的三分之一土地分给李全，驻守北方边境，作为第一重藩篱，同时分散他的兵权。这也是朝廷一贯的在使用中逐步消耗忠义军的办法。这就是在南宋初期，李纲、谢克家等提出过的战略。

刘克庄《忠肃陈观文神道碑》还说：

李全爵位浸穹，公每折以理，辄耸动，众恃以安。初易帅，北军谨曰："愿得陈制参为制置。"公叱曰："若朝廷顿一束草在制使厅上，汝辈亦当敬事，妄言者斩。"李全与赵拱评南朝人物，谓若有三五个陈制参，中原不足平也。全妻杨氏，每戒全无失礼乎公。（《刘克庄集笺校》卷 146，第 12 册，第 5763 页）

可见陈辈倒是李全的伯乐，他是能控制李全的制参，李全也认为在陈辈领导下，"中原不足平也"。在某种意义上说，李全也是宋江原型之一，因为他的活动主要在淮南地区，是真正的"淮南盗"，而宋江在《宋史·徽宗纪》和《东都事略》里都说是"淮南盗"，并没有在梁山泊或太行山安营扎寨。《宣和遗事》里的宋江话本还说，直到三十三人聚合时，"各人统率强人，略州劫县，放火杀人，攻夺淮阳、京西、河北三路二十四州八十馀县，劫掠子女玉帛，掳掠甚众"

（《宣和遗事》，第 31 页），也不是固守梁山泊一地。南宋后期的
"淮南盗"却是以李全为首的忠义军，也是在淮南、京东打游击战。
忠义军虽然良莠不齐，但大体上还是抗金而保护了北方的"汉儿"
（到元朝则称"汉人"，比"南人"还高一等）。如曾属李全部下的彭
义斌，在败于元军时，"厉声曰：'我大宋臣，且河北、山东皆宋民，
义岂为他臣属耶！'遂死之"①。

　　陈晔又奏称："忠义外附已久，边境有急辄为先锋，功不可掩。
若谓其真可保十万之众，岂皆忠臣孝子？"②

　　李全归宋后"功不可掩"，最后叛宋投元，原因也很复杂，除了
他的野心越来越大，真想当个独立一方的"山大王"，加以宗派主
义的内讧火并，也有宋朝官吏各怀私心处理不当的成分。最后引
起朝廷讨伐的原因是，他涉及了潘甫等人拥立济王赵竑的政变大
案，危及宋理宗的皇位，这才是被逼投元的主因。《宋史》卷 455
《忠义传十·邓若水传》就说：

　　　曰：除大奸然后可以弭大难。李全，一流民耳，寓食于我，
　　兵非加多，土地非加广，势力非特盛也。贾涉为帅，庸人耳，全
　　不敢妄动，何也？名正而言顺也。自陛下即位，乃敢倔强，何
　　也？彼有辞以用其众也。其意必曰："济王，先皇帝之子也，而
　　弥远放弑之。皇孙，先皇帝之孙也，而弥远戕害之。"其辞直，
　　其势壮，是以沿淮数十万之师而不敢睥睨其锋。虽曰今暂无
　　事，未也，安知其不一日羽檄飞驰，以济王为辞，以讨君侧之恶
　　为名？（《宋史》卷 455，第 38 册，第 13380 页）

忠义人抗金无功，都因南宋皇帝的昏庸和大臣的软弱，比李全更早
归宋的梁兴、辛弃疾，不是也没能实现抗金复宋的理想吗？汪道昆

① 《宋史》卷 476《李全传》，第 39 册，第 13830 页。
② 《刘克庄集笺校》卷 146，第 12 册，第 5763 页。

把宋江和李全相提并论,而且认为宋江还不如李全曾"当七校之队,受偏师之寄",可谓别有卓见,因为历史上的宋江并没有赶上抗金复国的机遇,并没有真正实现九天玄女所说的"一朝充将领,海内耸威风"的功业,并没有实现他"平虏保民安国"的心愿。这是汪道昆对《水浒传》的理解和联想。李全虽曾打过几次胜仗,但终于不受约束,违背了"忠义军"的宗旨。因此,周密、龚开在宋末元初时对宋江三十六人的赞扬是有所寄托的,那时抗元忠义军还有馀部的活动,怀念宋朝的人只能用歌颂"助行忠义,卫护国家"的英雄来寄托他们复国的幻想,把"不假称王"的宋江作为"忠义双全"的楷模,与朝三暮四、两面三刀的投机分子作鲜明的对比。其中最可恨的是先抗金后投降刘豫的李成(李全的儿子李璮更是先投元后投宋最后被杀的双料叛臣,在他归宋时,李全又被恢复了官爵,见《宋史》卷45《理宗纪》)。

李贽《忠义水浒传序》则进一步推论说:

> 施罗二公身在元,心在宋,虽生元日,实愤宋事。是故愤二帝之北狩,则称大破辽以泄其愤;愤南渡之苟安,则称灭方腊以泄其愤。敢问泄愤者谁乎?则前日啸聚水浒之强人也,欲不谓之忠义不可也。(李贽《焚书》卷3,中华书局2009年版,第109页)

李贽的意见却不完全准确。施、罗二公的时代,已经不是"愤二帝之北狩""愤南渡之苟安",而是愤少帝之蹈海、愤南宋之灭亡的时代。灭方腊的情节是《宣和遗事》里就有的史实,《水浒传》里的情节多出虚构,但主要的一点却是揭露了朝廷奸佞的阴谋毒计,也批判了宋江的"愚忠",实际上否定了招安路线。宋江破辽的故事,虽在一定程度上体现了民族意识,但全出虚构,既背离了历史的真实,也缺乏艺术的真实,一面倒式的廉价胜利,还不足以显示出"平庇保民安国"的战斗精神。令人困惑的是,《水浒传》成书已经在金亡之后,既然事出虚构,为什么不像《水浒后传》那样干脆写宋江伐金呢? 前人大多认为征辽部分出现较晚,但编次者把它插在灭方腊之前,打下了辽国的地盘,最后还退回辽国,似乎是尊重宣和四年前辽国还占有燕、云十六州的历史。可是《水浒传》前面说公孙胜、杨雄等家住蓟州,并没想到蓟州还在辽国境内。第八十五回说宋江打下蓟州时,还去拜见罗真人求教法言。蓟州是宣和四年从金人手里赎买回来的,那时宋徽宗还引以为荣呢。总之,编造征辽故事还不足以表明宋江三十六人的民族意识,更不能用以泄"二帝北狩"之愤。

一百年前,胡适先生根据七十回本的《水浒传》作出了长篇考证,就从这方面探讨了宋元民间崇拜宋江三十六人的原因。他说:

> 这种故事的发生与流传久远,决非无因。大概有几种原因:(1)宋江等确有可以流传民间的事迹与威名;(2)南宋偏安,中原失陷在异族手里,故当时人有想望英雄的心理;(3)南宋政治腐败,奸臣暴政使百姓怨恨,北方在异族统治之下受的痛苦更深,故南北民间都养成一种痛恨恶政治恶官吏的心理,由这种心理上生出崇拜草泽英雄的心理。(胡适著,李小龙编《中国旧小说考证》,商务印书馆 2014 年版,第 25 页)

胡适对《水浒传》的考证,沿袭了龚开、周密、汪道昆等人的观点。但他所说的第二点,实际上就包括在第三点里,不过还要作一点分析。水浒故事流传久远,不同时期有不同的背景。南宋初期重点在抗金,《宣和遗事》所收宋江三十六人故事,时在北宋末,主题在反两纲,即花石纲和生辰纲,但并不违反"助行忠义"的原则。《宣和遗事》的史源多为宋代文献,因此宋江部分应出自宋代话本。到龚开、周密时期,宋朝已亡,他们的心理实际上是反元思宋了,所以称赞宋江的"不假称王,而呼保义",希望三十六人能像陈胜、吴广那样揭竿起义,以忠义的名义继续反元复宋。明代汪道昆提出"受偏师之寄",也是假设宋江三十六人能像岳飞、韩世忠那样做抗金的英雄。如果像李贽所说,"施罗二公身在元,心在宋",就不必讳言抗金而托意于征辽了。到了《水浒传》里,九天玄女娘娘代表民意,把民族矛盾放在第一位,要宋江"替天行道为主,全忠仗义为臣",先为主,后为臣,还是要忠于宋朝。《水浒传》这部分情节大概还引用自宋代官方的文献资源,不像《宣和遗事》那样敢称金贼、金虏。如第十一回引雪词,说是"大金完颜亮"①所作;第六十回说曾长者原是"大金国人",段景住所盗的马,是"大金太子"骑的②。他说的凌州,并无其地。第六十七回,梁中书被打败后,蔡京举荐凌州的单廷珪、魏定国来打梁山。总之是虚拟的地名(程穆衡注说是陵州,存疑。王利器注说,绍兴三年以后,金人可以散居汉地。那是靖康之后的状况)。曾头市离梁山不远,应属汉地。曾家说要把晁盖、宋江押送东京,还是效忠于北宋朝廷。所以打曾头市是阶级矛盾而不是民族矛盾。宋朝钦宗、高宗都曾下诏,禁止称金国、金虏,必须称之为"大金"。直到《水浒传》成书时,也没改过来。是不是水浒故事也有在金占地区流传的因素呢? 这个问题还值得继续探讨。即使打方腊部分与前面宋江受招安部分是两人所作,还是只写到宣和六年,那时的宋朝人只能称为"大金"而与之联盟征辽,因而《水浒传》没有正面谈到抗金的事,这倒是符合历史真实的。很可能这部分还是南宋话本遗存的习惯语言,直到元代也没有改变。

　　一百年来,对招安问题的看法有不同意见,因而对"忠义"的

① 《水浒全传校注》,第 2 册,第 639 页。
② 《水浒全传校注》,第 7 册,第 2362—2363 页。

解释有不同的观点。如果从南宋忠义军的历史现象来看,胡适的解释是很有启发性的。他说宋元之际南北民间都有崇拜草泽英雄的心理。鲁迅也采用其意,说:"宋代外敌凭陵,国政弛废,转思草泽,盖亦人情。"①虽然比较抽象,但指出了《水浒传》产生和流行的历史大背景。其后,有不少人提出了《水浒传》与忠义军的关系。所见最突出的是孙述宇先生的《南宋民众抗敌与梁山英雄报国》一篇长文②,对忠义军和梁山英雄的关系谈得非常详细,我从中得到了不少启发。近年孙述宇先生在《水浒传:怎样的强盗书》③中对南宋初期抗敌的民间武装更作了非常详尽的叙述,写出了梁山英雄聚义的大背景,令人钦佩。但只谈到岳飞被害时的形势,对南宋抗金一百多年的历史没有作全面考察。坐实了宋江就是岳飞的影子,恐怕是以偏盖全了。宋江、卢俊义身上可能有一些抗金名将如邵隆(原名邵兴)、牛皋的某些素材。据说邵隆、牛皋都是被秦桧毒死的。三十六人的原型可以说有梁兴、张横等忠义军的影子,但不能坐实宋江就是岳飞的影子,晁盖就是宋钦宗的替身,梁兴就是燕青的原型。关于燕青和梁兴的异同,我已另写一文进行了商讨④。

在岳飞死后,金占区还有许多忠义军在坚持抗战,牵制了金军的南进,在一定程度上延长了南宋王朝的生命。如朱东润先生曾说:"什么力量能够维持这一百五十三年的偏安局面,什么力量能

---

① 鲁迅《中国小说史略》,人民文学出版社 1973 年版,第 122 页。

② 台湾静宜文理学院中国古典小说研究中心编《中国古典小说研究专集》,台湾联经出版事业公司 1981 年版,第 3 册,第 103—190 页。

③ 孙述宇《水浒传:怎样的强盗书》,上海古籍出版社 2011 年版。

④ 参见程毅中《浪子燕青与梁小哥》,"古代小说网"微信公众号,2020 年 3 月 10 日。

够抵抗敌人向南推进的压力，又是什么力量能够在敌人的内部发动对敌人的进攻？无疑的，这是人民的力量。"①翦伯赞先生早在《南宋初年黄河南北的义军考》一文中指出："所以当金主亮再度大举南侵的时候，而河北山东淮北一带的义军，又到处蜂起，以乘其后。如大名之王友直，东平之耿京……卒使金人不能得逞于江南。"②因此我希望孙先生能再写一部完整的南宋忠义军抗战史，为《宋史·忠义传》做一点补充。如耿京、辛弃疾那样的忠义人，包括李全这样前期有功的人物，也不要排斥。李全的叛宋投元，也像韩信叛汉一样是被迫的。他的妻子杨四姑姑是一个有名的女将，她有谋有勇，自称三十年梨花枪天下无敌，最后投靠了元朝，老死于涟水，也很可惜。

　　三十六人故事基本上是讲史性的话本，确是形成于南宋忠义军活动的时期，因而反映了一些忠义军的影子，也借用了实有的张横、关胜、杨志、张顺等名字，但它只讲到灭方腊为止。后人整合的百回本，仍然把背景放在北宋灭亡之前，因此没有正面讲到宋江三十六人有抗金的作为，始终没有敌视"大金"，直到第一百回里告了呼延灼、朱仝抗金的后话，还用了"大金兀术四太子"③的称谓。只有征田虎的续书里，《全传》第九十八回，吴用对宋江道："倘田虎结连金人，我兵两路受敌。纵使金人不出，田虎计穷，必然降金。"④第九十九回，宋江下令时又提到："恐贼计穷，投降金

---

① 《〈水浒〉人名考》，《朱东润文存》，上册，第397页。
② 翦伯赞《南宋初年黄河南北的义军考》，《中苏文化》第8卷第5期，1941年5月。
③ 施耐庵《水浒传》，人民文学出版社2005年版，下册，第1296页。
④ 《水浒全传校注》，第9册，第3374页。

人。"①提到了金人，但那个时期的金人还是宋朝的盟友。征田虎部分出现更晚，大概在明初才插增进去。不过，第一百零二回，打王庆部分，又出现了一个疑点：李助给王庆算卦时，"取出一个大定铜钱，递与王庆"②。"大定"是金国年号，公元1161—1189年，相当于宋绍兴三十一年到淳熙十六年。《水浒全传》把王庆闹事放在宣和元年（1119）到宣和四年（1122），怎能用到大定钱呢？王庆故事有没有可能产生于较早的金占区呢？我觉得田、王两传的产生和插增问题，还值得继续探讨。这里暂置不论。

周密从读者和看官的角度，提出了反元复国的梦想，这是接受者的感悟和期望。再后来的人也从这方面着眼，持相似的看法，并赋予了《忠义水浒传》之名，明代就有直称为《京本忠义传》的版本。但这是文学作品接受和研究的结果。我们不必刻舟求剑，坐实谁是谁的影子，谁是谁的原型，也不必说《水浒传》只是抗金的产物，因为《水浒传》定型时已在元代了。

我们从宋江三十六人的形象中看到了南宋忠义军的影子，但不是一个个具体的人。按照文艺创作的法则，小说人物的塑造一般是捏合了许多原型人物的特征，如鲁迅所说，可用"杂取种种人"③作模特儿，"往往嘴在浙江，脸在北京，衣服在山西，是一个拼凑起来的脚色"④。

按陈寅恪先生说法，小说不具有历史之真实，但有"通性之真

---

① 《水浒全传校注》，第9册，第3386页。
② 《水浒全传校注》，第9册，第3438页。
③ 鲁迅《〈出关〉的"关"》，《鲁迅全集》，人民文学出版社2017年版，第10卷，第71页。
④ 鲁迅《我怎么做起小说来》，《鲁迅全集》，第7卷，第84页。

实"①。我们可以拿小说与历史互证，但是在以史书证小说的时候，不能忽视文艺的特殊性和创造性，不能认假作真，逐一对号。一千个人眼里有一千个哈姆雷特，这是西方接受美学的理论。我们从中国文学作品的实际出发，读者眼里也有两个宋江，即起义军的"叛徒"还是抗金元的"忠义人"。《水浒传》里的宋江确是既消灭方腊起义、还亲手毒死了结义兄弟李逵的"投降派"，又是忠于宋朝的心愿"平虏保民安国"的"呼保义"。他是一个性格复杂的艺术形象。不过抗金元的思想只是在看官的眼里联想而来的。编次者非常严格地把历史背景放在宣和六年之前（有几种简本的《水浒传》把灭王庆推迟到宣和八年，但杨定见本没有采取，还放在宣和五年之前。正如马幼垣先生所说，我们还需要深入研究简本）。巧妙地把南宋以后抗金元的忠义军活动隐藏在艺术形象的背后，这正是它的微妙之处。我们对《水浒传》的评论，才有了继续探讨和不断争议的馀地。

今本《水浒传》里最精彩动人的是花和尚鲁智深、行者武松、青面兽杨志和吴用智取生辰纲、林冲夜奔、宋江刺配江州、李逵负荆、燕青见李师师及东岳打擂等故事，核心的内容还是反两纲的斗争，主要是阶级矛盾，并没有正面涉及宋金对抗的民族矛盾，除了晚出的征辽部分。在百回本《水浒传》里，只有宋江《满江红》词里提了一句"中心愿，平虏保民安国"，影响极小。我少年时代初读金批本《水浒传》时最感兴趣的就是那几个英雄好汉被"逼上梁山"的故事，今天大多数读者及影视观众大致也是如此，可见文艺作品能不能成为经典著作，还是要靠艺术成就，思想性的解读还会有不同时代的变异。因为这些传奇性的英雄传记曾有小说家话本

---

① 　陈寅恪《唐代政治史述论稿》，上海古籍出版社 1982 年版，第 84 页。

的基础;而讲史性质的话本则比较严格地把宋江三十六人的活动限制在宣和六年之前。即使后出的征辽部分,虽全出虚构,也插在宣和四年之前。这是一个有待继续研究的问题,是传承了南宋人相传旧本的局限呢,还是由于元代统治者压制"汉人""南人"的民族意识而刻意回避的结果呢? 元朝人也忌讳"虏"字"鞑"字,元代修撰的《宋史》里只见到四次"金虏"字样,一次是书名《金虏南迁录》,见于《艺文志》;两次见于胡铨奏疏;一次见于张觉上书:只是删改未净的漏网之鱼。"金贼"也只见三处。否则大量宋代史源文献里的"金虏""金贼"字样,为什么都不见了呢?

　　根据以上的分析,我认为水浒故事在元代传说时还称"大金"而不涉"金虏""金贼"等文字,不谈宋金联合灭辽的史实,不提太行山的首领而只谈梁山泊的聚义,正是元朝人回避和删改的结果。如果探讨忠义军抗金到抗蒙古的历史,我们可以通过《水浒传》来理解梁兴、张横乃至李全等受招安的初衷,但只能从其通性之真实来探索历史的真实,深入考察历史的具体背景,才能对编次水浒故事者的"深意",表示"了解之同情",也可以对宋江三十六人受招安表示"了解之同情"。另一方面,由忠义军存在、发展的史实,又可以反证《水浒传》的主体部分还产生于元代以前。

　　（原载《文学遗产》2020 年 6 期）

《度柳翠》《私红莲》的前因后果

——从《莲社高贤传》到《法僧投胎》

冯梦龙《古今小说》里有《月明和尚度柳翠》和《明悟禅师赶五戒》两回,讲的都是和尚破戒的故事。前者的祖本还不大明确,后者则据《五戒禅师私红莲记》改编,比较清楚。谭正璧先生《三言两拍资料》曾引《古今诗话》所载至聪禅师私红莲故事为《度柳翠》原型(见下),时代最早。笔者曾认为,二者都传承自晋无名氏《莲社高贤传》的昙翼故事。讲的是普贤菩萨变成一个女子来考验一个僧侣,用美人计诱惑昙翼禅师,终未破戒。原文如下:

> 昙翼,馀杭人,初入庐山依远公,后入关中见罗什,东还会稽,入秦望山,诵《法华经》十二年。感普贤大士化女子身,披采服,携筲笼,一白豕,大蒜两根,至师前曰:"妾入山采薇,日已斜,豺狼纵横,归无生理,敢托一宿。"师却之力。女复哀鸣不已,遂令居草床上。夜半,号呼腹疼,告师按摩。师告以持戒,不应手触。女号呼愈甚。师乃布裹锡杖,遥为按之。翌日,女以采服化祥云,豕变白象,蒜化双莲,凌空而上,谓师曰:"我普贤菩萨,特来相试。"郡太守孟顗闻朝,敕建法华寺(原注:今天衣寺)。

《莲社高贤传》，又名《东林莲社十八高贤传》，似为原名，有《唐宋丛书》、重编本《说郛》（卷 57）、《汉魏丛书》等本（《唐宋丛书》本最早）。按：南朝梁释慧皎《高僧传》卷 5 有一个昙翼，姓姚，羌人也，事安公为师，年八十二而终，恐非此昙翼。然而《高僧传》卷 11 有一个昙邃，却有相似的故事：

> 　　后又时天甚寒雪，有一女子来求寄宿。形貌端正，衣服鲜明，姿媚柔雅，自称天女："以上人有德，天遣我来，以相慰喻。"谈说欲言，劝动其意。邃执志贞确，一心无扰，乃谓女曰："吾心若死灰，无以革囊见试。"女遂陵云而逝。顾而叹曰："海水可竭，须弥可倾，彼上人者，秉志坚贞。"后以晋隆安三年，与法显俱游西域，不知所终。

这个昙邃故事似即普贤大士化身女子诱惑昙翼故事的基因。《莲社高贤传》作者不可考，原题为晋无名氏。如属晋人所著，则此昙翼还在昙邃之前。再仔细考察，十八高贤传记的文字，大部分与慧皎《高僧传》相似，似出一源。但慧远法师传最后有一句话："大宋太宗太平兴国三年追谥圆悟大师凝寂之塔。"书后还有一段跋语称："《十八贤传》，始不著作者名，疑自昔出于庐山耳。熙宁间嘉禾贤良陈令举舜俞粗加刊正。大观初，沙门怀悟以事迹疏略，复为详补。"按：陈舜俞《宋史》卷 331 有传，宋契嵩《镡津文集》卷 22 有怀悟的《镡津集序》，可证确为北宋时人。《东林莲社十八高贤传》已经过他们两人的增补，它的下限要推至大观（1107—1110）年间了。

　　《高僧传》卷 6 的慧远传，谈到在晋元兴元年（402），与刘遗民等于精舍无量寿像前，建斋立誓，共期西方。乃令刘遗民著其文曰：

> 　　惟岁在摄提格，七月戊辰朔，二十八日乙未。法师释慧

远,贞感幽奥,宿怀特发。乃延命同志息心贞信之士,百有二十三人,集于庐山之阴,般若台精舍阿弥陀像前,率以香华敬荐而誓焉。

《莲社高贤传》也说:

　　谨律息心之士,绝尘清信之宾,不期而至者,慧永、慧持、道生……等结社念佛,世号十八贤。复率众至百二十三人,同修净土之业。

在十八高贤之后,昙翼之前,又加了"百二十三人传"一行,似乎昙翼就是这一百二十三人中的第十九名。他的年代确与慧远同时。传中所说郡太守孟颛,见于《南史》卷19、《宋书》卷66《何尚之传》,确曾任会稽等地太守,相当可信。那么昙邕倒是昙翼的化身,但早在隆安三年(399)就去西域了。当然,昙翼接受考验的时间,可以或早或晚,《高僧传》所说的昙翼年寿甚高。

陈舜俞《庐山记》也提到山北有"十八贤台",没有引《十八贤传》,因此在《十八贤传》之外的"昙翼"有可能是后人增补的故事,实有其人而不一定实有其事。《古今诗话》所说的至聪和尚却不一定实有其人,其事也可能晚于北宋,因为《私红莲记》里的苏轼与戒禅师的故事倒是较早就流传了。但这个"红莲"只是一个弃婴,也没有主动诱惑五戒禅师的情节。

因此,昙翼的故事可能由僧怀悟增补,恐亦别有所据,未必是陈舜俞或怀悟伪托的再创作。如果谨慎一些,我们可以把这个故事的上限定在《高僧传》的昙邕身上,他的故事一定早于晋隆安三年,而把私红莲的故事定于五代的至聪和尚,普贤化女情节的下限就要推迟到大观初增补的《莲社高贤传》了。

普贤考试昙翼的手段很巧妙而狡猾,这就是后来《西游记》第二十三回里"四圣试禅心"的渊源,同时又是小说《月明和尚度柳翠》的原型之一。普贤大士所化女子诱惑昙翼禅师的那一套手段，已经写得非常具体细致了，只是还没有托名红莲，昙翼禅师已经通过了考验。其后转化为至聪禅师破戒的红莲故事作为过渡，较早见于宋李颀《古今诗话》：

> 五代时有一僧，号至聪禅师，祝融峰修行十年，自以为戒行具足，无所诱掖也。夫何，一日下山，于道傍见一美人，号红莲，一瞬而动，遂与合欢。至明，僧起沐浴，与妇人俱化。有颂曰："有道山僧号至聪，十年不下祝融峰。腰间所积菩提水，泻向红莲一叶中。"（见董斈《侍儿小名录拾遗》引《古今诗话》①）

清吴任臣《十国春秋》卷76亦载至聪禅师事（中华书局1983年1版，1942页），大概即据《古今诗话》，已由考验僧规转化为破戒败道的故事，而被惩罚的结果是立即坐化，比转世投生严厉得多。那个美女红莲虽没有恶意引诱，也同时受了惩罚。

《古今诗话》开始出现了"红莲"的名字，这个故事与话本《五戒禅师私红莲记》故事比较接近，《私红莲记》里的诗赞末两句就套用了颂子的话，改作："可惜菩提甘露水，倾入红莲两瓣中。"

这个故事，又和苏轼的传说连接起来，说五戒禅师私通红莲后，被师弟明悟禅师点破，就坐化转世，投胎到苏老泉家，转生为男，一心反对佛法，谤僧毁道。而明悟禅师却跟踪转世为谢端卿，再出家为佛印禅师，一心要点化苏轼，度他信佛。这就是话本《五戒禅师私红莲记》的"创新"演变。

明代冯梦龙编印的《古今小说》（喻世明言）把它改题为《明悟禅师赶五戒》，又大加增改（似在冯梦龙之前就已被人改过），和

---

① 原作张邦幾撰，今据吴骞《拜经楼诗话》说改董斈撰。

《月明和尚度柳翠》合成一副对仗，收入《古今小说》的第二十九回和三十回。

按这个次序，先看《度柳翠》。话中交代说："这一回话，唤做'显孝寺堂头三喝'。"应该也是一段话本，但今本不大像宋元作品，因此我没有把它收入《宋元小说家话本集》。实际上，柳翠故事早已流传，元代锺嗣成《录鬼簿》有李寿卿的杂剧《月明三度临歧柳》，（曹本《录鬼簿》作"风月独占出墙花，月明三度临歧柳。"）今存《元曲选》有一本《月明和尚度柳翠》，题目正名作"显孝寺主诵金经，月明和尚度柳翠"，但没有作者姓名，因而还留有一点疑问。孟称舜《柳枝集》收此剧，注云"或作王实甫撰"，《曲海总目提要》卷2《度柳翠》就题王实甫撰，大概因《元曲选》未著作者而致误，可是剧中并无红莲诱惑玉通和尚及玉通转世报复柳府尹的基本情节，只说她是观音菩萨净瓶中的柳叶，沾了尘泥，贬下凡间受罪，观音派罗汉化身为月明和尚几次三番去点化她，度脱她归依佛法，化去肉身尘污，重回观音净土，因此还不足以说明《度柳翠》与《私红莲》的因果关系，或许元代真有一个《度柳翠》的次本，情节有异。宋代就流传的柳翠故事，可能只有"月明三度临歧柳"，并没有"红莲"的戏。明代徐渭的《玉禅师翠乡一梦》剧本，才有红莲计诱玉通和月明度柳翠两折，把柳翠说成柳府尹的女儿，是玉通和尚转世来报复的，但最后没有交待柳翠坐化还是被度出家。《古今小说》所收《月明和尚度柳翠》的情节与之基本相同，可见并非冯梦龙的创作。它的本事又见于《西湖游览志》卷13（笔者在《轮回醒世》前言里误引作《西湖游览志馀》，需更正），是田汝成据前人史书文献辑集的资料。这一条可能出于宋元人的记载，与元杂剧比较，补出了玉通和尚被诱惑的前因，差异很大。《元曲选》本杂剧根本没有提到"私红莲"的前因，《西湖游览志》所引故事可能晚于《度柳翠》杂剧。文中云:"皋亭山显孝寺僧清了,谓净慈寺僧如晦曰:'老通堕落风尘久矣,盍往度之。'"情节相同而僧名不同,度柳翠的和尚不是月明而名清了。田汝成年代略早于徐渭,所引传说故事,谭正璧先生的《三言两拍资料》、孙楷第先生的《小说旁证》已录全文,不再赘引。清人陆次云《湖壖杂记》的纪事比较简要,还谈到了更晚的传承:

> 《跳鲍老》,儿童戏也。徐天池有《玉通禅》剧,此亦戏耳。而孤舟山下有柳翠墓在焉,神道路侧有月明庵在焉,郡城中有柳翠井,遗迹昭然,非徒戏言无据也。考绍兴间有清了、玉通者,皆高僧也。太守柳宣教履任,玉通不赴庭参。柳恶之,使红莲计破其戒。玉通羞见清了,即留偈回首,托生于柳,誓必败其门风。宣教没,翠流落为妓,二十馀年,与清了遇于大佛寺内,清了又号月明,为之戴面具,为宰官身,为比丘身,为妇人身,现身说法,示彼前因。翠即时大悟。所谓"月明和尚度柳翠"也。今俗传月明和尚驮柳翠,灯月之夜,跳舞宣淫,大为不雅。然此俗难革,为父老者,盖教儿童改作《度柳翠》之故事,剧场关目,一如《四声猿》戏中所演,庶几足以垂戒而儆俗乎?(《丛书集成初编》第3171册)

陆次云是清初人,乾隆年间杭世骏(1696—1773)的《订讹类编》卷2曾引用过《西湖游览志》和《湖壖杂记》的记载。陆次云所据似即《西湖游览志》(梅鼎祚《青泥莲花记》卷1下《柳翠》亦据此转录),僧名仍作清了。当时民间另有"月明和尚驮柳翠"的舞剧,与徐渭《四声猿》的情节有所不同。他认为应该照《四声猿》中的后一折《度柳翠》演,才能垂戒儆俗。可见清代的民间舞剧竟把"度"变成了"驮",变异为不雅的表演,也可能是把月明度柳翠的活动演得过火了。因此白化文先生的《从"一角仙人"到"月明和尚"》

一文认为"月明驮柳翠"就是佛典里"独角仙人为淫女所骑"的传承(《中国文化》1992年1期,81—87页)。但驮柳翠的是月明而不是玉通,那是元杂剧《度柳翠》没有提到的前世因缘。

田汝成《西湖游览志馀》卷20另有一条资料:

> 杭州男女瞽者,多学琵琶,唱古今小说、平话,以觅衣食,谓之陶真。大抵说宋时事,盖汴京遗俗也。……若红莲、柳翠、济颠、雷峰塔、双鱼扇坠等记,皆杭州异事,或近世所拟作者也。(《西湖游览志馀》,中华书局1958年1版,368页)

这条资料很重要,说明"红莲""柳翠"曾有"陶真"这一种民间说唱的版本,讲的是宋时事,但陶真又可能是"近世所拟作者"。这和《西湖游览志》所引的故事联系起来看,柳翠故事与红莲故事本来是各自独立的,二者结合起来大概是近世的事。可知清了、如晦的僧名应出自较早的一种版本。美国韩南教授根据《西湖游览志》和《志馀》的资料,推测《度柳翠》小说就是冯梦龙据之改写的(《〈古今小说〉中某些故事的作者问题》,《韩南中国小说论集》,北京大学出版社2008年3月第1版,70—71页),恐证据不足,还需小心求证。

笔者认为《度柳翠》是红莲故事的另一支传说,是《莲社高贤传》故事的翻案文章。玉通禅师经不起考验,又立意报复而转世为柳女以污辱柳宣教的门庭,完全是卑劣无赖的行径,与佛法根本无法兼容,与儒家的礼教观念也完全悖离。源于佛典的"独角仙人"破戒败道之后也没受到严厉的惩罚,后来还恢复了神通,甚至还成为佛的前身之一。大概在《古今诗话》之后,民间就有私红莲一说,但柳宣教变为柳府尹、如晦变为法空、清了变为月明,则像是元代以后才出现的。

小说《度柳翠》中柳府尹写的四句诗:

　　　　水月禅师号玉通，多时不下竹林峰。

　　　　可怜数点菩提水，倾入红莲两瓣中，

与《古今诗话》的颂子几乎全同，可见其渊源有序。徐渭《四声猿》
中也用了这首诗，就把《私红莲》和《度柳翠》连系起来了。但美女
"红莲"则成为妓女吴红莲，是否在《西湖游览志》之后，尚难判断。

　　小说《度柳翠》里法空长老为玉通下火时，念的诵子说：

　　　　自到川中数十年，曾在毗卢顶上眠。

　　　　欲透赵州关捩子，好姻缘做恶姻缘。

　　　　桃红柳绿还依旧，石边流水冷湲湲。

　　　　今朝指引菩提路，再休错意念红莲。

这在《金瓶梅词话》第七十三回里已作为薛姑子讲《私红莲》故事的
散场诗（有几个字不同），因为五戒托生为眉州的苏轼，所以诵子首
句说"自到川中数十年"比较合理，可以看到这两个故事的互见交
流。可能小说《度柳翠》的写定者又借用了《金瓶梅》的散场诗，与清
平山堂话本又有变异，但都把红莲作为中心人物是一致的。

　　特别值得注意的是，罗懋登《三宝太监西洋记》第九十二回插
入了这个故事，说阎罗王寄给碧峰国师一首诗，就是上述诵子的前
四句。国师理解为阎罗王讥讽他也犯了半途而废的错误，已用兵
开了杀戒。从而演讲了月明和尚度柳翠的前半段故事。《西洋
记》有万历二十五年序，这是明确的下限。

　　再往前看，"度柳翠"故事的渊源的确更早，老友白化文学长
《从"一角仙人"到"月明和尚"》一文，考证《度柳翠》的渊源来自
佛典里的一角仙人（又译作独角仙人）故事，分析十分详尽，给了
我新的启示，引起了新的思考。

　　此后白化文、李鼎霞两学长所释译的《经律异相》中的《独角
仙人情染世欲为淫女所骑》一章，又引出了原典，见于《佛本行集

经》卷 16、《佛所行赞》卷 1、《大智度论》卷 17 等①。据《经律异相》卷 39 所载，独角仙人是雌鹿饮了仙人精液所生的孩子，"大类如人，头有一角"，长大后，精通佛经，修得了五神通。一天上山遇雨，滑了一交，伤了脚，他大为生气，念咒语使婆罗奈国十二年不下雨。国王忧愁无法，张榜招募能破独角仙人五神通的能人。有个淫女名扇陀的来应募，她长得美，又有钱，带着五百个美女和美酒，还有含有迷药的果子，寻机把独角仙人诱惑了，骗他和美女一起洗澡，遂成淫事，使他失去了神通，就下了七天七夜的雨。扇陀还骗他进城，中途说她累了，要独角仙人驮她走，让国王看到她的魅力。但最后国王还是放独角仙人返回山中，重修五通，并没有转世报复的情节。这个故事经南朝梁僧宝唱等编辑后，流传更广，再经过汉化、转化、世俗化之后，扇陀变成了红莲。独角仙人的故事，早已传入中国，梁朝的慧皎或《莲社高贤传》的作者不会不知道，可是他们竟把它转化为昙䂵或昙翼持戒操守的故事，淫女却变成普贤菩萨的化身了。扇陀骑独角仙人则是月明驮柳翠的前因，而玉通还可能是"五通"的形讹。婆罗奈国十二年不下雨的故事也可能对《西游记》第八十七回凤仙郡求雨有所影响。

　　《独角仙人情染世欲为淫女所骑》与《度柳翠》故事非常接近，就差一个红莲的人名。当然，独角仙人的故事早见于《佛本行集经》，《高僧传》也早于《经律异相》的流传，《莲社高贤传》里普贤菩萨诱惑昙翼禅师的手段全被红莲所借鉴了。

　　笔者逐步认识到《度柳翠》故事更可能在《私红莲》之前就已流行，只是《古今小说》本的文字已经明人的修订，不像是元代以前的版本，这从《明悟禅师赶五戒》对《五戒禅师私红莲记》的修订

<hr/>

① 《经律异相》，白化文、李鼎霞释译，中国佛教经典宝藏精选白话版，佛光山宗务委员会印行，台湾高雄佛光出版社 1996 年初版。

可以得到旁证,清平山堂刻本的《私红莲记》所保留的话本原貌就更多一些。小说《度柳翠》的祖本很难追索,因为元杂剧《度柳翠》虽有"显孝寺堂头三喝"的线索可寻,但没提到柳翠的前身,是不是元代还没有玉通和柳府尹的冤仇公案呢?明代徐渭的《玉禅师翠乡一梦》已把柳翠的前身和玉通和尚连系上了,至晚是万历年间的作品。《度柳翠》的前半段,见于《西洋记》,也有妓女吴红莲的情节,似晚于徐渭的杂剧,因文字改动很多,比《古今小说》本还流畅详细。小说又见于明赤心子、吴敬所编《绣谷春容》卷 8 下,与《古今小说》基本相同,但只讲到翠翠做了行首为止,结尾说:"观者要知详细端的,请看《月明和尚度柳翠》"。它本身就题作《月明和尚度柳翠传》,又说"请看《月明和尚度柳翠》",令人莫名其妙。《绣谷春容》刻印于万历二十年前后,早于天启年间编刊的《古今小说》二十多年,因此可以认为它就是冯梦龙所据的底本,但不知后半篇是否全同。这一篇又见于更晚一些出版的《燕居笔记》,又题作《红莲记》。但不能判断它与徐渭杂剧《翠乡梦》的先后。这一点俞信芳先生的《〈红莲记〉杂议》一文已有较详细的考证,可以参看①。胡士莹先生《话本小说概论》第十四章考论《月明和尚度柳翠》的来源时,把它列为拟话本,并提到余公仁《燕居笔记》卷 8 有《柳府尹遣红莲破月明和尚记》,当即此篇(中华书局 1 版,548页)。按余公仁本刻印于清初,已在《古今小说》之后,且为节略本,不能算作另一版本。

　　今本小说《度柳翠》的主角名柳宣教,项裕荣先生提出"宣教"或是宋代官名宣教郎的简称(《〈三言·月明和尚度柳翠〉本事考补》,见《明清小说研究》2016 年 4 期),这一点我很赞同。但是在

---

① 《〈红莲记〉杂议》,《丽水师范专科学校学报》1993 年 4 期。

元杂剧里并无此人，只说柳翠的父亲早就死了。柳宣教的名字最早见于《西湖游览志》的记载，到小说里才说柳府尹名宣教，大概出于说话人的捏合。《度柳翠》小说晚于《私红莲记》，但它的渊源不一定晚于《西湖游览志》所载的宋代柳翠传说。因为它也是从《古今诗话》的至聪故事而来，可是另出一枝，把红莲说成是柳府尹派去的妓女，把玉通和尚改造为柳翠翠的前身，又成了复仇的妖魔淫妓，最终经月明和尚点化而坐化了。

项裕荣先生提出了新的意见，也引起了我的思考。他发现的新材料是《五灯会元》卷12《归宗可宣禅师》条，所说可宣因受"州主抑逼"而托生为郭功甫的儿子，活了六年又无疾而逝。从而又判断《轮回醒世》里的《法僧投胎》早于《度柳翠》。项先生认为可宣托生郭氏是玉通转世的原型，但没有红莲诱淫和玉通报复的关键情节，恐怕无法证实。再说，项先生肯定柳宣教为宋人误解的人名，是不是与北宋熙宁（1068—1077）年间的郭祥正同时呢？（郭功甫，名祥正，《宋史》卷444有传。）

明代佚名《轮回醒世》第六卷的《法僧投胎》一篇（中华书局2008年1版），则应是《度柳翠》之后的再创作，人物姓名都改了，把红莲色诱情节改写得更为详尽细腻，最终并没有和尚点化度脱的结尾，让能玄和尚转生为路女后备受折磨，死后还惨受凌辱。这个惩罚比所有破戒败道的和尚都严厉残酷，离佛教故事更远了，完全是中国道学家"去人欲，存天理"观念的负面转化。此本中描写情色细节的文风又显然是晚明小说的时尚。因此笔者在《轮回醒世》前言里作了初步的论断，这里不再赘述。项先生认为这篇改写的文言小说来源更早，还在《月明和尚度柳翠》之前，恐怕还需小心求证。

明代佚名《轮回醒世》的《法僧投胎》，又演化为嘉靖时的故事，除妓女红莲外，人名都改了，还嫁接上《刎颈鸳鸯会》的结尾，把路女与蒋淑珍合二为一,情节更复杂了。这里只引录其开端和结尾的两段,以便比较。

> 郭县路达,为闽中知府。府内有一法僧,号能玄,名重一时,凡乡缙当道拜礼,坐而受之。路达乃本府公祖,拜时亦不回礼。路公遂怀忿焉,思坏彼法以剿除之。即日回衙,命选一名妓进府。妓名红莲,密令易以孝服,扮作村妇。只说往母家迷路,向能玄庵中借宿,着红莲百计以诱泄彼精元。随付以白绫一幅,交欢之后,即将白绫拭之,进府回报,自有重赏。红莲如命而往。……

> 一日,徐子假言他出,藏于别室。路氏遣婢邀史姓至,与之传杯弄盏,要至黄昏,才就衾枕。徐子持刀,推窗突入,二人裸体,毫无遮蔽,挥刀劈下,恰中史姓心凹,肺肝突出而命绝。路氏叩头讨饶,徐子难再挥刀,乃曰:“饶汝一刀,容汝投缳。”路氏见史姓已刃,料难独活,遂掩门自缢。徐子将两尸系作一束,乘夜丢入水中。次早,史家知觉,讼徐子于官,以求尸首。官府押徐子捞尸。史家觅渔舟数十,向水中打捞,即时捞起,将两尸解开。路氏仰卧船头,无寸丝相掩。史家仆隶,咸以篙子争抵其阴户。两岸聚观,岂止千馀人。忽空中言曰:“能玄今日报路达冤矣!”众仰而视之,不见人影。骤起疾风迅雷,将路氏尸骸,从空卷去,不知去向云。

只要看一下这首尾两段文字,就可以判断哪个版本在前,看来决不会是冯梦龙据此改写为《度柳翠》的。

回头再说《五戒禅师私红莲记》,把五戒禅师破戒故事与苏东坡传说连接起来,这是宋代瓦舍说话人的再创作。据说苏轼前身是和尚,也有其文献资源。释惠洪《冷斋夜话》卷7有《梦迎五祖戒禅师》一条,记载苏辙和云庵、聪禅师同时梦遇,一起去迎接戒和

尚,醒后却迎来了苏赋。苏献自己也说:

> "轼年八九岁时,尝梦其身是僧,往来陕右。又先妣方孕
> 时,梦一僧来托宿,记其颀然而眇一目。"云庵惊曰:"戒,陕右
> 人,而失一目,暮年弃五祖来游高安,终于大愚。"逆数盖五十
> 年,而东坡时年四十九矣。后东坡复以书抵云庵,其略曰:"戒
> 和尚不识人嫌,强颜复出,真可笑矣。既法契,可痛加磨砺,使
> 还旧规,不胜幸甚。"自是常衣衲衣。(《冷斋夜话》卷7)

这个故事早在苏轼生前就已流传,他也自认为戒和尚转世,又与当
时的佛印禅师交游,因此说话人就把苏轼和至聪和尚私红莲的故
事捏合在一起,编成了这一话本。

话本中说苏轼本来"只是不信佛法,最不喜和尚,自言:'我若
一朝管了军民,定要灭了这和尚们。'"然后有明悟转世而来的佛
印禅师来点化他,监督苏轼归依佛法,"因此省悟前因,敬佛礼
僧",最终竟"得为大罗天仙"。按:大罗天是道教所说诸天之一,指
天的最高层。唐段成式《酉阳杂俎》卷2《玉格》:"四人天外曰三清:
大赤、禹馀、清微也。三清上曰大罗。又有九天波利等九名。"《大唐
三藏取经诗话》第十一:"此行者亦是大罗神仙。"可见说话人只是编
造新奇有趣的故事,并不了解什么佛法仙法。实际上这个故事还是
"灭佛谤僧"的译话。五戒禅师经不起情色的考验,转世后不思悔
过,还要"灭佛谤僧",最后却成了"大罗天仙",转向道家去了。

在冯梦龙之前,《金瓶梅词话》第七十三回薛姑子讲说佛法,
基本上摘抄自《私红莲记》。先念偈语,前两句与《古今小说》的落
场诗相同,后两句作:"落叶风飘着地易,等闲复上故枝难。"接着
说:"却说当初治平年间……"谢端卿的名字并未改成"瑞卿",还
是从清平山堂本《私红莲记》传承而来。后半段十分简略,以一篇
颂赞作结,移植了《度柳翠》的诵子,与《私红莲记》《明悟禅师赶五

戒》都不同。

　　《古今小说》又改造了这个故事,在前面加上一篇圆泽三世相会故事作头回,后半篇大加补充,铺演了苏轼的一些经历,虽据史传文献,但还是以虚构为主。如说苏轼在狱中时,梦与佛印同去净慈孝光禅寺访旧,见红莲女子来求苏轼题诗;又说佛印预示了"逢永而返,逢玉而终"的八字偈言。最后说:"至道君皇帝时,有方士道:'东坡已作大罗仙。'亏了佛印相随一生,所以不致堕落。佛印是古佛出世。""亏了"以下的话,是方士说的吗? 苏轼已作大罗仙了,为何还要归依佛法? 道君皇帝时,崇道灭佛,方士怎么会为苏东坡宣扬佛法呢? 这是改写者替说话人圆谎而已。

　　苏轼是综合了三教的诗人,他和很多僧人交往,也深通道家的学说,的确与佛印非常友好,但临终前还说到并不信从鸠摩罗什所出的西域神咒,与僧人惟琳讨论西方乐土问题,说"西方不无,但个里着力不得。"(见王宗稷《东坡先生年谱》)他最信奉的还是儒家"穷则独善其身,达则兼善天下"的理念。《私红莲记》说他是五戒转世而又灭佛谤僧,则是说话人的戏说。最终说他成大罗天仙,更是乱派。

　　在《莲社高贤传》之后,私红莲故事有《古今诗话》本,有清平山堂本、《金瓶梅词话》本、《绣谷春容》本、《古今小说》本,共五个版本。可说是私红莲的一个系统,是民间说话中小说家一派,也有文人参与的成分。

　　另一系统,从《古今诗话》算起,也有《西湖游览志》的记载、元杂剧《度柳翠》、徐渭的《翠乡梦》杂剧、罗懋登《西洋记》本、《绣谷春容》本《月明和尚度柳翠传》、《古今小说》本《度柳翠》、《轮回醒世》的《法僧投胎》(刻印应在《古今小说》本之前),共八个版本。应该还有元明陶真说唱的版本,或者再加上《燕居笔记》的节本,这是度柳翠的系统,可说是瓦市勾栏中"说诨经"的一派。

两个系统,都是从佛教故事转化,白化文先生已经作了判断,笔者只是稍加补充,关注的是《莲社高贤传》和《古今诗话》进一步的过渡作用。大约一千年间,派生了两个系列的破戒败道的轮回故事,都反映了人性和佛法的矛盾,都揭示了人性和佛法的弱点,值得深入研究。这里初步探讨了市民文化俗文学流传和变异的一个案例,为近体小说传承史提供一种现象而已。佛教故事的变异,逐步地汉化、转化、世俗化,正如目连故事,由目连救母的孝行被思凡下山的僧尼还俗所取代,竟成了目连戏的保留节目。由辅教的宣传竟转化为破戒转世的佳话,恐怕是当初佛教徒没有想到的吧。

宋代很流行"美人计",如沈辽的《任社娘传》就是一篇代表作(我在《古体小说钞》宋代卷里已附录了几个类似的故事),很难说有没有受到了佛教故事的影响,不过民间流传的"美人计"从西施就开始了,更近于中国古体小说的传统。笔者在讨论《任社娘传》时已经比较过几个类似的作品了。

笔者初步探讨了中国古代小说的世代累积史,从"度柳翠""私红莲"系列,又找到了一个典型案例。愿与同道们继续讨论。

2021 年 4 月 4 日改稿

(原载《中国文化》2021 年 1 期)

重校话本小说札记

《欹枕集》的作者和年代

《欹枕集》是国内现存《清平山堂话本》的一个残本，非常珍贵。

美国韩南教授的《中国白话小说史》中对《欹枕集》有一节专论，认为它是"第一部由单个作者写成的小说集……作者显然是一位文人"（57页）。颇有卓见，引起了我们的重视。但是所谓文人，有好几个层次。特别是元代的文人，出路很窄，有的就成为书会才人，替艺人编写话本和剧本。《欹枕集》里的小说，大都据史书改编，而且多处摘抄原文，口语化的程度较低，文白相间，不够通俗。如《老冯唐》《飞将军》卷末都没有"新编小说"之类的后题，像是提纲式的底本。然而故事情节却有不少创造性的虚构，与历史记载有所不同。另一方面，有一些情节是民间传说和瓦舍说话累积的成果，因此不一定是单个作者写成的。如《欹枕集》上卷的《羊角哀死战荆轲》，故事是民间流传已久的，还有不同的变异，详见拙著《清平山堂话本校注》。至今河北易县还有荆轲衣冠墓遗址和羊角哀、左伯陶的塔，民间传说还在当地流传。

《死生交范张鸡黍》则是虚构了两人先后自杀以表诚信,出人意外,与史书记载根本不同。元人宫大用《死生交范张鸡黍》杂剧仍按《后汉书》本传铺演,尚无变异,因此有人认为小说在后。而且小说入话借用了元人戴表元《昨日行》(《剡源文集》卷28)的诗句,当在元代以后。韩南把它放在中后期的作品里不无道理,但不能覆盖《欹枕集》所有的作品。

晁瑮《宝文堂书目》只著录了一部洪楩刻的《随航集》,其馀见于《雨窗集》《欹枕集》的几篇,都是以单篇著录,可见原来尚未汇编成集,因此不能证实其为一人所作。

《欹枕集》卷下《老冯唐直谏汉文帝》则年代似乎较早,开头残缺,可补的只有"葛亮"上的"诸"字。从前一段头回故事看,像是元代以前的旧本,如拙著《校注》中提到的一些线索:宋朝历代皇帝修改武成王庙从祀功臣的名单,是宋代盛传的故事,到元代有尚仲贤《武成庙诸葛论功》杂剧(已佚),但脉望馆元明杂剧还有《十样锦诸葛论功》,可见演变痕迹。直到近世山西上党迎神赛社还保存着《十样锦诸葛论功》的话本(见乔健等《乐户:田野调查与历史追踪》,江西人民出版社,2002年1版),可能与话中所叙匈奴攻取上党郡的战役也有关系。再看本篇里三次出现的"玉麈斧"和赵云曾叱主母的细节看,应该在罗贯中《三国志通俗演义》之前。我认为这个头回故事是早期话本(详见拙著《校注》)。而正文冯唐故事也不像是晚出的,汉文帝也执"麈斧"和"丈丈"等语词,都见于宋人文献。话中插叙文帝至细柳营犒军,周亚夫治军有法,这一节似较元刻平话《前汉书续集》为早。冯唐故事有一些虚构情节,如编造一个中贵仇广居的谗言诬告,也可与《水浒传》里的奸佞谗言参照。

《汉李广世号飞将军》篇,入话用了宋周紫芝《时宰生日诗》之三的句子:"秦汉功由百战成,庙堂何代不谈兵。凌烟阁上从头数,谁解垂衣致太平。"(《太仓稀米集》卷29),而改为"楚汉相驰百战兴,至今何代不谈兵",似乎是有意地把背景专注于汉代。作者能用到南宋人的诗,可见文化修养的确不浅。但后面把灌婴之孙灌强说成"婴孙强"(两见)却是太粗疏了,也可能是抄刻时漏字造成的。话中有些虚构颇见匠心,如移置李广射虎入石于罢官家居时期,与夜行霸陵桥情节相接,被霸陵尉吊于桥下(《史记》只说"止广宿亭下"),可见李广的心境情绪。一再说李广的不幸遭遇和挫折,如霸陵尉家人的控告、误乘左贤王的大纛车,都是虚构。但总体上只是摘抄史书,结尾引王勃《滕王阁序》的"冯唐易老,李广难封"一联,表示赞叹,可以为"老冯唐""汉李广"两篇话本作散场。因此韩南说是一人之作,也不无理由。

《欹枕集》中的《夔关姚卞吊诸葛》一篇,不知所据,入话无诗,话中诗赞很少,口语化叙事却较多。《三国志通俗演义》卷21引姚卞的诗,似即据本篇,当在《吊诸葛》故事流传之后,同出一源。我已有《从姚卞吊诸葛诗谈小说家话本的断代问题》一文作了详考(《文学遗产》1994年1期,收入《程毅中文存》,中华书局2006年1版,295—304页),这里不再赘述,只补充一条,元人陆厚《素庵杂兴见寄和之》诗之三:"乐道躬耕汉莫时,至今苍柏覆神祠。英魂犹解知姚卞,八阵图前吊古诗。"(《全元诗》第24册,14页)就用了《吊诸葛》的典故。陆厚曾与贯云石交游,不会是在罗贯中之后才写的,因此我还是认为这篇更可能是早期作品。

《李元吴江救朱蛇》与垂虹桥

《李元吴江救朱蛇》,本事见《青琐高议》后集《朱蛇记》和《湖海新闻夷坚续志》,孙楷第《小说旁证》已有叙录。话中先出"长桥"一词,拙著《清平山堂话本校注》未注,至讲到垂虹亭时始出注,今补注于此。吴江长桥是宋代著名的建筑,建于庆历八年(1048)。宋人题辞很多。元泰定二年(1325)重建为石桥(见《老苏州百年旧影》,江苏人民出版社 1999 年 9 月 2 版),本篇未及石桥,或在元泰定二年之前。此桥年久失修,至 1967 年大部分塌毁。《老苏州百年旧影》有垂虹桥照片(83 页),尚基本完好,可见 1967年前的原貌。

《青琐高议》本《朱蛇记》只说"长桥",没提到"垂虹亭",又明说是"大宋"庆历年间事,与话本不同而合于史实。话本说是南宋仁宗时事,显然错误。话本题为"李元吴江救朱蛇"(《喻世明言》作《李公子救蛇获称心》),"称心"之名未见于《朱蛇记》,只说"小字云姐",可见话本已有较大变异。

"称心"故事当源自晋干宝《搜神记》之《如愿》及佚名之《录异传》,情节略异。《搜神记》较早,今据李剑国新辑本卷 6 引以对比:"昔有商人欧明,乘船过青草湖。忽遇风,晦暝,而逢青草湖君。邀归止家,堂宇甚丽。谓欧明曰:'惟君所须富贵金玉等物,吾当与卿。'明未知所答。傍有一人私语明曰:'君但求如愿,不必馀物。'明依其人语,湖君默然。须臾,便许。及出,乃呼如愿,是一少婢也。湖君语明曰:'君领取至家,如要物,但就如愿,所须皆得。'明至家,数年遂大富。后至岁旦,如愿起晏,明鞭之。如愿以头钻粪帚中,渐没,失所在。明家渐贫。故今人岁旦,粪帚不出户者,恐如愿在其中也。"《录异传》晚出,有鲁迅及李剑国的辑本,文字较详,不赘录。

垂虹桥初名利往桥,据钱公辅《利往桥记》,庆历八年,知县事李问、县尉王庭坚本意劝富民捐资建文宣王庙兴学,诏命不许,遂移用建桥。"即桥之心,侈而广之,构宇其上,登以四望,万景在目,曰垂虹亭。并桥之两涯,各翼以亭,而表桥之名于其下,使往而来者,可指以称曰,此某桥也。"(《全宋文》65 册,卷 1425)

欧阳修《六一诗话》说:"松江新作长桥,制度宏丽,前世所未有。苏子美《新桥对月》诗所谓'云头滟滟开金饼,水面沉沉卧彩虹'者是也。"(按:松江即吴淞江,宋代尚无松江府。)

苏轼于熙宁七年(1074)过松江,曾与杨绘登垂虹亭,元丰四年(1081)追记《书游垂虹亭》(《苏轼文集》卷 71)。元丰二年有《与秦太虚、参寥会于松江,而关彦长、徐安中适至,分韵得风字》诗,其一:"吴越溪山兴未穷,又扶衰病过垂虹。"

刘斧《青琐高议》前集卷 9《诗渊清格》说:"吴江长桥千尺,跨太湖,危亭构爽垲,登临者毛骨寒凛,乃二浙之绝境也。能诗者过亭下,俱有吟咏。苏子美有《长桥赏月》之诗,诗曰:'云头滟滟开金饼,水面沉沉挂彩虹。'欧阳永叔称道为此桥雄壮,非此句不足称也。余向过吴江,常观诸公诗,择其佳者载于此,固足与子美并驰也。杨蟠有诗曰:'水云清骨思何赊,疑在仙源泛去槎。八十丈虹晴卧影,一千顷玉碧无瑕。几多风月输诗客,无限莼鲈属酒家。只待功成身退日,烟波深出是生涯。'郑内翰毅亦有题长桥之句云:'排天蝃蝀玉围腰,驾海鲸鲵金背高。'因诸公诗,江山益增光价。"

范成大《吴郡志》卷 17:"利往桥即吴江长桥也,庆历八年县尉王廷坚所建,有亭曰垂虹,而世并以名桥。"

祝穆《方舆胜览》卷 2《平江府·桥梁》:"垂虹桥:在吴江县,即利往桥。东西千馀尺,用木万计。前临具区,横绝松陵,湖光海气,荡漾一色,乃三吴之绝景。桥之中有亭曰垂虹。○苏子美诗:'长桥跨空古未有,大亭压浪势亦豪。'○王介甫诗:'三江、五湖口,地与天不隔。日月所蔽亏,东西渺然白。漫漫浸北斗,浩浩浮南极。谁投此虹蜺,欲济两间阨。中流杂蜃气,栏楯相承翼。初疑

神所为,灭没在顷刻。晨兴坐其上,傲兀至中昃。独怜造化功,不
谓因人力。今君持酒浆,谈笑顾宾客。颇跨九州物,壮丽此无敌。
荧煌丹砂柱,璀璨黄金壁。中家不虑始,助我皆豪殖。喟予独不
可,还当采民力。'○郑毅夫诗:'三百栏干锁画桥,行人波上踏琼
瑶。插天蟛蛛玉腰阔,跨海鲸鲵金背高。路直凿开元气白,影寒压
破大江豪。此中自是银河接,不必仙槎八月高。'"引诗更为完备。
嗣后方志所载题咏尚多,不备录。

　　嘉泰三年(1203)之前县尉彭法曾于桥之东北新建钓雪亭。
林至《钓雪亭记》:"松陵当江湖之会,而垂虹为天下伟观。垂虹之
北东,有亭翼然而新者,钓雪也。初邑人濒湖为屋,以祠其所谓三
高者。风涛荡啮,堤岸圮落,岁久弗治,祠者病之。县尉彭君法有
意经理,子无一钱可办,告之令王君益祥。令,儒者也,喜闻其说,
乃相与振醵事之馀财,量工赋徒,葡石以护堤岸,筑亭其上,与祠屋
相直,且并其祠新之,无费于公,无瘝于民,可谓智矣。……独以
'钓雪'名其亭者,盖以柳子厚《江雪》之诗,而亦因其滩之名而云
然。同云四垂,江湖一色,群鸟不度,四无人声,而一竿钓于其间,
此尤未易模写也。他时游斯亭者,当自得之。彭君文采风流,又有
才谞,故能于曹务之暇,发此胜趣,具可书云。嘉泰三年五月朔,华
亭林至谨记。"(郡人周南书,黄泾隶额。见于乾隆《吴江县志》卷
51,民国石印本。引自《全宋文》284册,卷6444)按:《老苏州百年
旧影》误以钓雪亭为元人所建,因具录于此。

　　元泰定三年(1326)重建为石桥,州判张显祖、僧崇敬、善士姚
行满等集资,重建为石桥。据袁桷《吴江重建长桥记》,"(泰定二
年)闰正月,建桥。明年二月,桥成。长一千三百尺有奇。捷以巨
石,下达层渊。积石既高,环若半月,为梁六十有一,酾其剽悍。广
中三梁,为丈三百,以通巨舟。层栏狻猊,危柱赑屃,甃以文甓,过

者如席。旧有亭,名'垂虹',周遭嵯峨,因名以增荣观焉。"(《全元文》23 册,卷 726)

《救朱蛇》较《朱蛇记》改变甚多,如秀才朱伟原作"进士朱浚",龙王之二子原作一子,所救者为幼子;龙女原作一"女"字,《湖海新闻夷坚续志》作"小奴"近是,下文作"女奴",正同"如愿"之为"少婢",自称"小字云姐",原无"称心"之名;话中有一处称李元为"李衙内李伯元",似因原作字"百善"而讹。话本错讹不少,似写定者文化水平不高,或出虚构臆改。

话中有夹注"元来艾叶放在书中不蛀"一语,"元来"不作"原来",似为元代以前旧文;又有"了毕""礼上"等语词,常见于宋元文献,恐不能断为明人所作,似为早期作品,有待续考。

《拗相公》的素材

《京本通俗小说》里有一篇《拗相公》,在《警世通言》里题作《拗相公饮恨半山堂》,其著作年代还是一个疑案。我曾认为不像宋元之作。明人赵弼《效颦集》中的《钟离叟妪传》,故事与之基本相同,只是用文言所写,像是《拗相公》的素材。

《拗相公》大体上用白话演述,情节较多,比《钟离叟妪传》多出前半篇。开头有一首入话诗,话里又引了白居易的四句诗,再加入一首绝句:"毁誉从来不可听,是非终久自分明。一时轻信人言语,自有明人话不平。"《钟离叟妪传》所载四首律诗,在《拗相公》里分见四处,次序改变,把第三首和第二首对换了;三首绝句留了两首,最后又加了两首绝句,作为后人的评论。《京本通俗小说》显然有许多加工,的确是通俗化了。但到底哪一个版本在前,还有不同意见。孙楷第先生认为《钟离叟妪传》"与其认为赵弼自作,毋宁认为与小说出于同一底本"(《日本东京所见中国小说书目·

效颦集》,上杂出版社 1953 年 1 版 156 页)。有的意见则相反,如陈国军先生认为,"调和史实和民间传说的《续东窗事犯传》《锺离叟妪传》等,则为后世通俗小说汲取,成为话本小说中的精品"(《明代志怪传奇小说研究》,天津古籍出版社 2006 年 1 版 74—75 页),就肯定《效颦集》在前了。

《锺离叟妪传》没有前半篇,从熙宁九年(1076)冬十月王安石改判江宁府写起,是有史为据的,最后说他卒于元丰七年(1084),却是错了,应为元祐元年(1086)。作者的历史知识显有不足。《京本》则没有讲到年代,可能并没有看到《锺离叟妪传》。话中有一首诗"百载黔黎乐太平","黔"《京本》作"馀",则显然错误。

《京本》独有的文字,也有尚待考核的,如说王安石"初任浙江庆元府鄞县知县","庆元府"是南宋改的建置,见《宋史》卷 88《地理志》,元代改称庆元路,明代改称宁波州,所以浦江清师曾指出这是元代以前人的口气(《谈〈京本通俗小说〉》,《浦江清文录》,人民文学出版社 1989 年 2 版 204 页)宋光宗赵扩曾任明州观察使,即位后绍熙五年(1194)把明州升级为庆元府,第二年又改年号为庆元元年。《拗相公》也许另有依据,恐怕赵弼之后的人不会在鄞县前加上"庆元府"的称呼,更不会把明州或宁波府回改为庆元府。

从故事主体的相同部分看,确实难以判断谁先谁后。但《京本》还有一个别本,即《警世通言》第四卷的《拗相公饮恨半山堂》,二者几乎全同,只有少数几个字差别。如《京本》说"我宋以来,宰相解位都要带个外任的职衔","我宋以来"《通言》作"故宋时凡"。这三字之差却很值得注意。"故宋"两字是元代人常用以指宋朝的,《水浒传》里也经常出现。《全元文》里有 247 处用"故宋"成词,除极少数几处"故"作连词"所以"解,极大多数都是指前朝

的。到明代就极少用"故宋"的称谓了。因此"我宋以来"大概是
《京本》为假托宋人口气而改,"故宋"倒是元代的习惯语言,可与
"庆元府"的建置相适应。再说,《锺离叟妪传》后面部分有一老卒
回答王安石说:"非但此邮亭有此诗,处处皆有题也。"《拗相公》则
作:"不但此驿有诗,是处皆有留题也。""是处"是唐宋元以来常用
的词语,比较接近口语,如宋元话本《郑节使》赞辞"是处绿杨芳草
地",《李翠莲》"是处便为家,何但明音寺",王安石《春入》诗"身
闲是处堪携手",辛弃疾《鹧鸪天》词"是处移花是处开",《张协状
元》第23出"是处山头啼子规"。详见张相《诗词曲语辞汇释》。
"处处"则是一般通用的语辞。因此我又重新考虑,《拗相公》可能
真有一个元人的底本。即使《京本通俗小说》如马幼垣、苏兴先生
考定是伪书,其内容却不一定是明人所作。"故宋"一词就不会是
缪荃孙臆改的。

　　《京本》末尾又说"后人论我宋元气都为熙宁变法所坏",这个
"我宋"在《通言》里也作"宋朝",两本都不像是元人的话。不过最
前面正话开头有"如今说先朝一个宰相"那句,倒是两本都有的,
称"先朝"的确像是宋朝人的口气。

　　孙楷第先生认为二书"出于同一底本",陈国军先生认为《锺
离叟妪传》是"调和史实和民间传说"而成,实际上都承认其前有
一个民间传承的祖本。经过初步的对校,我从"庆元府"和"先朝"
"故宋""是处"三个词语,发现了各有元代以前的痕迹,提请研究
者继续探讨。有没有三个版本都是同出一源而各有修改的可能?

　　顺便再说几句题外的话:《拗相公》的素材都来自宋人笔记
(详见谭正璧《三言两拍资料》),代表保守派批判王安石的新法,
当然不无偏颇。宋代文人借手于当时无名氏的诗歌来揭示民间的
疾苦,却说明了好的政策到基层执行时也会变质,官员必须深入群

众,才能了解民情社意。争议最多的是青苗法,因为是有息贷款,基层吏胥就会从中敛财,变扶贫为摊派,反而加重了贫困农民的负担。如折衷派的苏轼,因为自己屡遭谴责,比较接近群众,所以较早就了解了其中的利弊,写了一些反映民情的诗文,如《上神宗皇帝书》曾提出,青苗不许抑配,最后难免成为空文。他说:"青苗放钱,自昔有禁。今陛下始立成法,每岁常行,虽云不许抑配,而数世之后,暴君污吏,陛下能保之欤?异日天下恨之,国史记之曰:青苗钱自陛下始,岂不惜哉!且东南买绢,本用见钱,陕西粮草,不许折兑。朝廷既有著令,职司又每举行。然而买绢未尝不折盐,粮草未尝不折钞,乃知青苗不许抑配之说,亦是空文。"果然不到数世之后,假新党的蔡京等人,早就把新法变成空文了。苏轼所说的"暴君污吏",不就出现了吗?

又如《吴中田妇叹》说:"今年粳稻熟苦迟,庶见霜风来几时。霜风来时雨如泻,杷头出菌镰生衣。眼枯泪尽雨不尽,忍见黄穗卧青泥。茅苫一月陇上宿,天晴获稻随车归。汗流肩赪载入市,价钱乞与如糠粞。卖牛纳税拆屋炊,虑浅不及明年饥。官今要钱不要米,查慎行注:司马温公论青苗及坐仓籴米之害云:东南钱荒,而粒米狼戾,今弃其有馀,取其所无,农末皆病矣。西北万里招羌儿。龚黄满朝人更苦,不如却作河伯妇。"本来农民交粮就可以了,按新法官府要求折钱交税,农民又得贱价卖米卖牛,受官吏和商人的双重剥削了。

苏轼《山村五绝》之四又写道:"杖藜裹饭去匆匆,过眼青钱转手空。王文诰案:公奏状:每见散青苗钱,则县中酒库暴增,乡民有徒手而归者,可为流涕。是此七字注脚。赢得儿童语音好,一年强半在城中。查慎行注:《乌台诗案》:第四首意言百姓虽得青苗钱,立便于城中浮费使却;又言乡村之人,一年两度夏秋税,又数度请纳和预买钱,今此更添青苗、助役钱,因此庄家幼小子弟,多在城市,不着次第,但学得城中语音而已。以讥讽朝廷新法青苗、助役不便也。"

宋徽宗时的基层胥吏如晁保正那样的好汉,他们仗义疏财的钱实际上也是从农民头上括来的。到了实在无可搜刮时,就来夺取生辰纲的不义之财了。所以《拗相公》素材的积累,反映的实际上是宣和以后的现实生活,大概在南宋假新党垮台之后,接近民间的说话人就把王安石担当了挨骂的靶子。即使《拗相公》写定于明代,其内容还是宋代民间传说的故事。其实,《拗相公》故事是按照蔡京的故事编写的,详见王明清《挥麈后录》卷8《蔡元长贬潭自叹失人心且作词以卒》一条。

王安石年轻时意气风发,坚定自信,写下了这样的诗句:"不畏浮云遮望眼,自缘身在最高层。"(《登飞来峰》)可是到了身任高官之后,却逐渐刚愎自用,任人惟亲,最后新政变味,基本失败。他退隐山林,只能归依佛法,舍居为寺,寻求解脱,正是:不料风云遮望眼,只缘未入最低层。

《冯玉梅团圆》与《冯玉梅记》

《冯玉梅团圆》见于《京本通俗小说》,在《警世通言》第十二卷《范鳅儿双镜重圆》里改称《双镜重圆》,把冯玉梅改名吕顺哥,倒是与其素材宋人《摭青杂说》一致的。《冯玉梅团圆》见于《也是园书目》的"宋人词话",不知钱曾的依据是什么。晁瑮《宝文堂书目》著录有《冯玉梅记》,或即此篇。今本开头的一首词是元末明初人瞿佑所作,因此年代存疑。

《警世通言》本与《京本》几乎全同,但吕顺哥的名字却来源更早,又不像是冯梦龙回改的。故事内容却完全依据《摭青杂说》,但前面增加了《交互姻缘》一段"头回",本事出于洪迈《夷坚志补》卷11《徐信妻》,这是它的上限。从《摭青杂说》到《警世通言》,可以看作这个故事的三个版本,除女主角的姓名之外,还有几处异文。如《交互姻缘》中"刘俊卿",《通言》本作"列俊卿",应为形讹,《夷坚志补》里并无人名。"高宗建炎四年"《通言》本作"南宋建炎四年",显为后人口吻。最重要的一处是"岂期名将张所、岳飞、张俊、张浚、吴玠、吴璘等",《通言》本作"岂期名将张浚、岳飞、张俊、张荣、吴玠、吴璘等",张所确有其人,《宋史》卷363有传,张荣则并非名将,《通言》本所改无据。《摭青杂说》里根本没有提到这些名将,只说是韩郡王(世忠)平乱,也没有说到鸳鸯双镜的事。看来《京本》和《警世通言》各有长处,或许有不同底本,又各有修订,未必是缪荃孙的臆改。见于《宝文堂书目》的《冯玉梅记》,可能是明代人改的,正如《孔淑芳记》与熊龙峰刻本《孔淑芳双鱼扇坠传》的传承关系那样,改变很大。《孔淑芳记》的故事,先见于《西湖游览志馀》卷26、《古今清谈万选》卷2、《稗家粹编》卷6,而《孔淑芳双鱼扇坠传》则移植了《剪灯新话》里的许多细节,加出了徐大川、张世杰、金荣、张克让等人名,显然是后出的新编小说,详见向志柱《〈稗家粹编〉与中国古代小说研究》(商务印书馆2018年1版)和陈国军辑校本《新镌全像评释古今清谈万选》(文物出版社2018年1版)。《冯玉梅记》可能也是这样从《摭青杂说》《双镜团圆》改编的小说,钱曾所藏的《冯玉梅团圆》大概全名《冯玉梅双镜团圆》,可能并没有"弘治年间"的字样,所以被定为"宋人词话"了。

"双鱼扇坠"又是《剪灯新话》里《渭塘奇遇记》的道具,田汝成《西湖游览志馀》卷20另有一条资料:

> 杭州男女瞽者,多学琵琶,唱古今小说、平话,以觅衣食,谓之陶真。大抵说宋时事,盖汴京遗俗也。……若红莲、柳翠、济颠、雷峰塔、双鱼扇坠等记,皆杭州异事,或近世所拟作者也。(《西湖游览志馀》,中华书局1958年1版,368页)

《双鱼扇坠》早有宋元时的陶真唱本，或许《孔淑芳双鱼扇坠传》另有所本，未必就取自《渭塘奇遇记》。《宝文堂书目》著录的《冯玉梅记》也可能还有更早的来源。

《双镜重圆》对范汝为的评述还是比较客观的：

> 常言"巧媳妇煮不得没米粥"，百姓既没有钱粮交纳，又被官府鞭笞逼勒，禁受不过，三三两两，逃入山间，相聚为盗。蛇无头而不行，就有个草头天子出来。此人姓范名汝为，仗义执言，救民水火，群盗从之如流，啸聚至十馀万。

小说作者称之为"仗义执言，救民水火"，那就是"替天行道"的英雄了。这篇小说不像是元代以前的话本，可是却比《水浒传》的思想更先进，把范汝为抬到比宋江更高的地位，值得注意。看来也不像是冯梦龙的创作，可能有更早的资源。它保留了宋人《摭青杂说》的基本精神，肯定范希周忠于盟誓的诚信品德，根本不计较他是否强盗出身。

南宋的起义军很多，范汝为的部队可能是比较好的。范汝为很尊崇文人，有一些低层文人都被他招罗入了帐下，在宋代起义军中还是最有号召力的。但这帮文人，只会拍马屁、吹喇叭、抬轿子，结果断送了这次起义。

当时有一批文人投奔到了他的部下，可是没有像元末朱升那样的谋士替他出谋画策，又没有接受他叔父的意见，很快就被镇压了。只有谋士施逵逃亡到了金国，当了叛徒。朱熹曾有一段评论说：

> 建贼范汝为本无技能，为盗亦非其本心。其叔积中，却素有包藏，阴结徒党，置兵器满仓箱中。其徒劝之举事，每每犹豫，若有所待。有不快于中者，辄火十数家，且杀人，因劫之为首，其人终不肯，但曰："时未可，我决不能为，汝辈可别推一人

为主。"众遂拥戴汝为,势乃猖獗。建之士如欧阳颖士、施逵、吴琮者,善文章,多材艺,或已登科,皆望风往从之。置伪官,日以萧、曹、房、杜自相标置,以汉祖、唐宗颂其功德。汝为愚人,偃然当之。朝廷遣官军来平贼。时秋稼已熟,贼闻官军且至,放水灌田,又以禾穟相结连,已而决堤去水。官军至,不谙其山川道路。贼纵之入山,山路险隘,骑卒不能前。贼觉官军已疲困,乃出平原以诱官军。官军出山,争趋田中,既为结穟牵绊,又陷泥淖。贼因四面鏖击之,官军大败。乘胜据建州三年,累降累叛。竟遣韩世忠来,方能剿除之。汝为自缢,尸为众所焚,弗获。初,建人陆棠、谢尚有乡曲之誉。陆乃龟山婿。为士人时,极端重,颇似有德器者。贼声言:"使二人来招我,吾降矣。"朝廷遣之。既而贼有二心,乃拘系久之。欧阳辈又说之日益切,因循遂为贼用。贼败,欧阳颖士、吴琮先诛死,陆、谢、施逵以槛车送行在。至中途,逵谓二人曰:"吾辈至,必死。与其戮于市朝,且极痛楚,曷若早自裁?"二人曰:"何可得自死?"逵曰:"易尔。"乃密令人为药三元,小大形色俱相似,一乃无毒者。逵取无毒者服之,馀二人服即死。逵既至行在,归罪于二人,理官无所考证,迄从末减,但编置湖南某州。中途又逃去,或为道人,或为行者,或为人典库藏,后迤逦望淮去。有喜其材者,以女妻之。住数月,复北走降虏,改名宜生,登伪科后,擢用甚峻。逆亮将犯淮时,犹为之奉使。……(《朱子语类》卷 133)

这段话对于我们了解范汝为的起义很有帮助,附录于此,也可以理解那一段评论,代表了一部分低层文人的倾向性。

　　附记:关于陆棠,《朱子语类》同卷另有一条,可视为范希周的原型,而他的岳父却是道学家杨时,比吕忠翊更有名得多:

一士人见龟山,容貌甚端庄,坐不动,每来必如是,以此喜之。一日,引入书院,久坐。忽报有客,龟山出接,士人独坐,凝然不动如故。宅眷壁外窥之,大段惊异。士人别去,家人以实告,皆称其如此好人,愈为所取。后以女妻之,乃陆棠也。及范汝为作乱,棠入其党,见矫情饰貌之难信也。

《俞仲举题诗遇上皇》的素材和传承

《俞仲举题诗遇上皇》是《警世通言》里一篇较著名的小说,没有注明它的年代,但应该是较早的话本。它的素材前人早已考证过,都认为取自周密的《武林旧事》卷3《西湖游幸》。我也曾沿用了这一说法。原文如下:

> 淳熙间,寿皇以天下养,每奉德寿、三殿游幸湖山。……一日,御舟经断桥,桥旁有小酒肆,颇雅洁,中饰素屏,书《风入松》一词于上。光尧驻目,称赏久之,宣问何人所作,乃大学生俞国宝醉笔也。其词云:"一春长费买花钱。日日醉湖边。玉骢惯识西泠路,骄嘶过,沽酒楼前。红杏香中歌舞,绿杨影里秋千。　　东风十里丽人天。花压鬓云偏。画船载取春归去,馀情在湖水湖烟。明日再携残酒,来寻陌上花钿。"上笑曰:"此词甚好,但末句未免儒酸。"因为改定云"明日重扶残醉",则迥不同矣。即日命解褐云。

俞国宝,实有其人,陈振孙《直斋书录解题》卷20诗集类著录其诗集:"《醒庵遗珠集》十卷。临川俞国宝撰,淳熙前人。"未注其字。后出的多种词选、词话都据《武林旧事》或《阳春白雪》录出其《风入松》"一春长费买花钱"词。

近日重新复核,觉得俞国宝和俞仲举并无关系。《遇上皇》明说:

　　如今再说南宋朝一个贫士，……此人姓俞名良，字仲举，年登二十五岁。

1.二者人名不同，故事情节与俞国宝题词故事有些相似，然而很多虚构创新的情节，与俞国宝故事大不相同。俞良字仲举，四川人，名字籍贯就是一大变异。

2.俞国宝是太学生，但没有出身，不能当官，并没说他穷得没饭吃。俞良是不第秀才，流落临安，穷得食宿不周。

3.中间插入一个太上皇赵构遇见原南剑州府太守李直的故事，他因赃被罢，暂在寺里当个行者。赵构见他可怜，却许他复职，事后宋孝宗没有照办，还引起了父子矛盾。这个故事见于《西湖游览志馀》卷2，未注出处，原文如下：

　　高宗既居德寿，时到灵隐冷泉亭闲坐。有一行者奉汤茗甚谨，德寿语之曰："朕观汝意度，非行者也，本何等人？"其人拜且泣曰："臣本某郡守，得罪监司，诬劾赃，废为庶人。贫无以糊口，来从师舅觅粥延残喘。"德寿恻然曰："当为皇帝言之。"数日后再往，则其人尚在。问之，则云："未也。"明日孝宗恭请太上帝后幸聚景园，德寿不笑不言。孝宗再奏，亦不答。太后曰："孩儿好意招老夫妇，何为怒耶？"德寿默然良久，乃曰："朕老矣，人不听我言。"孝宗益骇，复从太后请其事。德寿乃曰："如某人者，朕已言之而不效，使朕愧见其人。"孝宗曰："昨承圣训，次日即以谕宰相，宰相谓赃污狼籍。免死已幸，难以复用。然此小事，明日决了，今日且开怀一醉可也。"德寿始笑而言。明日，孝宗再谕宰相，宰相犹执前说。孝宗曰："昨日太上圣怒，朕几无地缝可入，纵大逆谋反，也须放他。"遂尽复原官，予大郡。后数日，德寿再往，其人曰："臣已得恩命，专待陛下之来。"谢恩而去。

　　这个故事与《遇上皇》里的插话基本相同,但初见于《西湖游览志馀》,行者本无姓名,而李直之名可能别有所据。按元佚名《东南纪闻》卷2:

　　　　徽宗微行,遇一贫儒,李其姓,自号落魄子。问其生庚,则与徽宗年、月、日、时一同。上因怜之,问以当途官况好恶,李对曰:"蜀最好。"上曰:"吾与蜀帅有故,当作书使周汝。"李辞以囊乏,上又资之,以扉屦及书赠之。李固不识其为徽宗也,于是投书,剥封则敕札令其交代本职,帅遂办公用,迎入礼上。李交事后越两日,中风死。上闻之,遂以其命付太史局推算贵贱。史云:"生于重屋者为帝,生于茅檐者为庶人。"

　　这个故事的主人公姓李,也是去四川当官,可能即《遇上皇》中李直的前身。但他是一个落魄子,上皇则又改成徽宗了。《东南纪闻》年代较晚,未必是《西湖游览志馀》中行者故事的原型,可能倒是从民间话本采集而来。

　　4.再往后看,元佚名《湖海新闻夷坚续志》前集卷1《遇贵升迁》又记载了一个许志仁的故事:

　　　　宋孝宗时,蜀士许志仁在临安袁家汤店止泊,觅差遣,淹某年馀,囊箧殆尽。每见士大夫则鞠躬相揖,人皆悯其穷困,或予以三券五券,惟藉此自给。一夕,孝宗与曾参政从龙微行,入袁店吃汤,志仁揖之甚恭。孝宗心念此人何敬我如此,故遗下一扇与之,志仁即以扇赶逐奉还,又如法一揖。孝宗问:"公何处人?在此何为?"志仁言:"某蜀人,在此待差遣,不觉日久,困穷甚矣。"孝宗又问年、月、日、时,又适与上合。孝宗曰:"曾参政欠阆州太守黄金二十两,明日以书荐汝去彼处受差辟,汝可移此金作果囊归。"志仁大感。孝宗复以志仁命在瓦子里与人算,星翁云:"此是主上命。"孝宗曰:"此蜀中一许文命。"星翁曰:"若果然,则目下亦遇大贵超升。"孝宗归,明日御笔批令志仁交阆州知州事,前任官改除利州西路提刑,并以金二十两予之,令曾参政密封与之。志仁不之知,携归见阆州守拆,守拆开,方知是主上御笔而谢恩。因知遇贵有命。

许志仁也是四川人,他在临安等"差遣",应该是已经有官待任。这个故事年代最晚,主人公宋孝宗也辈分最小。故事与前面所引话本也有许多相似的地方。因此不能倒果为因,说它就是《遇上皇》的原型。许志仁拾扇还扇的情节则与《赵旭遇仁宗传》拾扇题诗相似,疑出其后。

《遇上皇》故事的核心内容是四首词,与俞国宝的一首《风入松》完全不同。第一首是《瑞鹤仙》,第二首《鹊桥仙》则见于《水浒传》引首和《钱塘梦》,不无可疑。第三首也是《鹊桥仙》,末一首是《过龙门令》,四首词写得都不错,除前一首《鹊桥仙》外,馀三首未见他书,或出书会才人之手。《全宋词》没有收俞良的词,可说是有道理的。

前一首《鹊桥仙》:"来时秋暮,到时春暮,归去又还秋暮。丰乐楼上望西川,动不动八千里路。 青山无数,白云无数,绿水又还无数。人生七十古来稀,算怎地光阴,能来得几度。"似据元人鲜于枢词改造,原词作:

> 青天无数。白天无数。绿水绕湾无数。灞陵桥上望西川,动不动、八千里路。 来时春暮。去时秋暮。归去又还春暮。人生七十古来稀,好相看、能得几度。(明汪珂玉编《珊瑚网法书题跋》卷9,《全元词》820页)

最后俞良就职,与俞国宝的情节不同。因此它的素材应该别有来源。《宝文堂书目》有一篇《赵旭遇仁宗传》,似即《古今小说》

第十一卷《赵伯昇茶肆遇仁宗》的前身。讲的是西川秀士赵旭,上东京应考,因文卷中"唯"字"口"旁写成"厶"旁,被宋仁宗黜落。流落东京,羞归故里,又在茶坊壁上题词,被私游茶肆的宋仁宗看到,要寻找此人。最后找到了赵旭,写书荐他回西川找王制置,宣布他接任西川五十四州都制置。故事编得很巧妙,插入赵旭的诗词多达十一首,显示他确有才华,不应废弃。而宋仁宗亲自平反,勇于改过,也显得相当开明。

《遇上皇》很可能从《赵旭遇仁宗传》脱化而来,这是同一个母题的故事系列。《遇仁宗》是宋仁宗时事,年代在前。从文字看,赵旭故事在前,不仅仁宗年代早,而且如"快行""司天台苗大监""虞候""西川五十四州都制置"等名称也符合北宋的制度,似应早于俞良的故事。但文字较为朴质,口语较少,而且《古今小说》本恐非原著,如话中"原来"不作"元来",显经明代人修改。

《通言》本俞良故事口语话程度却较高,如"只说举子们元来却有这般苦处""却元来将去买酒吃""元来那俞良隔夜醉了"等处,"元"字还没有改掉。还有"没兴""打一看""打一张""做眼"等语词,都是常见于宋元话本的。只是李直故事那一段,却像是后人插增的。其前还引有明初人张舆的一首诗(张舆,字行中,著有《联辉集》,见《千顷堂书目》卷17),亦见《西湖游览志》卷10。结尾"今时乡试之例"也不是宋代人的语言。这两篇话本都经过后人的修改,但保留了不少宋元文献的基因。这是明代刻书非常普遍的现象,明代人刻书喜欢改字,因而造成了许多疑案。再加上元人的古体小说,又演化出遇徽宗、遇孝宗的故事,更令人困惑。为什么宋代的皇帝都喜欢微服私行,都怜悯寒士,喜欢提拔不第文人呢? 不过,如果像宋高宗那样连贪官也不加调查就官复原职,就不免要姑息养奸了。

　　我想，这无非是宋元时代的说话人同病相怜，要安慰一下那些科举不第、流落江湖的底层文人吧。说话人及下层文人编写了这一类小说，无非为落魄文人吐气，期望能遇上好心的皇帝贵人，有的还设置了一个算命先生预示吉兆，宣扬"遇贵有命"。只是一种幻想，也安慰不了遇不上贵人的无命者。

　　收入《遇上皇》的兼善堂本《警世通言》加上了《风月瑞仙亭》卓文君故事为头回（三桂堂本无），开头又改称"大宋"，造成疑点。但总体上确有不少宋元话本的常见语词，像是元代之前作品。而李直故事则像是明代插增的情节。它应是已经明人修订的累积型作品。因此我还是把它收入了《宋元小说家话本集》，现在再加以补充说明。

　　元代还有高文秀的《好酒赵元遇上皇》杂剧，也类似俞仲举遇上皇故事，可是竟把上皇说成宋太祖了。赵匡胤生前还没有太祖皇帝的称号，怎能称作"上皇"呢？这个杂剧全出虚构，情节荒唐，主角赵元只会饮酒，并没有题诗作词的才学，因为替宋太祖还了酒钱，又是姓赵，就被认作义弟，还任命为东京府尹，帮他报仇申冤。这个宋太祖比仁宗、徽宗、高宗、孝宗更糊涂，只因能喝酒就任命赵元为官，不是害民误政么！宋高宗替俞国宝改词，很注重于词的意境；任命俞良为官，还看重他写的诗词。民间说话人又爱编同样的故事，除了俞国宝遇高宗（已成太上皇）的事见于《武林旧事》，或许有事实原型，比较可信。但其馀的故事都无可考查，或者还早于高宗。高文秀的《好酒赵元遇上皇》显然全出虚构，但创作还在元代早期，是不是晚于小说《俞仲举题诗遇上皇》，还可以继续研究。从这一系列作品，可以看到宋元时代说话人铺演捏合的技巧，还是各有千秋的。

　　　　　　（首发于《文学遗产》网络版 2021 年 8 月 18 日）

再谈笔记与小说

  "笔记"本来是一种写作方式，顾名思义，就是用笔（有时则专指散文体）来记事或记言，如现在学生写的笔记就是记老师讲课内容或自己读书的心得，可是没人称之为著作。南朝梁刘勰《文心雕龙·才略》篇说"路粹、杨修颇怀笔记之工"，则说他们善于写章奏和书信（参看各家对《文心雕龙》的解释），并没有特指某一种文体。到宋代宋祁的《笔记》，又称《宋景文公笔记》或《宋景文笔录》，才成为一种书名。《宋史·艺文志》里史部传记类著录《宋景文公笔记》五卷，子部杂家类又著录宋祁《笔录》一卷。笔记似乎比较近于史部。

  此后以"笔记"为书名的著作相继而出，一部分被列入了小说家。从而又产生了"笔记小说"的文类。"笔记"与"小说"连称，见于宋人史绳祖《学斋占毕》卷2"菱薐二物"条，所举的例子是马永卿的《嬾真子》。《嬾真子》是一部考据辩证性的著作，可是在《宋史·艺文志》里却列入小说类了。这是《宋史》编纂者留下的一笔糊涂账。从宋代到清末，"笔记小说"始终没有得到文献目录学家的认同，直到民国元年（1912），进步书局编印了一套《笔记小说大观》，销路很广，"笔记小说"的名称才流行起来了。其原因大概是有些学者接受了域外的小说观念,想把非虚构性的子部小说排除于小说之外,王文濡就用"笔记小说"的名称来收容那些类似《四库全书总目》里"杂事之属"的作品。嗣后,"笔记小说"的名称被人用得越来越滥,好像笔记小说是个大筐筐,什么都能装。如台湾新兴书局编印的《笔记小说大观丛刊》,收入了《韩诗外传》《独断》《曲海总目提要》等书,真是洋洋大观了。

我们先说笔记的衍化,宋祁的《笔记》,在《宋史·艺文志》里还没有归入小说类,而作为宋代笔记代表作的沈括《梦溪笔谈》、洪迈《随笔五集》等则列入小说类。近人刘叶秋先生《历代笔记概述》(中华书局1980年版)把笔记分为三类:一是小说故事,二是历史琐闻,三是考据辨证。张舜徽先生《与诸同志再论历史文献的整理工作》也同此说(《訒庵学术讲论集》,岳麓书社1992年版,455页),但不知谁先谁后。如果把"笔记"作为一个大类目,至少可以分成这三类,才能稍加区别,否则泛滥无边,各取所需,就会各自跑马圈地了。问题是不少按四部分类的图书馆,对古籍小说类的书,往往分类不同。如《中国古籍善本书目》(上海古籍出版社1985年1版),就是在小说类下先设"笔记"一个属类,其下再设杂事、异闻、琐语、谐谑四个小类,比《四库全书》多了一个层次,又增加了"谐谑"一个小类。另设"短篇""长篇"两个属类,"短篇"兼容文言、白话的作品,包括《虞初志》和《新编红白蜘蛛小说》的一个残页等等,这是一个不失为灵活巧妙的办法,既打破了不收白话小说的旧传统,又没有打破子部小说家的大类,比把白话小说归入集部的做法更合理一些。

《中国古籍总目》基本上按照《中国古籍善本书目》的分类法,但小说类下设了丛编一属,其次为文言之属、白话之属。文言之属下再设"笔记"一类,其下再分杂事、异闻、琐语、谐谑等小类。但收入丛书的作品则往往互见于子部和丛书部,如《丛书部》的杂纂类和《子部》的丛编之属就重出了《顾氏文房小说》、《顾氏明朝四十家小说》、《广四十家小说》、《稽古堂丛刻》(即《稽古堂新镌群书秘简》)、《合刻三志》、《快书》等六种。《丛书部》对历来认为是小说丛编的如《五朝小说》《唐人说荟》《唐人小说六种》《笔记小说大观》等却又兼收并蓄了。

总的趋势是在《四库总目》小说家的"杂事之属"上加了"笔记"一个层次。这是一个新兴的分类法。当然,各家图书馆用不同的分类法和对古籍书的定性有不同认识,也是不足为奇的。如以国家图书馆的目录为例,上海古籍出版社的《唐五代笔记小说大观》因为有"小说"两字,就编入文学类,按中图的分类法加上 I 字号;中华书局的《唐宋史料笔记丛刊》因为有"史料"两字,就编入历史类,加上 K 字号;三秦出版社的《全唐五代笔记》作为丛书,就加上 Z 字号。

由于"笔记小说"的概念模糊,范围不够明确,引起了不少麻烦,笔者曾提出过质疑(《略谈笔记小说的含义及范围》,载《古籍整理研究学刊》1991 年第 2 期),但那时还很少具体的案例,并没有引起讨论。此后笔者又多次提出了笔记和小说的区分问题,也没有得到解释。

较早的小说史著作,如陈文新先生的《中国文言小说流派研究》(武汉大学出版社 1993 年版)、吴礼权先生的《中国笔记小说史》(台湾商务印书馆 1993 年版、商务印书馆 1997 年版,写成于1992 年)、苗壮先生的《笔记小说史》(浙江古籍出版社 1998 年版),都把"笔记"作为文言小说的一体。

吴礼权先生在《中国笔记小说史》中首先提出了笔记小说的标准:"就是那些以记叙人物活动(包括历史人物活动、虚构的人

物及其活动)为中心、以必要的故事情节相贯穿、以随笔杂录的笔
法与简洁的文言、短小的篇幅为特点的文学作品。"(3页)再按时
代把笔记小说分为志怪派、轶事派、国史派、事类派、杂俎派,涉及
的面很广。吴礼权提出了自己的标准,还是认定笔记小说为"文学
作品"。按他提出的书目,有些派的作品,其实是完全没有故事情
节和文学性的。不过笔者很赞赏他"敢为天下先"的勇气和"抛砖
引玉"的虚心,特别是对某些作品的艺术赏析,很有卓见。

　　苗壮先生在《笔记小说史》的绪论里也说:笔记小说是文言小
说的一大门类。自古以来对于文言小说的分类,便言人人殊,不曾
有过定论。最早论及此问题的,是唐代史学家刘知幾,他认为:"偏
记小说,自成一家,……爰及近古,斯道渐烦,史氏流别,殊途并骛,
榷而为论,其流有十焉。……"刘知幾并没有提到笔记,他所举的
十类,可以用"偏记小说"来概括,的确近于我们今天所说的"笔
记"了。刘知幾是史学家,所以把"偏记小说"作为史书的一个分
支,说是"能与正史参行"的书。苗壮《笔记小说史》从《汉书·艺
文志》开始谈笔记小说的萌生,分别论述历代的志怪和志人小说,
只回避了传奇类的作品,把唐代以前的志怪志人的小说称为"笔记
小说",实际上是一种"追认"。在谈到《聊斋志异》时只评述其笔
记体的作品,则不免有削足适履之嫌。

　　石昌渝先生在《中国小说源流论》(三联书店1994年版)里也
提到了笔记小说,他特别强调了"笔记小说"和"野史笔记"的区
别,认为野史笔记"绝不可与笔记小说混为一谈"(135页)。

　　陈平原先生的《小说史:理论与实践》(北京大学出版社1993
年版),在第三篇《中国小说类型研究》中肯定刘知幾"偏记小说"
的分类是值得重视的。后来又在《中国散文小说史》(上海人民出
版社2004年版,其初稿为1998年版《中国文化通志·散文小说

志》)说:"'笔记'之庞杂,使得其几乎无所不包。若作为独立的文类考察,这是一个致命的弱点。……这是一个双方(按:指散文与小说)都可介入、都与之渊源甚深的'中间地带'。"(15页)又说道:"撰写唐人小说史,不能想象没有'志怪'与'逸事'的参与。"(240页)"'志怪'乃唐人传奇最早承继的文学遗产。"(255页)他也是把"逸事""志怪"视为小说,而不用"笔记"来概括的。

以上是较早的关于笔记和小说的代表性意见。近年来这方面的论著很多。如王庆华先生的《古代文类体系中"笔记"之内涵指称》(《华东师范大学学报(哲学社会科学版)》2010年第5期)一文谈得很详细,他指出"笔记小说"概念的局限性,比较明确。王卫波先生《20世纪以来中国古代笔记文献的整理与出版》一文也作了比较详细的综述(《出版发行研究》2018年第6期,中国文学网2019年6月2日发布),可以参看。

1990年,中华书局曾出版王瑛先生的《唐宋笔记语辞汇释》,他研究的是语辞训诂,注意的是唐宋时代的语料,并不在乎原书是笔记还是小说,所以大量引用了《笔记小说大观》而不加分析。1992年,中华书局出版了方积六、吴冬秀编的《唐五代五十二种笔记小说人名索引》,确认了52种唐五代的笔记小说,基本上已经把有关唐五代历史人物的史料都收入了,显然是属于历史琐闻类的工具书,很有价值,已为新编唐人轶事汇编提供了方便。但其中也收入了不少虚构的文艺形象,如出于《续玄怪录》的李复言,与李谅是否一人,就造成一个疑案。

2003年,笔者在《漫谈笔记小说及古代小说的分类》一文中再次提出古代小说如何分类的问题(《古籍整理出版情况简报》2003年第3期),那是为了《中国大百科全书》修订条目而向文史学界提出的,希望引起讨论,争取能取得多数人的共识。

就在这一年,大象出版社开始出版《全宋笔记》,傅璇琮先生为此在《谈古代笔记的整理研究——从〈全宋笔记〉谈起》一文中提出:"当前的笔记研究,可以考虑的,一是将笔记的分类如何从传统框架走向现代规范化的梳理,二是如何建立科学体系加强学科意识,把笔记作为相对独立的门类文体进行学科性的探究。"(《古籍整理出版情况简报》2003 年第 6 期)好像就是回答我提出的问题。《全宋笔记》也以此作为全书的序言。

这第一条,后来在他署名总编的《中国历代笔记》电子版 U 盘里就初步实现了。就是对文言小说取消了"小说"二字,一律都认定为"笔记"(包括单篇作品《补江总白猿传》《东城老父传》等)。《中国历代笔记》电子版 U 盘收书一千三百五十六种[此据《中国历代笔记》目录(2008 年 11 月 1 版)统计,其凡例只说"1200 多种"],先按时代分为五卷,其下再按刘叶秋所说历史琐闻、小说故事、考据辨证分类,而清代卷又加出了"文学文论"一类。按这个体例,应该是"小说故事"类的笔记就相当于"笔记小说",其馀是各类的笔记。这是当代最新最大的"笔记大观",其特点是提出了一个历代笔记的拟目,实际上还是有缺有滥。如清代卷的"考据辨证"类就没有参考张舜徽先生的《清人笔记条辨》,而增设了"文学文论"类。

第二条,"如何建立科学体系加强学科意识,把笔记作为相对独立的门类文体进行学科性的探究",对"相对独立的门类"没有解释,也许就是章学诚所说的"互著之法"(《校雠通义·互著第三》),把一书互著于两类吧。

与此同时,陶敏、刘再华二位先生有一篇《"笔记小说"与笔记研究》的论文,专谈笔记研究的问题。他们主张要把笔记作为一个独立学科来研究和整理,竭力反对用"笔记小说"的名称,认为由于不少学者和出版者沿用"笔记小说"的概念,对笔记的不同的理解,"这就给笔记和小说研究整理工作造成了许多混乱"(《文学遗产》2003 年第 2 期)。他们指出的问题确实存在,在古代小说研究中的困境也的确屡见不鲜,但他们强调了笔记的特点是"以传信为目的",认为"整理中不注意史料真实性的考定",则未免以偏概全。

后来陶敏在《全唐五代笔记》前言中详细地谈了唐五代笔记的价值,还指出了有些旧版笔记的多种错误,认为都由于前人对小说的轻视所致。最后说:

> 二十世纪初,出现了"笔记小说"一词,笔记被归为小说或准小说,处境尴尬,在一定程度上丧失了作为独立的科学研究对象的资格。在这种观念支配下,整理工作往往忽视了笔记本身的特点,对其文本本身和所载史料的真实性的考定没有给予充分的重视,这也是导致笔记文献整理质量不高的重要原因。

其实,有些史学家早已注意到了笔记与小说的区别,早已重视了笔记的史料价值,1925 年陈垣先生就在《中国史料的整理》的一次讲演中提出了"笔记的整理",包括加目录、加总目和编索引等方法(初见燕京大学《史学年报》1929 年第 1 期);点校本"二十四史"和《清史稿》的执行主编者赵守俨先生,很重视笔记的史料价值,就为中华书局策划了"历代史料笔记丛刊",并没有把这些笔记称为小说。他在《随笔与〈唐宋史料笔记丛刊〉》一文中说:"随笔通常也称为'笔记'。……一般来说,可分两大类:谈学问的,记见闻的(还有一种属于短篇小说性质的,这里没有把它包括在内)。或称前者为'学术笔记',后者为'史料笔记',倒也名副其实。"(《赵守俨文存》216 页,中华书局版,原载《书品》1988 年第 4

期)《唐宋史料笔记丛刊》除了《四库全书》里子部小说家杂事之属的书,还采用了不少杂史和杂家类的书,更与小说无关。

上海古籍出版社的《历代笔记小说大观》,虽然沿用了"笔记小说"的名称,但对文献的整理还是相当认真的,可能是出于舍不得剔除其中的小说故事类作品吧,还是用了"笔记小说"的旧称。倒是某些意图囊括全部笔记的大书,却难以达到古籍整理的基本要求。

2012年,由陶敏先生主编的《全唐五代笔记》(三秦出版社),也舍不得剔除笔记中的小说故事。其凡例之二说明:

> 本编收录的笔记,指随笔记录、不拘体例的著作,包括各种历史琐闻类、考据辨证类、搜奇志异类笔记,不收今人称为小说的单篇传奇及传奇集,但录入笔记的单篇例外。

编者力求其全,除了把"小说故事"类改称"搜奇志异"类,稍微缩小了一点,还是把今人称为小说的《冥报记》《玄怪录》《续玄怪录》《纂异记》等书也收了。这又是一种较宽泛的笔记观。事实上今人称为唐人小说的大多是"搜奇志异"的作品,只有裴铏的《传奇》一书才可以称为传奇集。其馀"搜奇志异"类的作品大多是志怪集,本来就没人称之为传奇集。如段成式《酉阳杂俎》序言自称:"固役而不耻者,抑志怪小说之书也。"名从主人,历来都列在小说家,在《四库全书》里则列入小说家的琐语类。而最近中华书局也把它收入了《唐宋史料笔记丛刊》,从史料角度看也不无可取。前人早有"六经皆史"的说法,现在也可以说"四部皆史"或"五部皆史",但"笔记"目前还没有提升到独立的一部。

由于"笔记小说"造成了小说概念的混乱,导致一些学者逐步回避了小说的名称。如严杰先生曾编译《唐五代笔记小说选译》(巴蜀书社版),还协助周勋初先生为《中国古代小说百科全书》写过词条。后来他撰写的《唐五代笔记考论》（中华书局 2009 年版），就把一部分小说只称为笔记，这是一次调整。陈尚君先生把原来为《中国历代小说辞典》（云南人民出版社 1993 年版）写的条目，汇成一集，改称为《宋元笔记述要》（中华书局 2019 年版），可见当代学者正在考虑用"笔记"来兼并子部的杂家和小说家等书，使笔记由附庸变为大国，甚至有把笔记提升为一个独立大类的趋势，可能和"丛书部"那样，成为与经、史、子、集并立的第六大部。据某些学者的统计，历代笔记大约不下于 3000 种之多（见上海古籍出版社《历代笔记小说大观》出版说明），那就比《四库全书》集部收录的书还多了，独立成为一大部也未尝不可。看来，全元、全明、全清的笔记势将相继问世。

　　中国小说是历史地发展的，目录学也是历史地发展的。对于子部小说家的类目，当然可以改革。但最好还是要先作微观的分析研究，逐一写出叙录，然后再作宏观的综合归纳。

　　古代小说学者比较激进的如何满子先生为《全唐五代小说》（陕西人民出版社 1998 年版）写的前言，提出了许多条小说的标准，已经把一大部分作品排除于小说之外了，但没有给它定名。而主编李时人先生为了照顾"不少学界同仁的意见"，又不得不在书中另设了一个"外编"，来收容"还没有达到小说标准，但在某些方面具备了一些小说因素，或者说接近小说规范的叙事作品"。这是一个非常尴尬的困境。但何满子、李时人先生并没有用"笔记"的名称。

　　在古籍目录学的研究中，比较激进的革新派可能是史学家黄永年先生，他先在《唐史史料学》里举了一批《四库全书》里杂事之属的小说，如《朝野佥载》《教坊记》《唐国史补》等（《唐史史料学》，陕西师范大学出版社 1989 年版）；进而在《古文献学四讲》的目录学中把《西京杂记》《世说新语》《因话录》《唐摭言》《北梦琐言》《南部新书》《唐语林》等书改列于史部的杂史类(《古文献学四讲》,鹭江出版社 2003 年版,62 页)。黄永年先生干脆把《世说新语》等书改列杂史类,这是一次勇敢的创新,比混装小说与笔记于一筐更好一些。再说,除了《世说新语》,大多还是复《旧唐书·经籍志》之旧(在《旧唐书·经籍志》里《西京杂记》属史部历代故事类,多数志怪小说属史部杂传类)。最近中华书局的"新编诸子集成续编"也收入了《西京杂记校注》,作为诸子的一家,倒是把小说的地位提高了(版权页上的分类还是列为"笔记小说")。不过,《四库全书》里的子部还有医家、释家等属类,是不是都可以收入诸子集成呢?

　　较早的笔记研究者如张晖先生的《宋代笔记研究》(华中师范大学出版社 1993 年版),举出 113 种书,在《四库全书》中属于小说家的 43 种,杂家的 56 种,传记类 3 种,史评类、载记类、杂史类各 1 种,地理类 8 种,可见笔记更近于传统目录的杂家类,相当于现代分类目录的综合类。我们在元明清的杂家类里也可以提出不少今人所追认的笔记。可见宋代笔记就不仅是小说的替身,而且是杂家等书的前身。

　　中国古代的小说家是从汉代刘歆《七略》开始设置的,一百年前,小说史学者自鲁迅《中国小说史略》以来,大都认同了汉魏以来就有志怪及志人、志事(或称逸事、轶事)等小说,是唐代小说有所继承的渊源。鲁迅在《中国小说的历史的变迁》里还讲到了清代的"拟古派",指的就是《聊斋志异》等文言小说。因而不能把传统目录里的小说只从唐代单篇传奇文算起。古籍目录学也不能割断历史,把小说家分割两截,认为唐代以后就没有志怪及志人、志事的小说了。

我们大部分古代小说爱好者和学者的同道,还是舍不得把小说家剔除出子部小说类的古籍。如《聊斋志异》一书,大多数学者都誉之为文言小说的巅峰,如果只把它归入了笔记,是不是会贬低它的文学价值呢? 当然不会。中国小说史学者是决不会把它置于小说史之外的。《聊斋志异》的确如纪昀所说"一书而兼二体",但从它的主体部分和传奇性作品的分量来看,还应该视为小说集。

有一部分稳健派的学者,还一再提出,要回归中国传统的小说观,不要"以西律中""以今律古",对从新从严的古代小说学者提出了批评和商讨。

看来,笔记与小说的界定,已经到了亟需认真讨论的时候了。

最近,文物出版社出了《全清小说》的顺治卷,还是兼容了历史琐闻类的笔记。中华书局出版了《宋代笔记录考》,又兼容了诗话等书,我虽然不完全赞同作者的界定,书中也不无瑕疵,但资料充实,还是一部很有用的工具书。同时,李小龙先生的新著《必也正名》一书(三联书店 2020 年版),对好几部古代小说名著的书名,做了详细的分析,也对小说的类目提出了正名的意见。对中国的"小说"概念,提出了"正名"的任务。关于古代文言小说,他提出:"我们现在的任务虽不是全然'以西例律我国小说',但也并非全然回归古代的认识,只能是在尊重并对古人抱理解之同情的基础上,以现代眼光观照古代传统,尽可能在体认古代轨迹与投注现代目光之间找到切当的平衡。"(23 页)看来这是比较稳健而务实的主意。我们需要学习历史辩证法,把文献典籍和学术观念看作历史发展的文化现象。专科的学者也要与文献学者交流互鉴,争取共识。

笔者也是执中主义的改良派,对于宋代以后的古体小说主张标准从严,赞同对传统目录里的小说家加以甄别和调整。因为宋代人本来就没有明确的标准。《宋史·艺文志》小说家所收的作品，在其他书目里就有许多不同的分类。具体意见详见拙著《古体小说论要》的《小说观的发展和古籍目录学的调整》一章（北京出版社2017年版）。宋代的历史背景，一是以话本为基础的白话小说正在兴起，一是以宋祁作品为代表的笔记开始繁荣。因此我要建议古代文献的学者、信息管理学科的学者和各大图书馆的编目工作者，一起来关注这个课题，共同讨论，与专科学者交流互鉴，不要绕过难点，漠然处之，或者推波助澜，治丝益棼。还是要坚持"辨章学术，考镜源流"的优良传统，从学理上辨析文类的传承关系，推动古籍目录学的创新性发展，也促进古籍整理的良性发展。

出版社在企业化体制下，有完成自身任务的压力，不得不采取一些商业性的竞争行为，是可以理解的。但作为文献学科的目录学家，或广义的校雠学家，对于古籍的分类，是不是还需要进行一些科学的研究呢？

有价值的古籍作品，无论放在哪一类，都需要进行认真的研究和整理。希望新出的各种版本能做到后出转精，不要简单的重复，更不要后出转劣。这是更重要更务实的课题。

再补充一点：笔者曾设想古体小说的整理，可以先从单篇目录做起。例如沈亚之的《沈下贤文集》、宋懋澄的《九籥集》里有小说，但不能称为小说集，只能选录篇目。现在觉得，李剑国先生的《唐五代传奇集》和《宋代传奇集》已经奠定了比较坚实的基础。他已经放弃了以前分叙志怪、传奇的做法，兼容单篇传奇和志怪、杂传、杂史等书里的传奇性的作品，汇为总集，就给我们初步提供了单篇小说的一个总目，我们在编撰小说选集和小说史时就可以有所依据了。今后再继而编出元、明、清的传奇集（包括"用传奇法"的志怪小说《聊斋志异》等作品），上接汉魏六朝的志怪及志人、志事的代表作品,称引作品较多的就是代表作家,就可据以进行学理的辨析,探讨古代小说发展的历史轨迹了。至于全面改革古籍目录的图书分类法,不妨在各科学界充分讨论之后再逐步进行,因为需要改革的不止子部小说一家。

（原载《古籍整理出版情况简报》2021 年 11 期）

试论中国古代小说观的传承和发展

中国古代的小说观,始见于《汉书·艺文志》的《诸子略》小说家,源于刘歆的《七略》:

> 小说家者流,盖出于稗官。街谈巷语,道听途说者之所造也。孔子曰:"虽小道,必有可观者焉,致远恐泥,是以君子弗为也。"然亦弗灭也。闾里小知者之所及,亦使缀而不忘。如或一言可采,此亦刍荛狂夫之议也。

对于小说家的稗官说,历来有不同的推论。余嘉锡先生曾解释"稗官"为"天子之士",即低于大夫的小官。他引用颜师古注引《汉名臣奏》的话,认为"师古以小官释稗官,于义为长"[1]。从而据《春秋》襄十四年《左传》的话:"史为书,瞽为诗,工诵箴谏,大夫规诲,士传言,庶人谤,商旅于市,百工献艺。"再引《贾子新书·保傅篇》中"士传民语"的话,说明士所传者,"传庶人之谤言也"。余先生的解释基本上是正确的。近年有了出土简册的佐证,已确认秦汉时确有"稗官"的称谓,多位学者认可了前人小官通称"稗官"的解释。但稗官的职责不限于"传言",有人提出了稗官为"县乡吏员"

---

① 余嘉锡:《小说家出于稗官说》,《余嘉锡论学杂著》,中华书局 1963 年 1 版,265—279 页。

的推论。当然,还可以把《左传》所说的"史、瞽"和《周礼》《国语·周语》所说的"瞍、矇"等人也视为传言的稗官。总之,简单地说,秦汉时曾有一批相当于士的小官吏,其职责之一就是搜集民间议论和传说,用各种方式传达给执政的统治者。

我更重视的是关于"小说"的来源和定义,"街谈巷语,道听途说者之所造也"这句话。也许是刘向、刘歆作的分析,小说就以士所传的庶人之言为主了。"街谈巷语,道听途说"就是民间的口头创作,与谣谚诗歌一样,其中就包括了歌颂和讽刺,反映的正是当时的民情社意。而庶人的"谤",似乎偏重于讽刺,这从《国语·周语上》"厉王虐,国人谤王"这句话里可以得到旁证。其下邵公对厉王的话就列举了各级官吏的任务,只说"列士献诗",却没说庶人之语必须由士来转达,也没说庶人之言都是"谤"。

按《国语·周语上》记载:

> 邵公曰:"是障之也。防民之口,甚于防川。川壅而溃,伤人必多。民亦如之。是故为川者决之使导,为民者宣之使言。故天子听政,使公卿至于列士献诗,瞽献曲,史献书,师箴,瞍赋,矇诵,百工谏,庶人传语,近臣尽规,亲戚补察,瞽史教诲,耆艾修之,而后王斟酌焉。"

看来《左传》所说的"庶人谤",只是代表周厉王那样的统治者的观点。

《国语》的话与《左传》大致相同。天子或诸侯王都可以从传言中得到鉴诫。英明的执政者就会重视这些信息,智慧的决策者就会据以制定政策。《汉书·艺文志》的如淳注说:"街谈巷说,其细碎之言也。王者欲知闾巷风俗,故立稗官使称说之。今世亦谓偶语为稗。"(如淳是魏国人,去汉未远,他说"今世"的"稗"亦谓偶语。"偶语"见《史记·秦始皇本纪》"有敢偶语《诗》《书》者弃市",即私相谈论。)也近似《国语》所载邵公的观点,看来如淳的话也是有所据的。

在独尊儒术的西汉时期,小说还在萌芽状态,学者当然不可能把小说家列入诸子的前列,更不可能列入《六艺略》,只能说是小道,讲的是小言、小语、小知,是十家中最不可观的等外品。然而又引用孔子(今本《论语》作"子夏")的话"虽小道必有可观"而说:"如或一言可采,此亦刍荛狂夫之议也。"这在西汉末期王莽托古改制时代就是一大发明了。在汉武帝时期,只有方士所编造的《虞初周说》等书被列为小说。较早的作品,《汉书》原注已认为是后人拟托的,而且不久都已亡佚。

约略同时的桓谭比较明确地说:"小说家合丛残小语,近取譬论,以作短书,治身治家,有可观之辞。"也就是说,在修身理家这一范围内,小说还是有一定的用处的,至于治国平天下的范围,那就必须用儒家的大学之道了①。

有人认为《汉志》所著录的小说并没有"士传谤言"的内容,与稗官的职责枘凿不合。刘歆以秦汉之际的稗官为小说家的起源,而著录的却以汉武帝时黄老学派末流的方士作品为主,的确有不相应之处。但首次说明了小说的可观之处,正在于传承了"闾里小知者之所及",这就是乡县稗官的主要职责。

乡县级的稗官介于官民之间,任务之一正是传庶人之言。校雠家刘向、刘歆把传言作为稗官的惟一任务,不免有其片面性,但也可见它的相对重要性。《汉志》所著录的小说,大多数是道家末流方士所作,讲的是黄老学派的寓言和方士编造的谎言。

我们应该注意到:《汉志》十五种小说里有《黄帝说》四十篇,

① 参看王齐洲、屈红梅《汉人小说观念探赜》,《南京大学学报》2011 年 4 期。

原注说:"迂诞依托。"《宋子》十八篇,原注说:"孙卿道:《宋子》,其言黄老意。"可见是黄老学派依托的"小说";《黄帝说》以上的八种都是后世依托的作品。道家经典《老子》五千言,根本没提黄帝,黄老学派是后起方士们依托的传说。《封禅方说》十八篇等四种是武帝时的作品;《臣寿周纪》七篇是宣帝时的作品;待诏臣安成《未央术》一篇,据应劭注说"道家也,好养生事,为未央之术"。只有《百家》百三十九卷是被儒家淘汰的等外品,据刘向《说苑叙录》说:"《说苑》杂事,……其馀者浅薄不中义理,别集以为《百家》。"参照《史记·五帝本纪》篇末太史公曰:"学者多称五帝,尚矣。然《尚书》独载尧以来;而《百家》言黄帝,其文不雅驯,荐绅先生难言之。"可见刘向、刘歆所认定的小说,都是"迂诞依托"和"不雅驯""浅薄不中义理"的作品。(据张大可先生注,这里的"百家"即小说《百家》,颇有可信。)而且作品最多的虞初,竟有九百四十三篇,占了总数一千三百八十篇的 68.3%,所以后汉张衡《西京赋》说:"小说九百,本自虞初。"这个开创小说文类的虞初,正是汉武帝时的方士,而不是秦汉之际时的"传言之士",讲的是黄老学派的寓言和谎言,与汉初的稗官有所不同,因此不能要求他们能传达庶人之言。

　　《史记·太史公自序》说:"太史公学天官于唐都,受《易》于杨何,习道论于黄子。"徐广注:"黄生,好黄老之术。"所以"黄老"的黄,不是黄帝而是黄生。《黄帝说》实即黄生等人"迂诞依托"和"不雅驯"之言。因而班固《汉书·司马迁传》的赞曰:"又其是非颇缪于圣人,论大道则先黄老而后六经,序游侠则退处士而进奸雄,述货殖则崇势利而羞贱贫,此其所蔽也。"司马迁引述太史公讲六家之要旨时,还没有小说家,他论大道时先讲黄老学派的道家,因为太史公曾习道论于黄子,可能就有小说里的《黄帝说》之类的故事,但他也指出"其言不雅驯"之蔽了。

到了唐代,魏徵、于志宁等史官又对《汉书·艺文志》的小说观作了创新性的发展,在《隋书·经籍志》里说:

> 小说者,街说巷语之说也。《传》载舆人之诵,《诗》美询于刍荛。古者圣人在上,史为书,瞽为诗,工诵箴谏,大夫规诲,士传言而庶人谤。孟春,徇木铎以求歌谣,巡省观人诗,以知风俗。过则正之,失则改之,道听涂说,靡不毕纪。周官,诵训"掌道方志以诏观事,道方慝以诏辟忌,以知地俗";而训方氏"掌道四方之政事,与其上下之志,诵四方之传道而观衣物",是也。孔子曰:"虽小道,必有可观者焉,致远恐泥。"

《隋志》改写《汉志》的小序,首先是删除了"出于稗官"的前提,其次是增加了许多经典的关于小说起源的论述,再次是强调了小说的社会功能和认识价值,再次是删掉了"是以君子弗为也"一句。最终是在《诸子略》的大序里提出了一个空前绝后的大判断:

> 儒、道、小说,圣人之教也,而有所偏。

为什么《隋志》竟如此高度评估小说的价值呢?我认为魏徵、于志宁等人看到汉魏以来的小说作品,已逐步回归到"街说巷语"的老路,由黄老学派的方士作品演进到轶事、异闻等民间传说和庶人议论的记录,可以像诗歌谣谚那样"诵四方之传道而观衣物"(《周礼·周官》)、可知"闾巷风俗"(如淳《汉书》注语),有供执政者参考的价值。期望"圣人在上"的李唐皇帝,能接受"圣人之教"中的"小说"之"小道"。他们不点名地引用古代的典籍,如《左传》《国语》《周礼》乃至《汉书·食货志》所说"行人振木铎徇于路以采诗"的传统,突出了倾听民意的目的。这和魏徵等人的言行是一致的,显然也是史官的任务。但是他们又看到了小说"有所偏"的局限,只能把"小说"放在子部而不入史部。其后刘知幾《史通·杂述》篇就提出了"能与正史参行"的"偏记小说"的文类,"偏记"一词大概就是从《隋志》的"有所偏"一语而创立的。

刘知幾用"偏记"统领了小说的文类,包括偏记、小录、逸事、琐言、郡书、家史、别传、杂记、地理书、都邑簿十个属类。其中"琐言"的定义最近似《汉志》《隋志》的小说家:

> 街谈巷议,时有可观,小说卮言,犹贤于已。故好事君子,无所弃诸。若刘义庆《世说》、裴荣期《语林》、孔思尚《语录》、阳玠松《谈薮》,此之谓琐言者也。

其次是"逸事":

> 国史之任,记事记言,视听不该,必有遗逸。于是好奇之士,补其所亡。若和峤《汲冢纪年》、葛洪《西京杂记》、顾协《琐语》、谢绰《拾遗》,此之谓逸事者也。

刘知幾把"逸事""琐言"作为小说,放在第三第四位,似乎以它的史料价值来排行的。而"别传""杂记"排到第七第八位,就靠后了。今天我们用当代的小说观来考察,则"别传""杂记"更有力于推动唐代小说的发展,因为这两类作品的文艺性较强。然而从刘知幾的观点看,则史料价值当然最重要了。他说"好事君子"不弃"小说卮言"的"街谈巷议,时有可观",就不同于"是以君子弗为"了。从魏徵到刘知幾,都从"能与正史参行"的价值提高了小说的地位,为中国小说的发展开辟了道路。然而,把"小说"视为稗史的观念对中国小说的发展也起了反面作用,否定了小说的艺术加工,阻止了文艺性的转化。《隋志》开始确定把史部列在子部之前,在史部里创设了杂史、杂传类目,明确指出杂传里有些作品已"杂以虚诞怪妄之说",如《汉武帝内传》《汉武洞冥记》《搜神记》《异苑》等书,后来就被欧阳修改入小说类了。一批从史部的杂传等类降级为子部的小说,主要原因就是失实,杂有"虚诞怪妄之说"。在史学家目中,无论杂传或小说,都要以实录为首要标准。《新唐书·艺文志》还把杂传改称为"杂传记",这是宋初的《太平广记》里就用的一个文类称谓。

唐代小说的发展,我们今天的学者多以"传奇"的兴起为标志,但实际上唐人并没这一观念。《莺莺传》什么时候被称为"传奇",还是一个疑案。晚唐裴铏的小说集名为《传奇》,只是他个人的别集,到了宋代,陈师道《后山诗话》才认为尹洙所鄙视的"传奇体",就是从裴铏《传奇》得名的。

> 范文正公为《岳阳楼记》,用对语说时景,世以为奇。尹师鲁读之曰:"传奇体尔。""传奇",唐裴铏所著小说也。

"传奇"成为唐代小说的一种文类,要到元代虞集的时代才初步成立。而且以单篇流传的作品,本来只称为"杂传记",与编纂成书的小说集不同。一般书目不著录单篇文章,《新唐志·艺文志》里小说类只收了一篇《补江总白猿传》,可以说是传奇,还有已佚的《戴少平还魂记》一卷,《开元御集诫子书》一卷,吴筠《两同书》一卷,可能是单篇的作品。其馀注明一卷的,不一定是单篇。"杂传记"的属类里,有一篇郭湜《高氏外传》,即《高力士外传》,后人有把它视为小说的,其实还是传记。非单篇的小说集,今人一般都称为志怪。只有《玄怪录》比较突出,鲁迅《中国小说史略》第十篇《唐之传奇集及杂俎》里曾说:"造传奇之文,会萃为一集者,在唐代多有,而煊赫莫如牛僧孺之《玄怪录》。"可是《唐宋传奇集》里一篇也没有选,令人误解为只有单篇的才是传奇。这个问题这里暂不讨论,拙作《古体小说论要》里有详论。只说唐代小说的界定,至今也没有定论。今人如陶敏先生的《全唐五代笔记》,除单篇传奇外,都称为笔记,好像一编成集子后,就不是小说了。

其实唐代传奇还是从杂传演进而来,又接受了民间说唱文艺的影响,如《游仙窟》则是最典型的作品。其远源是是秦汉以来的杂赋,近源是唐代的叙事赋和变文。张祜嘲笑白居易的《长恨歌》是《目连变》,就是从其内容角度说的,因其"杂以虚诞怪妄之说",就是"街谈巷议"的故事,加以一定的艺术虚构。

真正传承了《目连变》等说唱文艺传统的,是宋元的说话人。他们把"小说"缩小为宋代的"小说家",但无论讲史、讲经还是"说诨话""说诨经",实际上都是采集了"街谈巷议",从"道听途说"不自觉的虚构发展到自觉的艺术虚构。典型的话本小说是《水浒传》,宋末龚开的《宋江三十六赞序》说:"宋江事见于街谈巷语,不足采着,虽有高如李嵩辈传写,士大夫亦不见黜。"施耐庵、罗贯中正是采集了宋江三十六人的"街谈巷语",才编纂出了古代第一部长篇白话小说,至今我们还视之为经典名著。他们不是什么"士大夫",只是民间的书会才人,却真成了《汉书·艺文志》所说的"稗官",也就是刘知幾所说的"好事君子"。我的老师吴组缃先生,是一位著名的小说作家,后来转行为中文系的教授,是研究古典小说的专家,他在晚年总结中国小说发展的几条规律时曾说:

　　其一是:中国的小说是来自民间的,是人民群众思想、愿望以及生活实际的反映。中国小说的每次发展、进步都是由优秀的文人作家向民间学习,参予、加工民间创作而取得的。(吴组缃:《我国古代小说的发展及其规律》,《文史知识》1992年第1期)

中国近体小说来自民间话本,这是最显著的例证。而古体小说的发展,吴先生只举了《长恨歌传》《李娃传》等,"都是依照传说创作而成",我还想补充一点,就是像《游仙窟》那样的新传奇体,是由只保存在敦煌遗书里的说唱文艺演化而来,曾为唐代小说的文采和虚构艺术开辟了道路。上文已有所涉及,详见拙著《古体小

说论要》(北京出版社,2017 年)

　　中国古代小说的认识价值,历来有正反两方面的论述。到了清末,梁启超《论小说与群治之关系》一文,竭力提高了小说的作用,但是他的重点则在批评一些古代小说的坏影响,以白话小说为主要对象,而告诫当时的作家,要写有益于群治的新小说,特别要选译域外的政治小说,这是一种实用主义的小说观。其实,《隋书·经籍志》早就从正面把小说提到圣人之道的高度了,早已不止是"治身治家"的小道。从这里追溯上去,街谈巷议的庶人之言本来是小说的主要元素。直到今天,作家要深入群众、深入生活,不就是要反映老百姓的思想愿望吗? 只有正确反映了老百姓的思想愿望,才能使执政者决策者从中了解民情社意,即当代的"闾巷风俗"。当然还需要具体的分析,也要充分认识到当代文艺的多样化和复杂性,要实行"双百方针"和为人民、为社会主义服务的"二为方向"。因而,我觉得当代的小说作家,作为当代传言的"士",需要向古人借鉴的就是要及时传达"庶人"的真话,自觉地担当起"稗官"的主要职责。我们研究小说史,不仅要帮助广大读者读懂古代优秀的小说,而且也要帮助当代作家借鉴古代小说观的优秀传统,传承中国特色的古代小说观的原生基因,作出创新性的发展,这是我学习中国小说史六十年来的一点体会,就此向方家学者请教求正。

2021 年 7 月

（原载《澳门文献信息学刊》2021 年 2 期）

《黄帝说》与《黄帝内传》

晁公武《郡斋读书志》袁州本前志卷2传记类著录有《黄帝内传》一篇，叙录说："右序云：'篯铿得之于衡山石室中，后至汉刘向于东观校书见之，遂传于世。'"衢州本卷9则加上了一大段话：

> 《艺文志》以书之纪国政得失、人事美恶，其大者类为杂史，其馀则属之小说。然其间或论一事、著一人者，附于杂史、小说皆未安，故又为传记类，今从之。如《神仙》《高僧》，不附其类而系于此者，亦以其记一事，犹《列女》《名士》也。

这段话是以《黄帝内传》为例说明传记类的通例，为什么收录《列女传》《列仙传》等书在这传记类里。他引的"《艺文志》"是哪部书的艺文志呢？大概是《新唐书·艺文志》，因为《汉书·艺文志》里没有杂史、杂传等类目，只有《新唐书》才设了"杂史""杂传记"的小类，而把《列士传》《列女传》收于杂传记类的。

《汉书·艺文志》的"六艺略·春秋家"里收有《世本》十五篇，注云："古史官记黄帝以来讫春秋时诸侯大夫。"这本书早已亡佚，但很值得注意。

《隋书·经籍志》史部"谱系篇"中著录有：

> 《世本王侯大夫谱》二卷

《世本》二卷刘向撰。

《世本》四卷宋衷撰。

《旧唐书·经籍志》沿袭《隋志》，在"谱牒之属"中著录有：

《世本》四卷宋衷撰。

《世本别录》一卷

《帝谱世本》七卷宋均撰。

《世本谱》二卷

但没有说明二卷本《世本谱》是刘向撰，也没说宋衷是什么朝代的人，又多出了宋均撰的七卷《帝谱世本》。近日看到黄寿成点校的章宗源《隋经籍志考证》（中华书局 2021 年 1 版），又在《世本王侯大夫谱》下附录王颂蔚批校的考证："《后汉书·班彪传》'又有记录黄帝以来至春秋时帝王公侯卿大夫，号曰《世本》，一十五篇。'"南朝宋裴骃《史记集解序》说："班固有言曰：'司马迁据《左氏》《国语》，采《世本》《战国策》，述《楚汉春秋》，接其后事，讫于天汉。其言秦汉详矣。'"就是从班固的《司马迁传》引入的。

按班固《汉书·艺文志》诸子略道家中有：

《黄帝四经》四篇

《黄帝铭》六篇

《黄帝君臣》十篇起六国时，与老子相似也。

《杂黄帝》五十八篇六国时贤者所作。

这里的《黄帝君臣》十篇似即《世本》十五篇的别本。

班固《汉书》卷 62《司马迁传》的赞说：

及孔子因鲁史记而作《春秋》，而左丘明论辑其本事以为之传，又纂异同为《国语》。又有《世本》，录黄帝以来至春秋时帝王公侯卿大夫祖世所出。春秋之后，七国并争，秦兼诸侯，有《战国策》。汉兴伐秦定天下，有《楚汉春秋》。故司马迁据《左氏》《国语》，采《世本》《战国策》，述《楚汉春秋》，接其后事，讫于（大）〔天〕汉。其言秦汉，详矣。至于采经摭传，分散数家之事，甚多疏略，或有抵梧。亦其涉猎者广博，贯穿经传，驰骋古今，上下数千载间，斯以勤矣。又其是非颇缪于圣人，论大道则先黄老而后六经，序游侠则退处士而进奸雄，述货殖则崇势利而羞贱贫，此其所蔽也。

班固批评司马迁"先黄老而后六经"，所以不免会"或有抵梧"，与经史异辞。如"迂诞依托"的《黄帝说》，只能列入小说家，而《黄帝君臣》十篇等则列入道家，"古史官记黄帝以来讫春秋时诸侯大夫"的十五篇《世本》则可以列入春秋家。以后的《世本》系列大概就是由十五篇分散演化出来的（详见《世本八种》，中华书局 2008 年重印商务印书馆版）。题为刘向所传的《黄帝内传》恐怕也是如此。

唐代司马贞《史记索隐》为《世本》作解释："刘向云：《世本》，古史官明于古事者之所记也。录黄帝已来帝王诸侯及卿大夫系谥名号，凡十五篇也。"好像他还见到过刘向撰的《世本》原书，但章宗源认为这里的"刘向云"是司马贞加的注。总之，古籍里曾有刘向撰二卷本《世本》一说，因此我认为所谓刘向所传的《黄帝内传》，很可能与《世本》有密切关系。今所见《黄帝内传》的佚文，大多出于高承的《事物纪原》，更早引用《黄帝内传》的是唐末入前蜀的杜光庭，他在《天坛王屋山圣迹记》中说："《黄帝内传》云'为之琼林台'。《真诰》云：'琼林者，即清虚小有之别天也。'"可见唐代确有此书。

《事物纪原》多次引用《黄帝内传》，如第九卷里就引了十来条（有的没点书名，只说黄帝始作）。实际上恐怕都是汉代黄老学派所传承的传说，或取自道家的《世本》，近于"迂诞依托"的小说家言《黄帝说》。

《事物纪原》卷 9 所考兵器的创造者就是黄帝和蚩尤,这里引录两条为例:

> 五兵:兵者,戈戟矛剑之总名也。《太白阴经》曰:"神农以石为兵,黄帝以玉为兵,蚩尤乃铄金为兵,割革为甲,始制五兵。"《吕氏春秋》曰:"蚩尤作五兵,戈、殳、戟、酋矛、夷矛也。"《世本》:"蚩尤以金作兵器。"然则兵盖始于炎帝,而铸金为刃,即由自蚩尤始矣。

> 衣甲:《世本》曰:"杼作甲。"杼或作舆,少康子也。《墨子》亦云。《太白阴经》曰:"蚩尤割革为甲。"《管子》亦云。《黄帝内传》曰:"玄女请帝制甲胄,以备身也。"

高承是元丰年间人,早于晁公武。晁公武能见到的《黄帝内传》,高承应该也能见到,所以书中多次引用了《黄帝内传》或简称《内传》。还常引用《世本》。

《世本》据说刘向所作,见于《汉书·艺文志》的春秋家类,也应为黄老学派的传说。上文已有考述。可见刘向对汉初黄老学派的道家,比较熟悉,除了把《黄帝说》列入小说家,把《世本》列入春秋家,还对《黄帝内传》进行了整理,但刘歆没有把它收入《七略》,因而不见于《汉书·艺文志》。

因此我认为《黄帝内传》和《黄帝说》都是汉初黄老学派的传说,不能作为史料文献。这个问题尚待继续考索,诚希能得到方家指教。

（首发于"京师文会"微信公众号 2022 年 2 月 25 日）

《金瓶梅词话》与《宣和遗事》

——《宣和遗事校注》补注之一

　　美国学者韩南教授在《金瓶梅探源》中指出"有的引文和南宋陈均的《皇朝编年纲目备要》或王宗沐编于1567年的《宋元资治通鉴》大体相同"(《韩南中国小说论集》,北京大学出版社2008年1版,244页),这是一个很重要的发现,说明《金瓶梅》有许多取材于宋史书传的地方。然而我怀疑其原编者是转引自《宣和遗事》的,因为我在校勘《宣和遗事》时发现它的前集有大量文字与《皇朝编年纲目备要》相同,当然不会是后者抄袭前者的。

　　《宣和遗事》前集"十二月预赏元宵"一节,讲到到宣德门上有四个贵官,是杨戬、王仁、何霍、六黄太尉。这个"六黄太尉"名称很奇怪,而且只有姓而无名,怎么解释呢? 经过反复查考,幸而在《金瓶梅词话》里也发现了,第六十五回《吴道官迎殡颁真容,宋御史结豪请六黄》,这"六黄"就指六黄太尉,词话中说"钦差殿前六黄太尉来迎取卿云万态奇峰",就是花石纲的名石。后面一再说黄太尉也来吊唁李瓶儿之丧,就省略了"六"字。韩道国称之为"六黄公公",显然是个太监。

　　第六十八回,郑爱月儿告诉西门庆:"王三官儿娘子儿,今才十九岁,是东京六黄太尉侄女儿,上画般标致,双陆棋子都会。"第六十九回西门庆又告诉吴月娘:王三官"家中丢着花枝般媳妇儿,是东京六黄太尉侄女儿"。这个六黄太尉,在《宣和遗事》里与杨戬、王仁、何霍并列,都说是贵官,没说明"六"字什么意思。

第七十回,西门庆上朱太尉家,见到本衙堂上六员太尉到了,"头一位是提督管两厢捉察使孙荣,第二位管讯察梁应龙,第三管内外观察典牧畿童太尉侄儿童天胤,第四提督京城十三门巡察使黄经臣,第五管京营卫缉察皇城使窦监,第六督管京城内外巡捕使陈宗善。"这六个人都称"太尉",是宋代崇宁以后对武官的一种尊称,明说黄经臣是提督京城十三门巡察使。还有孙荣、窦监都见于《宣和遗事》的李师师故事一段,但孙荣是"左右二厢捉杀使",窦监是"汴京里外缉察皇城使"。按:《宋史·职官志》只有"捉杀使",没有"捉察使";窦监应作"窦鉴",见于《三朝北盟会编》卷81及《挥麈后录》卷3等书,官名应以《宣和遗事》所载较为近实(详见拙作《月无忘斋笔记》,《程毅中文存》,中华书局2006年1版,620—622页)。

宋徽宗有个亲信的太监名黄经臣,在靖康之乱东京失守时赴火殉难,见于《靖康要录》卷13、《三朝北盟会编》卷69等。陈均《皇朝编年纲目备要》卷30"京城失守"条《目》文则说:"内臣黄经督视东壁,亦不敢去,望阙号恸,赴火而死。"此处的"黄经"中华书局版校勘记已指出:"《三朝北盟会编》靖康中帙四四作'黄经臣',《宋史》卷23作'黄经国'。"按:《皇朝编年纲目备要》脱"臣"字;《宋史·钦宗纪》作黄经国,似误。其名先后见于《宋史》卷345、351、363及《续资治通鉴长编》等,都作黄经臣。黄太尉应即此人,"六"字疑为排行。

研究者多已认同,《金瓶梅词话》开端八回基本抄自《水浒传》，但书中这些地方则只见于《宣和遗事》，可见其编者笑笑生不止用到《水浒传》，还有直接抄自《宣和遗事》的。

第七十回末，有两句留文，"正是：不因奸佞居台鼎，那得中原血染衣"两句，亦见于《宣和遗事》"除蔡京为丞相"一节，原作"不争奸佞居台辅，合是中原血染衣"，有数字不同。再后，有诗为证："权奸误国祸机深，开国承家戒小人。六贼深诛何足道，奈何二圣远蒙尘。"此诗见《宣和遗事》"童贯被斩"一节之后，惟"深诛"作"尽诛"。"深诛"疑当作"身诛"。

第七十一回开端有一首诗：

> 暂时罢鼓膝间琴，闲把遗编阅古今。
>
> 常叹贤君务勤俭，深悲庸主事荒淫，
>
> 致平端自亲贤哲，稔乱无非近佞臣。
>
> 说破兴亡多少事，高山流水有知音。

这首诗与《宣和遗事》开头的入话完全相同。

第七十一回，西门庆跟着何千户见徽宗皇帝，词话说：

> 若说这个官家，才俊过人：口赓诗韵，目数群羊；善写墨君竹，能挥薛稷书；通三教之书，晓九流之典。朝欢暮乐，依稀似剑阁孟蜀王；爱色贪杯，仿佛如金陵陈后主。从十八岁登基即位，二十五年倒改了五遭年号：先改建中靖国，后改崇宁，改大观，改政和。

这一节全见于《宣和遗事》"徽宗即位"一段，中间删了一些文字，稍有几字不同。可见二书必有共同的资源。

他如《金瓶梅词话》第十一回，西门庆同应伯爵、谢希大上李桂姐家喝酒，插话"有诗为证"：

> 琉璃钟，琥珀浓，小槽酒滴珍珠红。烹龙炮凤玉脂泣，罗帏绣幕围香风。吹龙笛，击鼍鼓；皓齿歌，细腰舞。况是青春

莫虚度,银缸掩映娇娥语,酒不到刘伶坟上土。

这首诗是根据李贺《将进酒》改造而成,亦见于《宣和遗事》的李师师故事一段,但后半首文字作:"况是青春日将暮,桃花乱落如红雨。劝君终日酩酊醉,酒不到刘伶坟上土。"都与李贺原诗不同,可能也是说话人的改造。

《金瓶梅词话》的这些地方,正可以用《宣和遗事》来探源,而《宣和遗事》也可以引《金瓶梅》来作校注。可惜我最终追索到六黄太尉的原型应为黄经臣时,拙著《宣和遗事校注》已经付印了,只能补注于此,供这两部书的研究者参考。

《宣和遗事校注》需待补正的地方,继续有所发现,诚希读者不吝指教。

（原载《中国小说论坛》7 辑,山东人民出版社）

把《三国志演义》回归罗贯中

——略谈古代小说的校雠法

古籍整理的祖师刘向,在校雠当时的古籍时曾广罗诸本,整理出一个定本,并总结了他的研究成果,写出叙录,形成了广义的校雠学。在以后很长一个时期,官方藏书机构和编校者,都传承了这种方法。因为书籍在抄本流传的时代,异本很多。有无心的讹误,也有有意的臆改或理校。如敦煌遗书里的异文,往往难以校出定本。古代小说,无论文言的还是白话的作品,在以抄本流传的阶段,异本更为繁富,因为小说历来不受重视,作者也往往不敢署名,抄写者可以随意修改和批注。到了明清版刻印刷繁荣的阶段,书坊主出于竞争贸利,又各自增删妄改,造成了许多异本,引起了混乱。

例如向志柱先生整理的《稗家粹编》一书,就是一个比较典型的案例。向先生总结研究《稗家粹编》的经验,写出了专著《〈稗家粹编〉与中国古代小说研究》。我拜读后写了一篇书评①,加了一个"兼谈古代小说的校雠学"的副标题,从中提出了古籍整理时求

① 程毅中《〈稗家粹编〉整理与研究的新发现——兼谈古代小说的校雠学》,《光明日报》2019 年 1 月 26 日 9 版。

是与择善的问题。稍后又由此引申到诗文的校雠问题,写了《再谈求是与择善》一文,发表于《古籍整理出版情况简报》2020年第3期。文中也谈到:"至于许多世代累积型的小说,更难以求原著之是非,只能因书而异,因读者对象而采取不同的整理法。"

近年来我清理多年积累的资料笔记,继续校注宋元话本,进而试图整理出一个中国小说世代累积史的长编。已发表的初稿有《〈度柳翠〉〈私红莲〉的前因后果》①和《重校话本小说札记》②,由小说家话本链接到讲史家话本,感到问题很复杂。主要原因就是异本太多,同一个底本,可能有许多抄写的或刻印的异本,难以断代和定其真伪是非,整理的方式只能因书而异。有些疑难的问题,只能用同时存在不同版本来解释。如《三国志演义》嘉靖本的弘治甲寅(1494)庸愚子序说:"书成,士君子之好事者争相誊录,以便观览。"可知在弘治甲寅以前《三国志演义》还以抄本流传,可能就有一些异文。到了嘉靖壬午(1522),才有刻本,修髯子的引言借"客"之口说:"简帙浩瀚,善本甚艰,请寿诸梓。"这时离罗贯中定稿大约有一百五十年了。

现存嘉靖本字迹端正,版面清朗,有人认为是明朝内府司礼监经厂库的官刻本,肯定也会做过必要的校勘和修订,但未必是罗本的原貌。这个嘉靖版的后印本又对关羽之死的情节作了很多改变,就更非罗本的原貌了。

十年前,我在《〈三国志演义〉与宋元话本》一文中指出《演义》编次者引用《三国志》裴注的文字③,既有通俗化的改写,也有粗心的脱误,"实繁有徒"一句少了"实繁"两字,无法读通,恐怕是刻印

①　程毅中《〈度柳翠〉〈私红莲〉的前因后果》,《中国文化》2021年第1期。
②　程毅中《重校话本小说札记》,《文学遗产》(网络版)2021年8月18日。
③　程毅中《〈三国志演义〉与宋元话本》,《文学遗产》2012年第2期。

者责任。在这点上，倒不如其他简本干脆不取此句还好懂些。当时我也参考了亡友周兆新兄的《三国演义考评》的成果，并附注了叶逢春本的异文，但没敢深入到各本的比较。近年看到古代小说数字化专家周文业先生关于《三国志演义》各本对比的成果，非常佩服和惊讶，原来有那么多的异本和异文，更教人目迷五色了。因此，我曾建议周先生对嘉靖本《三国志演义》做一个校订本，但不敢说做会校本，因为异本太多，只建议用年代次早而比较接近嘉靖本的叶逢春本作校本。其实周文业先生已经做成了这两个版本和文史的对照本，而且已有出版社承担了这一选题。周先生把已出书的《三国志演义》和《三国志通俗演义》文史对照本赠我阅读，并赐示了叶逢春本与嘉靖本、毛宗岗本比对第一卷的电子本。拜读之下，深感问题非常复杂，如何选定底本、校本和异文，的确不是容易的事。

好在现在已有日本学者井上泰山编印的叶逢春《三国志通俗演义史传》可以看到，我自己也试校了几卷，增长了一些见识。据井上泰山的解说，叶本错误很多，估计每页至少有五个左右的误刻。如果照此估计，全书一千三百多页，将有六千多个错字，是不是都要出校呢？

应该提到，早在 1990 年之前，周兆新先生就已指出嘉靖本错误很多。当时他写了《旧本三国演义考》一篇大文，根据郑少垣、杨春元、刘龙田、余象斗、汤宾尹五种版本考索旧本，共发现嘉靖本的错误约一百五十条，再加上他发现的史书记载的异文，认为错误将近千处。最后，他说：

> 如果我们把所有重要的明清刊本《演义》汇聚在一起，通过细致的比勘，力求最大限度地恢复旧本的面貌，就能得到一部比较完善的《演义》。它至少可以纠正嘉靖本的近千处传

刻的错误,将传刻者妄改之处恢复原状,将混入嘉靖本正文的
近百条夹注分离出来,还可以把后人妄加的几十条《论》《赞》
《评》剔除出去。以上四项合在一起,需要改动的嘉靖本的字
数定以万计。《演义》经过校正之后,好像一颗拂去灰尘的珍
珠,将会发出璀璨夺目的光芒,既便于广大读者欣赏,又可向
研究者提供更可靠的原始资料。①

　　估计此文写于出书之前,他还没有见到日本学者金文京的《三
国志演义版本试探》一文及叶逢春本的信息,就做出了这样的判
断,是很有远见的。周兆新后来编选了一部《三国演义丛考》②,就
收入了金文京等人的文章,已经提到了叶逢春本的信息。我相信
他一定会为实现他的设想而继续努力。不幸的是,天不假年,2010
年周兆新先生竟因病早逝,比较完善的《演义》没能实现,可谓是
赍志而殁了!

　　幸而《三国演义》是中国的古典文学名著,早已流传世界,已
有外国朋友依靠众多版本进行了考证。如日本学者金文京教授写
出了《三国志演义版本试探》等好几篇论文、上田望教授写出了
《三国志演义版本试论》、井上泰山教授编辑了叶逢春《三国通俗
演义史传》的图文合印本及解说等,英国学者魏安教授写出了《三
国演义版本考》,都为周兆新的判断提供了有力的支撑。直到
2002 年,石昌渝先生主编《中国古代小说总目·白话卷》时,《三国
志演义》的条目,还只能偏劳金文京教授来写。我为《三国志演
义》成为世界的文化遗产而兴奋自信,但又不禁深感遗憾,周兆新
先生没能赶上这一盛举,还没能实现他设想的新版本。

　　近年周文业先生陆续发表了《三国志演义》各本的对比,刘世

<hr>

① 　周兆新《三国演义考评》,北京大学出版社 1990 年版,306 页。
② 　周兆新主编《三国演义丛考》,北京大学出版社 1995 年版。

德学长对叶逢春本的研究更为精细,他从人名的对比指出了两百多个错误,绝大多数是嘉本正而叶本误,从而作出结论:"更接近于罗贯中原稿文字的,更能反映罗贯中原稿的,是嘉靖壬午本,而不是叶逢春本。"①我从中得到了很多启发,但觉得嘉本也有很多错误,还需要对两本作全面的校雠,对其他地方的异文进行研究。关于叶本的特点,时贤都已列举,我翻阅后的印象则是叶本的底本还有一些早于现存嘉本的痕迹。如叶本保存了较多的"元来",不作"原来",这是元代以前用字的常例,是我校勘宋元小说家话本的统计结果。馀如我已发现的"蒋雄"、"玉麈斧"、姚伯善的诗等,都是两本共有的元代以前故事②。

又如嘉本第 84 节:"今操引百万之众,虎踞江汉,安得不来探听虚实耶?若有人到,亮借一风帆,直到江东,凭三寸不烂之舌,说南北两军互相吞并,吾则无事矣。"叶本作:"孙权领百万之众,虎踞江汉,安得不来探听虚实耶?若有人到,亮借一帆风,直往江东,凭三寸不烂之舌,说南北两军互相吞并。"

按:这里是诸葛亮与刘备商议,策划和孙权联合抗曹,下面果然是鲁肃前来探听,诸葛亮同去江东,激发的是孙权。因此叶本说孙权要来探听虚实是合理的。然而当时"虎踞江汉"的是曹操,嘉本作"操引百万之众",比较正确,但其下显然缺了一段文字,造成疑案。按《资治通鉴》卷65:"初,鲁肃闻刘表卒,言于孙权曰:'荆州与国邻接,江山险固,沃野万里,士民殷富,若据而有之,此帝王之资也。……肃请得奉命吊表二子,并慰劳其军中用事者,及说备使抚表众,同心一意,共治曹操,备必喜而从命。如其克谐,天下可定也。今不速往,恐为操所先。'权即遣肃行。"可知来探虚实的鲁

---

①　刘世德《〈三国志演义〉作者与版本考论》,中华书局2010年版,第404页。
②　详见拙作《〈三国志演义〉与宋元话本》,《文学遗产》2012年2期。

肃,确是孙权所派。叶本盖因下文而改"操"为"孙权",似乎比较合理。但孙权哪有百万之众呢?

因此我也试校了相关的几节,觉得还值得通校全书。(详见后附校勘释例)

当然,两本差异很多,总的说,叶本的错误的确比嘉本多。有些异文要对照史书来证误。但《三国志演义》是小说,允许虚构和"通性之真实"的创作,所以也不能简单地以史实来评估小说。大多数研究者都认定罗贯中取材于宋元以来的"说三分"故事,远远超过了元刻本《三国志平话》。然而"说三分"技艺在没有录音机的时代,只能根据提纲式的"梁子"和语录式的"册子"来"编次"。有的只有间接的旁证,比如苏东坡的《前赤壁赋》,说到曹操"酾酒临江,横槊赋诗,固一世之雄也",这"横槊赋诗"的情节,从哪里来的? 我猜想就是从苏轼听到的"说三分"古话里来的,因为《三国志·魏书·武帝纪》和《资治通鉴》里没有曹操在赤壁"横槊赋诗"的记载,这就是"通性之真实"的创作。再说,"横槊赋诗"的雄风,是元稹在杜甫墓志铭里拟构的:"曹氏父子鞍马间为文,往往横槊赋诗。其遒文壮节,抑扬怨哀悲离之作,尤极于古。"这和杜牧的"东风不与周郎便,铜雀春深锁二乔"一样,竟被"说三分"中的诸葛亮借用来说动了周瑜。宋代"说三分"的记载,只有《东京梦华录》里的霍四究一个专家,罗贯中所编次的《演义》里可能就有霍四究创作的成分。

还有一个关键人物关索,是嘉本和叶本都没有出现的,正是罗贯中原书与多种建安本的一大区别。

我们应该注意到,元代建安虞氏刻本《三国志平话》卷下有一处:

数日,到不韦城,太守吕凯言:"军师分军五路,杀害百姓。"引三万军出战,关索诈败。

　　这是元刻《平话》惟一出现"关索"的孤证,但似乎可以说明罗贯中所取的"说三分"是另一个系统的版本,也可以说明叶本与嘉本最为接近。现存不少版本的"七擒孟获"部分正是保存了关索出场的系统,而插增"花关索"的版本又是后出的。

　　所有各种版本的《三国志演义》,都署罗贯中的名字,可是现代最通行的却是经过大改的毛宗岗本。这个本子开头的词,是从杨慎的《历代史略十段锦词话》里借来的,所谓天下大势,"合久必分"的判断是不符合中国历史的"伪规律"。因此我觉得周兆新先生设想的校正本值得提倡,要把《三国志演义》回归给罗贯中。对于专治版本研究的专家,可以从比勘中探讨《三国志演义》的演变史;对于广大读者和非专治版本的学者,则需要一部经过整理的比较接近原著的校正本。

　　版本繁富,就要按照刘向整理古籍的办法,在广罗众本,分工校勘之后,除去重复,做出定本,如《荀子》一书,刘向的叙录说:"所校雠中《孙卿书》,凡三百二十二篇,以相校,除复重二百九十篇,定著三十二篇,皆以定杀青简,书可缮写。"对于重复的异本,就要勇于弃除。对于不同的异本,可以兼收并存,如《汉书·艺文志》里的《诗经》就著录了鲁、齐、韩三家,刘歆又补收了《毛诗》,则是并收各本,求同存异。笔者近年来逐步探索今天古籍整理的办法,觉得有些书不能局限于狭义的点校,需要运用广义的校雠法,即包括了四种校勘法而加上考证笺注的综合整理。当然,古籍的校雠法也在发展,宋代学者逐步在书中加上校勘记,如《文苑英华》有"一作某"的校语,《楚辞》、《世说新语》、韩文有"考异"式的详校,就比刘氏的校雠法更进步了。像《三国志演义》那样复杂多变的小说,要做"考异"就很难,恐怕只能像周文业先生那样先做成电子版。但嘉靖本的校定本还是可以考虑的。笔者年老体衰,有心无力,衷心期望中青年的同道,特别是期望周兆新先生的学生和再传学生,能够继承遗志,坐几年冷板凳,完成兆新先生的未竟之业。

附录:校勘释例

叶本第 83 节:

张翼德拒水断桥

曹操急令去傘蓋,回顧與左右曰:曾聞關公舊日所言百萬軍中梟大將首,如探囊取物也。……

又詩曰:百萬軍中斬將還,探囊取物不爲難。當初因聽雲長語,致使曹兵心膽寒。

蜀有諸將,惟有張飛最雄,有篇古風曰:

因據橋而決死,當斷水以成功。如激電之煌煌,諸兵不息;體昂然而凜凜,忿氣凌空。振甲披袍,橫鎗立馬,眼突睛有若銅鈴,口露牙渾如銀鑿。威名揚於四海,殺氣沖於斗牛。當陽道上,如猛虎之盤桓;長坂橋前,若天神之把守。惟曹軍之勢,萬里鷹揚。統千員之將士,驅萬隊之兒郎。劍光粲爛,耀日月之精華;戈戟翩翩,沖斗牛之殺氣。振乾坤而虎視,驅萬里而鷹揚。時也,稱伏荆州,襲追玄德。勢拔滄海之龍鬚,力挫丹山之鳳翼。斬鯨龍於須臾,獲山河於頃刻。何期天意之有定,乃遇燕人張翼德。虬鬚倒豎,起之風雲,環眼圓睜,轟半天之霹靂。忽見橋梁撼顫,水波倒逆。蛟龍奔騰於四海,魚鱉跳躍於江河。千山猛獸,齊伏頭而喪膽;萬林飛鳥,俱失脚以潛踪。動九霄之(閭)〔閶〕閣,驚萬里之貔貅。於是人馬逃生,旗戈(尺)〔盡〕倒。棄鎧甲於沙場,抛兵器於草野。先鋒猛將,失寶劍以亡魂;護衛軍兵,墜雕鞍而撞腦。若至奸雄曹操,

（校）〔狡〕計萬端，參諸侯於紫塞，（扶）〔挟〕天子於金鑾。略見威風，頓絨緤而（固）〔回〕駿馬；忽聞姓字，墜玉帶以落冠簪。蓋因雲長當時官渡一語，曹操寫於衣襟，爲之明言，施勇烈之高名，救孤窮之先主。立勳業於千年，播威風於萬古。

嘉本所載七绝诗，第二句与第四句对换，平仄失黏，不如叶本。此前还有一首五言诗："玄德兵危日，將軍獨有功。一聲暴雷響，橋斷兩三虹。漢水西流去，林巒落葉空。不須誇項羽，益德最稱雄。"次行为"祖龍圖《據水斷橋賦》"，下接："蜀之諸將，惟飛最雄。（下略）"其下小字注："此是司馬溫公歎孤窮益德之英雄。"

按：叶本所谓"古风"，不如嘉本作《據水斷橋賦》为是，其文字大致相同，但小字夹注"司马温公"之语不知所云，显有错误。祖龙图似指祖无择，其文集中无此赋，恐出伪托，与司马光无涉，反不如叶本简而较顺。前文第82节曾引有司马温公《长坂词》一首，显为伪作，疑旧本亦以此赋属司马光，又有窜乱。从此赋及前文看，张飞有喝断桥梁的情节，故事久传不衰，至今京剧《甘露寺》中乔玄唱词犹有"当阳桥上一声吼，喝断了桥梁水倒流"之语。然而下文又说张飞拆断桥梁，回去报告刘备，被刘备批评失策，遂致败走夏口。此两本所共有，疑非旧本原文。或是明初至嘉靖前有人觉得喝断桥梁过于夸张，臆改为拆断，两本都从而插入，前后矛盾，今亦无法改回，姑出注存疑。

第84节：

劉玄德走江夏

嘉本：劉玄德敗走夏口。下注"今時鄂縣"四小字。

按：鄂县宋代在今武昌，即三国时的汉津。

《三国志·蜀书·先主传》："先主斜趨漢津，適與羽船會，得

濟沔,遇表長子江夏太守琦衆萬餘人,與俱到夏口。"似嘉本更近
史源。

玄德將至漢津

按:"漢津"嘉本作"漢江",非。見上引《三国志》。

**當頭一員大將,手執青龍刀,坐下赤兔馬,元來關雲長江夏借
軍馬一萬……**

嘉本作:原來是關雲長去江夏借來的兵馬一萬……

按:"元来"是宋元人用字,入明后逐步改作"原来",叶本保存
"元來"處甚多,其底本似较早。

曹操一見雲長英雄,齊勒馬回,口叫"諸葛之計"。曹軍急退。

嘉本:曹操一見,知是雲長,齊勒住馬便回,叫道:"又中諸葛亮
之計也!"曹軍大退。

按:嘉本较详,或出修订。叶本对旧本删改的可能性较小。

**雲長歎曰:當日獵於許田之間,若聽羽之言,可無今日矣。玄
德曰:此時亦爲國家惜耳。若天輔正,安知此不爲福也。**

嘉本:雲長歎曰:曩日獵於許田時,若從吾意,可無今日之患。
玄德曰:比時亦爲國家惜耳。若天道輔正,安知此不爲福也。

按:《三国志·关羽传》裴注引《蜀记》:"初,劉備在許,與曹公
共獵。獵中,衆散,羽勸備殺公,備不從。及在夏口,飄颻江渚,羽
怒曰:'往日獵中,若從羽言,可無今日之困。'備曰:'是時亦爲國
家惜之耳;若天道輔正,安知此不爲福邪!'"

嘉本更接近原文。许田之猎,见前第 39 节,刘玄德已说明"擊
鼠當忌器耳"。与此不合。

後來史官裴松曾褒貶玄德此言非真心也,論曰:

當時玄德在許田時,曾與董承同謀,旦夕洩漏,不克殺曹操耳。
若爲國家惜之,安肯爲是。雲長此時怒殺曹操,玄德不肯從者,因

時恐懼曹操心腹牙爪之威也。操雖可殺，亦自不能免禍。以爲國家惜而答雲長，非本心也，乃飾詞耳。

嘉本：後來史官裴松之曾貶剝劉玄德此言非真也。論曰：

當時玄德在許昌，曾與董承等同謀，但事洩漏，不克諧耳。若爲國家惜操，安肯若是同謀誅之乎？雲長果此時勸殺曹操，玄德不肯從者，因恐懼曹操心腹爪牙之多也，有徒。事不宿構，非造次所行。操雖可殺，自身亦不能免禍，故以計而止，何惜之有乎？既往之事，故託爲雅言。故知以爲國家惜而答雲長者，非本心也，乃飾詞耳。

按：二本繁简不同，互有长短，都引自《三国志》裴注而略有通俗化的改写。如最后"非本心也，乃飾詞耳"两句，二本相同，当出同一底本。叶本脱"之"字，无"實繁有徒"之语。较之《三国志·关羽传》裴注，则嘉本较为近实，而把"親戚實繁有徒"改译成"爪牙之多也"，又在"有徒"上脱落"實繁"二字，反显草率。裴注原文附后：

臣松之以爲備後與董承等結謀，但事泄不克諧耳，若爲國家惜曹公，其如此言何！羽若果有此勸而備不肯從者，將以曹公腹心親戚，實繁有徒，事不宿構，非造次所行。曹雖可殺，身必不免，故以計而止，何惜之有乎！既往之事，故託爲雅言耳。

却説曹操，見雲長在漢津引生兵截出路來，疑有埋伏，不敢來追。

嘉本：却説曹操，見雲長在旱路引一萬兵截出路口，疑有伏兵，不敢來追。

按："生兵"即生力军，是宋元时军事术语，见于《宣和遗事》及宋人文献，嘉本编次者已不明此义，改变叙事，似叶本的底本较早。

附考："生兵"一词，较为罕见。如《宣和遗事》的"张俊明州大

捷"节:"张俊恐兀朮增益生兵,是夜遁去。"《宋史》卷360《宗泽
传》:"先驱云前有敌营,泽挥众直前与战,败之。转战而东,敌益
生兵至,王孝忠战死,前后皆敌垒。"李心传《建炎以来系年要录》
卷74(绍兴四年三月辛亥朔):"敌遣生兵万馀,击玠营之左。玠分
兵击却之。"又卷193(绍兴三十一年十月乙丑):"督视军马叶义问
读锜捷报,至'金人又添生兵',顾谓侍史曰:'生兵是何物?'闻者
皆笑。当时谓之'土园枢密'此以赵甡之《遗史》修入。"当时督视军马
的同知枢密院事叶义问也不懂。《宋史》卷384《叶义问传》:"金主
亮果南侵。命视师,义问素不习军旅,会刘锜捷书至,读之至'金贼
又添生兵',顾吏曰:'"生兵"何物耶?'闻者掩口。"

**孔明笑曰:孫權領百萬之衆,虎踞江漢,安得不來聽虛實耶?
若有人到,亮借一帆風,直往江東,憑三寸不爛之舌,説南北兩軍互
相吞併。**

嘉本:孔明笑曰:今操引百萬之衆,虎踞江漢,安得不來探聽虛
實耶? 若有人到,亮借一風帆,直到江東,憑三寸不爛之舌,説南北
兩軍互相吞併,吾則無事矣。

按:此处是诸葛亮与刘备商议,策划和孙权联合抗曹,下面果
然鲁肃前来探听,诸葛亮同去江东,激发的正是孙权。嘉本在"虎
踞江漢"之后,直接"安得不來探聽虛實耶",显然前后脱节,主语
变成曹操。叶本改"操"为"孫權",似乎比较合理,可是孙权没有
"百萬之衆",前文第83节,刘备曾对张飞说:"彼(按:指曹操)有
百萬之衆,雖涉江漢,可填而過,何懼一橋而不能耶?"可证叶本是
误改,其间也有脱文。但两本都有错漏。(毛宗岗本在"安得不來
探聽虛實耶"前加了"江東"两字,就合理了,但不知所据何本。)

**孔明曰:使君與蒼梧太守耿臣有舊,欲往投之。肅曰:耿臣糧
少兵微,自亦難保,豈可容納他人耶! 孔明曰:雖耿臣不足以赴,未**

有去向,暫歸之,別圖後計。

嘉本:孔明曰:使君與蒼梧太守吳臣有舊,欲往投之。肅曰:吳臣糧少兵微,自亦難保,焉能容納人耶! 孔明曰:雖吳臣不是久居,另有去向,且暫居之,別圖後計。

按:《三国志·蜀书·先主传》裴注引《江表传》曰:備曰:"與蒼梧太守(吳臣)〔吳巨〕有舊,欲往投之。"肅曰:"孫討虜聰明仁惠,敬賢禮士,江表英豪,咸歸附之,已據有六郡,兵精糧多,足以立事。今爲君計,莫若遣腹心使自結於東,崇連和之好,共濟世業,而云欲投(吳臣)〔吳巨〕,(臣)〔巨〕是凡人,偏在遠郡,行將爲人所併,豈足託乎?"嘉本当即据此,叶本改为"耿臣",不知何据。或因"吳臣"易误解为吴国之臣而臆改。叶本妄改,以此为最。然"臣"字实为"巨"字之误,点校本《三国志》已从潘眉说据《吳志》士燮、薛综等传改正。

第 207 节:

秋風五丈原:嘉本作"孔明秋風五丈原"。

叶本引姚伯善古风:**炎精渺漠當桓靈,妖氣蔽日豺豹橫。操雖漢相實漢賊,逼脇萬乘于神京。二袁劉表孫破虜,坐視王室揚旗旌。豫州哀愍世無主,殷勤三顧茅廬行。先生感激幸來報,坐間笑許誅鰲鯨。運謀教權破赤壁,長劍西揮烟塵清。託孤淚灑請繼死,願效忠貞竭股肱。祁山六出世罕比,折衝不用施刀兵。中興功業效神武,威伏鼠盜潛無聲。蒼天何事絕炎漢,半夜耿耿長星傾。我憐豪傑志不遂,哽咽忿氣空填膺。**

嘉本:火精秒暮當桓靈,妖氛蔽日豺狼橫。操雖漢相實漢賊,逼脅萬乘遷神京。二袁劉表孫破虜,坐視王室揚旗旌。豫州哀愍世無主,殷勤三顧茅廬行。先生感激棄未耕,坐間談論誅鯤鯨。運謀東吳破赤壁,長劍西指煙塵清。託孤泣涕請繼死,願效忠貞竭股肱。祁山六出世罕比,折衝不用施刀兵。中興功業耀神武,滅伏鼠盜潛無蹤。蒼天何事絕炎漢,半夜耿耿長星傾。可憐豪俊志不遂,哽咽忿氣空填胸。

因差異較多,再據《欹枕集》原文附后,以便對照:

炎精杪暮當桓靈,妖氣蔽之豺狼存。操雖漢相實漢賊,逼脅萬乘遷神京。二袁劉表孫破虜,坐視三虎揚旗旌。豫州哀憫世無主,殷勤三作茅廬行。先生感激棄來耒,坐間談笑許誅鯨。運謀教權破赤壁,長劍西至烟塵清。託孤啼泣請繼死,願效忠貞竭股肱。祁山六出耀神武,威伏鼠盜潛無申。中興漢業世罕有,折衝不用施刀兵。蒼天何事絕炎漢,半夜耿耿長星傾。哀憫豪傑志不遂,嗚咽忿氣空填膺。

按:叶本、嘉本与《欹枕集》原文都有较大差异,除文字不同外,还有诗句前后移置的改变。其前叶本称"**後宋尚書姚伯善作古風以吊諸葛丞相曰**",嘉本称"後宋尚書姚伯善吊孔明古風曰"。诗句两本都有异文,《欹枕集》原本就有错字,"存""申"两字是按南方口音与庚青韵通押,嘉本改用"蹤""胸"两字,反而出韵。叶本改用"横""聲"两字,可能是另有所本,这里不作详校。从清平山堂刻本《欹枕集》所载的祭文看,原作:"維皇宋嘉祐五年,嘉禾姚卞謹以清酌庶羞之奠,致祭於漢丞相諸葛武侯之靈曰。"叶本的称谓较近于原本,嘉本改为"孔明",似有意与节目统一。关于姚卞的考证,详见拙作《从姚卞吊诸葛诗谈小说家话本的断代问题》一文[1],这里不再赘述,只补充一条旁证,元人陆厚《素庵杂兴见寄和之》诗之三:"乐道躬耕汉莫时,至今苍柏覆神祠。英魂犹解知

[1] 程毅中《从姚卞吊诸葛诗谈小说家话本的断代问题》,《文学遗产》1994年第1期,后收入《程毅中文存》,中华书局2006年版,第295—304页。

姚卞,八阵图前吊古诗。"①就用了《吊诸葛》的典故。陆厚曾与贯云石交游,是元代早期作家,不会是在罗贯中之后才写的。

（原载《国学研究》48 卷,2022 年 2 期）

---

① 《全元诗》第 24 册,中华书局 2013 年版,第 14 页。

漫谈唐代小说研究的现状

近日从《文学遗产》第 4 期上看到《唐代小说研究七十年》一文(以下简称《七十年》),很感兴趣,对这一课题的成就有了更多的了解。但也感到有所不足,如"七十年"的下限在哪一年? 从所引用的文献看,最晚到 2021 年的《民俗研究》。但为什么一字不提程国赋先生等的《唐代小说学术档案》(武汉大学出版社,2015 年)一书呢?《档案》里有三个部分,为《唐代小说重要研究论著评介》《唐代小说研究论著提要》《唐代小说研究年表》,基本上就包括了2012 年以前所有论著的文献。我觉得首先应该推荐此书,作为研究的基本数据,作为七十年研究的基础,然后再补述 2012 年之后的新成就。

其次,七十年的上限应该在上世纪的五十年代。作为新中国唐代小说研究的起点,有一些新的成就,如 1954 年发表的曹家琪《崔莺莺、元稹、〈莺莺传〉》(《光明日报》1954 年 9 月 14 日),1955年发表的吴小如《古小说和唐人传奇》(《文艺学习》4 期),方诗铭《漫谈〈游仙窟〉》(《文学月刊》5 期),1956 年发表的霍松林《略谈〈莺莺传〉》(《光明日报》1956 年 5 月 20 日)等,都早于王运熙《试论唐传奇与古文运动的关系》,似应稍加关注。另一方面,在 2012

年之后,新整理的唐代小说如李剑国的《纪闻辑校》(2018)、李小龙的《异闻集校证》(2019)及其有关论著,也都是研究唐代小说的新成就,为什么不提一笔呢?

令人感到不足的还有,《七十年》作者没有注意到,当代唐代小说讨论的一个热点,是唐代小说的濒危现象,大部分作品已被兼并到笔记类去了。其代表人物是陶敏先生,他在《全唐五代笔记》(三秦出版社,2012年)的序言里发表的观点,为了摒弃"笔记小说"的概念,要把一批唐代小说归入笔记文类,其凡例之二说明:

> 本编收录的笔记,指随笔记录、不拘体例的著作,包括各种历史琐闻类、考据辨证类、搜奇志异类笔记,不收今人称为小说的单篇传奇及传奇集,但录入笔记的单篇除外。

事实上今人称为唐代小说的大多是"搜奇志异"的的作品,只有裴铏的《传奇》才可以称为传奇集。近人如刘叶秋、张舜徽先生都把历代笔记分为小说故事、历史琐闻、考据辨证三类,陶敏先生把小说故事类改称"搜奇志异类",稍微缩小了一些,还是把今人视为小说的《玄怪录》《续玄怪录》《纂异记》等都收入了笔记。这一观点影响很大,近年来不少学者也悄悄地把许多文言小说改称为笔记了,早于《全唐五代笔记》问世的《全宋笔记》也按照这一思路收编了一批文言小说。而《七十年》正是国家社科基金重大项目"全明笔记整理与研究"的阶段性成果,不知作者对此问题持什么态度。

笔记和小说的分类,主要是文献学、目录学家的事,但目前学术界却各自为政,或自立体系,治丝益棼,或漠然处之,绕道而行。笔者觉得唐代小说是中国小说史上的一大变迁,也是中国文学史上的一个重要章节,其文类归属也是一大问题,不禁要呼吁文献学家和文学史家一起来进行讨论。

《七十年》文中指出了存在的几个突出现象,笔者也深有同感。第一是"争议较多",这是好事。学术问题有争议才能前进。我的老师吴组缃先生就一再鼓励学术问题的争议,但他提出要像苏轼和王安石那样在政见上有争议,而两人保持着真诚的友谊。遗憾的是有些比较突出的现象没有引起足够的重视。最近笔者写了《再谈笔记与小说》一文,发表于《古籍整理出版情况简报》2021年第 11 期,真诚希望能得到同道朋友的批评指教。作为唐代小说史的一个探路者,小书《唐代小说史》的初稿写于上世纪八十年代,2003 年重印时修订不多,至今已经落伍很远了。我已年老体衰,无力重写,最近的一点修订补充只见于拙著《古体小说论要》的《中国小说的成熟与唐宋传奇》一章(北京出版社,2017 年),希望批评指教者以此为对象,更希望通过争议能加强我们同道的友谊。

2012 年以后,唐代小说的研究整理,有不少新的进展。如向志柱先生的《〈稗家粹编〉与中国古代小说研究》(商务印书馆,2018)一书中就有关于唐代小说传播和变异的新资料。李剑国先生的《唐五代传奇集》出版于 2015 年,在我看来就是一个不小的新发展。他最初编写的《唐五代志怪传奇叙录》(南开大学出版社,1993),把志怪和传奇分开叙论,书中还分设了志怪集、传奇集、志怪传奇集、传奇志怪集、志怪传奇杂事集等类目,但没有逐篇定性,实际上成了作茧自缚。后来他从编著《宋代传奇集》中总结了经验,放弃了志怪、传奇分叙的体例,放宽了篇幅的要求,把一部分小说丛集中的传奇文挑出来,加上从杂史、杂传、杂家里选出的传奇性作品,加以详尽的校勘,汇编为《唐五代传奇集》(中华书局,2015 年 1 版),就为我们提供了一个可资依据的唐五代传奇小说的单篇选目。这就进一步推进了唐五代小说的研究。还有李小龙先生的《异闻集校证》与其相关的几篇论文,以及新著《必也正名》(三联书店,2020年1版)书中第三章的第二、第三节,对唐人选的唐代小说集作了精细的研究,可说是最近唐代小说研究的新成就,值得我们关注的现状。

在李小龙先生的启发下,我对唐人传奇的定义和命名问题又作了一些思考。

一百年前,鲁迅先生在北京大学开讲中国小说史,这是学术界破天荒的大事。鲁迅筚路蓝缕,开创中国小说史的学科,有些问题还来不及整合,这是完全正常的现象。我在学习中反复思考的一个问题,就是唐传奇的体制和命名。《中国小说史略》第八篇、第九篇《唐之传奇文》在"传奇"下加一个"文"字,显然是只讲单篇作品的。第十篇《唐之传奇集及杂俎》,标题中的"传奇集"三字,已经表明收入丛集的也是传奇,而且开篇就说:"造传奇之文,会萃为一集者,在唐代多有,而煊赫莫如牛僧孺之《玄怪录》。"下面重点地讲了牛僧孺的作品,包括未必会收入《玄怪录》的《周秦行记》。又连带讲到了李复言《续玄怪录》、薛渔思《河东记》、张读《宣室志》等书。再后讲到"他如"《杜阳杂编》等书,则说:"虽若弥近人情,远于灵怪,然选事则新颖,行文则逶迤,固仍以传奇为骨者也。"这里提出了"传奇为骨"的文体特征,是"远于灵怪"而"弥近人情"的,似乎"传奇"是专讲人间世情而与"志怪"对立的两派。其后又特别指出:"迨裴铏著书,径称《传奇》,则盛述神仙怪谲之事,又多崇饰,以惑观者。"似乎对《传奇》一书略有微词,嫌它又近于灵怪而远于人情了。《中国小说史略》对《聊斋志异》还有一个著名的评语:"用传奇法,而以志怪。"这里的"传奇法",又注重于传奇的辞章笔法,不止是题材问题,而且正好与"志怪"相对立的。

可是,鲁迅先生编选的《唐宋传奇集》为什么只收单篇流传的作品而不取传奇集的作品呢？书前序例之第二条明言："本集所收，专在单篇。若一书中之一篇，则虽事极煊赫，或本书已亡，亦不收采。"就是没具体说明理由。因此竟给人造成一种错觉，好像只有单篇文章才是传奇，其馀出自传奇集的作品，就不算了。

所以陶敏先生把收入丛集的作品都称为笔记，似乎正是根据《唐宋传奇集》的体例推衍而来的。

鲁迅《唐宋传奇集》编定于 1927 年，距《中国小说史略》出版有四年时间，他对唐代小说的看法，似又有一些变化。如后来写的《六朝小说和唐代传奇文有怎样的区别？》（《且介亭杂文二集》，1935 年）一文中，说到"例如阮籍的《大人先生传》，陶潜的《桃花源记》，其实倒和后来的唐代传奇文相近"，就补叙了"传奇文"的渊源。可能鲁迅后来逐步重视了杂传记和传奇的关系，传承《太平广记》把一部分单篇作品列为杂传记的传统，因而就重在单篇，而把传奇集忽略不计了。在《中国小说史略》之前，鲁迅曾有《小说史大略》的油印本讲义（有陕西人民出版社 1981 年 4 月版），第八、第九篇题为《唐传奇体传记上、下》。他把选录的传记分为异闻和逸事两大类，又各分出两小类，还没有提出"始有意为小说"的判断。这个问题已有人作了论述，还值得深入研究，这里就暂时搁置不谈了。

《中国小说史略》第八篇曾对唐代小说之演进，概括阐明为"唐人始有意为小说"（书前目录的纲目），书中又对传奇作了近似定义的解释："此类文字，当时或为丛集，或为单篇，大率篇幅曼长，记叙委曲，时亦近于俳谐，故论者每訾其卑下，贬之曰'传奇'。"其中"篇幅曼长，记叙委曲"两句评语，往往被近人视为传奇的主要特征。然而《唐宋传奇集》中收录的《庐江冯媪传》《杨娼传》，篇幅并不长，记叙也不够委曲；而"传奇集"里比它篇幅曼长而记叙委曲的作品多到不可胜数,为什么一篇也不选呢? 看来还是因为偏重杂传记文体的缘故。犹如明人胡应麟把志怪和传奇列为古体小说的前两个小类,似乎也是丛集和单篇的区分,不过胡应麟是把志怪放在传奇之前的。而且他还提出二者"尤易出入",只能"姑举其重而已",可见丛集里也有近于传奇的作品。鲁迅后来更重视杂传记与唐代小说的关系,在编定《唐宋传奇集》时已经有所体现,把《太平广记》里十四篇"杂传记"全部收录了(伪托牛僧孺撰的《周秦行记》也照收了,而《玄怪录》却一篇也不收),并不计较其篇幅之长短,叙事之曲直。这和宋人欧阳修的观点似同而实异。欧阳修编纂《新唐书·艺文志》时把《旧唐书·经籍志》里的一批杂传改入小说家,则是一种降格的贬退,也就是"訾其卑下"的意思。

关于传奇体的概念,据北宋人陈师道的解释,是从裴铏的《传奇》得名的。《传奇》原书已亡,从现存的佚文还难以断定原书体例为何,大体上可说是以篇幅曼长的为主,"用对语说时景"为艺术特征,也可说是"记叙委曲"。古文家尹洙嘲笑范仲淹的《岳阳楼记》为"传奇体",是含有显著的贬意的。宋人开始把传奇作为一种文类,如谢采伯《密斋笔记》自序说:"要之无牴牾于圣人,不犹愈于稗官小说传奇志怪之流乎?"他对传奇志怪也是持有贬意的。

元末虞集《写韵轩记》对传奇作了比较具体的解释:

　　盖唐之才人,于经义道学有见者少,徒知好为文辞,闲暇无所用心,辄想像幽怪遇合、才情恍惚之事,作为诗章答问之意,傅会以为说。盍簪之次,各出行卷,以相娱玩,非必真有其事,谓之传奇。元稹、白居易犹或为之,而况他乎? (《道园学古录》卷 38)

虞集是朝廷大臣,也是道学家、古文家,他的评价也是有强烈的贬意的。然而他对传奇的释义相当准确,具体指出了它的娱乐性和虚构性,正是传奇体的特征。可是传奇却从贬意的名词转化为褒意的美称了。

李剑国先生曾为鲁迅的传奇文特征的界定作过解释:"不是题材学概念,而是文体概念"(《唐五代志怪传奇叙录·唐稗思考录》,中华书局2017年1版第2次印刷,第7页)。鲁迅的论述的确强调了审美特征和"始有意为小说"的创新性,但审美取向有接受者的主观因素,各人取舍可以不同。艺术水平的高低是一个无穷级数。以此来区分志怪、传奇有很大难度。即使以篇幅长短来衡量,也不能定出字数多少为界。如字数不到五百字的《杨娼传》,正如鲁迅所说"记叙简率,殊不似作意为传奇"(《稗边小缀》),如果不是《太平广记》把它列入"杂传记"类,恐怕就不会选入《唐宋传奇集》了。

我对此曾提出过质疑(详见拙著《古体小说论要》的《中国小说的成熟与唐宋传奇》一章,北京出版社2017年版)。鲁迅所说的"用传奇法,而以志怪"的创作法,其实在唐人的"传奇集"里就已出现了。鲁迅在唐代小说部分不提志怪集而在讲"传奇集"的篇章里谈到"以传奇为骨"的作品,实际上就是"用传奇法"写的志怪小说。李剑国先生从"志怪集""志怪传奇集""传奇志怪集"里选出了许多"传奇文",也可以说明这一点。

自明代胡应麟以来,都把《莺莺传》《霍小玉传》等单篇作品为传奇的代表。从"传奇体"到鲁迅的"传奇骨""传奇法",直到当代的小说、电影、电视剧、报告文学等,以"传奇"为名的,都取义于其新奇曲折的"传奇性"。可见一千年以来,"传奇体"已演进为"传奇性",成为约定俗成的历史现象。这是历史的选择。李剑国先生选取单篇传奇文而兼容志怪、杂史、杂传之有文采的作品,大致按鲁迅所说"选事则新颖，行文则逶迤"的标准，汇编之为《唐五代传奇集》，覆盖面就大大宽广而没有进退失据的顾虑了。但"传奇"作为文言小说的通称，其实是不够全面的。因为直到今天，大家对"传奇"的解释还是不一致的。

　　明清人又把戏曲称作传奇，鲁迅要特指"传奇文"，或即因此。

　　（首发于《文学遗产》网络版 2022 年 8 月 13 日）

难以看清真容的女鬼林四娘

　　林四娘是明末衡王的姬妾，死于清初，据说她的鬼变化多端，见于许多清初的记载。曾有许多诗歌、小说、戏曲讲她的故事。最早的可能是林云铭的《林四娘记》，据女鬼自述，她是江宁府库官的女儿，因被误认与表兄有私情而自杀。可是因有桑梓之谊而突然投靠到山东青州道佥事陈宝钥府署里，显身作怪，变了各种怪脸，最后变为美女，与陈宝钥欢饮赋诗，还替陈访案书稿，屡显神通，在青州府署里呆了十八月又告别了。陈宝钥思慕不置，于清康熙六年（1667）讲给林云铭听，请他作记。这个故事没头没脑，情节混乱，显然有藏头露尾的地方，如果不是陈宝钥故意掩饰，那就是林云铭有所讳避而改写的①。衡王是明宪宗第七子朱祐楎，始封于青州，到明末最后一代衡王朱由椷，清顺治二年（1645）被俘掳至京，翌年被杀②。

　　陈宝钥实有其人，名字见于《清史稿》卷216、《清史列传》卷3、卷80等，那是在随从吴三桂反叛后，于清康熙十八年（1679）以

---

① 　张潮辑：《虞初新志》，王根林校点，载《清代笔记小说大观》，上海古籍出版社2007年版，第291—294页。
② 　赵伯陶：《聊斋志异新证》，文化艺术出版社2017年版，第108页。

按察院的身份再次投降清军的事。其前他在南明唐王隆武二年（1646）中举入职，"永历九年（1655），郑成功设六部官，陈宝钥受职协理礼官。后受郑成功猜疑，自泉州降清"。他于清康熙二年（1663）当过清朝山东青州道的金事官，后来叛清而又降清，反覆无常，最后回乡终老①。清康熙二年（1663）他在青州见到衡王府的妃嫔是可能的，但不一定是林四娘本人，也许是衡王府里逃出来的旧宫人。

次早的记载是清初大诗人王士禛《池北偶谈》卷 21 的《林四娘》条（《池北偶谈》序作于康熙辛未，1691）。这是重要的基本素材，全抄原文于下。

> 闽陈宝钥，字绿厓，观察青州。一日，燕坐斋中，忽有小鬟，年可十四五，姿首甚美，搴帘入曰："林四娘见。"陈惊愕，莫知所以。逡巡间四娘已至前万福，蛮髻珠衣，绣半臂，凤觜靴，腰佩双剑。陈疑其仙侠，不得已，揖就坐。四娘曰："妾故衡王宫嫔也。生长金陵。衡王昔以千金聘妾，入后宫，宠绝伦辈。不幸早死，殡于宫中。不数年，国破，遂北去。妾魂魄犹恋故墟，今宫殿荒芜，聊欲假君亭馆延客，固无益于君，亦无所损于君，愿无疑焉。"陈唯唯。自是日必一至。每张筵，初不见有宾客，但闻笑语酬酢。久之，设具谦陈及陈乡人公车者十数辈咸在坐。嘉肴旨酒，不异人世，然亦不知何从至也。酒酣，四娘叙述宫中旧事，悲不自胜，引节而歌，声甚哀怨。举座沾衣罢酒。如是年馀。一日，黯然有离别之色，告陈曰："妾尘缘已尽，当往终南，以君情谊厚，一来取别耳。"自后遂绝。有诗一卷，长山李五絃司寇化熙有写本云。又程周量会元记其一

---

① 参见赵伯陶注评《聊斋志异详注新评》所考，人民文学出版社 2016 年版，第 455—456 页。

诗云:"静锁深宫忆往年,楼台箫鼓遍烽烟。红颜力弱难为厉,黑海心悲只学禅。细读莲花千百偈,闲看贝叶两三篇。梨园高唱《升平曲》,君试听之亦惘然。"①

随后,蒲松龄《聊斋志异》也有《林四娘》一篇,情节略异,最末一诗有多处不同,今重录之以便对勘:

静锁深宫十七年,谁将故国问青天。闲看殿宇封乔木,泣望君王化杜鹃。海国波涛斜夕照,汉家箫鼓静烽烟。红颜力弱难为厉,蕙质心悲只问禅。日诵菩提千百句,闲看贝叶两三篇。高唱梨园歌代哭,请君独听亦潸然。②

诗中多出"闲看殿宇封乔木,泣望君王化杜鹃。海国波涛斜日照,汉家箫鼓静烽烟"两联,显然点题,表明她为衡王的妃嫔。他如第二句作"谁将故国问青天",亦显露其故国之思。蒲松龄特意说明:"诗中重复脱节,疑传者有错误。"其实他的版本倒显示了更多的真相,我怀疑《池北偶谈》的版本已有王士禛的改笔,掩盖了一些故国之思。

《聊斋志异》和《池北偶谈》相同的地方很多,主要的一条是男主人为陈宝钥,女主角林四娘是衡王宫嫔。蒲松龄很可能就是从王士禛那里听来的。不同的地方如林四娘自称处子,而主动来献身于早有主妇的半老头,同居三年之久,完全没有理由。除了蒲松龄惯于编写狐精女鬼二女同归的情节,体现男权主义的伦理思想之外,还渲染了一些性解放的艳情色彩。我认为这样设计不免有损于林四娘的形象。林四娘自称"遭难而死",是什么难呢?《池北偶谈》里已透露了一些真相,"不数年,国破,遂北去"。"北去"

---

① 王士禛撰:《池北偶谈》,靳斯仁点校,中华书局1982年版,第512—513页。
② 蒲松龄:《全校会注集评聊斋志异》,任笃行辑校,人民文学出版社2016年修订版,第409—410页。

就是衡王府被北军俘掳而去，那就是陈宝钥初降清军的明末亡国之年。林四娘当时是人是鬼，难以断定。蒲松龄对北兵的暴行，也没有完全掩盖，在《张诚》篇里，开头说："豫人张氏者，其先齐人，明末齐大乱，妻为北兵掠去。"张妻后来告诉她儿子说："我适汝父三年，流离北去，身属黑固山。"[1]"固山"，即满语"固山额真"，就是旗主，汉译为"都统"，见《清文献通考·职官一》[2]。因此她有了同母异父的两个儿子。林四娘可能也是被北兵掠去的，我比较相信她诗中所说的"红颜力弱难为厉，蕙质心悲只问禅。"可能她抗拒强暴而死，但力弱而没能化为厉鬼来反击。

　　我还愿意把林四娘设想为抗击强暴的英雄，真像《红楼梦》里所写的"姽婳将军"那样拿起刀来自卫反击。《红楼梦》第七十八回，贾政讲的林四娘对抗的是农民起义军，实际上指的是清军。曹雪芹听来的故事已经改写过了，否则恐怕他是不敢写那首激昂慷慨的《姽婳将军歌》的。曹雪芹在《红楼梦》里精心地把"真事隐去"，竭力避免"伤时骂世之旨"。还让空空道人审查过，"毫不干涉时世"，才把它抄了下来。这里除了把衡王改称为"恒王"外，必须把北军改换成"黄巾""赤眉"的"流贼"，可是没有改掉青州的地名[3]，还是露出了马脚。

　　从考据派的观点看，林四娘很可能实有其人，和陈宝钥有一定的联系，但陈宝钥在清康熙年间（1662—1722）能见到的衡王宫人应该是半老的妇女了。聊斋写林四娘见陈宝钥时，自称二十岁，犹

[1]　《全校会注集评聊斋志异》，第353、357页。按：青柯亭本将此句改为"身属某指挥"，似亦有掩盖之意。

[2]　蒲松龄：《聊斋志异详注新评》，赵伯陶注评，第406页。

[3]　曹雪芹著，（清）无名氏续：《红楼梦》，中国艺术研究院红楼梦研究所校注，人民文学出版社2008年版，第1099—1106页。

是处子,那就与王士禛所说"宠绝伦辈"的宫嫔完全不同了。这个林四娘如果为了取悦于陈宝钥而隐瞒历史,那就更扭曲了她的形象。但她诗中所说"静锁深宫十七年",实指清顺治三年(1646)衡王府被族灭后到清康熙二年(1663)这段时间,她的灵魂还留在衡府。如果她活着,至少是三十七岁了。

从鉴赏派的视角看,曹雪芹写的那首《姽婳将军歌》是表彰林四娘最好的诗,是清代诗歌的经典之作,我们只要理解她反击的其实不是农民军而是北军就可以了。

我们最惊喜的是,清朝两大名著小说的大作家,都写了林四娘的半面真容,虽然各有所蔽,合起来却可以令人大致看到全貌了。试以小诗一首作结。

厉鬼骨犹香,将军林四娘。

白头宫女在,闲坐说衡王。

(原载《明清文学与文献》2022 年 12 辑,中国社会科学出版社 2022 年 12 月 1 版)

小议宋元小说家话本断代问题

宋元小说家话本的断代是一个老问题,我在辑注《宋元小说家话本集》时把一部分难以断代和残缺过甚的作品,编了一个《存目叙录》,附于书末。近日重校了一下,把《李元吴江救朱蛇》作为元前话本,补作校注,列为《重校话本小说札记》的《〈李元吴江救朱蛇〉与垂虹桥》一节①。我对收在集里的几篇"入话",又考查了出处和时代。如《拦路虎》的"入话",是一首集句诗,见拙作《〈拦路虎〉的入话诗及其时代》②。由于宋元小说家话本的体制丰富多样,在流传中常有变异,明刻本又多有删改,现再加以分析考辨,期望对中国短篇白话小说发展史的研究有所补益。

首先,我们要把元刻本《红白蜘蛛》残页作为元代以前小说家话本的一个标本。第一,它是"小说",尾题标明"新编红白蜘蛛小说"③一行。第二,篇末有"话本说彻权做散场"(《宋元小说家话本集》,上册,第2页)八字,说明话本有"散场"的程序。洪楩《清平

---

① 参见拙文《重校话本小说札记》,《文学遗产》(网络版)2021年8月18日。
② 拙文首发于"古代小说网"微信公众号,2020年2月16日。
③ 程毅中辑注《宋元小说家话本集》,人民文学出版社2016年版,上册,第2页。

山堂话本》所收《陈巡检梅岭失妻记》与之完全相同。另有《简帖
和尚》和《合同文字记》的结尾同样有"散场"的标志，从而更佐证
了洪刻本的版本价值。明代熊龙峰刻本《张生彩鸾灯传》的格式
也是前有"入话"，后有"散场"，可信为早期话本。第三，残页为第
十页，约四百八十字，推算全篇约为四千八百字，在小说家话本里
可说是篇幅较长的。估计篇首也应有"入话"部分。现存冯梦龙
增改过的《郑节使立功神臂弓》，开端借用禅宗语录的布袋和尚
诗，可能就是元本的"入话"，但无法证实。

　　《陈巡检梅岭失妻记》的"入话"为七律一首，有与"梅岭"相关
的句子。收入冯梦龙《古今小说》卷 20，改题"陈从善梅岭失浑
家"，删去了"入话"和前四句诗，就和"梅岭"毫无联系了。但"烟
波名利大家难"（《宋元小说家话本集》，下册，第 417 页）一句却屡
见于元人杂剧，可见此诗已成新典。

　　《红白蜘蛛》仅存残页，篇首有无"入话"，不能确定，但其素
材，似与宋初景焕《牧竖闲谈》中的红白大蟒蛇有渊源关系①。我
已写有《从〈红白蜘蛛〉到〈郑节使立功神臂弓〉》一文②。这是冯
梦龙对宋元小说家话本修改的一个典型案例。从文献史料的角度
看，我们不能据以讨论话本的发展过程。

　　今存《古今小说》本的《宋四公大闹禁魂张》，学者多认为属于
元代话本，可能即陆献之的《好儿赵正》，见锺嗣成《录鬼簿》卷上。
《宋四公大闹禁魂张》前面讲述石崇救上江老龙王，射死下江小龙
王，因而得宝致富的故事。《红白蜘蛛》也有相似的情节，我怀疑
它是后人或冯梦龙所加的"头回"，中间引胡曾《咏史诗·金谷园》

---

① 参见《永乐大典》卷之一万三千七十五，"洞"字篇，"玉局井洞"条，台北
　"故宫博物院"藏明嘉靖隆庆间内府重写本，第 4b—5a 叶。
② 拙文首发于"古代小说网"微信公众号，2019 年 12 月 17 日。

诗，或即正文《好儿赵正》的"入话"，但没说其上是"头回"。

　　《清平山堂话本》里最短的一篇《蓝桥记》，取自唐人《传奇·裴航》，前有"入话"诗一首，后有留文"正是：玉室丹书著姓，长生不老人家"①。但尾题只作"蓝桥记终"四字，没有"小说"或"新编小说"字样，因此留有一点疑问，它是不是话本，还有争议。

　　按洪刻本《清平山堂话本》里残存的二十七篇，其中二十三篇有"入话"标题，似为早期话本的常规。《死生交范张鸡黍》《汉李广世号飞将军》两篇因残缺无首页，《洛阳三怪记》没有标"入话"标题，但开头引了张元的诗和东坡先生的词，都以探春为题，应为"入话"。实际上张元的诗很可疑，宋罗大经《鹤林玉露》丙编卷6引作尼悟道诗，文字略异；元郭豫亨《梅花字字香》后集集句注引作王建诗。从内容看应是脱漏了"入话"两字。

　　再看明万历年间熊龙峰刻本的《张生彩鸾灯传》与《苏长公章台柳传》，也都有"入话"诗一首。可见早期刻本的小说家话本，都是有"入话"的。冯梦龙编刻的"三言"却把"入话"都删了，又往往加上了新的故事。如把《柳耆卿诗酒玩江楼记》改写为《众名妓风流吊柳七》，前面加了孟浩然的故事，但没说是"头回"。兼善堂本《警世通言》把《风月瑞仙亭》加在《俞仲举题诗遇上皇》的前面，也没说是"头回"。又把原来的"入话"移到中间，说是"有诗为证"。

　　"头回"一词初见于《东京梦华录》卷5的"头回小杂剧"②，可能指杂剧的艳段，如《都城纪胜》所说："先做寻常熟事一段，名曰

①　洪楩辑，程毅中校注《清平山堂话本校注》，中华书局2012年版，第103页。
②　孟元老《东京梦华录》卷5，孟元老等著《东京梦华录（外四种）》，古典文学出版社1956年版，第29页。

艳段;次做正杂剧,通名为两段。"①但宋代的"杂剧"形式繁多②,不断变异。按耐得翁《都城纪胜》所记的"瓦舍众伎","杂剧"有多种形式,又有"杂剧之散段",或名杂扮,又名钮元子,又名技和,很难界定(参见《都城纪胜》,《东京梦华录(外四种)》,第97页)。"瓦舍众伎"中就包括了傀儡和说话、合生、商谜等等。现存的《东坡问答录》就是一个早期的合生、商谜、说话、说参请、说诨话等融合在一起的话本。似北宋时还没有"说话四家"之说。

我们应该注意到,《清平山堂话本》里有三篇说唱体的作品,即《刎颈鸳鸯会》《快嘴李翠莲记》和《张子房慕道记》,这三篇都是以唱词作为正文的。《刎颈鸳鸯会》完全模拟逍遥子的《元微之崔

在小说家话本里所见"头回",只有《刎颈鸳鸯会》里前半段讲赵象、步非烟故事后说"权做个笑耍头回"(《宋元小说家话本集》,下册,第455页)。《史弘肇传》现存的是冯梦龙《古今小说》所收《史弘肇龙虎君臣会》,其中"你因甚的头回说这《八难龙笛词》"(《宋元小说家话本集》,下册,第601页),还不能确定是宋代原话所有。

---

① 耐得翁《都城纪胜》,《东京梦华录(外四种)》,第96页。

② 《东京梦华录》卷5《京瓦伎艺》条说:"般杂剧,枝(当作杖)头傀儡任小三,每日五更头回小杂剧,差晚看不及矣。悬丝傀儡张金线、李外宁。药发傀儡张臻妙……"把"小杂剧"放在傀儡中间,似以傀儡剧作为杂剧的一种。各家注释都没能解释清楚。《京瓦伎艺》里还有"小儿相扑、杂剧、掉刀、蛮牌,董十五、赵七……丁仪、瘦吉等,弄乔影戏"一大段,各家标点不同,杂剧一词到底属上还是属下,难以理清。周密《武林旧事》所记的《官本杂剧段数》,是南宋的杂剧,名目繁多,有和小说题材相同的《简帖薄媚》《裴航相遇乐》《三献身》等。南宋杂剧不包含傀儡剧,与北宋的杂剧概念不同。再后,金院本又有更大的变异,杂剧就专指元人的戏曲了。这个问题有待另行研究。

莺莺【商调·蝶恋花】词》鼓子词,见赵令畤《侯鲭录》卷5。话中
有"奉劳歌伴"的标志,说明有音乐伴奏。逍遥子不是赵令畤,可
能是潘阆。至晚欧阳修也有《采桑子》鼓子词,但没有说白。《刎
颈鸳鸯会》也属"新编小说",插入了十篇《醋葫芦》,其实应称为
《蒋淑珍【商调·醋葫芦】》,但没有题作鼓子词或词话。南宋的官
本杂剧名目里有许多在曲牌上加故事人名的,见周密《武林旧事》
卷10《官本杂剧段数》,大概是大曲,而鼓子词却是小令加故事,恐
怕也可视为杂剧的一种。《快嘴李翠莲记》以主角人物的唱词作
对话,而且全用仄声韵的诗赞体,很像现代的数来宝,没有题作词
话或诗话。《张子房慕道记》则以主要人物的诗作对话,也没有题
作诗话或词话。而这三篇唱词,都有尾题作"新编小说"或"小
说",统属于小说家的话本。可见小说家可以兼收并蓄,包容很广。

　　《刎颈鸳鸯会》所引的"入话"诗实为唐人韩偓的《青春》诗,见
《全唐诗》卷683,与正文故事并无直接联系。小说的"入话"一般
是随意借用前人的诗词,不一定与正文有联系。

　　关于"新编小说",《清平山堂话本》在尾题上有题作"小说"
的,只有九篇,其中《阴骘积善》有缺字,应为"新编小说阴"五字。

　　无"小说"两字的,原本无尾题,或有缺页,即《柳耆卿诗酒玩
江楼记》等十八篇。《风月瑞仙亭》《戒指儿记》《羊角哀死战荆
轲》《李元吴江救朱蛇》有缺页,《汉李广世号飞将军》无尾题。这
五篇暂列为无"小说"标题的。其馀《柳耆卿诗酒玩江楼记》《简帖
和尚》《西湖三塔记》《合同文字记》《洛阳三怪记》《风月相思》《蓝桥
记》《花灯轿莲女成佛记》《董永遇仙传》《死生交范张鸡黍》《老冯唐
直谏汉文帝》《夔关姚卞吊诸葛》《雪川萧琛贬霸王》等,共十三篇,只
标某某记终,不说是"小说",留下了一点疑问。令人困惑的是,有唱
词的三篇作品,都有标明"小说"的尾题,而显然具备话本特征的《简

帖和尚》等几篇却没有尾题,有待深入研究。

我们可以认定有"小说"两字的是元代以前话本的常规,没有的可能有缺页脱字,也可能是明代的作品,如《风月相思》;或为明人的改本,如《郑节使立功神臂弓》是冯改本的典型案例,可据以鉴定一部分出于修订的后印本。

另外,原无"小说"字样的作品多见于《欹枕集》。因此,美国汉学家韩南(Patrick Hanan)认为《欹枕集》是明代人所作[①],也可理解。但没有"小说"字样的不仅是《欹枕集》,原日本内阁文库所藏《清平山堂话本》残本的第一卷就没有标明"小说"的尾题,其中《风月瑞仙亭》有缺页;第三卷则都有标明"小说"的尾题。《欹枕集》里的作品,我已试论《夔关姚卞吊诸葛》《李元吴江救朱蛇》两篇为元代之前的话本(《重校话本小说札记》),恐尚待求证。

(原载《文学遗产》2023 年 5 期)

---

① 参见韩南著,尹慧珉译《中国白话小说史》,浙江古籍出版社 1989 年版,第 57 页。

《越绝书》与子贡传

今年 2 月 4 日,中央电视台创作的《典籍里的中国》播出了《越绝书》一集,引起了观众的兴趣,原来比较冷僻的古书竟引起了一系列的反响,可见《典籍里的中国》的编创取得了成功,是古籍工作创造性的转化。我也不禁找出《越绝书》原书来重读一下,发生了几点感想。

《越绝书》内容丰富,视频着重演了吴越争霸的故事,最后以勾践复仇打败吴王夫差,越国称霸为结局。

其中最重要的人物却是孔子弟子子贡(端木赐)。子贡是卫国人,比孔子小三十一岁,是较小的学生,他善于言语,孔子曾评论他的特长,说:"言语:宰我,子贡。"(《论语·先进》)应该是口才特好,擅于辞令,已近于稍晚的纵横家,放到今天来说,就是外交家了。

《越绝书》里赞赏他的功绩说:"故子贡说齐以安鲁。子贡一出,乱齐,破吴,兴晋,强越。"(《外传本事第一》。先说了"安鲁",所以后面只讲四国)同书卷 7 又做了总结:"故曰子贡一出,存鲁,乱齐,破吴,强晋,霸越,是也。"(《内传陈成恒第九》)

这个故事先见于司马迁《史记》卷 67《仲尼弟子列传》的子

贡传："故子贡一出,存鲁,乱齐,破吴,强晋而霸越。子贡一使,使势相破,十年之中,五国各有变。"(中华书局,2013 年版,第 7 册,2660 页)

正因为两部书有密切的关系,《隋书·经籍志》等史志都把《越绝书》的作者著录于子贡名下,似乎也有道理。但前人曾考辨过作者之谜,认为袁康是比较可信的,至少还没有坚强的反证。现在新版的《越绝书》上就署上了袁康的名。

《史记·仲尼弟子列传》为孔子的七十七个弟子写了小传,惟独子贡传篇幅最长,事迹特多,内容与《越绝书》有同有异,的确值得注意。我总认为《史记》比《越绝书》更有权威,但"陈成恒"不避汉文帝的讳,《史记》称"田常"在先还是在后,就有待深究了。

《史记》里记子贡请行一段,不见于《论语》:

田常欲作乱于齐,惮高、国、鲍、晏,故移其兵欲以伐鲁。孔子闻之,谓门弟子曰:"夫鲁,坟墓所处,父母之国,国危如此,二三子何为莫出?"子路请出,孔子止之。子张、子石请行,孔子勿许。子贡请行,孔子许之。

可见孔子认为只有子贡能胜任出使外国担任外交的工作。出行就是游说诸侯来解救鲁国被齐打败的危机。这对孔门弟子也是一件大事,值得大书一笔。

司马迁是西汉人,而《越绝书》不是一时一人之作,最晚写到东汉初建武二十八年(52),相差一百多年,决不可能是司马迁承袭了《越绝书》,只可能是有共同的史源。(顾颉刚先生《〈越绝书〉著作年代》说"建武只十八年",误以光武帝为明帝,失之疏忽。参《苏州史志笔记》,江苏古籍出版社,1987,187 页)因此我们据之另作一个"子贡传"的新版本有它独立的价值。

首先,我向有兴趣的读者推荐李步嘉先生整理的《越绝书》,

校释非常详细,总结了前人研究的成果,可以对中国最早的方志有一个全面的了解。其次,建议李步嘉先生,能不能以《史记》为底本,编写一个"子贡传"的校释版。对两本书不同的地方,做出考辨,例如《越绝书·内传陈成恒第九》,说齐将伐鲁时颜渊还在,按《史记》则颜渊比孔子小三十岁,那时早已死了。如果按《史记·吴太伯世家》排一个大事年表,将会发现许多问题。凡是两书里的人名、字号、官爵及地名的异同,最好做一个对照表放在前面,以便阅读。

如果有人愿意再做一个"子贡传"的视频,就不必用杨慎做中介人了。《典籍里的中国》是艺术片,不是纪录片,可以设计出杨慎和撒贝宁对话的场景,也许还因为司马迁在《史记》那一集已经露过脸了,不必再谈。"子贡传"作为传记片,就可以让子贡作主角,请孔子作评介者,来充分赞赏子贡的才能和贡献,证明他对学生的了解是完全准确的。

顺便再谈一点:孔子的另一个学生子游(言偃),是吴国人,他比孔子小四十五岁,是更年轻的学生,孔子评定他的专长是"文学"。他确立了中国最早的空想社会主义的大同理论,值得大书特书,可惜在《史记》里只有极少的资料。《史记·吴太伯世家》中,唐司马贞《史记索隐》引《吴地记》一条说:"仲雍冢在吴郡常孰县西海虞山上,与言偃冢并列。"疑即《越绝书·吴地传》的佚文。《仲尼弟子列传》的《索隐》注又说:"今吴郡有言偃冢,盖吴郡人为是也。"顾颉刚先生《苏州史志笔记》说《吴地记》作于唐人,又说"有顾夷所著一种,可以辑出"(191—192页),但未明所据,存疑待考。

(原载《文史知识》2023年4期)

永怀恩师浦江清先生

浦江清(1904—1957)先生的名字,可能现在知道的人不多了。他生于 1904 年 12 月 26 日,今年是他诞生 110 周年了。因为他去世太早,留下的著作不多,而他教过的学生也越来越少了。如我的师姐周妙中女士、学长赵齐平先生也已先后去世。在他的研究生中,可能我是幸而健在的。

1926 年,浦先生在东南大学西洋文学系毕业后,进入清华学校研究院国学门,当了陈寅恪先生的助手,跟着陈先生研读东方学,学习了梵文、满文,补习了法文、德文、拉丁文、日文。研究方向从文学扩展到了历史、考古、民俗等方面。1929 年转入清华大学中国文学系任教,直到 1952 年院系调整时转入北京大学中文系,始终讲授中国古典文学。在这期间,写了不少学术性的书评,涉及的面极广。浦先生治学极其严谨,论著决不轻易发表,但是有些论文在当时是令人震动而惊喜的,如 1935 年发表的《八仙考》,1947年发表的《花蕊夫人宫词考证》等;1954 年发表的《屈原生年月日的推算问题》,是他运用天文学和微积分等科学知识推算出来的结论;身后由他女儿浦汉明整理发表的《乐律与宫调》,是他读朱载堉《乐律全书》时所作的笔记,用新的音学知识和数学计算所阐释的科学论文,浦先生的博学精思于此可见一斑。好在这些代表性的著作已经收入张鸣先生所编的《浦江清文选》(北京大学出版社,2010)了。

1954年,我在上浦先生的中国文学史(宋元明清)课时被推为课代表,因为常上先生家去反映同学们学习的情况和提出的问题、意见,有了与先生经常接触的机会,受到了更多亲炙教诲,学到了不少读书和做人的道理。首先是先生带病坚持教课的敬业精神,给我以深刻的教育。有一次课上讲到《西厢记》第一折曲文"游艺中原,脚根无线如蓬转"时,先生突然向我提问,"游艺"两字怎么讲?幸亏我小时候读过《论语》,就回答:"大概是用《论语》里'志于道,据于德,依于仁,游于艺'的典故。"先生表示满意。这是先生对我的一次测验。浦先生擅唱昆曲,在讲戏曲时常会清唱一曲作为直观教学,引起了我们学习的兴趣。我知道浦先生长于戏曲史,课馀就努力读了一些戏曲书,当时正好郑振铎先生编的《古本戏曲丛刊》一、二集先后出版,我抽空翻阅了一遍,也曾把自己的读书笔记请他批阅过。1955年本科毕业后,我被分配到西安石油学校教语文,向浦先生辞行时,他郑重地告诉我:"以后可以考研究生么。"我感受到了先生对我的深切期望。

1956年,中央发出了向科学进军的号召,北京大学开始招收副博士研究生。在京的同学鼓励我报考,徐枢、林则勖两位学兄替我报了名,又替我去找浦先生,浦先生毫不迟疑地拿起笔来写了一封信给招生部门,表示接受我为宋元明清文学史的研究生,准予免考。当年导师可以指定已毕业离校的学生免考上研究生,恐怕也就是这一年的特例。

那年研究生报到延迟很久,1957年初报到后,浦先生给我开了一个必读书目,还指定我第一年就写一篇宋元话本的论文。头两个月内，我交了一篇读书报告，是关于《古本戏曲丛刊》里几个作者的考辨。浦先生热心地把我的读书报告推荐给了那年刚创办的《戏剧论丛》，以后在1957年第4期的"学术通讯"栏里以《几个古本戏曲的作者》为题发表了，这是我交给导师的第一份作业，也是唯一的一次作业。在那篇通讯里我对《蓝桥玉杵记》作者云水道人考证出并非误题的杨之炯，后来有的学者也已认同，然而至今新编的《古籍总目》里还没有接受，仍持旧说，也许是不敢改动前辈的定论，也许是我的论证还不够有力。但我还是把这次作业的推荐看作浦先生的一次评审，永志不忘。痛心的是，我跟浦先生研读不到一个学期，实际上亲聆教诲只有两个多月，1957年4月中他因病去北戴河疗养后，竟因十二指肠溃疡穿孔抢救不及而没有回来。这对我是极大的打击，对北大和教育界、学术界也是极大的损失！先生辞世只有52岁，正是他学术成熟、硕果待收的时期啊！

幸而先生还有不少遗稿保存了下来，除了吕叔湘先生主持编纂了《浦江清文录（二版）》外，浦先生的女儿汉明师妹和她夫婿彭书麟先生又精心地收集和整理了浦先生的遗著，陆续出版了《清华园日记·西行日记》《浦江清文史杂文集》《无涯集》及《浦江清中国文学史讲义·宋元部分、明清部分》等。"北大中文文选"中所收的《浦江清文选》则收录了先生的代表作。近年来浦先生的著作逐渐为人注意了，我感到非常高兴，也消减了我的遗憾和愧疚，因为自己没有能力为传承师说尽一点心力，只为《浦江清中国文学史讲义》写了两篇题记。

那两年北大开始搞运动，我的宋元话本论文只写出了一半，就提前分配了工作。到中华书局工作后，才在业馀时间完成了《宋元话本》论文全稿，1964年又稍加修改交中华书局出版了。当时还想编一部《宋元小说家话本集》，因有些问题不好解决就搁置了30

年,直到我退休之后才拿出来重加修订,在 2000 年出版,这也可说是论文的一个阶段性成果。既然天假我年,我还要把这个课题继续研究下去。前两年,我对《清平山堂话本》作了比较详细的校注,不仅是校正文字和解释词语,而且是为作品的断代提供了比较科学的依据,从而为话本的世代累积史提出了比较务实的论断,也为中国小说的第三次变迁作出比较全面的阐释。现在还准备对《宋元小说家话本集》再作一次修订。这是我对浦先生的永恒的纪念。

2014 年 7 月 6 日

(原载《人民政协报》2014 年 12 月 29 日 10 版;收入周北川等主编《谈艺问源》,生活书店出版有限公司 2015 年 3 月版)

吴晓铃赠书目录序

　　吴晓铃先生是著名的古代戏曲小说研究的专家,也是著名的藏书家。我有幸曾得到他许多教益。最早是 1962 年我离校后才完成的论文稿《宋元话本》交给中华书局之后,文学组组长徐调孚先生拿去请吴晓铃先生代审,因为是中华书局内部人员的稿子,由局外专家审稿,可以严格和客观一些。他提了不少宝贵的意见,还提示了一些参考资料的线索。我非常感激,有他给我把了一关,才不致出大的错误,书稿质量又有所提高。给我指定论文题目的导师浦江清先生早已辞世,因此吴先生就成了我论文的惟一的"答辩委员"。

　　当时我还自不量力地想编一部《宋元小说家话本集》,编出初稿后还是由徐调孚先生转送吴先生代审,他又提了许多改进的意见,主要是收录标准和断代的问题。当时我没有力量及时修改,后来形势又有变化,这部稿子一搁就搁了三十多年。直到我退休之后,又翻出来重加整理,看到稿纸上还有他的一些批注,感动和怀念之情不禁油然而生。我知道吴先生在学术上是严格要求的,但对我又毫无保留地提供了不少资料信息。当时他如果多提一些意见就更好了,可惜已经没有机会再向他请教了。后来我对《宋元小说家话本集》稍作删改并补加了注释,总算完稿出版了,其中就有他对我的指点和鼓励。

吴先生和中华书局关系密切,首先是关于《古本戏曲丛刊》的工作。1958 年,郑振铎先生不幸遇难殉职之后,他主编的《古本戏曲丛刊》就停顿了。国务院古籍整理出版规划小组组长齐燕铭同志亲自抓了这个项目,召集了吴晓铃和赵万里、傅惜华、阿英、周贻白等五位专家组成新的编委会。因为郑振铎先生原为中国科学院文学研究所所长,所以作为文研所的任务,由文研所的吴晓铃先生负责具体的编选工作,是最为适当的。吴先生作为郑振铎先生的学生,义不容辞,立即积极、认真地投入了这项工作。而在编辑、出版工作方面,中华书局被指定参与配合。为了这项任务,中华书局特地从文研所调进了专研戏曲的周妙中同志,配合吴先生做了大量调查研究工作。吴先生又亲自对北京所藏的戏曲作了一番调查研究,写出了提要,详见他的《1962 年访书读曲记》。最后在吴先生主持下编出了《古本戏曲丛刊》第五集至第十二集的草目。为了配合当时历史剧创作的热潮,齐燕铭同志建议,把第十一集清代内廷编撰的历史故事和传说的“大戏”提前编印,并改为第九集,由中华书局于 1961—1964 年陆续出版。正在继续编印第五以下各集时,形势发生了变化,对帝王将相、才子佳人的批判传达下来了,《古本戏曲丛刊》的编辑工作就此停顿了十九年。

直到“文革”结束后的 1983 年,古籍整理出版规划小组第二任组长李一氓同志又抓紧了这一个项目,多次召集文学研究所和各有关图书馆、出版社的负责人开会商讨,催促《古本戏曲丛刊》的继续编印。还是由吴晓铃先生主持,由编委会编辑了《丛刊》的第五集,于 1986 年出版。李一氓同志还一再说要继续把六、七、八集编下去。不幸的是,没有看到六、七、八集的编印,李一氓同志就与世长辞了。继而吴晓铃先生也离开了人寰,从此《古本戏曲丛刊》工作又停顿了二十几年。前两年,我曾多次呼吁要把《古本戏曲丛刊》的项目继续完成,2012 年,全国古籍整理出版规划领导小组已经把《古本戏曲丛刊》列入了十年规划。现在中国社科院文学研究所和出版社的同志都认为还是要以吴晓铃先生草拟的书目为基础,再加增改,底于完成。几十年来,吴先生一直在想编一部"曲录新编"(见《我研究戏曲的方法》),但没有见到成形的稿本。现存他拟定的《古本戏曲丛刊》第五至十二集的草目,也许可以说是"曲录新编"的一个部分。我想,吴先生的理想和贡献,后人是不会忘记的。

另一个项目是《古本小说丛刊》,吴晓铃先生也积极参与了策划和支援。中华书局版《古本小说丛刊》第一辑中所收的康熙间钞本《斩鬼传》和乾隆五十四年舒元炜序本《红楼梦》,都是吴先生提供的自藏本,非常珍贵。尤其是舒序本《红楼梦》,是现知在《红楼梦》刊印之前有明确年代记载的早期抄本,书中保存了曹雪芹初稿的某些痕迹,引起了研究者的高度重视。我在借印工作时也曾有幸看到了原书,注意到了舒本的某些特点。舒本虽无批语,但第六回却有一条特有的旁批,在"板儿倒长得这么大了"句旁,加了"周家的如何认得是板儿"一句,显然是后人加的,决非脂研斋的手笔。事后我和中华书局的同仁一起把原书送还吴先生家,当时听他谈了不少关于《古本小说丛刊》和《古本戏曲丛刊》的设想,可惜的是以后就没有再面聆教益的机会了。

1988 年 8 月,我给吴先生寄了一本《学林漫录》第十二集,因为其中有一篇齐如山先生的《小说勾陈》遗稿,和他从美国抄回来的《哈佛大学所藏高阳齐氏百舍斋善本小说跋尾》有关。吴先生在美国哈佛大学看到了齐如山旧藏的一部分小说,就把他的跋尾

抄回来,发表于春风文艺出版社编印的《明清小说论丛》第一辑
(1984),只有二十三篇。我见猎心喜,就把《小说勾陈》里的另外
十二篇和文字不同的四篇抄出来,加上一些按语,交给《学林漫
录》发表了。出书后我又向吴先生打听,北京有没有齐如山的后
人。根据他提供的线索,我给北京大学西语系的齐香教授寄了样
书和一笔微薄的稿费。吴先生看到书后,给我覆了一封信,对《学
林漫录》的文章谈了一些意见。吴先生这封信是用他特制的画笺
写的,他在信末告诉我:

> 此笺系 1946 年离印时,当时绘画雕塑第一大师难达婆薮
> 老人绘赠之"仕女搊琶图"(Vina 即琵琶),归国后嘱厂肆文楷
> 斋缩小木刻为笺纸,另附一帧供清赏,真是秀才人情了。

这帧信笺是精美的木刻版画,吴先生曾在《难达婆薮〈禅定
图〉跋》一文中介绍说:

> 难达婆薮翁是当代印度首席画家,逝于 1966 年 4 月 16
> 日,寿八十三。……1924 年翁伴诗人泰戈尔访问北京时,曾
> 为梅兰芳大师作油画《洛神》和水墨画《禅定图》。二图历劫
> 不知尚在人间否。现将我的《禅定图跋》和珍藏的《弹琶图》
> 和翁晚年以华风运笔的《灵鹫山》写生二帧付刊露布,以见中
> 印文化交流的因缘。

吴先生的"秀才人情",对我来说是一件珍贵的文物。这种笺
纸,可能不止我一个人得到过,但我这里收藏着一段珍贵的纪念。

1995 年吴晓铃先生辞世后,他的家属遵照吴先生的遗愿,希
望把藏书赠给公家图书馆收藏,以利保护古籍,嘉惠学者。首都图
书馆经过多方努力,争取到了这一批珍贵的藏书,编为"绥中吴氏
藏书",特辟专藏,妥为管理。其中抄本稿本戏曲已编为《绥中吴
氏抄本稿本戏曲丛刊》,由学苑出版社影印,公之于世。现在又把

全部赠书编成分类目录，供广大读者查阅，确是一件功德无量的事。我是受益于首都图书馆的老读者，又曾接受过吴晓铃先生的许多教益，因此编者委派我为目录写一篇序言。我在惶恐之馀，又义不容辞，只能凭记忆写一些我对吴先生的印象，聊表对他的敬仰之意，并以酬答首都图书馆为读者热情服务之惠。至于版本、目录方面的问题，我只是一个初学者，不敢妄加评论，希望读者找吴晓铃先生已发表的论著来参看，一定能得到很多有益的收获。

　　吴晓铃先生诞生一百周年之春，程毅中敬述。

　　（收入首都图书馆编《首都图书馆藏绥中吴氏赠书目录》，国家图书馆出版社 2014 年 5 月版）

护持古籍借春阴

——追思李一氓先生

我早就知道李一氓先生是老革命，又是大学者；是诗人，也是一位藏书家，因为我读过他的《花间集》校本和《一氓题跋》。1981年春，李老委托冀勤同志向中华书局同仁为他珍藏的《烬馀词》征求题跋，周振甫先生题了。我也大胆地写了一首诗，主要是祈望他能对古籍整理出版工作给予支持和指导。因此诗的后两句说："愿得氓公伸巨手，护持古籍借春阴。"这时陈云同志还没有发表他对古籍工作的指示，不久以后，中央发出了《中共中央关于整理我国古籍的指示》，果然任命李老为新恢复的国务院古籍整理出版规划小组的组长，我的想象居然如愿以偿，那是多么庆幸的事啊！

李老就任以后，立即展开了工作，对中华书局的工作尤其精心指导，竭力支持，管得又宽又细又具体。我也有幸在具体工作中接受了他的教导和指点。首先是《全清词》的立项和组稿，都是李老的主意。他点名要程千帆先生主编，经过几次商谈之后，很快就上马了。1982年8月20日，我陪着程千帆先生上李老家去汇报工作，那时千帆先生已经有了通盘的规划，首先是收集资料。凭着规划小组的影响力和千帆先生的声望，向各方学者和各大图书馆征集到了多种词集的版本及复印件,已取得令人十分惊喜的成果。李老非常满意,提出了一些意见,特别赞赏在实践中培养古籍整理人才的设想,提倡老中青相结合。鉴于清词数量太多,李老同意分段出书,先编顺康卷。他还提供了几种他珍藏的词集,好像曾交给中华书局复制了副本,我印象里曾见过他藏的几个珍本。李老同意我们先印了叶恭绰编的《全清词钞》,以备广大读者阅读,又推荐了一种清初蒋景祁编的词选《瑶华集》,叫中华书局先影印出版。这部书于 1982 年就出书了,是责编黄克同志写的前言,经李老亲自过目,给予鼓励,并写了修改意见,特许黄克同志进他藏书室参考有关珍本,也可见他对青年编辑的热情扶持。李老对我们的基层编辑人员,往往还"破格"地召见,直接面授机宜,指点方法,令人感到十分亲切而敬佩。1983 年 1 月,程千帆先生就带着《全清词》的样稿,来向李老汇报,我们也参与了讨论,提供了一些意见。这部大书很快就出了部分初稿,确定了体例,创建了规模。不幸的是 1990 年李老去世了,没能见到《全清词》顺康卷的出版。

其次是《古本小说丛刊》和《古本戏曲丛刊》的工作。李老抓的几个重点项目,除了《中华大藏经》《古逸丛书三编》等,对小说、戏曲也非常关注。1982 年的 6 月、7 月,先后两次召集了有关人员座谈古代小说的出版问题。参加的人除了中国社会科学院文学研究所的吴晓铃先生等专家,还有春风文艺出版社的林辰同志和大连图书馆的于文藻同志。我在会上反映图书馆借书有困难,李老很风趣地说:"他们要钱么,就给他们一点钱;如果怕官么,我就找他们领导谈谈。"我觉得李老办事很务实,知道图书馆经费不足,有"创收"的任务,同意支付一定的资料费,并不依仗国家规划项目强求他们无偿借书;另一方面也很了解现实的情况,必要时还得仰仗他的威望。同年 7 月 1 日,李老又约请中国艺术研究院的张庚同志和中国戏曲学院的俞琳同志，和我们一起座谈《明清传奇丛刊》（出书时改称《明清传奇选刊》）的编选工作。这个项目很快就上马了。

1983年5月11日，李老在中国社会科学院文学研究所主持的古本戏曲和古本小说的工作会议上讲话，说："为了纪念郑振铎先生，要继续完成《古本戏曲丛刊》，实现郑先生的愿望。先解决五、六、七、八集，1985年再议十集。这样才对得起郑先生，也对得起后代人。希望能见到全书。我承担了古籍规划，就负有责任。"在李老的大力支持和督促下，1986年由吴晓铃先生主编，上海古籍出版社印出了《古本戏曲丛刊》第五集。李老为此写了一篇文章，提到了他和郑振铎的友谊，说："我做为接替郑先生管理古籍整理规划的职责和郑先生很亲密的一个朋友，现在可以放心了，可以算对得起他了。……我更希望他们（指编者和出版者）继续密切合作，把第六、第七、第八集陆续编印出来。这不仅是中国戏剧界的大事，也是中国文化界的一件大事。我诚恳地希望各国家图书馆、大学图书馆和保有这类古籍的戏剧研究所和戏剧研究者，支持中国社会科学院和上海古籍出版社的这一工作，提供资料，底于完成。"（《谈〈古本戏曲丛刊〉的出版》，1986年8月3日《解放日报》）遗憾的是，续编工作不大顺利，李老没有看到六、七、八集就与世长辞了。我虽没有参与古本戏曲的工作，只参与过几次会议，作为读者也希望能见到《古本戏曲丛刊》的完成，所以在不同场合一再提出了呼吁。现在全国古籍整理出版规划领导小组已经把它列入了古籍十年规划，第六集的编印已经有人承担，李老在天之灵，也许可以再次放心了。

《古本小说丛刊》也由社科院文学研究所的专家组织编辑，由中华书局承担出版。遵照李老的指示，我们在印制工作上积极配合。因为采用了精装报纸本,印装比较简易。底本尽量利用了复制的照片或胶卷,较为易得,进展还算顺利,到1991年出齐了四十一辑,可惜李老也没看到全部的样书。古本小说因为流传的较多,版本选用相对容易一些,所以较早完成了规划预定的任务。但可补的版本还有不少,有待续编。

古本小说在丛刊之外,有一部俄藏的抄本《石头记》,是李老亲自策划、组织而引渡回归的古籍。这部前苏联科学院东方学研究所列宁格勒分所所藏清抄本《石头记》,大概抄写于嘉庆年间,由1830年来北京的俄国传教团的学生库尔梁德采夫带回俄国的,有不少独特的地方。1984年12月,李老通过外交途径,安排中华书局的总编辑李侃同志和中国艺术研究院的冯其庸、周汝昌两位红学家,去列宁格勒(即圣彼得堡)考察及商谈合作出版问题,成功地取得了全部照片,交中华书局影印出版。在影印此书的全部过程中,李老对每一个步骤,每一个环节,都提出了具体的指导意见。我们编辑部的同志只是清点一下照片就完成了任务。这个项目在当时的历史条件下,除了李老谁也办不成。我国的红学研究者在用到这个清抄本时,怎能不怀念李老为此付出的心血。李老为这部影印本《石头记》题的诗,充分表达了他的欣慰之情:

泪墨淋漓假亦真,红楼梦觉过来人。瓦灯残醉传双玉,鼓担新钞叫九城。价重一时倾域外,冰封万里识家门。老夫无意评脂砚,先告西山黄叶村。

1981年9月17日《中共中央关于整理我国古籍的指示》中有这样一句话:"从事古籍整理的人,不但要知识基础好,而且要有兴趣。"我深切地体会到,倡导古籍工作的人正是如此,李老就是知识基础特好、特有兴趣的人,他最后的十年为我国的古籍工作付出了大量的精力,做出了重大贡献。中华书局得到了极大的支持,从出版方针、发展规划到基本建设,都是在李老的指导下奠定的。据我所知,全国高等院校古籍整理研究工作委员会和各地古籍出版社的建立,也都仰仗着李老所领导的规划小组的支持,才开创了全国古籍整理出版的新局面。最近在新版《李一氓回忆录》座谈会上,王蒙同志提出了编制一部李一氓文献纪录片的建议,相信很快就会实现。我想在记载他老革命光辉业绩的最后一章,也一定会把这位大学者对古籍整理出版工作的贡献大书一笔。

2015 年 10 月 23 日初稿

（原载《古籍整理出版情况简报》2015 年 12 期）

孙楷第先生印象记

　　我上了燕京大学国文系之后,就听说孙楷第先生是研究小说、戏曲的专家。在迎新会上孙先生是不会参加的。后来跟高班同学徐保鳌、周绍昌上孙先生家去拜见,他们两位是去上戏曲史课,我就在旁坐着听了一课,见到他拿着元人杂剧的书指点着讲解,觉得大学教授这样在家里给两个学生对坐着讲课,真是新鲜。

　　再后,1952年春,孙先生的研究生周汝昌应聘提前去华西大学教书了,他的同屋许政扬也是孙先生的研究生,屋里就空出一个床位。我那时和外系的同学同屋,就请求搬到许政扬学长的房间去。这样,我有机会接受许大学长的随时指教,同时也间接知道了一些孙先生的学术特点。许政扬学长的毕业论文是《元曲释词》,我读到了部分初稿,非常钦佩。这种从语言训诂入手研究小说戏曲的方法,给我很深的影响,后来也学着许大学长校注宋元话本,可以说就传承自孙先生当年研治训诂的传统。

　　1962年,孙先生的《沧州集》稿子由文学研究所交到中华书局,正好分配给我审读。我写了审读报告,经组长审批后,派我去北大镜春园孙先生家面谈。孙先生很热情,谈得非常融洽,我们的意见大多能够接受。不过我对他的《三言二拍源流考》提出了本事来源的几条补证，因为在1931年《北平图书馆馆刊》发表之后，又有不少新的发现。旧作还有几卷没有本事来源，最好补充进去。他表示：别人的发现没有公开发表，他不便采纳。我知道老先生的性格耿直狷介，他在写《唐代俗讲轨范与其本之体裁》时曾与写《唐代俗讲考》的向达先生交流过一些意见，曾在文中郑重说明："向君长厚君子，其平日为文，于师友片长，未尝有掩复兼并之事。"在《三言二拍源流考》前也说明曾采取马廉先生的意见，"不得掠美"。我想，有些书面材料口说不明，不如写出来供他参考，如果他同意的话，不妨采用。可是我年轻浮躁，把补证写成了读书笔记的形式，寄给他请教。心想孙先生如能采纳，在前言后记里提上一笔责任编辑的话，将是我的荣幸。我并不知道那些书证孙先生已写进《小说旁证》一书了，但书尚未出，而他在1958年1月写的《沧州集》序言里已提到此书。那时我只看到已发表的八条《小说旁证》，不知道他对"三言二拍"本事另有考证，就信口开河，不料引起孙先生的误会，以为我要抢先对他旧作进行批评了。他很不高兴，把材料退回我，并向所长何其芳同志发表了一些微词。何其芳同志就告诉了中华书局总编辑金灿然同志。金总编虽未严厉批评我，只告诫我千万不要冒犯老先生。我非常悔疚，不知道怎样跟他解释。然而孙先生还是很宽厚的，在其《吴昌龄与杂剧西游记》中写上了："近友人程君告余，解放后新印的《远山堂曲品》有陈龙光《西游》。余因程君言复阅《远山堂曲品》，知陈龙光《西游记》确是传奇。"（《沧州集》第394页）竟称我为友人，可见孙先生的风格。

　　《沧州集》初稿选了六十篇文章，到1964年发稿时文化部已受到"帝王将相部""才子佳人部"的批判，中华书局编辑部经过复审，在反对"繁琐考证"的浪潮下，决定在《沧州集》中删去十五篇不太重要的考证文章。那时我更不敢去和孙先生商谈了，组长派了同事罗锡厚同志去联系，说明情况，孙先生为了能早日出书，慨然同意删去"不必再印的十几篇"，可是序言的日期还是保留着1958年。为了保留历史的本来面目，我还可以说明一事，书中《评余冠英乐府诗选注》一文的初稿，最初发表于1954年7月18日《光明日报》，用的是宋毓珂的名字。宋毓珂是学语言学的研究生，曾帮助孙先生找过一些资料，孙先生就把署名让给了他，可见孙先生对后学晚辈的大力扶植。后来孙先生又大加修改，并说明情况，收入于《沧州集》。

　　《沧州集》出版于1965年12月，那时"文化大革命"的导火线已经燃起了，中华书局的命运也岌岌可危。编辑部对《沧州集》再次进行审查，虽然没有大问题，但还是不敢发行，压在仓库里直到打倒"四人帮"才正式发行。1978年我承乏主持文学编辑室的工作后，按新恢复的稿费制度补发了《沧州集》的稿费（稿费制度在"文革"中作为资产阶级法权曾被取消）。又请同事黄克同志去拜望孙先生，商谈续编《沧州后集》的问题。黄克是许政扬先生的研究生，正是孙先生的再传弟子，两人谈得很投机，合作得非常顺利。黄克帮孙先生找资料，抄稿子，觅得十二篇旧作，连同删去的十五篇文章，共二十七篇，编为《沧州后集》，于1985年8月出版。同时还帮着整理了《小说旁证》的一些资料，后来交人民文学出版社印出，因为他们早有预约的。黄克还为孙先生录制了一份自述生平的录音，后来整理成《建立科学的中国小说史学——孙楷第先生晚年"自述"及其他》，发表于《文学遗产》2008年第4期。这是一份珍贵的文献史料。黄克作为孙先生的再传弟子，确是尽了心力了。孙先生辞世后，中华书局继续出《孙楷第文集》，与孙家亲属保持着合作关系，也是黄克在中华工作时留下的业绩。不幸的是，黄克同志不久前竟病逝了,我得耗后仓促写了一副挽联:"菊部世家,优游文史攻元曲;沧州助手,整合篇章证稗官。"下一句就是指他成了孙先生的一位助手。顺便在这里表达一点悼念之情。

　　孙先生的论著,确是中国小说史学的开山之作。三种书目都是我案头常备的书,《日本东京所见中国小说书目》中对"诗文小说"的一段评论,更给我很大启示。我多次用以论述这一类明代的古体小说,觉得"诗文小说"的名称,比"文言小说""中篇传奇"更能突显这类作品的特色。孙先生对文言小说的论述不多,但《戏曲小说书录解题》第一卷就讲了文言小说,有不少重要的资料。如他见到的《湖海奇闻集》和《古艳异编》,现在已失踪了,只能在《解题》里找到一些信息。《小说旁证》里考证故事源流时也引到不少文言小说,给我们提供了一些线索。这方面似乎研究者注意得还不够,因此我还要推荐一下。

　　(收入《古代文学前沿与评论》2辑,社会科学文献出版社,2018年12月)

怀念"编辑专家"徐调孚先生

我第一次见到徐调孚先生，是在 1958 年的夏天。他来北京大学中文系组稿，亲自跑到 25 号楼我们研究生宿舍里来了。那时系里本科生、研究生都在搞学术大批判和科研大跃进，我们几个人编了一本《中国历代农民问题文学资料》，他了解了情况，居然接受了。后来这本书由中华书局正式出版，而且根据我们提供的线索，把张应昌编的一部《国朝诗铎》也排印出版了，出书时改名为《清诗铎》。那时我已经成了他的部下、中华书局文学组的编辑，也是《清诗铎》出版说明的拟稿者。这是我认识调孚先生的开始。

我读过他的《人间词话校注》和《现存元人杂剧书录》，知道他是有名的作家和出版家，见到他不禁肃然起敬。然而他对我们青年人却十分平易谦和，把我们当作接班人来培养和任用。我和同班同学傅璇琮、沈玉成先后进入中华书局，在他领导的文学组工作，他对我们几个刚入伍的青年人非常爱护和期许。他去世后，我们三人曾写过一篇《追忆调老》，已经谈到了不少事例，这里再谈谈我个人的一些感受。

我初到文学组（当时编辑室只称组），在审读过几种书稿之后，调孚先生就交给我编发《王船山诗文集》的任务。其实他自己早已做好了规划,制定了体例,根据什么版本,收哪些作品,我只是按他的指导,加上标点就成了。至于校勘,这部书因为异本不多,没有多少出校的文字。由于当时出版周期很长,两年后还没付印,直到 1961 年我去上海探亲时,还带上一部分清样去上海图书馆补校一部康熙间湘西草堂刻本的《船山自定稿》,这也是他得到顾廷龙先生提供的信息后出的主意。后来就把补校的成果补加在全书的后面。我也从中学到了出版工作必须精益求精的作风。1983年《王船山诗文集》重印时,我又据新发现的三篇稿本加了补校,至今还记得调孚先生给我上的第一课。此后,他又把汪蔚林编的《孔尚任诗文集》稿子交我审发,那是科学出版社版《孔尚任诗》的增订本,加工不多,所以出书较快。随后,我又接受了上面领导交下的编发《海瑞集》的特殊任务,还是在他的安排和指导下完成的。在我参加工作的第一年里,编发了三部诗文别集,使我初步学会了古籍整理的基本方法,调孚先生是我的启蒙老师。

　　我在文学组审发的书稿,属于古籍整理性质的比较多,如通读了《全元散曲》《元曲选外编》的清样(我来中华书局前早已发的稿),《徐渭集》是我参与点校并担任责编的,逯钦立先生《先秦汉魏晋南北朝诗》稿的大部分,也是由我初审的。这对我是很好的锻炼,也是调孚先生对我的培养。我深切体会到,编辑工作和古籍整理的能力,必须在实践中学习,但也要有人指导和考核,才能及早入门,这正是前人传授下来的经验和方法。

　　调孚先生知人善任,对我们分配工作既尽量照顾个人的爱好和专长,调动各人的积极性;也考虑工作的需要,要求每人全面发展,能适应各类书稿的任务。他分配工作时往往采取兼顾轻重缓急的交叉进行方法,就是交给你一项较长期的较重大的任务,同时又给你一项临时的较小的任务,临时任务完成后,你可以从容地回

到长期任务上去。这是当时外来投稿较多而人手不足时的一种工
作方式。有些来稿经他自己浏览一下，认为根本不宜采用，就自拟
复信退稿了。但是对于自发的投稿，都认真负责地处理并及时答
复，惟恐遗漏了真才，误弃了卞璞，挫伤了作者的积极性。后来我
主持文学编辑室工作时，正遇上了"文革"结束后百废俱兴，外来
自发投稿源源不断，我也想继承调孚先生的工作方式，认真地及时
地给予处理，可是时代不同了，当时书荒严重，任务繁多，我把一部
分力量投入了退稿工作，既干扰了编辑室内同仁的主攻任务，也分
散了自己的精力，这是一个很难解决的矛盾。然而，调孚先生这种
对作者爱护、负责的精神，还是值得我们学习的。

　　调孚先生是老出版家，和学术界、文学界的作者有很多交往，
因此组稿的渠道很广，审稿的外援也多。如阿英同志是我们的老
作者，把《晚清文学丛钞》稿交给中华书局，一卷一卷的稿子源源
不断，我们不愁缺稿。可惜的是当时出版力量很弱，出书周期很
长。有些"献礼书"、配合政治或纪念活动的"任务书"，往往不能
及时完成。1962年，为纪念即将到来的曹雪芹逝世200周年，要出
阿英编的《红楼梦戏曲集》，他和阿英同志联系好了，派我去他家
里取稿。阿英同志把一包一包的书稿交给我，都是他自己加的标
点，还有一部分陆续交稿。我们赶紧发稿，流水作业，发排校对，赶
了一年，到1963年书还出不来。拖了一年后形势有变，《红楼梦戏
曲集》打好清样不敢付印，因为文化部已经挨批了。调孚先生向阿
英同志一再解释，阿英同志表示完全理解。一压压到"文革"之
后，1978年才付印发行，阿英同志竟没有见到样书。又如我编《徐
渭集》时，借不到《徐文长三集》，调孚先生和傅惜华先生通电话之
后，就介绍我上他家去取书。傅惜华先生毫不迟疑地把珍藏的明
刻本《徐文长三集》交给我使用，解决了校勘的大问题。我自己的

一本《宋元话本》稿，调孚先生委托中国科学院文学研究所吴晓铃先生代审，吴先生认真审阅了稿子，提出了许多宝贵意见，使我受益匪浅。从我自身的一些经历，深切感到编辑工作者必须和专家学者多来往，多请教，才能开辟稿源，提高书稿质量，做好编辑工作。

　　调孚先生在多年的出版工作中，与作者、读者建立了密切关系，广交朋友，熟悉学术"行情"，为中华书局的工作开辟了门路，打开了局面，因此金灿然同志称他为编辑专家，就不仅是指他在组稿、审稿、发稿、排版设计等方面的丰富经验而言的。

　　（原载《中华读书报》2011 年 12 月 28 日 7 版、《书品》2012 年 2 期［题为《徐调孚：具有丰富经验的"编辑专家"》]）

鼙鼓声中思老将

——怀念赵守俨先生

赵守俨先生辞世已经十三年了，我们还是时常提起他。不但我们曾与他共事的中华书局同仁，就是"局外"的许多作者，特别是曾参与"二十四史"点校工作的专家学者，也常提到他。而今点校本"二十四史"及《清史稿》的修订工程已经上马了，闻鼙鼓而思老将，我和大家一样，又想起了他。

赵守俨先生对"二十四史"及《清史稿》的整理、出版，倾注了他全部的精力，付出了大半辈子的心血，这是与他共事的同仁所深知的。我大胆地说，虽然当时按领导的指示，点校"二十四史"的工作由顾颉刚先生总其成，但实际上始终抓全面工作的是赵守俨。他不仅在制订规划、拟定凡例、邀请作者等方面做了许多工作，而且逐卷、逐页地审读了北京点校各史的书稿和清样。我们知道，责任编辑最后的把关，往往是在看清样时能够发现各方面的问题，并逐一加以解决。他作为最终审读的责任者，总是能在关键时发现书稿中遗留的某些体例问题、技术问题和学术问题，作出最终的决定。我曾看到他多次拟定的点校凡例，一次一次地修订点校工作的若干具体细则，解决点校者提出的各种疑难问题。有些技术性的问题,往往也涉及到学术性的问题。如果不是对古籍整理有丰富的实践经验的话,恐怕是很难胜任的。

关于"二十四史"的工作,和他一起工作的老前辈和老同仁,已经谈过很多。我对于"二十四史"的点校,基本上没有参与,只在 1967 年一度参与了《旧五代史》的点校,那是在"文化大革命"中的一个小插曲,据说是戚本禹玩弄两面派的一次表演。随着戚本禹的倒台,"二十四史"的工作又被"文革"的大浪潮冲掉了。不过守俨先生多次制定的关于"二十四史"点校的规划和历程,我还是略知一二的。例如有一篇署名"东君"的《二十四史注补表谱考证书籍简目》,当时是作为参考材料印发的,"东君"是陈乃乾先生的笔名,现在中华书局的同仁已经很少人知道了。其实守俨先生在他的《校史杂忆》里就谈过此事(《赵守俨文存》,中华书局 1998年 1 版,331 页)。我们现在启动点校本"二十四史"及《清史稿》修订工程时,就有必要重读一下他的《雨雨风风二十年——〈二十四史〉点校始末记略》和《校史杂忆——〈二十四史〉点校散记》两篇文章,这是一份有历史意义的文献资料,记录了新中国古籍整理出版的一段重要历史。今天要修订点校本"二十四史"及《清史稿》,就要知道它的成绩,也要知道它的不足;要借鉴它的经验,更要了解它的教训。许多问题,在那个时候,守俨先生早已谈到了。他说:"我认为这套书至少有三点还是美中不足的,其一,1971 年后点校的各史,版本对校方面择善而从,出校记,异文的处理脉络不清,无异于在旧本之外再增加一种较好的新本,对研究工作者非常不便。其二,后期点校的书,未能通过本校、他校为读者解决更多的问题,如果没有当时的限制,这是完全可以做到的。其三,个别史的质量还不平衡。"

后来他又说:"反对'繁琐考证'给二十四史的点校带来的影

响。"主要表现在两个问题上：

其一，是对于本校、他校的看法。……当一九七一年《二十四史》恢复工作时，继续点校《二十四史》及《清史稿》的文件中规定：只对于点不断、读不通的地方可以进行"本校"和"他校"，把工作范围缩得很小。在北京点校的各史没有严格遵守这条规定，实际做的工作比它要广泛得多。但即使如此，距离最初的要求也打了相当的折扣。

其二，是对版本异文的处理。……一九七一年文件中规定：版本上的异文，择善而从，不在校勘记中说明。后来点校的史书大致是按这一规定处理版本异文的，这样某字某句究竟从了哪种本子，何以从它，读者都无从知道。北京点校的各史于此略有突破。记得那时候有一条不成文的规定：如果所从的本子在文字上似"非"而实"是"，还要写出校勘记说明情况，包括选择的理由。这究竟是少数。（《赵守俨文存》332—333页）

在北京点校的各史没有严格遵守这条规定，他们实际做的工作比它要广泛一些，还是尽可能做了一些细小的补救。这一点小小的变动，还是几位老专家和守俨先生及责任编辑冒着风险巧妙抵制的结果。他特别提到"北京点校的各史"，因为上海"四人帮"的亲信控制得更严，而上海承担的四史又分量很大，催办更急，我们对此应该充分理解。今天，我们有条件来弥补守俨先生的遗憾，实现他的遗愿了。

守俨先生一心为"二十四史"的点校工作作奉献，真是竭精殚虑，鞠躬尽瘁。我们都知道他夙夜奉公，经常在晚上加班加点，在家看稿。虽然他有不少研究成果和读书心得，但顾不上写成文章。现在我们看到的《赵守俨文存》，篇幅实在不多，但有不少学术质量很高的作品,可惜的是他还有许多研究的课题没来得及动笔。这是很大的损失。他的不少文章和为整理本古籍写的出版说明稿,是他整理古籍的部分成果和经验总结,对我们很有启发。对于今天我们修订点校本"二十四史"及《清史稿》的工作有很大帮助。他对古籍整理作出了很大贡献,也初步总结了许多经验。

守俨先生的许多文章,是在 1978 年二十四史出齐后才写的。他自己曾点校了《登科记考》和《朝野佥载》两部书,都是中华书局规划中的选题。《朝野佥载》是他策划的《唐宋史料笔记丛刊》里的第一本书(《封氏闻见记》初版时还没有《丛刊》的计划)。我点校的《隋唐嘉话》也有幸和《朝野佥载》合印为一册同时出版。对于《唐宋史料笔记丛刊》的规划,我特别赞赏。后来守俨先生在《随笔和〈唐宋史料笔记丛刊〉》一文中介绍说:

> 随笔通常也称为"笔记"……一般来说,可分两大类:谈学问的,记见闻的(还有一种属于短篇小说性质的,这里没有把它包括在内)。或称前者为"学术笔记",后者为"史料笔记",倒也名副其实。……
>
> 由于笔记在过去二十多年中很少印行,同时许多笔记只有丛书本,没有单刻本,现在不少图书馆规定,丛书不能零种出借,所以这套丛刊自面世以来很受读者——特别是中青年研究工作者的欢迎。(《赵守俨文存》216—218 页)

笔记是一个很宽泛的概念,内容非常复杂。刘叶秋先生的《历代笔记概述》(中华书局 1980 年版)曾把笔记分为小说故事、历史琐闻、考据辨证三类,张舜徽先生《与诸同志再论历史文献的整理工作》(《讱庵学术讲论集》455 页)也同此说,不知谁先谁后。最早用"笔记"作书名的是北宋人宋祁,他的书现称《宋景文笔记》,那是偏重考证的书。笔记和小说连称,大概始于南宋人史绳祖的

《学斋占毕》卷2,他举的例子是《嬾真子》,也是一本考据辨证性的书。民国初年进步书局编印了一部《笔记小说大观》之后,"笔记小说"的名称就流行起来了。嗣后"笔记小说"的名称被人用得越来越滥,如近年台湾某书局编印的《笔记小说大观丛刊》,收到了《韩诗外传》《曲海总目提要》等书,更是泛滥无边了。这对于古籍目录学造成了不小的混乱,给图书馆编目人员带来不少的麻烦,到底是小说呢还是史料笔记? 中华书局早在上世纪五十年代就陆续编印了《元明史料笔记丛刊》和《清代史料笔记丛刊》,到"文革"之后,又在守俨先生策划下,增添了《唐宋史料笔记丛刊》,这样就把历史琐闻类的笔记挑出来作为史料书单列一个系统了。守俨先生毅然决策,根据当代学术研究的成果,有计划地把历代笔记分门别类地整理出版,得到了学者的欢迎。后来中华书局又策划了一套《学术笔记丛刊》,选收考据辨证性的笔记。我在文学编辑室时也把传奇、志怪类的书另行策划了一套《古小说丛刊》(现又改称为《古体小说丛刊》),试图对古籍的门类分得更细一些。《唐宋史料笔记丛刊》现在陆续出了不少书,已经粗具规模,而最先出的《朝野金载》也已重印,守俨先生开创这套丛刊的规划已经基本实现了。

守俨先生在工作中常是顾全大局,勉为其难,任劳任怨,分担责任。例如中华书局面临困境时,想到了重印旧版《辞海》的项目。守俨先生对此本来并不积极,但当印制中发现了一些敏感问题时,又是他想方设法,亲自动手,巧妙地修改了几条释文,才顺利通过了。

我和守俨先生都是1958年12月进中华书局的,但他在商务印书馆已经干了八年编辑工作,有丰富的工作经验,当然是我们的老前辈了。据我所知,他在商务编发过不少书稿,包括有些科技方面的书。我曾问他,你的知识怎么那么广啊? 他告诉我们:"在工作中学习么,就是硬着头皮看,不懂的东西多查书,多请教别人。"他本来是学经济学的,但对史学更有家学渊源,年轻时读过许多经典古籍,因此到中华书局古代史组来,就负责编发"二十四史"的工作,自然是得心应手、胜任愉快的。

我上中华书局报到时,先在古代史组帮忙,编发了一本中国历史小丛书。这可能是领导对我的一次考察,也可能是给我一次实习的机会。那时我对守俨先生还毫无印象,过几天我就到文学组去工作了。这是徐调孚先生早就说定的,本来要我去文学组,只是暂借给古代史组几天。后来才认识了守俨先生,慢慢地熟识了,有幸的是后来搬家到翠微路之后,我们成了邻居,两家人来往就多了。

他对我有不少帮助,有不少地方是对我的提携和鼓励。1989年,新中国建国四十周年,新闻出版署组织编写《当代中国的出版事业》一书,其中古籍出版的一章,本该由他来写,但是他却推荐了我。我写的时候,就参考了他前几年所写的一篇文章,基本构思就按照他的框架,他还给我出了不少主意。他的文章,也允许我随便引用。书中的那一章实际上是他和我合作的。1991年,中华书局总编室策划编写一个《古籍校点释例》,在他主持下讨论了一个大纲,校勘部分由我执笔,基本上是根据他拟定的"二十四史"点校凡例归纳而成的。这个《释例》在《书品》1991年4期上发表以后,岳麓书社的胡渐逵先生提了一条意见,守俨先生看过来信后,同意他的意见,把信交给我处理。除了给胡先生复信致谢外,我在《释例》里抽换了一个例句,可是并没有在书刊上发表。后来《古籍整理出版情况简报》上刊发这份《释例》时,编者不知道这件事,还是照初稿发了。我觉得没有完成守俨先生的委托,感到十分遗憾。

守俨先生一贯严以律己，宽以待人，总是与人为善，助人为乐。在我的印象中，守俨先生可说是和谐处事的典范。我在工作中也常得到他的支持和指点。当我偶有鲁莽的言行时，他还给我以及时的忠告。在我最后一次去安贞医院看他时，他语重心长地跟我说："还是要多活动，才能保持身体健康。"这恐怕是他自己切身的体会和教训，可惜他领悟得晚了，对工作太投入了，鞠躬尽瘁，竟牺牲了健康。

他对点校"二十四史"及《清史稿》的贡献，对中华书局的贡献，对古籍整理出版工作的贡献，我们是永远不会忘记的。

（原载《古籍整理出版情况简报》2008 年 2 期）

先生更合以诗传

——追思吴小如先生

5月11日，我在苏州接到白化文学长的电话，告诉我吴小如先生去世了，我深感哀痛，但并不太意外，因为他近年的确日益衰弱，屡次跟我说身体不行，什么也干不了了。我遗憾的是，中央文史研究馆委托电视台为老年馆员录制的音像资料，没有优先为吴先生抢拍一些片断。尽管我向摄制组多次提了建议，他们总想要设置一个隆重正式的场景再拍，那是吴先生不会同意的。不知道除了像"绝版赏析"那些谈京戏的音像资料，还有没有吴先生讲课的录像视频留下来，我认为他的讲课也是可以作为"绝版赏析"的。

我在校时听过吴先生讲的鲁迅杂文和明清小说的课，大家都知道他博学多能，能从先秦讲到现代的文学作品，而且讲课也和唱戏一样，声情并茂，响遏行云。这些特点，学兄学弟们在前两年编集的《学者吴小如》一书里也都谈到了。我听的课很少，没什么可补充的。5月13日我自苏州回京之后，受燕大中文系部分校友之托联名写了一副挽联："匡鼎说诗，解颐每使诸生喜；燕园受业，回首竟无一老存。"下联说的是原燕大中文系的老师，吴先生是最后一位离世的了。

上联说到吴先生的说诗，其实我自己并没有机会听他讲诗词的课，只读过几篇他讲诗词的文章。前年天津古籍出版社出版了《吴小如讲杜诗》一书，我读后才领会到吴先生对诗的研读，真是深入细致，博取众长而又有自己的独见卓识。他强调的读诗要"明训诂、通典故、考身世、察背景"四条基本法则，更是不刊之论。可惜的是，他在北大中文系时没有机会讲诗词的专题课，直到2009年才为少数几位学生讲了十五次杜诗的专题讲座。也幸而由刘宁、谷曙光等听课者仔细整理了听课笔记，公之于众，才使更多的人受到教益。我也是受益者之一。因而天津古籍出版社的同行委派我为此书写一个推荐书时，我也义不容辞地遵命了，既不因为自己无知而退让，也不因为我是他学生而避嫌。我真希望有更多的人来读这本书、来推荐这本书。吴先生讲了十五讲杜诗后不久，不幸因脑溢血后遗症行动多有不便，再也不能这样连续讲课了。值得庆幸的是，这本讲杜诗的专著却成了他病前定稿的一部力作。

令人欣慰的还有早两年的手书诗五十页，这是萧跃华先生策划的项目，鼓动吴先生自书自选的诗卷，也是幸而抢在他腕病前的一大工程，已由中华书局在2013年出版。我们不仅看到了他的书法，而且读到了他自选的诗篇。我特别感谢萧跃华先生的抢救工作，如果再晚两年，就看不到这份诗卷了。值得庆幸的还有，《诗刊》编辑部给吴先生评了2013年度"子曰诗人奖"，也是一件大事。《诗刊》只发了十几首诗和六条诗词赘语，当然不足以显示诗人的全貌，但已可以体现出吴先生诗学的特色。特别是诗词赘语里的几条忠告，可谓提纲挈领，要言不烦，确是写诗实践的经验之谈。我从中得到了不少新的启发。我得知了评奖的消息之后，打电话向他表示祝贺，吴先生淡然处之，说这是评委们对老年人的一种安慰,还过度地谦虚,竟对我说:"我的诗还没有你写得好呢。"吓得我惶惑无地,本来想写一首诗表示祝贺之意,但想到吴先生"三不"的告诫,就想自己改改再说吧,不想这首诗竟没有机会送他评改了。现在附在这里聊表追念:

> 清词一字值千金,大奖殊荣岂动心。
>
> 聊为诗人伸意气,世间毕竟有知音。

正因为评了一个奖,陈斐先生编集的《莎斋诗剩》才有了问世的机会。一则有《诗刊》编辑部和主办方的支持,一则终于得到了吴先生的同意。诗集而称作"剩",当然只是现在能找到的一部分诗稿。我们终于读到了较多的诗篇。出版后,吴先生立即托中华书局的胡友鸣兄带了一本给我,可惜我还没来得及通读全书,就回苏州探亲去了,直到回京之后才通读了《莎斋诗剩》的全书,不禁感慨万千,悲喜交集。

对于当代人的诗词,自有各种不同的评价。《诗刊》编辑部请了多位熟悉而热爱传统诗词的老诗人评出的首届"子曰诗人奖",至少代表了一部分倡今而知古的作者和读者的评价。我作为吴先生的一个老门生,不敢妄加评论,只能说他的《学诗小札》是更值得我们好好学习的。他对古典诗词有深入的研究,又对诗词创作有多年的实践,他的诗学以前几乎被戏曲学和书法掩盖了,直到晚年才得到了更多人的认知。对于我们中文系的校友来说,诗学是更应看重的一课。吴先生自己说:"我一生有三种业余爱好,即学唱京戏、学写毛笔字和学作旧体诗。"这三种业余爱好都是吴先生的专长,实在是他真正的专业。但他写的诗保存的不多,发表的更少。我感谢《吴小如讲杜诗》《吴小如先生自书诗》和《莎斋诗剩》的所有编者,他们在吴先生生前赶出了定稿,让我们对吴先生的第三种爱好有了较切实的理解。他的诗和论诗的著作,一定可以传

世而给人以一种新的启发。吴先生应该可以含笑仙去了。最后，
我还要献上一首拙诗聊表追思：

　　　重金大奖国门悬，不愧青钱万选篇。

　　　说杜新书多创意，先生更合以诗传。

2014 年 7 月 26 日初稿

（原载《文史知识》2014 年 11 期）

追忆往事,追思逯钦立先生

我没见过逯钦立先生,但有幸曾是《先秦汉魏晋南北朝诗》的第一个读者。早在 1959 年 3 月,中华书局得知逯钦立先生著有《古诗纪补正》一稿,就发函与东北师范大学中文系联系,了解有关情况,并请给予协助。同年 9 月,直接与逯先生通信约稿,表示中华书局愿意接受出版,把它列入古代文学总集的规划。随后又得知逯先生已把其中《全汉诗》部分交给了中华书局上海编辑部,准备单行出书。我们又与上海编辑部协商,取得了转让全稿的同意。继而与逯先生反复商议,最终明确全书名为《先秦两汉三国晋南北朝诗》(最后出书时又定名为《先秦汉魏晋南北朝诗》),不再局限于《古诗纪》的校补了。

1962 年,中华书局总编辑金灿然先生去长春时,曾亲自拜访了逯先生,面谈约稿事宜。同年 11 月,编辑部就寄去了约稿合同,逯先生于 11 月 27 日签约寄还。从此中华书局文学组就做好了接受书稿的准备,又屡次去信催询进行情况。

逯先生在教学工作的馀暇,抓紧修订了原稿,从 1964 年 1 月开始,陆续分批把凡例、后记和书稿寄来。中华书局文学组组长徐调孚先生先请编发《全宋词》的王仲闻先生审读了凡例,提出了一些意见。在收到全稿后，交给我审读，给了我一次学习先唐诗的机会。我仔细阅读了凡例和前五册书稿，提出了十几条意见，经组长和副总编辑的复核，写成复信提供作者参考。

我们提了不少意见，逯先生都认真研究了，不久写来了详细的答复，对一部分意见表示同意，准备修改。如把全书改为一部新辑本，不再把《古诗纪》作为校补的底本，只作为辑录的依据出处之一，所有的异文也写入校记。馀如调整了乐府本辞和后世奏曲的次序，在校本中摒弃了晚出的总集《诗隽类函》《广文选》等。对另一部分意见则提出了不同的看法。

其中有一条关于按年代先后还是按历代皇朝编次，曾反复讨论了多次。原来按照《古诗纪》的体例，按历代皇朝分编，必然会把帝王的作品编在卷首，而且还循例称呼帝王的庙号谥号，如汉武帝、魏文帝等等。那时批判帝王将相、才子佳人的风声已有山雨欲来之势，我们编辑出版工作人员不能不谨小慎微，惟恐会引来政治性的批判，总想按新编的《全宋词》那样，作者一律称本名，按年代先后排列，把朝代打乱了重排名次，那就显得"革命化"了。还有妇女作品单列在诸家诗歌之后，也怕有性别歧视的嫌疑。逯先生认真考虑了这些问题，认为全书体例上有许多难以解决的矛盾。因为大多数作者的生卒年难以考定，而作者的卒年与朝代的更替又不完全一致。如曹操与徐幹、陈琳、应场、刘桢等都卒于汉末，但实际上已经属于魏国的人物了，因此还是循旧例编入魏诗为好。至于帝王本名则可以加在庙号之后，如汉高祖刘邦、魏武帝曹操之类。还有妇女的作品，逯先生最后也同意按年代先后和人物关系调整了。像这类问题，我们反复讨论过多次，双方都是认真地、诚恳地交换意见。1964年下半年在我下乡参加"四清"工作期间，改由同事沈玉成先生对来信进行认真研究，与王仲闻先生共同商议，写信逐条讨论。从 1964 年 8 月以后,双方函件不断往来,最后基本达成共识,逯先生 1965 年 6 月 11 日来信中表示同意按作家年代先后编次,但仍以朝代为断,分编各卷。妇女的作品则按人物关系和大致年代编入诸家诗歌。但 1966 年春第二次书稿交来后,"文化大革命"的风暴卷地而来,根本不可能发稿付排了。

　　逯先生的原稿保存在中华书局,经过"文化大革命"的动乱,幸而没有丢失。1973 年,逯先生来信问及原稿下落,我们告以"妥存我局",使作者得到极大的安慰。来信中表示愿对原稿再作三方面的修订:"(1)重订个别作家生卒,如王羲之卒年问题;(2)审定全书标点;(3)用明人编总集校对某一部分。"

　　这次又由我再次抽看了部分书稿,再提出了一些问题,如辑录、校点中的某些疏漏和笔误之处。编辑部的信函连同原稿,于 1973 年 7 月 31 日寄往长春。逯先生于 8 月 5 日收到,对家人说起要按出版社的要求进行修改。可以看出,作者和编者对书稿质量的要求是完全一致的。不幸的是,翌日(8 月 6 日),逯先生猝发心脏病,竟溘然逝世了。

　　此后,我们曾建议在逯先生的生前友好中找一位合适的人选,替作者完成这项工作。经逯先生家属及东北师大中文系古典文学教研室同志反复磋商,并经任继愈、张政烺诸先生推荐,曾拟请逯先生的老友刘禹昌先生任其劳。刘先生时已退休,寓居江西九江的女儿家中。他虽愿意代为修订定稿,但九江资料不足,希望能在北京安排改稿工作。限于当时出版社的工作条件,特别是取决于当时的政治形势,出版此类古籍总集还提不到议事日程上来,所以改稿一事只得再一次搁置起来。

　　1975 年邓小平同志协助周总理主持国务院工作期间,形势有所松动,中华书局第二编辑室熊国祯主任想策划一些古籍选题,委派我去长春联系工作，特地至东北师大登门拜访逯先生家属罗筱蕖夫人，表达了中华书局仍愿承担出版该书的意向。东北师大（时改为吉林师范大学）中文系也曾委托苏兴先生来京和我们商议书稿的处理办法。但在"四人帮""反右倾翻案"运动的干扰破坏下，出版社的规划一再落空。直到粉碎"四人帮"之后的1977年，我们又与逯先生家属重议此事。在张政烺、阴法鲁、杨志玖等先生的推动下，在东北师大的支持下，1978年3月，双方达成协议，1965年编定的《先秦汉魏晋南北朝诗》全稿又由逯先生家属委托其弟子冯克正先生送回到了中华书局。

　　当时我担负了文学编辑室的行政工作，手头还有待看的清样，没有力量再编发此稿，就请许逸民先生负责全面审读，按照处理遗稿的一般原则，决定不再请他人代为修订，只由责任编辑进行加工。我们只改正其明显错误，其体例和编次即使尚有不当之处，其考订、辨析或许偶有疏失之虑，均不再变更，以免有违作者本意。总起来说，许逸民先生作了这样几项工作：

　　一、据史传原始材料，改正了小传中的一些错字和断句。

　　二、以《古诗纪》复核全稿，并用《艺文类聚》《初学记》《太平广记》《太平御览》《文苑英华》《乐府诗集》等核查引文，逐一校正卷次上的讹误。

　　三、原稿断句时有模糊和遗漏之处，发稿时重新以朱笔断句，并增加使用读（顿）号，以清眉目。

　　至于书名，1965年已商定为《先秦两汉三国晋南北朝诗》，而原稿仍保存旧名《先秦两汉魏晋六朝诗》，最后决定改称《先秦汉魏晋南北朝诗》。因为"汉"即包括两汉，"六朝"既包含吴和东晋，而吴、蜀又并属于魏朝，不应再重复了。上述做法，取得了家属的同意，可能也不违逯先生的遗愿。

《先秦汉魏晋南北朝诗》篇幅巨大,整理排校颇费时日,我们决定先把逯先生校注的《陶渊明集》遗稿发排付印,于 1979 年出版。这在"文化大革命"之后,还是很引人注目的一部古籍新注本。随后《先秦汉魏晋南北朝诗》于 1983 年 9 月出书之后,学术界交口赞誉,首先是肯定此书的学术价值,褒扬作者数十年的辛勤劳作,为古籍整理作出了示范。对我们中华书局的工作也是热情的鼓励。此书获得了 1993 年第一届国家图书奖的提名奖,我们也感到与有荣焉。

我不厌其烦地追述《先秦汉魏晋南北朝诗》的出版过程,是为了纪念逯钦立先生辛勤整理古籍的学术贡献,和此书艰难困苦一波三折的非常遭遇。从 1940 年逯先生开始校正冯惟讷《古诗纪》到《先秦汉魏晋南北朝诗》的出版,经历了四十三年的漫长历史。我们掩卷深思,不禁欣慨交心。

从本书的问世,可以看到老一代知识分子甘于寂寞,耐心坐穿冷板凳,以个人的力量编纂这样一部卷帙浩繁的大书,在当时的资料条件下是十分艰苦的。再以十年磨一剑的精神,精益求精,虚心倾听不同意见,包括某些不尽合理的苛求,既不厌反复修改,又诚恳坦率地提出自己的意见,经过认真的研究讨论,最终取得基本的共识,对书稿不断有所改进。逯先生那种敬业精神正是今天我们最需要努力学习的。

从本书的问世,可以看到真正有价值的古籍整理成果,像卞和的璞玉一样,早晚终究有人会辨别鉴赏,给以公正的评价。《先秦汉魏晋南北朝诗》成稿之时,就有许多学者进行推荐并付与期待。在中华书局约稿期间,张政烺、任继愈、阴法鲁、杨志玖等诸先生都给予热情的关注,或为之推挹,或为之谋画。东北师大也指定专人为之往来奔走。出书之后,更有许多学者写文章作了高度的评价。

也有学者继之作拾遗补缺的工作，都不能不提到逯先生开山辟路的功绩。逯先生生前甘于寂寞，身后却并不寂寞。今天有志献身于古籍整理事业的学者，更当放眼未来，爱护并传承传统文化，大可不必被眼前的评估体系所吓退。

从本书的问世，也可以看到在这一历史阶段学术文化既有兴旺发展的条件，也有限制和干扰的因素。逯先生的力作，在1948年完稿时，因为国内形势急剧变化而未能及时出版，直到1959年才为人所知，引起各界的重视，列入了出版的规划。而经过反复商讨，到了进行最后的加工定稿时，又因"文化大革命"的干扰而中断，直到1983年才出书，可惜逯先生自己看不到了。今天幸逢稳定和谐的时代，我们应该珍惜这一机遇，努力学习逯先生的敬业精神，安神静气、细致耐心地做好中国古籍的整理和出版工作，促进中华民族文化的大繁荣、大发展。

（原载《古籍整理研究学刊》2010年5期）

忆曹道衡学长

　　曹道衡先生是我的大学长,当1952年我从燕京大学合并到北京大学时,他已经毕业了。作为校友,他是前辈,我们是在离校之后才认识的。那时他在文学研究所帮助陈翔鹤先生编《文学遗产》专刊,我有幸作为《文学遗产》培养的青年作者,有时还帮编辑部看一些初审稿。因此,有机会和他一起参加座谈会和通讯员会议。一谈起来,我们都是苏州人,虽然不是他乡遇故知,但也算是老乡见老乡了。他的年龄、辈分都比我长,交谊自当在师友之间,不过他一向谦恭待人,我在他面前也就敢于忘乎所以,信口开河了。道衡学长为人极其淳厚,朴实无华,具备了温良恭俭让的君子之风。因此老朋友都称他为"夫子",有时我也跟着那么叫他,觉得名实相副,毫无调笑之意。

　　道衡学长知识渊博,学养深厚。他的学术成就,我所知极少,因为自己的知识太偏太窄,他的书有些还读不懂,对他的成长历程却还略有所闻。他出生于苏州的书香门第,曾祖是有名的御医曹沧洲(名元恒),祖父、父亲也都是名医,但他却从小就专心读经史名著,决定弃医学文,幼年就熟读《说文》《尔雅》等国学经典,后来考上唐文治先生创办的无锡国学专修馆历史系,毕业后又考入北京大学中文系(应该是插班上了三年级),专治中国文学史。这恐怕主要是受了母系家族的熏陶。他外祖出自苏州有名的潘氏世家,即"祖孙父子叔侄兄弟翰林之家"的潘世恩后裔。他母舅潘景郑(名承弼)和姨夫顾起潜(名廷龙)都是著名的藏书家和文献学专家。当然,曹家也是儒医世家,他的曾叔祖曹福元、曹元弼(字叔彦)都是经学家和清朝的翰林院编修,对他也不会毫无影响。叔彦先生的八妹元燕女士和我祖母是朋友,我也曾登门拜见过曹三先生,并蒙赐题了一首诗。因此我们一谈起苏州的学术传统和文坛掌故,就有许多共同语言了。

　　道衡学长研究文学史,非常注意文学家族的传承和兴衰,如专著《兰陵萧氏与南朝文学》及《南朝文学史上的王谢二族》等文章,都充分论证了世家大族的文化素养,对文学发展起了很大作用。他在中古文学史的深入研究中,就创造性地论证了文学流变与家族、地域的有机联系。这种研究方法是得到了许多同道的赞许和钦佩的。他自身的学术历程,可能也有家学传承的因素。当然,更重要的还应该说是个人的选择和追求,加上敬业精神和学术兴趣。道衡学长在北京大学师从游国恩先生研习先秦两汉文学,本来是以上古文学史为主攻方向的。但进入文学研究所后,接受的任务却非常广泛,而且还偏重于清代文学。我读到他第一篇论文是《从明末清初科举制度看〈儒林外史〉》,稍后是很有分量的《关于黄宗羲、顾炎武、王夫之等人的思想及其与〈红楼梦〉的关系》,当时就显露头角,引人注意,我还以为他是专攻清代文学史了。当然,他是当代少见的"通人",对古代文学可以全面应对,左右逢源,能够适应领导安排而完成学术难点和填补空白的任务。随后,他协助余冠英先生编写《中国文学史》中古文学这一段,就使他大展才能,成为中古文学领域的开拓者,对中古文学史作出了杰出的贡献。大家都知道他熟读经史，根柢深厚，学识渊博，特别是对经学包括传统的"小学"有独到的造诣。上世纪"五四"以后出生的知识分子，像他那样能背诵四书五经的人是很少见的了。游国恩先生曾告诫我们说："老一代的学者，读书是要能背诵的，你们这一代学生，至少要学会查书，懂得该查什么书。"道衡学长就不仅是会查书，而且是能背书的。因此我在听到他去世的噩耗之后，曾写了一副挽联，是："论魏晋文章，问学苏城同里少；树门墙桃李，传经翰苑后贤多。"他应该说是有所创新的经学传承人，也是能综合义理、考据、辞章于一身的新朴学家。

在这里，我还想谈谈"童子功"的问题。老一代的人，一般童年时就讲究背诵，至少能背诵《唐诗三百首》吧，这也是终身受用的，因为其中有优秀传统文化的基本要素，蕴涵着德学、美学、史学乃至音韵学的文化素养。现在有一些少年儿童，由于各种不同的条件，有善于背诵诗词的，有善于默写汉字的，有善于唱歌的，有善于跳舞的，有善于唱戏曲的，这在电视荧屏上经常可以看到。对于这类少年特长生，我们应该给予爱护和正确的引导，最好能给他们创造继续发展的条件。千万不要过早地捧之为明星，像王安石《伤仲永》所写的那样加以误导；也不要摧伤压抑，使他半途而废。我们要因势利导，充分发挥这种"童子功"的积极作用，可能正是培养杰出人才的一条途径。道衡学长的学术成就，就和他传统文化素养的"童子功"不无关系。

道衡学长是一位温文尔雅的老夫子，非常谦虚谨慎，但是在学术问题上却是有坚持真理的风骨的。1958年由北京大学为发源地的高等院校发动了"拔白旗"和"批判资产阶级学术权威"的运动，自然也相应地批判到古代的作家作品。北大中文系的同学对陶渊明进行了一些苛刻的批判，也批评了道衡学长评论陶渊明的文章。他昂然而起,毅然回应,写了一篇《再论陶渊明的思想及其创作》,据理力争,提出了自己持之有故的观点。这在当时极"左"思想的潮流下,是要有一点"反潮流"的勇气的。他在生活上也有慷慨豪爽的一面,记得有一回我们一起吃饭,他酒兴勃发,在跟人举杯应战时说:"别以为我们苏州人软弱好欺,苏州人什么都不怕,还怕喝白酒么!"我感到很惊奇,从此我对他有了更深的了解。我钦佩他为我们苏州人争气,更钦佩他以杰出的成就为我们苏州人争光。

当他辞世一周年之际,我写了一首小诗,以表达我的怀念之情:"我念曹夫子,应留后世名。魏文精典论,刘向善传经。风义兼师友,交游见性情。吾吴多壮士,岂但一书生。"这也表达了我对他的理解和钦慕。

中州古籍出版社愿为道衡学长编印一部系统的基本完备的文集,竟然格外垂青,委派我写一篇导读性的序言。我对他的学术成果所知不多,好在书中已有许觉民、沈玉成两位先生的序言,还有他的两位高足所写的文章,都作了详尽确当的论述,无须再加赘言。我作为一个同时代的同道、同乡的老友,从他的学术历程略谈一点所知的历史背景和个人记忆,作为对他永恒的纪念,或许也能叨附骥尾吧。

（原载《曹道衡文集》,中州古籍出版社2018年4月;《文汇报》2018年4月29日发表时题作《道衡学长》）

血诗与血史

——读朱季海先生《答泰戈尔》诗志感

朱季海先生的《初照楼诗稿》存诗不多,附在《初照楼文集》里,早在 2011 年就出版了,可是我没有细读。不觉已是他辞世四周年了,最近才找出来重读。读到他的《答泰戈尔》诗,不禁激动万分,就像季海先生写那两首诗的心情。

据季海先生在《中国抗战和泰戈尔》一文中记述:大概是 1939 或 1940 年,印度诗人泰戈尔为了支援中国人民的抗战,发来一个电报,说"中国的抗战是一篇血史"。当同门好友王仲荦先生告诉他时,心情万分激动,误听为"一篇血诗"。他说:"当时的满腔义愤,已如即将爆发的火山,那里经得起这样的震动呢? 于是就一口气地赋了一首七律,这就是《血染文章泪洗诗》。"第二天,王仲荦先生又告诉他是"一篇血史","于是又赋其二,几乎是脱口而出,不假思索"。这两首诗如下:

> 血染文章泪洗诗,生灵道尽更无疑。
> 西来狂焰焚天网,东下长江绝地维。
> 满眼悲辛惊骨肉,百年怨毒入心脾。
> 知君最有遗民恨,敌忾临风系我思。

血战弥天动鬼神，百年积怒万年新。

岂堪兵甲销狂戾，好任弦歌接比邻。

鹿苑漫教传哭史，龙宫遥望是遗民。

同君一遣修罗雨，未信中原付劫尘。

这两首诗当时只在友好中传诵，自留的清稿也因意外的情况而化为云烟了。幸而当年写在两个旧信封反面的原稿却由王仲荦先生代为保存着，四十年后又寄还了季海先生。1980年季海先生才写出了《中国抗战和泰戈尔》这篇文章给《〈群众〉论丛》发表了。这番佳话表达了当年中国人民同仇敌忾的激愤，也记载了"中印两大民族之间的痛痒相关的友好之情"（季海先生原话）。再一次证明了诗言志的原理："情动于中而形于言；言之不足，故嗟叹之；嗟叹之不足，故永歌之。"季海先生的诗写得不多，保存的又极少。因为他要求极高，对自己的诗作又不大爱惜，并没有收集发表的想法。可是这两首却真是惊风雨、泣鬼神的动人肺腑之作。诗并不在乎多少，在乎有真性情、新意境。记得我少年时上门求教，季海先生曾对我讲到陆游的诗写得太多，太熟，不宜专学。他曾推荐我读《说文》，读《汉学师承记》，我都没有读懂，只有这一条还记住了，可见他的诗论之一斑。2015年为纪念抗日战争胜利暨世界反法西斯战争胜利七十周年，中华诗词研究院编选了一部中国抗日战争诗钞《诗壮国魂》。事先我参与讨论初稿时，竟没想到季海先生的《初照楼诗稿》，没能推荐这两首《答泰戈尔》诗，不禁感到万分遗憾。当然，抗日战争的好诗肯定还有许多，可以续编的资料有待发掘。现在抄出这两首佳作介绍给广大读者，以快先睹。

2015年12月朱季海先生逝世四周年之际

（原载《文汇报》2016年3月13日8版）

《白化文文集》序

　　化文学长与我是同学挚友,我们有共同的爱好,都对古典文学有一点偏爱。不过他的学问广泛,知识渊博,这是我们班同学都公认的。当他七十寿辰时,我给他写了一副贺联:

　　　　五一级盍簪相契,善学善谋,更喜交游随处乐;

　　　　七十翁伏案弥勤,多能多寿,定看著作与年增。

　　这里我说的,真是实话。他的"善学"和"多能",是我最佩服而学不到的。据他片断的自述,我们可以了解到,他少年时就偏爱文科,读书很广,从不死抱着课本不放,而是大量地读课外书。虽然偏废理科,但对于海军史和舰艇知识,却非常熟悉,谈起来如数家珍。上大学时,他不仅认真听本班本系的课,还曾旁听过高班和外系的课。他1950年就上了北大,所以曾有机会听过俞平伯、罗常培、唐兰、王重民先生的课,比我们有幸多了。杜甫《戏为六绝句》之六说:"转益多师是汝师。"他的确是做到了"转益多师"的,因此有多方面的资源和传承,成为一个多面手。

　　他的"善学",首先是尊师重道。一向对老师尊敬尽礼,谒见老师,总是九十度鞠躬,侍立倾听。直到现在,他讲演、发言时,提到老师的名字一定从座位上肃然起立表示敬意。他写文章时总是先举老师的字再注名,以字行的当然在外。这些礼节已是今人所不懂的了。事无巨细,他总是竭诚为老师服务,真是做到了"有事弟子服其劳"。在他将近知命之年,拜我们编辑行的前辈周绍良先生为师,成了超龄的"在职研究生"。他在人前人后、口头书面,总自称为门生,极为恭敬,比青年人虚心得多。

他的"善学",体现于学而能思和思而能学。孔子说:"学而不思则罔,思而不学则殆。"(《论语·为政》)化文学长是身体力行的。他在上大学之后,总结了自己的学习经验,得出自觉颇为得力见效的四条"秘诀"。

第一条是:

除了入门外语等课以外,大学的课程均应以自学为主。多读课外书,特别是指定参考书和相关书籍,学会使用最方便使用的大图书馆,学会使用各有各的用处的各种工具书,一生得益。

这是最重要的一条经验。我愿意把它推荐给广大青年同学,不过万一遇上了要求背笔记的老师,可能考试得不到高分,那就不要太在意,争取在别的地方得分吧。第四条也很重要:

老师的著作要浏览,有的要细读。对老师的学术历史要心中有数。这样,一方面能知道应该跟老师学什么,甚至于知道应该怎样学;另一方面,也借此尽可能地了解在老师面前应该避忌什么与提起什么。

这一条是准备进一步向老师学习真髓的方法。每个老师都有独特的长处和学术道路。你想要多学一些课堂之外的东西,就得先做功课,细读老师的主要著作,才能体会出课堂上所讲的那些结论是怎么来的,才能明白老师所讲的要点在哪里。化文学长在四条"秘诀"的其馀两条里就讲了要注意讲义之外的"神哨"和听课时要多听少记,都是这个思路。读者有兴趣的话,可以去找他的《对一次考试答案的忏悔》《定位·从师·交流·考察》两文一读。

他的"善学",还在于随遇而安,就地取材,见缝插针,照样能左右逢源,有所建树。化文学长前半生道路坎坷,屡遇困境,但他能边干边学,学一样像一样。徐枢学长分配到电力学校教课,心里郁郁不乐,先师浦江清先生开导他说,"你可以研究电嘛"。当时引为笑谈,化文学长却从中得到了启发,他说:"老师有深意存焉:到什么山上唱什么歌。只要抓住'研究'不放就行。因而我此后每到新岗位,一定服从工作需要,在工作中不废研究,多少干出些名堂来。"(《浦江清先生二题》)他也的确干出了许多"名堂"。有一段时间,他以业馀时间帮《文物》杂志编辑部看稿,看了不少发掘报告,从而也学了文物考古的知识,这对后来他研究佛寺和佛教文物很有裨益。同时也因看稿而向王重民先生请教古籍版本方面的问题,得到了许多课外的真传。

他的"多能",就因为他"善学"。大学毕业离校之后,他不仅继续向本系的老师请益,而且还陆续向外系的老师求教,如历史系的周一良先生,哲学系的任继愈先生,东语系的季羡林先生,都得到不少教益。他在师从周绍良先生之后,虚心学习敦煌学和佛教文献学,再和他本职工作相结合,创立了佛教和敦煌文献的目录学,成为一门新的学科。

我们只要看看化文学长这一批著作的书目,涉及好几门学科,就可以知道他的"多能",正是他"善学"的结果。希望青年一代的读者,能从这些书里学习他"善学"的精神和方法,倒不一定要学那些具体内容。因为人各有志,条件各不相同,所遇的老师又各有所长。就如白先生自称"受益于周燕孙(祖谟)先生最深",他也深知周先生的特长是音韵、训诂,但他不想学语言文字学,就如实地回答了周先生的探询。他最受益的是周先生给他讲的工具书使用法，而学到的还有周先生礼貌待人、踏实治学的作风，应该说是更重要的。

孔子自谦说："吾少也贱，故多能鄙事。"化文学长少年时并不"贱"，从小在慈母沈伯母的精心培养下，决心要上北大文科。终于在北大中文系前后读了五年，在北大图书馆泡了六十多年，造就了一位"多能雅事"的传统文化学家，应了浦江清、朱自清两位先生在他幼年时说的预言。沈伯母在天之灵，我想应该含笑点头了吧。

中国书籍出版社要出白化文学长的十本文集，汇为一辑，委托我写一篇序。我与他幸为知交，不能推辞，写一点感想，作为书前的题记而已。

2016 年 8 月

（原载《白化文文集》，中国书籍出版社 2016 年 10 月版）

功夫在"联"外

——追思白化文学长

老友白化文学长因病久治不愈而去世了,虽然我早有预感,但还是深感悲痛,心情沉重,好几天写不成一篇哀悼的文字。我和他相交七十年,谬为知己,但对他的学术成就却所知不全,因为他的知识面太广,著作太多,无法全面概括。好在已有好几位专家写了追思文章,足以使人了解他的学术成就了。比较详细的书目,是韩淑举先生的采访记录《斐斐素华,离离朱实——访北京大学信息管理系白化文教授》,发表于《山东图书馆学刊》2011年第3期,有他的自述和著作目录。此后最大的一部书就是他主编的《中华大典·民俗典》了,这是任继愈先生委派给他的重大任务。

我考虑多日,决定从他的一本小书谈起。化文学长对楹联有很深入的研究和实践经验,1998年写了《学习写对联》一书,由上海辞书出版社出版。2006年,稍加修订后改题《闲谈写对联》,由中华书局出版。这本书很受读者欢迎,可能是他的著作中印数最多的一部。

这一版有吴小如先生的书评《功夫在"联"外——读白化文著〈学习写对联〉》作为代序,提出了"对联乃是体现和代表我国民族传统文化的一种综合艺术",替他总结了学习写对联的意义,从而揭示了"联"外的传统文化的多种形态。我也受责任编辑的委托,为本书写了一篇导读性的"弁言"。我读了初稿,得到很多启发。由对联的源流和发展,讲到对联与其他文学体裁的关联等问题,都有许多新的体会。

我在"弁言"里写了那么几句:"本书本来是为初学写对联的人写的,但是它并不限于谈对联的写作方法,而是涉及到对联的历史源流、联律探讨和作品鉴赏等各方面的问题。作者积累了许多第一手的资料,作了深入细致的分析,得出了不少独到的见解,给我们以新鲜的启迪。可以看出,作者正在努力为建设一门对联学而铺设道路。"这不是我一个人的私言。

对联在中国文学体裁分类中只是一个很小的类目,但化文学长却用了全身的力量来做深入的研究和精细的分析,似乎是用牛刀来杀鸡。在没有小刀的时候,杀牛的刀当然也可以杀鸡,而用小刀来杀牛的话,就有被牛挣脱撞人的危险。用全力来写的书,读者可以得到许多"联"外的文化知识,则是展示了一个广阔的天地,对读者是有益无害的。而且,如果真想写出一些精彩的对联,本来需要越多越好的文化基本功和文史知识的。

作者对写对联的学习,提出了许多方法,就是从他的实践经验总结出来的。他在第三章"学习与练习"里指点了不少方法,要求初学者"读一两本启蒙的讲授对对子的书籍","阅读'联话'等联语书籍",推荐了《声律启蒙》《笠翁对韵》《声律发蒙》等书,甚至引到了《京师地名对》等偏僻的书。可是现在这类书很难找了,一般图书馆不入藏这类古代的启蒙书,古旧书店里也很少这类古代的儿童读物。虽然已有一些新编的声律韵对的工具书,也很少见,因此在《闲谈写对联》里讲一些这类知识很有必要。古代的韵书如《佩文韵府》篇幅太大，《诗韵全璧》《诗韵合璧》多数是便于夹带的袖珍本，这类书主要是为学写试帖诗服务的，其中当然有关于对偶的内容，但也需要像本书那样的有针对性的讲解。初学者不妨先从本书入门，再逐步寻找和熟悉那些古代的启蒙书及韵书。以下几章分门别类地细讲春联和实用性对联、装饰性对联等，那真是细致而实用的知识读物，其中有许多是白先生新创的理论。他对写对联要注意的各个方面，都作了仔细的分析，又归纳了要点，因为他教过中学语文，知道对初学者要怎样讲课。一般大学教授讲课，就不会也不必如此细致了。

《庄子·养生主》讲庖丁为梁惠王解牛，三年之后才能目无全牛。白先生正是对对联之道已烂熟于心，才能目无全牛，轻易地刀入无间，进乎技矣。他讲的写对联的功夫，就是由技术的层面进入到"道"（理论）的层面了。也正是吴小如先生所说的"联"外的功夫。

化文学长的著作，一贯是这样兼顾普及与提高，力求理论与实践的统一，学术性与可读性的统一。他的语言也有独特的风格，生动活泼，风趣横生，也富于文采。如徐公持先生的追忆文章里所引的"李清照就是李清照"，这个警句，就出自《闲谈写对联》这本书。

我也曾有过和化文学长类似的经历，受过启蒙老师的教导，从辨平仄、做对子、查韵书学起，虽然没有他那么深入，没见过那么多联语书籍，但总算进过门，因此更能理解他的苦心和热心，愿把联内、联外的"技"和"道"都倾囊相授给读者。这本小书还得到了北京出版社同行的青睐，从中华书局挖去编入了"大家小书"系列，也可见读者、出版者都是有眼光的。

我忝为他的同道，从1983年起一起参与春联评奖会，在王力先生、朱家溍先生等指导下热烈讨论，反复评审，在电视台上作讲评,促进了写对联的热潮。他是个有心人,又总结了征联、评联的经验教训,写入了这本小书,增加了新的内容。

三十多年来,经过中国楹联学会的不断努力,总算打开了局面。每年春节,总有一些写春联、送春联的活动。《光明日报》也总会发表几副书法家写的春联。在社会生活中,写寿联、写挽联的风气也复苏重兴了。因而《闲谈写对联》这本书还常销不断。

我和他经常交流,也时常谈起写对联的问题。遗憾的是,在我们这一代老朋友中,写寿联的越来越少,写挽联的却越来越多了。记得当他七十寿辰时,我给他写的寿联是:

　　五一级盍簪相契,善学善谋,喜见交游随处乐;

　　七十翁伏案弥勤,多能多寿,定看著作与年增。

这是我代表全班同学对他的祝福和致敬,后来我把这副对联写进了《白化文文集》序,体现了我们对他的点赞。现在,他已进入了极乐世界,我勉力写了一副挽联:

　　一生善与交游,不愁黄壤无知己;

　　八面全能应对,遍踏青山有粉丝。

我曾反复考虑,遍踏青山下"有学生",他的学生不止是听过课的,还有许多读者;"有信徒"吧,他并没有正式讲过佛经的教义,还是用网络语言"粉丝",可能更像他的语言风格,还是请化文居士笑纳吧。

2021 年 7 月 19 日

（原载《文汇报》2021 年 8 月 4 日 8 版）

追思徐苹芳学长

五月二十三日，我正在浙江富春江参加采风活动，晚上儿子从电话里告诉我苹芳学长不幸病逝的消息，顿时感到十分悲痛，十分惋惜，老同学、老朋友又走了一个，学术界又少了一个权威的、正直的考古学家！

我和苹芳学长都是 1950 年考入燕京大学的，他本来在新闻系，后来转入历史系，我在中文系(原称国文系)。在校时并无来往，只听说他是历史系的高材生。我和他的交往，是在多年后工作中开始的。最早是中华书局计划出一套"中国古代都城资料选刊"，主事者赵守俨先生请他来参与策划。那时中华书局和考古研究所都在王府井大街斜对门，他常来中华书局谈工作，我就在赵守俨先生的办公室里和他相识了。说起来还是燕大的老校友，就多了一分情谊。

往后我和他有几次在古籍规划评审的会议上一起参加讨论，总觉得他是非常坚持原则的。对于不属古籍整理性质的项目，卡得很严。虽然有些评委出于好心，想照顾一下难以申请到补助的边缘性选题，或照顾一下没组到适当项目的出版社，他总是直抒己见，坚守古籍原著的整理为限，因为他深知古籍整理是非常艰苦的工作，有限的经费必须用在刀刃上。听说他在文物考古、古建保护等工作中也是这样的直言不讳、坚持原则，我是完全信服的。

　　1995 年以来，我有幸参加了新《燕京学报》的编委会，和他的来往更多了。他作为学报的执行副主编，做了大量的工作。在组稿、审稿中也是这样的坚持高标准、严要求，对于我们组来的稿子，即使某一编委推荐的，他觉得不合适，也毅然退稿不用。记得有一篇稿子，是国外的一位相当有名的学者写的，而且编辑部已经在原稿上作了一些改动，他审读之后，觉得和学报的性格不符，经过反复商议，最后决定撤下了。我执笔起草写了退稿信，感到实在难以措辞，只能说明实情，再三诚恳道歉了。《燕京学报》由侯仁之、周一良两位老前辈领衔主编，实际工作主要是苹芳学长负责的，每一期都是他策划、组稿、审读、定稿，真是殚精竭虑，付出了许多心血。他最后这几年的精力，似乎大半都投入给学报了，应该说他鞠躬尽瘁，终身不负燕大校友的重托。当然，副主编丁磐石先生和其他编委也作了许多工作，但和他相差远了。最后一次发学报第 30 期的稿子，他抱病召开编委会，还考虑了今后的工作。我们看到他弯腰曲背、精神疲惫的样子，都为他担忧，劝他不要太辛劳了，可是谁也替代不了他。谁想到一个月后，他竟然与世长辞了！编委会经过商议，考虑到所有的编委也都年老体弱，难以保证今后学报的质量和期限，只能决定停刊了。于此也可见苹芳学长在学报编刊工作中的作用和地位是多么重要。

　　我在和他遗体告别的前夕，勉力写了一副挽联，只能写出了我的思念于万一：

　　　　三十期学报将成，常念征文传燕大；
　　　　五零级同窗渐少，何从挂剑觅徐君。

　　　　　　　　　　　　　　　　　　2011 年 6 月 25 日

（原载《燕大校友通讯》62 期）

追思老同事谢方先生

中华书局退休编审谢方先生走了。我看到讣告,虽然早知道他已抱病多年,久治不愈,还是深感悲痛。他是1957年中山大学毕业后分配到中华书局的,比我入职早一年多,是中华书局早期的几个老同事之一,但比我还年轻几岁。如果不是病魔纠缠,他还会做出很多事的。我把中华书局转型后的历史,分为东总布胡同、翠微路、王府井大街、六里桥四个阶段。我们是在东总布胡同的大院里熟识的,那时大院里有一个篮球架,他常在那里玩篮球,个子较高,是个中锋的材料,我也喜欢玩,有时就跟他一起投篮,稍事锻炼。平时我们分在两个编辑室,往来很少。

我和他进一步熟悉,是在"文革"中咸宁"五七"干校的"同学"时期。他多才多艺,能拉小提琴,能画几笔水彩画。干校自己盖成宿舍之后,我们十六连在劳动之馀,还办了一份墙报。隔一两个月在路东墙上贴出一墙"大字报",连里派我抄写大字报,接着附带拼版。我又干起老本行当"编辑"了。版面上有空白处还画点图,用美术字写标题。起初由美术编辑张凤宝女士负责,后来好像她请假探亲去了,我就找谢方帮忙,请他来画图,写美术字,也很有水平。干校十六连的墙报办得很漂亮,连当地的农民群众也有驻足观赏的。我们那一阵合作得很顺利,总算完成了连队交付的任务。

　　谢方的夫人在上海,他们两地分居多年。在"五七"干校期间,有一次我回上海探亲,他托我带一个包裹给他夫人(上海第九医院的崔大夫),我才第一次见到。直到后来谢方退休以后,有了自己的一套房子,他夫人才来北京住了一阵,和我家成了邻居。2000 年 11 月,他们又决定回上海定居了。我写了一首诗送他,聊表贺意:"供职京华四十年,年年牛女两心牵。从今偕老迁乔木,海上双栖不羡仙。"实际上他来北京工作已经四十多年了,我们共事四十多年,到了退休后比邻而居,才天天隔墙相望,亲密往来,老同事成了新挚友。

　　他在咸宁"五七"干校待了五年多,直到 1975 年干校结束后才调回中华书局。1971 年奉命恢复点校二十四史暨《清史稿》的任务以后,干校有几批青年"同学"陆续调回北京参加点校工作,但没有要谢方,其实他对明清史也是很熟悉的。"文革"前他已是古代史组的骨干,担当了《中外交通史籍丛刊》《中外关系史名著译丛》的责任编辑。总编辑金灿然先生一贯重视培养人才,从考察中发现苗子,在工作实践中锻炼青年编辑。谢方审读《突厥集史》的报告得到了金灿然的赏识,就派他当这两套丛书的责任编辑,又幸而遇上了中外交通史专家向达教授,是《中外交通史籍丛刊》实际上的主编,当时因为被错划了右派,不能署名,但热心指导了谢方的学习和工作。详见谢方自己写的几篇纪念向达的文章。他在向达先生的指导下,加上自己五年的努力,边干边学,胜过读了五年博士生,已成为中外交通史的新专家。在中外交通史领域里声誉卓著,可以说是中华书局转型后新培养出来的第一代"学者型编辑"。也许正因为他独当一面,另有专攻,就没有参加点校二十四史的项目。应该说明,在他之后进入中华书局的赵守俨先生则是

1958年底从商务印书馆转过来的,已经是业务相当熟练的老编辑了。后来古代史编辑室(曾称为"商务中华二编室")调进了许多位青年编辑,也是在点校二十四史暨《清史稿》的老专家指导下,边干边学,锻炼出了一批古代史的新专家,成为中华书局的骨干力量。这是古代史编辑室的一大贡献。相对来说,其他各编辑室就没有这样的运气了。

"文革"结束之后,谢方回来后继续策划和组编《中外交通史籍丛刊》和《中外关系史名著译丛》,做出了很大成绩,《史籍丛刊》的大部分书,是在1983年以后问世的。这一套丛刊,在中华书局古代史的书目里占有很重要的地位。其中最著名、最重要的是季羡林先生主编的《大唐西域记校注》,也是经过多位专家多年打磨而成的一部名著,谢方做了许多精心的编校加工,实际上也是著作者之一。后来还跟季羡林先生等一起做了《大唐西域记今译》,1985年由陕西人民出版社出版。

我是中外交通史的门外汉,对谢方的著作毫无所知。对他了解最多的倒是局外人北京大学信息管理系教授白化文先生。他写有《〈中外交通史籍丛刊〉〈中外关系史名著译丛〉及其主编谢方》一文,谈得极为详细,最初发表于《书品》1995年3期,已收入《谢方文存》附录,关心谢方先生和这两套丛书的读者可以查看。可惜的是这篇总结性的报道,写于谢方刚退休不久。其实他退而不休,1994年之后,直到2012年,他又写了许多文章,编了一些书刊。"局二代"王守一同志和他有通家之谊,帮他收集了不少新旧作品,编成了《谢方文存》。责编孙文颖女士又立即做了许多精细的编校工作。可是2012年,他已患脑病,出现失忆症状,写《后记》时就有所表示,所以有许多事略而未谈。如他写过一篇《〈中外交通史籍丛刊〉重印感言》(《书品》2000年3期),就没有收入;还有

《法显》《郑和》两篇长文,不知为何不注明为新蕾出版社《中华历史名人丛书》(1993)的约稿。此前,他和我还有一次偶然性的合作,就是2009年二十卷本的《王国维全集》,在广东教育出版社的撮合下,我们都参与了一小部分的复校,也算是一次晚到的合作。想不到2012年在中华书局一百周年纪念会上的会见就成为最后的一面了。其后他还多次说要来北京,要去广东,还想做一些怀旧述史的事,都因身体原因被家属劝阻了,可见他念念不忘的还是工作。如他早已写就的《改造　定位　创业》《三十年来的中华书局古代史编辑室》,就是为中华书局局史和出版史提供的第一手资料。如果天假以年,他的工作可能还会对"一带一路"的战略策划工作提供一些文献依据,现在只能待之后人了。

（原载《文史知识》2021年11期）

郭沫若校订本《再生缘》再生始末

　　《再生缘》是浙江女诗人陈端生(1751—1796)所写的长篇弹词。她十八岁时开始写作,历经十六年,写到第十七卷,尚未完成。书中叙才女孟丽君因奸臣之子刘奎璧与皇甫少华争婚结仇,受到迫害。她假扮男装,改名郦君玉,考中状元,历任大官,暗中救助皇甫少华平反冤案,建立大功。孟丽君始终不肯恢复女装,不愿认父母和未婚夫,造成离奇曲折的故事。全书波澜迭起,文辞优美,流传甚广。史学大家陈寅恪、郭沫若都给予高度的评价。上海弹词艺人秦纪文曾把它改编为《孟丽君》,登台演唱,扩大了影响。其整理本出版时也题作《再生缘》,但与原著出入较大。

　　1954年,陈寅恪先生撰写了一篇长文《论再生缘》,先是以油印本流传,后来在香港友联图书编辑所出版了单行本。中华书局总编辑金灿然同志看到了,感到疑惑不解,特地把书送给郭沫若同志去看,征询意见。郭老看了,竟大为欣赏,就找来《再生缘》原书看了三遍,而且还找了郑振铎先生原藏的旧抄本进行核校。先是写了一篇《〈再生缘〉前十七卷和它的作者陈端生》,发表于1961年5月4日《光明日报》。他对《再生缘》也作了高度的评价,文章结尾说:"我也'不顾当世及后来通人之讪笑',把《再生缘》前十七部核校了，并主张把它铅印出来。我要请求爱好诗歌、爱好文学的朋友能够阅读它一遍，然后再给与正确的评价。"金灿然同志欣然接受了他的意见，决定重印这部弹词。稍后，阿英同志又把他收藏的道光初刻本送给郭老复校，于是郭老校订的《再生缘》才正式上马了。郭老在《序〈再生缘〉前十七卷校订本》一文（发表于 1961年 8 月 7 日《光明日报》）中说：

> 最后的核校工作是从 6 月初旬开始的。中华书局有意将《再生缘》前十七卷重印出来，因此编辑部的同志便进行了严密的校阅。我也参加了这一工作。所采取的步骤是这样：首先在一个砧本上把三种本子的异同标示出来，最后由我来决定去取。这三种本子是：我的初校本、郑藏抄本和宝仁堂初刻本。我的初校本，有很大部分是在得见抄本之前以意校改的，在既得见抄本之后，我也没有工夫作字斟句酌的核对。这一次用三种本子来合校，在编辑部方面真真是做到了严格、严密、严肃的地步。工作进行了将近两个月，我似乎可以代表同志们负责地说：《再生缘》是认真地得到"再生"了。

应该说，中华书局编辑部的确做了大量的工作。我记得，文学组的赵庚同志在组长徐调孚同志的亲自指导下，对三个本子作了逐字逐句的对校，然后送给郭老决定去取。排版之后，又逐次校对，流水作业，工作非常紧张，赵庚同志是做出了很大贡献的。作为他的职务作品，当时是不会有署名权的。后来郭老在序言结尾说："《再生缘》之得以再生，是在严密意义上的一项集体工作。"他提了中华书局编辑部的工作，不提个人名字，也是合乎当时的惯例的。现在赵庚同志也已去世多年，我在此追记往事，对他聊表纪念。附带说起，我当时也插了一手。郭老在文章里引到戴佩荃《织素图次韵》诗中用的崔徽传典故，不知道出处，作了一些猜想。我还年轻好事,写了一封短信加以辨证,趁中华书局送稿之便送请他参考。郭老虚怀若谷,接受了我的意见,修改了他的初稿,还把我的信改成一篇小文,题为《关于崔徽的出处》,介绍给《光明日报》(1961年6月27日)发表了。

随后,郭老接连不断地写了《再谈〈再生缘〉的作者陈端生》《陈云贞〈寄外书〉之谜》《有关陈端生的讨论二三事》《关于陈云贞〈寄外书〉的一项新资料》等好几篇有关陈端生的文章,都发表于《光明日报》,一时成为热门话题。经过两个月紧张而严密的工作,《再生缘》校订本完稿,郭老写了一篇序,以《序〈再生缘〉前十七卷校订本》为题,发表于1961年8月7日《光明日报》。他在序言中说明了校订此书的经过,交代了版本源流和校订体例,有不少动人的故事。他说明校订本的去取:"基本上是以抄本为主。但抄本有夺误,或者词句较刻本有逊色时,则依据刻本。……但有时抄本和刻本有了同样的夺误,那就无可依据,我便只好在好些地方以意添改了。我有时也把原书改动了一些,因为有些词句太不妥当或者前后不统一。"可见郭老对原书采取了理校的办法,也有一些"以意添改"的再创作。因此"再生"的《再生缘》是包含了许多郭老的心血在内的。

序言还说明:"从去年12月以来,到最后核校完毕为止,我算把《再生缘》反复读了四遍。……经过了仔细的阅读和研究,我已经陆续地写出了好几篇关于陈端生和《再生缘》的文章。我还为陈端生写了一个《年谱》,把她的一生基本上弄清楚了。这个《年谱》是我对于陈端生的研究的总结,我现在把它和几篇研究文章(其中有张德钧同志的两篇),收录在本书的卷首,以供读者参考。有几篇在《光明日报》上发表过的,都有了一些较重要的添改,应该以本书所收录者为定稿。"(本文引文遵此据北京古籍出版社版

《再生缘》卷首）

应该说明，收录在本书的文章有些发表在这篇序言之后，这是在《再生缘》校订本排版完成后添加的。当全书打出清样之后，中华书局编辑部在通读中发现书中有几处谈到与朝鲜交战的情节，本来是虚构的故事，但在当时却是一个很敏感的问题。总编辑金灿然同志不敢怠慢，为此专门向上级请示，最终向外交部打了报告，未被批准出版。据说此书曾惊动了周总理，他亲自给郭老作了解释。尽管郭老已在文章中改称为东海岛夷，在书中改成了东夷，但是鉴于当时的现实形势，外交部门认为不必为这么一本书惹可能的麻烦，于是轰动一时的《再生缘》校订本就此冻结了。直到上世纪七十年代末，在我主持中华书局文学编辑室工作时，有人提议把《再生缘》郭校本付印。我是一个谨小慎微的小主任，哪能作主，请示总编辑，也不敢轻举妄动，再向上级打报告请示。我拟稿时不敢不把过去的情况如实汇报，当时出版局主持工作的代局长也就不敢批了。过了两年，其他出版社先后依据旧刻本把《再生缘》重印了，也没有人过问。2002 年，北京古籍出版社利用中华书局的清样把郭老校订本《再生缘》印了出来，却没有发生什么问题。2005 年，中国社会科学院比较文学研究所研究员周发祥先生根据郭老的校订本，写了一篇《试论〈再生缘〉的语言艺术》论文，提交给韩国鲜文大学校举办的"朝鲜时期朝译本清代小说与弹词研究"学术研讨会，得到了韩国朋友的欢迎和赞赏。韩国的汉学家还来中国采购过原刻本的《再生缘》，他们知道这不过是虚构的故事，并不介意。郭老校订的《再生缘》终于"再生"了。有人怪我当年胆子太小，何必打报告请示。不知道此一时也，彼一时也。

（原载《世纪》2009 年 1 期）

两位前辈老人的愿望

——记胡道静和姜椿芳的通信

胡道静先生写的《中国古代的类书》,是中华书局上世纪六十年代的约稿。原稿是下半部在十年动乱中损失了,已交中华书局的上半部却居然保存了下来。当时胡道静先生正致力于重写《梦溪笔谈补证》,没有馀力补写续稿,我们就把前半部先发了。出版以后,颇得学术界的好评。我又竭力恳请作者补写后半部书。

1982年12月5日,胡老给我回了一封信说:

> 您给我的热情的鼓励,使我衷心感激!可我跟您讲句私房话,这下半本是没有办法再写了。我是反对写半本书的。我家胡适老是写半本,《中国哲学史》如此,《白话文学史》亦如此,被人称为"胡半本",引为口实。但是违我本愿,跟上来要做个"小胡半本"了。实际的困难难以克服,也感到对您的一片好意特别抱疚。

> 附上与姜椿芳同志的来往信(抄件)两通,旨在让您了解这么个情况:许多想做的事,该做的事,我都不行了。最想完成的《梦溪补证》,也是断断续续,搞了几年,还是遥遥无期……

他附来了与姜椿芳先生的来往信,使我很感意外,也觉得很有意义,就郑重地保存了下来。先看姜老的信,全文如下:

> 承赠《上海掌故》,当即读了你的文章,还读了另外几篇。首先谢谢你的赠书。
>
> "文革"中我住在监狱,想在出狱后要做两件事:发起编百科全书,和同好、同志者合写上海和哈尔滨两城市的发展史。前者已经在做,后者还没有动手。沪哈两市,一在海边,一在陆上(边陲)。一是英帝侵拓,一是沙俄独霸。两地发展史,都是半殖民地半封建中国的缩影。编好这两本书,对后世的教育意义很大。一个美国人写的《上海自开埠以来》(?)不够详尽。也不可作为历史地方志来写,仿高尔基写阿尔达马诺夫家事、萨姆金的方法,用小说形式写,把外国人的入侵、买办势力的形成、流氓黑暗势力的横行、民族资本家的出现、革命力量的成长等都扭捏在一起,几个家族几个线、几代人,写到解放,把他们的盛衰兴败都描绘出来。《掌故》(引者按:指《上海掌故》一书)里有一些资料,上海图书馆中还有不少资料可用。尚健在的一些老人,也可提供材料。看来,你对于这些资料很熟悉,可以做这一工作。当然,要集合不少有志于此的朋友,请市人民政府组织编写班子。这些设想,你以为如何? 过去曾听说,上海曾有人做这方面的工作,不知现在怎样了。
>
> 拉杂几句,抛砖引玉,愿闻高见。匆草,即祝痊安!

胡老的复信很长,这里只能摘抄几段:

> 您的两个美好的愿望与文化规划,其已在实现中的一个犹如一只大象。从体积来说,那期待实现的一个好似一对小熊猫,但从意义和作用来说,其质量也是非常重大的。……

　　我很遗憾，考虑再三，不能来参加写上海发展史的盛业。首要的原因是水平与能力不够，再则是实际上的困难。……大地回春以后我的想法是尽馀生晚年之力把《补证》重写出来，至于《总录》已非我力所能复，只好留待年轻的同志们去实现。为了缩短战线，集中力量，我曾表示对农史的研究工作也决心不干了，但是师友们不答允，《中国农业百科全书》和《中国农业科学技术史》的任务还是交了下来。汲深绠短，顾此失彼，加上宿疾时作，秃笔屡悬。在这样一个情况下，您老厚爱的嘱命，就不能勉力以赴。惘然方命，歉疚之情，难以言表。

　　胡老虽然不能参与上海史的写作，但还是表示愿意当个"通讯兵"。他把姜老的想法分别告诉了当时上海市出版局局长宋原放同志、上海文化局副局长方行同志和上海社科院历史所沈以行、陆志仁两位所长。历史所的上海史研究室已经在编写多卷本的上海史了。胡老希望他们另外再写一本《简史》。不过，他也提出，"像高尔基那样写，更好，效果更大，但难度更高"。

　　姜老的最大愿望《中国大百科全书》，早已实现了。那一对小熊猫似的两种简史，限于我消息闭塞，就不知道最终出书了没有。胡老的《梦溪笔谈补证》也终于完成了。两位前辈老人对文化出版事业的贡献必将功垂青史，彪炳千秋。实际上他们的愿望是很多的，有的只能留待年轻的同志去实现。胡老提出"缩短战线，集中力量"的战略，对于老年人还是很有启发的。

　　　　　　（原载《人民政协报》2006 年 7 月 31 日）

"笨功夫"才是真功夫

安徽师大组织编纂出版《刘学锴文集》,我对此敬表祝贺和感谢。祝贺的是,刘先生的学术成果得到了各界的充分尊重;感谢的是,为广大读者提供了方便,也肯定了我在中华书局的工作。刘学锴先生和我是北京大学中文系 1956 年研究生班的同学,那时照苏联的学制,称作副博士研究生。那年开始,中国文学史课程分四段,第二段是魏晋南北朝到唐五代,由林庚先生主讲,指导的副博士研究生就是刘学锴一个人。他遍读了这一段的作品,深入研究了唐诗,打下了坚实的基础。1959 年中文系设立古典文献专业,把他调去教文献学的课程,开了"校勘学"的新课,他又很快适应了新的要求,对古典文献有了更深的修养。这使他对于中国文学史的研究,具备了义理、词章、考据三结合的优势。

我在 1958 年底提前分配到了中华书局工作,他就成为我后来组稿的对象。1977 年,我主持文学编辑室工作时,他先为中华书局写了《李商隐》小册子。1978 年中华书局和人民文学出版社、上海古籍出版社一起协商分工时,先抓十五个大作家别集的新注,中华书局只承担了屈原、陶渊明、白居易三家。因为中华书局在文学方面力量较弱,在三大家之外我优先约了刘先生的李商隐集新注本,这可以说是第十六个大作家的新注本了。他与余恕诚先生合作,较快地完成了《李商隐诗歌集解》,1983 年出版后,深得好评,也为中华书局争得了荣誉,接着出了《李商隐文编年校注》和《李商隐资料汇编》,我非常感谢他对我工作的支持。李商隐诗注家很多,但留下了许多谜团,正是百家争鸣的一个典型案例。刘先生采用集解的方式,既充分介绍了前人的成果,又提出了自己的按断,有许多是深入研究全部作品后所得的结论。就是说用书求广,校本求善,分析求细,按断求新,这对李商隐诗来说,是最好的做法。他还发扬了林庚先生精于鉴赏的特点,发挥自己的悟性,熔校注评鉴于一炉,让读者从读懂进入到鉴别欣赏的门径,并通过李商隐这一个点再推广到唐诗的若干点、若干面,做到了求是与择善的完美统一。后来又为中华书局编撰了《温庭筠全集校注》。他自己说是"攻其一点,不及其馀",这是谦虚的说法,这个"一点"是在通读了许多集部书和《全唐诗》的基础上才选定的突破口,不是随意碰上的。对李商隐诗歌下的"笨工夫"是真功夫,写了 150 万字的校、注、评、笺,有了许多新的发现和结论。《李商隐诗歌集解》出版后,还继续深入,2002 年对《李商隐诗歌集解》做了修订,又增添了 14 万字。他自述的经验是:不怕麻烦,全面搜集前人、今人已有的校注、笺评、考证、研究成果,将该作家的全部作品从头到尾、逐字逐句地细读。应该说,他的"全面搜集""从头到尾""逐字逐句",都是经过实践的"真功夫"。此后他编著的《唐诗选注评鉴》也发挥了他的特长,综合了校、注、评、笺的方法,做出一部深入浅出的中型唐诗选本,比以往的鉴赏辞典提高了一大步,给专业的和一般爱好的读者提供了一部新的唐诗选读本。这部选本很有特色,得到了广大读者的好评。他有意识地为年轻的教师提供帮助和指导,解释之后侧重鉴赏,在相对普及的基础上逐步提高,切实有用。

　　刘先生还总结了他的治学经验,给我们分享,我觉得非常重要。第一条是,笨人用笨工夫,也可以做一些有用的工作。他自视为"笨人",当然是谦辞。但有天赋的通人毕竟是少数,对于大多数人来说,只要肯下功夫,就可以建立信心。同时也是鞭策和劝诫,千万不要自作聪明,"投机取巧"。

　　第二条是前人已经很丰富的研究,后人也可以做出成绩。这也是对大多数人的鼓励,不要妄自菲薄,要有自信。今人的条件比前人好得多,理应把工作做得更好。

　　第三条是自知才学有限,不如集中力量攻其一点。"才学有限"也是他自谦之辞。但天下有几个没有短板的全能运动员呢?对于大多数人来说,在初具通识的基础上先深入一点,还是务实的循序渐进的战略思想。"一点"是突破口,并没有限制你再攻第二点、第三点。一开始就提出好高骛远的目标,往往会流于空谈。刘先生的经验之谈,自有其积极的鼓舞人心的普遍意义。我们要辩证地看待他的自谦之辞,他的起点是很高的。正因为他写出了好几篇同道学者不能不参考的文章,才"推动了文学史有关章节的改写",这是高标准的要求。

　　我认为刘先生的经验之谈是高标准、低姿态。这就是我要学习的榜样。当然,普及性的读物也是我们应该写的。现在安徽师大编纂刘先生的文集,是便于学者、嘉惠后学的大好事,我竭力赞赏,相信读者一定会越来越多。从我的本职工作来说,希望传承刘先生古籍整理方法的作者也越来越多,坚持守正出新,针对不同的书,采用不同的体例,做出各有特色的新注本来。

　　我们那一代曾受到国家重点培养、名师指导的过渡人物,已经寥若晨星了。刘先生做出了优异的成绩,起到了承先启后的作用,是我们的楷模。他还谦虚地说:"我只能说是过渡的一代中最平凡的,但多少做了一些实事的人。"实际上这是很高的标准啊! 当然,他做了不只"一些实事",还培养了许多优秀的新一代教师。

　　安徽师范大学对刘学锴先生的工作给了很多支持和鼓励,这是令人非常佩服的。以前有些高等院校不把古籍整理看作学术成果,而安徽师大对古籍整理一贯重视,我对此表示深深的敬意。

　　　　(原载《名作欣赏》2021 年 3 期)

启功先生对诗体的继承和创新

1978 年我写了一篇谈诗体发展的小文，请启功先生指教。他给我写了一篇审查意见，用信函的形式寄给了我。信中提出了不少宝贵的提示，我一直珍藏着作为学习的课本（已收入《启功书信选》）。

信中对我的几点意见，表示赞同，如说："上四下三问题，讲得既透，引据亦富。"给了我很大的鼓励。谈到今天诗的主体问题，启先生指点我："如作主要探讨的一项，则分量稍薄。或专文谈今天新诗的成就和初期新诗的发展过程。鄙意今日新诗有逐渐吸取了旧营养的现象，如郭小川的，在北方常见，四川的戈壁舟作品，我觉得更好。如把这类合讲，又是一篇解决古怎为今用、今怎样用了古的例子，但殊不好着笔耳。"可见，启先生虽然不写新诗，对新诗也还是很关心、很了解的。他给我出的题目，我没有能力回答，因为我很少读新诗，郭小川的诗还读过几首，戈壁舟的诗就没有读过，其他人的新诗偶尔在报刊上见到，都是过目就忘的。

启先生还提到："又汉诗中《柏梁台》是否可以一提，游国恩先生考为不伪，极是，引用似无妨。"看来，他认为《柏梁台诗》不是伪作，这对我也很有启发。但游国恩先生在《柏梁台诗考证》中，虽然否定了顾炎武考为伪作的几条理由,但最后并没有肯定其不伪,而是提出了好几条新的理由,认为《柏梁诗》的时代大抵不能早于魏晋之世(《游国恩学术论文集》,中华书局1989年1版,352—379页)。倒是王力先生,从押韵上考证它正合乎先秦古韵,"可见这即使不出于武帝时代,也不会相差太远。"(《汉语诗律学》,上海教育出版社1962年新1版,14页)我觉得《柏梁台诗》有可能原来还是楚歌体,曾经后人修订加工,已删去了句中的"兮"字。

　　启先生对诗文声律作过深入细致的研究,也在创作实践中作了许多大胆的试验。可见他真是认真地在对诗词格律进行传承和创新的努力。他一再谈到古典诗文在声律上的特色和优点,又提出了"平仄须严守,押韵可放宽"的原则。按我的体会,他对平仄声调交替搭配的节奏是非常重视的,在《诗文声律论稿》里作了充分的论证,因此他写的律诗和绝句都是严守唐代以来的格律,词也严守宋代以来的词律。他说:"我认为作古典诗词就应该充分发挥古典诗词的优点和特色,这首先体现在优美的格律上。"又说:"我们今天写古诗(引者按:指传统的古典诗体),特别是律诗和使用律句的词,一定要坚持这些固有的原则,但随着时代的发展,也应作一些技术上的调整。"(见《启功口述历史》197页)

　　除了押韵上突破了"平水韵"的框框,他还写了许多古体诗和杂言的新体诗,那是可以不严守平仄声的格律的。按我的理解,"平仄须严守"是对律诗和使用律句的词而言的,古体诗不在此限,所以我自己在想用诗来写某些题材和表达某些思想感情时,就选用了不按平仄的古体。"押韵可放宽"不是不押韵,只是可以按现代的语音来押韵。启先生把自己的诗词称作"韵语",就因为他把押韵看作诗的重要特征之一。

　　启先生一向主张写诗既要继承,又要创新,他说:"我认为应该把继承传统与勇于创新结合起来。"（同上 200 页）他晚年的诗作，更注重于创新的努力。一是勇于直抒胸臆，开创新意，融化了许多现代词汇、现代典故。一是多用绝句和古体，少写律诗。这二者是内容和形式的统一。从时间上看，1988 年以后写的《启功絮语》和《启功赘语》里，除论史、论书画、论诗词的绝句外，以古体为多，如古诗二十首、古诗四十首，都是五古，又多为发表议论的作品。他写的律诗较少，可能就因为律诗更束缚思想，的确很不自由，不便于发挥新意，在形式上也不易创新。

1971 年以后，尤其是"拨乱反正"后的八十年代、九十年代，启先生诗兴很浓，是他诗词创作的一个高潮时期。他写了不少口语化的诗，如《颈部牵引》和《痛心篇》等；还写了不少明白如话、诙谐幽默的词，如咏病的三首《沁园春》、写烤鸭等三首《贺新郎》、无题的三首《踏莎行》、就医等三首《鹧鸪天》，充分发挥了他的语言艺术，曾得到许多读者的赞赏。这里引录一首为例：

贺新郎·咏史

　　古史从头看。几千年，兴亡成败，眼花缭乱。多少王侯多少贼，早已全都完蛋。尽成了，灰尘一片。大本糊涂流水帐，电子机，难得从头算。竟自有，若干卷。　　书中人物千千万。细分来，寿终天命，少于一半。试问其馀哪里去？脖子被人切断。还使劲，断断争辩。檐下飞蚊生自灭，不曾知，何故团团转。谁参透，这公案。

可能是因为词本来用韵较宽，长短句的结合便于使用口语，且不限于三字脚的句式，便于写出自己的真性情。然而更能直抒胸臆、动人肺腑的作品，还是《痛心篇》《赌赢歌》等古体诗。特别是《赌赢歌》，运用长句的杂言古体，令人感动和惊叹。可见在直寻胸怀、缘情言志的方面，古体确有独特的优势。而启先生大胆地自铸伟词，一空依傍,创制了加长的古体诗,更是勇敢的尝试。他大量地用了现代的口语,使我们觉得这些诗实际上就是现代人的新诗,比五四时期的新诗更有新意,完全可以成为新诗的一体。

启先生写过一篇《创造性的新诗子弟书》(《启功丛稿·论文卷》,中华书局 1999 年 1 版,309—333 页),开头说:

> 唐诗、宋词、元曲、明传奇,在韵文方面,久已具有公认的评价成为它们各自时代的一"绝"。有人谈起清代有哪一种作品可以和以上四种杰出的文艺相媲美,我的回答是"子弟书"。

启先生对"子弟书"评价之高,是令人惊讶的,而且明确称之为"创造性的新诗"。这是用与时俱进的观点来讨论中国汉语诗的发展史了。清代的诗人总结了前人的成果,于词、曲、传奇之外,仍然注力于五、七言诗的创作,有不少学者认为清诗超过了元明,甚至并不逊于宋人。可是启先生认为"子弟书"才是清代的新诗,这是非常大胆的、新颖的见解。启先生《论诗绝句》第二十一首说:"清诗应首子弟书,澍斋、小窗俱正鹄。"第二十五首说:"试问才人谁胆大,看吾宗老澍斋翁。"就是赞扬春澍斋的子弟书。我也曾套用这句话,说:"试问才人谁胆大,看我启老元白翁。"除了佩服启先生大胆地写了一些新体诗之外,更佩服他大胆地把子弟书称作清代的新诗。

他在文章里对"子弟书"作了详细的介绍,并加以分析说:"子弟书的形式,基本上以七言诗句为基调。每句中常常衬垫一些字数不等的短句,比起元人散曲,在手法灵活上有相同之处,而子弟书却没有曲牌的限制。元散曲句式灵活而不离开它的曲牌,子弟书句式灵活而不离开七言句的基调。"(同上 311 页)

下面他还对子弟书的体裁作了评论,实际上也是对汉语诗歌的演变作了一个高度概括的总结。这里摘引如下:

古代诗从四言到杂言,字数由少到多,句式由固定到不固定,都是冠履由紧到松。但每放开不久,就又成了定型。……

词、曲解放了一步,因为它们可以有衬字,但终究有曲牌的锁链松松地套着。……

子弟书以七言律句为基调,以其他的长短碎句为衬垫,伸缩自如,没有受字数约束的句子,也就没有受句式约束的思想感情。虽也有打破三字脚的句子,但总以并列的四言镇住句尾。在其他的作品中,也有一句中以一个四言为句尾的,但这种句中上边总以松活的衬句领先,而且对句也必配得相称。绝没有"胡人——以——鞍马——为家"那样干巴巴的句子。至于:

似这般,不作美的金铃、不作美的雨;

怎当我,割不断的相思、割不断的情。

当然"不作美的雨"和"割不断的情"是五言句,实际上这两句是"作美金铃作美雨,不断相思不断情"。加上衬垫,就把五言、七言句子变得有如烟云舒卷、幻化无方了。(321—323 页)

引用者按:估计在演唱时"不作美的""割不断的"四字也是衬字,大概节奏很短,相当于两个字的节拍,实际上"割不断的情"还是唱成以三字脚为句尾,加上"怎当我"三个衬字,还是两个加衬字的七言句。当如李渔《闲情偶寄·演习部》所说:"曲文之中,有正字,有衬字。每遇正字,必声高而气长;若遇衬字,则声低气短而疾忙带过:此分别主客之法也。"

《创造性的新诗子弟书》附载了《忆真妃》的全文,可谓子弟书的代表作。我们只要一读原诗,就可以明白启先生所论之可信。原刻本每行两句,每句占七格。"每七格中如安排多于七字的句子,就用夹行和单行并用的办法来处理。"这表明作者、写刻者还是把七言作为标准句式的。正和分体选编的古代诗集办法相同，把杂言诗都编在七古类里。启先生文中举出了八字、十字、十一字、十三字的句式为例，但大小字并不代表正、衬字的区分。

　　启先生的《赌赢歌》就继承了子弟书的灵活句式，但还是格律诗的一体，而不是自由诗，因为它还是保留了押韵和七言诗的基调。当然，以《赌赢歌》等杂言体为试点，只是新体诗的一体，是百花齐放中的一种花，不一定能适用于各种不同的题材。

　　七言诗的兴起，我认为是从楚歌的流行开始的。虽然《柏梁台诗》的时代还不无疑问，但秦汉之际流传的楚歌，逐渐出现了三字脚的句子。项羽的《垓下歌》和刘邦的《大风歌》基本上就是七言诗。如果省去了"兮"字，就是三、三、七歌行的刍形。汉代的"柏梁体"无非是楚歌而省略了"兮"字的变体，只不过还保留着句句押韵的传统格式。而"三字脚"的节奏，却成为五、七言诗的一个基本特征。上四下三的句式从汉代以来始终是汉语诗歌的基调，而上三下四的句式则只在词、曲里出现。虽然曾有刘克庄那样努力试用了许多上三下四的折腰句，但近千年来始终没有多少人响应这种改革。直到今天，绝大多数民歌、曲艺、戏曲里还保留着"三字脚"句式，但前面则可以加上或多或少的衬字。启先生在《诗文声律论稿》中曾说："句中各词，无论如何分合，句末三字必须与上边四字分开，要自成为'三字脚'。这三字可以是'二·一'式，也可以是'一·二'式，甚至可以是'一·一·一'式（古代汉语很少有真正三字不可分的词）。如果倒数第三字与倒数第四字相连为一词时，便不是正常的五、七言诗句的规格。"（《诗文声律论稿》，中华书局 1977 年 1 版，48 页）我觉得这一条非常重要，值得研究古诗和学写格律诗的人注意和思考。我在拙著《中国诗体流变》

中称之为"三字尾",就此作了一些论证和发挥。(参看拙著《中国诗体流变》的有关论述)。

启先生的《惠州纪念东坡逝世八百八十八年征题》一诗,全篇用了九言句,这还是七古体的延长式。《无款雪景牧牛图》诗前面大部分都是九言句,而结尾则用了两个加长的句子:

> 展玩之际积郁得快吐,山明水秀人欢牛乐彼此同天游。

> 从兹画在吾诗亦必在,蹄迹题记牛眼我眼一照即足垂千秋。

这是又一次诗体的创新。前人如杜甫的《茅屋为秋风所破歌》在七古的结尾处用了几个九言长句,造成不整齐的节奏,有一种曲终奏雅的意味(《杜诗详注》卷10,中华书局1979年1版,832页)。启先生在九言古体的基础上又扩展出十三言和十五言的长句,然而其底部仍是五言和七言的基调,还是"三字脚"的延长式。这种创新,又是和传承相结合的。先不说李白、杜甫等人的歌行里早有九言或更长的句子,明代的民歌、俗曲里也有许多随意加衬字的杂言句。如冯梦龙编订的《山歌》里有不少长句,一般后两句是七言句的加长,比子弟书的长句更长。如《寻郎》一首,按句分行引录如下:

> 搭郎好子吃郎亏
> 正是要紧时光弗见子渠
> 啰里西舍东邻行方便个老官悄悄里寻个情哥郎还子我
> 小阿奴奴情愿热酒三钟亲递渠(《山歌》,上海古籍出版社1987年新1版,278页)

如果删去其中衬垫性质的词语,可以读成一首七绝:"搭郎好子吃郎亏,要紧时光弗见渠。寻个情哥还子我,热酒三钟亲递渠。"读起来也大体可以读通。《山歌》里这样的作品很多,正体现了民歌灵活多样的句式，至今在吴歌、吴语弹词里还能听到这类唱词。苏州弹词如马如飞的开篇就是适当加了衬字的七言叙事诗。

《赌赢歌》更是一首放浪纵肆的新体杂言诗，许多读者都曾举为创新的例证。（诗长从略）

这首诗长句特别多，如结尾两句："床边诸人疑团莫释误谓神经错乱问因由，郑重宣称前赌今赢足使老妻亲笔勾销当年自诩铁固山坚的军令状。"末句共二十八字，可能是创纪录的长句。由于句子不限字数，可以容纳口语化的成语词汇，显得生动活泼，然而它还不是散文，因为它还是隔句押韵，而且句句都用了"三字脚"，末句的中心是"勾销当年军令状"七字。这种长句的杂言诗，在作者要表达充沛、强烈、奔放、复杂的感情时，是比较适用的。启先生对诗体创新作了一些尝试和探索，当然也不可能随处运用。而且，他晚年体弱多病，诗兴似有消退，有一些只是笔墨应酬的急就章，对诗体的创新可能有些照顾不及，没能继续进行下去。这是我们感到非常遗憾的。

启先生给我提出了古怎样为今用和今怎样用了古的课题，我至今也无力去做，因为要结合创作的实践。从启先生的创作里可以得到一些启示，那就是要知古倡今，要守正容变。《赌赢歌》的句式，也和子弟书一样，句式灵活而不离开七言句的基调。这种融古入今、推陈出新的作品也可以说是现代的新诗。当然，不是说现代的新诗只有这一体最好，应该是百花齐放，而不是一花独放。能不能断定，现代有哪一种韵文可以和唐诗、宋词、元曲相媲美？（我不想把明传奇和它们并列一起，因为明代人自许俗曲民歌才是明代的一绝。）这个问题恐怕需要一百年后由后人来回答。什么题材，什么场合，什么情景，用什么诗体，要由诗人自己来选择。贾宝玉曾在写《姽婳词》时先谈了自己选体的设想，他说："这个题目似不称近体,须得古体,或歌或行,长篇一首,方能恳切。"(《红楼梦》第七十八回)叙事最好用古体歌行,这是曹雪芹从创作实践中总结出来的理论。看来长篇歌行最适用于叙事性的作品。从《赌赢歌》等几首新体诗,可以看出启先生既发扬了古典诗词的优点和特色,也借鉴了子弟书等民间歌曲的某些长处,正在作创新的尝试。

启先生从创作实践中总结的理论更多更精辟,也作出了创新的示范。我们要结合他的诗来学习,也要努力用来指导创作,推动中国诗歌的重振复兴。

附记:关于启先生的诗作,我曾在《略谈启功先生的诗论与诗作》一文中有所论列,发表于《国文天地》(台湾)第二十一卷第七期(2005 年 12 月),这次又对诗体创新问题稍加补充,敬请方家指教。

古籍整理出版工作给我的机遇和考验

程毅中口述　吴稼南、张玉亮整理

一、中华书局转型分工

我是 1958 年年底到中华书局(后简称中华)工作的,古籍整理出版规划小组的成立及此后的编制规划等活动是那年 2 月开始的,3 月开始中华的改组工作,此后就是协调分工,到 1959 年才制定了具体的分工协议。《中华书局百年大事记》上 1959 年那年都有记录。

1958 年 7 月李侃从高等教育出版社(后简称高教社)调来,12 月赵守俨从商务印书馆(后简称商务)调到中华来。而且金灿然为了中华书局的业务开展,竭力网罗人才,从 1958 年下半年开始,陆续调进一批确有真才实学而当时被错划为"右派分子"或被错定为"内控对象"的专家学者,如宋云彬、马非百、傅振伦、杨伯峻、李廞序,还有年轻的新生力量傅璇琮、沈玉成、褚斌杰,加上原已在局的章锡琛、卢文迪、童第德、郝光炎、吴翊如等,组成了一支富有学术积累及出版经验的专家队伍。另外,还聘用了没有公职的王仲闻、戴文葆、石继昌、王文锦等做临时工,参加古籍整理出版工作。我是稍晚从北大分配来的,再晚还有我同学徐敏霞分配来,在"历史小丛书"组工作。

　　人有转过来的,稿子也有转过来的,比如商务转给我们的,除所有的古籍书稿外,还有毛样和铅皮版。我不是比较关注《古本戏曲丛刊》吗,《古本戏曲丛刊》第一集到第四集的毛样全部转给了中华,开始就放在我的办公室里,后来在王府井的时候,放在刘尚荣先生的办公室,搬到六里桥新大楼后就不知哪里去了。(刘尚荣先生是北京大学古典文献学专业的第一届毕业生,是 1964 年来的中华。)文学编辑室几个办公室的书、校样都保存得比较好,所以我那时候看毛样很方便。书则是图书馆都有的,一到五集都有书,新出的第六集图书馆就没买了。(最近国家图书馆出版社又把一到五集及九集重新出了精装本。)当时还接收了很多书的铅皮版,从前影印书做的不是胶片,而是做在一种铅皮版上,也移交给我们很多。后来我曾把宋版郭知达《新刊校定集注杜诗》(即《九家集注杜诗》)印了出来,那时我不知道原书在哪里,看到铅皮版即将损坏,就抢救性地印了一版。"二十四史"的校勘记,是搞"二十四史"的时候借来的。我们搞"二十四史"的时候,商务印书馆把张元济先生的百衲本校勘记全部借给我们,我们就分散在全部的"二十四史"的各组里去用,用完之后收回来丢失了一些,剩下的部分又还给商务印书馆。后来山东大学王绍曾先生建议商务把它影印出版,可惜它不全了。关于商务和中华的分工,到 1959 年才订了一个详细的协议(见文后附录 1)。

　　商务的"国学基本丛书""丛书集成初编"等也转给了我们,我们也可以重印。1958 年,商务还印了一次缩印本的"百衲本二十四史",后来就没有再印古籍了。

　　1958年的出版分工,都是有文件的,规划小组的活动当时《光明日报》也有报道,后来印了一个活页的文件,我们差不多每个人都有。我是1958年12月到的中华,已经快年底了,那时候古代史组要赶发"历史小丛书",让我在古代史组先工作几天。但是徐调孚先生因为知道我是文学专业的,早就说过让我到文学编辑室工作,然后一过年,就是1959年1月2日,我就到文学组去了。

二、初入文学组后的集部整理:王船山、海瑞、徐渭等

　　到文学组之后,我主要是搞集部的整理。那时候组稿很难,因为学校老师教学工作都很忙,此外还有改造思想的任务,以及还有其他很多事情。所以组稿很少,我们发的不少是编辑部自己整理的书稿,如《全唐诗》《曹操集》等。

　　我到文学组后,最初是看一部分校样。隋树森的《全元散曲》已经排出校样来了,让我再通读一遍。《全元散曲》好像还是人民文学出版社转过来的。1960年5月古典文学书稿还有一个三家协议,是人民文学出版社和中华书局、中华书局上海编辑所的分工(见文后附录2)。人民文学出版社有一个副牌,称作"文学古籍刊行社",已经出了不少书。他们把一部分古籍整理方面的书转给中华,文学古籍刊印社的名义就暂时停用了。文学社主要出大作家的新注本和选注本"中国古典文学读本丛书"等,中华上海编辑所(后简称中华上编所)也分担一部分。中华主要负责古典文学总集的整理和作家作品资料汇编。古典文学别集的整理,唐以前的由中华负责,唐以后的由中华上编所负责。所以我们别集最初没有上多少东西。

　　我到文学组之后做的第一部稿子是《王船山诗文集》,这部书我们组长徐调孚先生自己已做好了规划,告诉我用什么版本,把诗

文部分摘出来，其他经学、史学的东西，留待《船山遗书》的整理。王船山有好多著作，《船山遗书》后来是由岳麓书社出的。岳麓书社编《船山遗书》的时候也采用了我们《王船山诗文集》的部分。《王船山诗文集》可以用的，当时就是编例里所举的那几种版本。徐调孚先生都跟我找好了，让我加加标点，基本上也没有什么校勘任务，也不加校勘记。整部书我标点之后就发了，发了之后经过三次校对，快到清样的时候，上海图书馆馆长顾廷龙先生告诉我们，他们收藏有康熙年间湘西草堂刻本《船山自定稿》的一个残本。我是 1959 年发稿的，到 1961 年看清样的时候书已经定型了，快印了。那年 10 月我到上海去探亲（我父母在上海），就顺便到上海图书馆去校康熙时期刻本的《船山自定稿》。我抽出两天时间把清样校了一遍，写了个校勘记，附在《王船山诗文集》的后面——不能再加到前面去了，因为前面已经定型了。后来在第二次印刷时又加了一点补遗。从这个项目我得到了最基本的实践经验：校勘古籍必须持有一种认真的态度，知道有一个新的版本比较好、比较早，就要尽量用上，力求精益求精。后来我自己整理《玄怪录》，最初用一个明刻本，当时认为是孤本了。后来得知国家图书馆又入藏一个更好的高刻本，我就努力改换底本，重搞了一个新版本，否则我就对不起读者了。

　　1959 年 5 月之后，交给我的任务就是编《海瑞集》。这个任务是上面交下来的，当时的文化部副部长钱俊瑞管这个事情，是不是还有更高的领导指示我不知道。徐调孚先生就请陈乃乾先生到上海去，在上海市文化局和出版局领导的支持下，将上海图书馆所藏善本书借出来用于校勘，这些上海善本的校勘记录我都看到了，但是没有刻印最早的那个《海刚峰集》。北京图书馆的善本书没有借出来，我就去那里校。当时是不需要做详细的校勘的，就是把各本所有的文章全部收集在一起编成一个全集，再加上标点就可以了。当时的任务很紧，后来才知道，就是在5月之前在上海开的一次中央会议上，毛主席提到了海瑞怎么直言敢谏，海瑞精神值得学习啊什么的，好多人就跟风了。吴晗就写了海瑞的故事、海瑞骂皇帝、海瑞罢官这些文章，后来合起来编成一本"历史小丛书"，在中华出版。这是吴晗自己写的。我想干好这件事情，就必须认真比较各种不同的版本，选用一种作底本。那时候买来一本收录最多的光绪本作为工作底本，再加上其他版本上找来的佚文，编成一本全集。最后已经排出校样之后，有一位路工先生，是北京图书馆的老专家，他到处去访书，帮图书馆收，自己也收。他到陕西图书馆看到明刻本的《海刚峰集》，就是海瑞自己生前定稿的《备忘集》的初刻本，就从陕西借来了转给我们。我一看编的次序不一样，就觉得应该按照海瑞自己定的次序来排，请示领导后开始全部调整。那时候都是铅字版，统行倒版的工作量是很大的。倒版之后最后就定了，书的上编就按照海瑞自己定的次序，下编的次序是我们重编的。陈乃乾先生是我们那里的版本专家，他把从上海收集到的资料都拿来给我了，他对《海刚峰集》写了一份意见书，指点我怎样鉴定版本。后来我曾在一篇文章中提到陈乃乾先生给我的意见，就附在文章里。还有他写过一个搞"二十四史"的时候的版本材料，用的名字是"东君"，把陈字拆开，好像有些人还不知道这个事情。

我是北京大学（后简称北大）中文系文学专业毕业的，那时候叫作语文专业，也要学点语言学，但我不是科班出身，没有上过古典文献的课，连工具书使用法的课也没有听过。到了中华来从头学起，就算是边干边学吧。我在北大读研究生的专业方向是宋元明清文学史，导师是浦江清先生。浦先生是我的恩师，当年我从中文系本科毕业后，被分配到西安石油学校教语文。1956年北大招收副博士研究生的时候，我在京的同学帮我向浦先生申请，浦先生亲笔写信给招生部门，指名要我免试当他的研究生，这恐怕也是当年的一个特例。我到北京大学报到的时候已经是春季了，浦先生给我开了第一年学习的必读书目，还指定我第一年写一篇题目是宋元话本的论文。然而浦先生指导我也就是一两个月的时间，他的胃一直不好，到北戴河去休养的时候，突然十二指肠穿孔了，由于当地的医疗条件差一点，竟不幸去世了。因此我这辈子也可以说六十年来，始终没有忘记浦先生给我出的这个题目，总想把宋元话本这个专题弄得好一点，所以到现在我还在搞话本。我个人的业馀爱好或者说业馀的研究是在搞小说戏曲。后来我的师姐周妙中调到中华来，她专门负责戏曲，我就很少接触戏曲了，但是我还是发了一两种。像《红楼梦戏曲集》就是我发的，也是赶任务。

　　1960年5月，古代文学的书稿在三家会谈之后，诗文别集的选题中华主要负责唐代以前的，因此有了汉魏以后别集整理的计划。大约在1962年年初或更早一些，中华书局总编辑金灿然先生去南京时，曾与南京大学中文系谈过整理汉魏六朝名家集的选题，以后就有几位作者交了样稿。组里交我看了，曾提出一些意见，也曾与南京大学中文系继续联系。1962年3月，我还起草写信答复汉魏六朝名家集整理小组提出的一些问题。这封信稿不知怎么流失在外，前两年竟在旧书网上拍卖了。我看到后回想起当年的情况，大概是因为南京藏书不多，校勘善本书有困难，加以逯钦立先生的全诗总集已有成稿，别集整理的要求有待提高，名家集就中止了。

　　早在1959年3月，中华得知逯钦立先生著有《古诗纪补正》一稿，就发函与东北师范大学中文系联系，了解有关情况。同年9

月,直接与逯先生通信约稿,表示中华书局愿意接受出版,把它列入古代文学总集的规划。随后又得知逯先生已把其中《全汉诗》部分交给了中华书局上海编辑部,准备单行出书。我们又与上海编辑部协商,取得了转让全稿的同意。

1962年,总编辑金灿然先生还去长春约稿,曾亲自拜访了逯先生,面谈约稿事宜。同年11月,编辑部就寄去了约稿合同,逯先生于11月27日签约寄还。从此文学组就做好了接收书稿的准备,又屡次去信催询进行情况。

逯先生从1964年的1月开始,陆续分批把凡例、后记和书稿寄来。组长徐调孚先生先请编发《全宋词》的王仲闻先生审读了凡例,提出了一些意见。在收到全稿后,又交给我审读。我仔细阅读了凡例和前五册书稿,提出了十几条意见,经组长和副总编辑的复核,写成复信提供作者参考。后来经过反复讨论,逯先生基本同意我们的建议,把全书改为一部新辑总集,名为《先秦两汉三国晋南北朝诗》(最后出书时又定名为《先秦汉魏晋南北朝诗》),不再局限于《古诗纪》的校补了。

其中有一条关于按年代先后还是按历代皇朝编次,曾反复讨论了多次。原来按照《古诗纪》的体例,按历代皇朝分编,必然会把帝王的作品编在卷首,而且还循例称呼帝王的庙号谥号,如汉武帝、魏文帝等等。那时批判帝王将相、才子佳人的风声已有山雨欲来之势,我们出版工作者不能不谨小慎微,唯恐会引来政治性的批判,总想按新编的《全宋词》那样,作者一律称本名,按年代先后排列,把朝代打乱了重排名次,那就显得"革命化"了。还有妇女作品单列在诸家诗歌之后,也怕有性别歧视的嫌疑。逯先生认真考虑了这些问题,认为全书体例上有许多难以解决的矛盾。因为大多数作者的生卒年难以考定,而作者的卒年与朝代的更替又不完全一致。如曹操与徐幹、陈琳、应场、刘桢等都卒于汉末，但实际上已经属于魏国的人物了，因此还是循旧例编入魏诗为好。至于帝王本名则可以加在庙号之后，如汉高祖刘邦、魏武帝曹操之类。还有妇女的作品，逯先生最后也同意按年代先后和人物关系调整了。像这类问题，我们反复讨论过多次，双方都是认真地、诚恳地交换意见。1964年下半年在我下乡参加"四清"工作期间，改由同事沈玉成先生对来信进行认真研究，与王仲闻先生共同商议，写信逐条讨论。双方函件不断往来，最后基本达成共识。

　　逯先生1965年6月11日来信中表示同意按作家年代先后编次，但仍以朝代为断，分编各卷。妇女的作品则按人物关系和大致年代编入诸家诗歌。1966年春第二次书稿交来后，"文化大革命"的风暴卷地而来，根本不可能发稿付排了。原稿保存在中华书局，经过"文化大革命"的动乱，幸而没有丢失。1973年，逯先生来信问及原稿下落，我们告以"妥存我局"，使作者得到极大的安慰。来信中表示愿对原稿再作三方面的修订"（1）重订个别作家生卒，如王羲之卒年问题；（2）审定全书标点；（3）用明人编总集校对某一部分。"这次又由我再次抽看了部分书稿，再提出了一些问题，如辑录、校点中的某些疏漏和笔误之处。编辑部的信函连同原稿，于1973年7月31日寄往长春。逯先生于8月5日收到，对家人说起要按出版社的要求进行修改。可以看出，作者和编者对书稿质量的要求是完全一致的。不幸的是，翌日（8月6日），逯先生猝发心脏病，竟溘然逝世了。

　　此后，我们曾建议在逯先生的生前好友中找一位合适的人选，替作者完成这项工作。限于当时出版社的工作条件，特别是取决于当时的政治形势，出版此类古籍总集还提不到议事日程上来，所以改稿一事只得再一次搁置起来。1975年邓小平同志协助周总理主持国务院工作期间,形势有所松动,中华书局第二编辑室熊国祯主任想策划一些古籍选题,委派我去长春联系工作,特地上东北师范大学(后简称东北师大)登门拜访逯先生家属罗筱蕖夫人,表达了中华书局仍愿承担出版该书的意向。东北师范大学中文系也曾委托苏兴先生来京和我们商议书稿的处理办法。但在"四人帮"的"反右倾翻案"运动的干扰破坏下,出版社的规划一再落空。直到粉碎"四人帮"之后的1977年,我们又与逯先生家属重议此事。在张政烺、阴法鲁、杨志玖等先生的推动下,在东北师范大学的支持下,1978年3月,双方达成协议,1965年编定的《先秦汉魏晋南北朝诗》全稿又由逯先生家属委托其弟子冯克正先生送回到了中华书局。

当时我担负了文学编辑室的行政工作,手头还有待看的清样,没有力量再编发此稿,就请许逸民先生负责全面审读,按照处理遗稿的一般原则,决定不再请他人代为修订,只由责任编辑进行加工。我们只改正其明显错误,其体例和编次即使尚有不当之处,其考订、辨析或许偶有疏失之处,均不再变更,以免有违作者本意。总起来说,许逸民先生做了许多扫尾工作,终于把这部总集推出问世了。

逯先生这部书经过二十多年的琢磨,在中华又经过二十多年的周折,经过了许多人的工作,才得以为广大读者所使用,得到了学术界的高度赞誉,获得了1994年第一届国家图书奖的提名奖,这也反映了学术史、出版史上的一个发展过程。因此我在这里要多说几句。

回头再说1961年,文化部副部长周扬写了一个条子交下来,要出徐文长、汤显祖、郑板桥的集子。金灿然总编把汤显祖、郑燮的任务交给了上海编辑所,《徐渭集》的任务又分配给我了。我们买了一部明刻本的《徐文长文集》，就请几个人分头标点，我自己也标点一部分，并找校勘的异本，才发现《徐文长文集》是不全的，只是个选本。徐渭在世的时候自己编选的三集是全的。徐调孚先生跟藏书家傅惜华挺熟，就跟他商量借用他珍藏的《徐文长三集》，我到他家去取书，他就交给我了。当然不能动那个明刻本，只能抄。就是逐篇抄下来插进去，又是一次大倒版。但是我们工作有一个原则，必须用最好、最全的版本做底本，所以我们搞得很慢。上编所那边《郑板桥文集》1962 年年初就出来了。他们的《汤显祖集》是徐朔方、钱南扬两位专家分工编的，接着也出来了。这对我的压力很大，我们的《徐渭集》搞得太慢，还不一定好，我只能硬着头皮编下去，也请人标点了一部分，但辑佚工作费时很久，直到1965 年才完成，打出纸型就没敢印，因为那时文化部已经挨批了。到了 1983 年才拿出来印，所以我总说我机遇也好，磨难也多。但从中也学习了校勘、辑佚的一些基本方法。

三、"文化大革命"时期的机遇与考验：《文选》与《李太白全集》

"文化大革命"中我从五七干校回到中华，当时中央"文化大革命"小组的联络员叫迟群，传达了中央领导要看什么书的指示，包括蔡东藩的《民国通俗演义》，还有《昭明文选》（后简称《文选》）。其实《文选》我们有清代胡刻本的，已经加了断句了。但是排版在我们那个时候一两年是出不来的，三年也不一定能印出来。影印的话，书里面的断句有没有错误也很难说，复审也来不及。再说，影印就要印一个好版本，胡刻《文选》的底本是一个较晚的宋版后印本，据它版心的记录，有丁未、戊申、壬子、乙卯、乙丑、丙寅、辛巳等年的补刻版，可见《文选》印次之多，因而版面一定容易损坏，重刻本可能有新的错字。我建议影印它的祖本南宋尤袤的刻本，没想到领导居然批准了。我就去和北京图书馆商谈，请他们供应给我们宋刻本的照片。那时只收我们六毛钱一页，现在一页就一两百块钱了。本来我对版本不很熟悉，为了保证编辑质量，就趁着工作的机会，从头开始学点版本学的知识，对《文选》的版本摸了一下，也是一个机遇。后来把它印出来了，大概印了一百本，除了交中央一部分之外，还内部发行，卖给了袁行霈先生等几位专家学者。现在再造善本已经把它正式印出来了，当年这个善本是轻易看不到的。当时我准备写一个前言稿给领导看，因为要看日本学者斯波六郎《文选索引》的附录，我不懂日文，所以求我的同学白化文先生帮我翻译过来用作参考。我前言写完的时候，领导说用不着把版本校勘的东西写进去，简单一些。文稿我就自己留下来了。那时候的刊物只有《文物》一种，其他的文史刊物都停了，所以最后把这篇前言给了《文物》月刊发表，署名是我和白化文。正好赶上"四人帮"倒台，这篇文章发在《文物》11月那期上，因为"文化大革命"期间没有人写这样的文章，这是第一篇这样讲版本的，人家看到这篇文章觉得我对版本学好像还懂点儿。这也是一次机遇和考验。

最后一次赶任务在1976年，大概是五六月份吧（在唐山大地震前），上级领导交代毛主席要看《李太白全集》，要印大字本。那时候幸而我们还是有些准备的，因为当时除"二十四史"点校组之外，文学组的几个同事觉得总要搞点古籍。早在搞法家著作之前，先来中华商务联合出版社的方南生、黄克两位同志就和已退休去江油的徐调孚先生联系，想标点一部《李太白全集》，请他指点和审订。徐调孚先生也答应了。我从干校回中华之后也参与了工作，后来还有冀勤、褚斌杰等陆续参加进来。我们几个人点得差不多了,正好有这个紧急任务,领导就立即上马,临时调派了周振甫、周妙中、傅璇琮、张烈等几位同事来支援,委派我当责任编辑,看完清样就可以签字付印。当时一边加工复审,一边就排版,排成大字。一部分同志在家加工定稿,我和周振甫、褚斌杰、冀勤等跟着一批校对同志上新华印刷厂看校样。总的说,校对都不止三次,通读也不止一次,最后一次打出清样,就签字付印,印出一卷就送一卷上呈中央。印出一部分之后,就请周振甫先生回去,再审订一遍,接着发小字本正式出版,不要他来工厂了。直到1976年9月8日的夜里①,我还在工厂里盯班。谁知道就在这时,毛主席已经逝世了。最近看到一篇什么材料,说那时我下放在印刷厂看校样,其实不是,我只是临时加班。

　　也是在1975年形势稍有回暖时,二编室主任熊国祯和我商量,能不能出点古典文学的书。我们考虑,陆游虽然不是法家,总是个爱国主义的大作家,就印他的集子吧。我就用商务版的《剑南诗稿》和宋版的《渭南文集》合编成一部《陆游集》。诗的部分主要是五七言句,就用了断句,而且用了简化字,因为当时怕人家批评我们还是复古,但用了直排。文的部分则加了标点、分段。当时我还是做了一番常规的校勘工作,就是在北京图书馆把残宋本的《剑南诗稿》和汲古阁本校了一下。文集则根据宋代溧阳刻本校改了工作底本,也没出什么校勘记。这一部因陋就简的《陆游集》,在1976年11月出版,成为"文化大革命"后出现的第一部古典文学大作家集,得到了读者的关注,也见证了当时的出版史现象。后来上海出了钱仲联先生的《剑南诗稿校注》,《陆游集》就不再印了。不过,我在校勘中也得到了一点收获,就是对《剑南诗稿》的版本

---

①　口述时误记为"9日",复查档案后,改正为"8日"。

传承提出了一个疑问。黄丕烈旧藏宋版《剑南诗稿》残本,前人多认为即严州初刻的二十卷本,可是严州初刻本据郑师尹序说是二千五百二十四首,而今本前二十卷有二千六百多首(我当时统计不准,但一定多于二千六百首);再从宋人张镃《觅放翁剑南诗稿》诗说:"见说诗并赋,严州已尽刊。"可见严州本是有赋的,而今本却没有赋(参看我的《剑南诗稿的宋刻本》一文,载《文史》第七辑,1978)。我在前言里只提了一句,只是对黄丕烈的题跋提出了质疑,这个问题至今还没法做出圆满的解释。

我在1961年审发《太平广记》重印本时,注意到了谈刻本的三次印本的变化;在校读《文选》时,发现了不同印次的差异;后来在点校《杜诗详注》时采用了有康熙五十二年(1713)附记的后印本,因为它多出不少东西。我注意到同一版本的先后印本往往有所不同,实际上就是另一个异本了。所以我们所讲的各种校本,就包括了不同印次的版本。

那时候加了校勘记都说是"烦琐校勘",怕被批评;现在反过来了,似乎有一个过度注释的现象,也有些烦琐校勘的倾向,因为现在数据库检索很容易,就会更多地罗列异文。

四、"文化大革命"后主持文学室工作:
古典文学基本丛书的形成

"文化大革命"以后,当时书荒成灾。1977年12月,新闻出版局代局长陈翰伯先生说要出点古书,召集人民文学出版社、上海古籍出版社和中华书局三家又一起开会,重新讨论分工。以文学书为重点,又重提了"中国古典文学基本丛书"的规划。早在1959年5月,中华和上海编辑所曾有协议,"中国古典文学基本丛书",两家都可以出,每年制定选题,协商确定(见附录3),实际上并没有

真正落实。这次开列了 120 多个选题,也没有具体分工,各自组稿,再互通情报,尽量避免重复。当时上海编辑所已改组为上海古籍出版社,中华还没有和商务分家。同时,又定了十五个大作家集,要做新注。分给文学出版社多一些,是曹植、李白、杜甫、韩愈、柳宗元、苏轼、辛弃疾、关汉卿;上海是王安石、陆游、汤显祖、龚自珍;中华是屈原和陶渊明、白居易。中华最少,因为在文学方面,他们两家的编辑力量都比我们强。1960 年 5 月三家会谈时,就曾提过新注大作家集十六个选题(这次减掉一家,不知是谁),当时中华就没有分担任务。中华的主要力量在古代史,那时的重点是"二十四史"点校本。1977 年"二十四史"还没有出齐,还有些扫尾工作和延伸的选题。文学组的人力比以前更弱,我们只好量力而为了。

这次会谈,我们也承担了三个大作家集。屈原集约了金开诚先生,他帮游国恩先生做过《楚辞长编》,基础较好,加上两个合作者,最先完成,但也是到了 1996 年才出了《屈原集校注》。陶渊明约的是袁行霈先生,但是袁先生很忙,一时完不了,所以有了逯钦立先生的《陶渊明集》校注本就先印了一版,列入《基本丛书》。《陶渊明集笺注》到了 2003 年才出书,虽然出得太迟,但体现了十年磨剑的精品意识,质量很高,才获得了第一届政府奖之提名奖。《白居易集》约的是顾学颉先生,他虽有一部分初稿,但年老多病,进度很慢,所以在"古典文学基本丛书"里先出了一个白文本,也是他点校的。后来上海古籍出版社出了朱金城先生的《白居易集笺校》,我们也就干脆不着急了,直到后来 2006 年才出了谢思炜的《白居易诗集校注》。由于我在任时抓得不紧,大作家集拖得太久,这是不能辞其咎的。

《中国古典文学基本丛书》初步开列了一百二十多个选题,但没有完全分工。出版社根据已有约稿和对整理者的了解情况、联系方便，各自组稿，事后再互通情报，尽量避免重复，然而重复还是不能也不必避免的。1981 年 3 月，我们三家出版社又开会商谈，对规划作了一些补充和调整。随后国务院古籍整理出版规划小组恢复了工作，重新制定了全国性的古籍整理出版规划，又有一些新的部署。上海古籍出版社领先起步，1977 年已经以上海人民出版社的名义出了一部冠名《中国古典文学丛书》的《李贺诗歌集注》，1978 年出版社改名再版，接着又出了《阮籍集》和《樊川文集》等，至 2009 年已率先突破了一百种。中华的《中国古典文学基本丛书》步子较慢，直到今天还不到一百种书。这和我在任时优先抓了总集也不无关系。因为徐调孚先生任文学组组长时，根据 1960 年的三家协议，重点抓的是文学总集，如《全上古三代秦汉三国六朝文》《全唐诗》《全宋词》《全元散曲》《元曲选外编》等，我只能萧规曹随，总想努力先出几部总集，给研究者提供最基本的资料。《中国古典文学基本丛书》的别集就抓得不够紧，进度就迟缓了。后来继任的几位负责人逐步加强了《基本丛书》的工作，才不断组到了新稿，初步形成了丛书的规模，但至今还缺了不少应有的书。2012 年制定的《2011—2020 年国家古籍整理出版规划》中列入了三十八个选题，应该是扫尾结项的书目了。（参看拙作《略谈〈中国古典文学基本丛书〉的成长之路》，载《古籍整理出版情况简报》2004 年 5 期）

结语：力戒浮躁，精益求精；取法乎上，仅得其中

我到中华以后，从事古籍整理工作，边干边学，主要是负责集部的书稿。分配我的工作，应该说是给我的机遇和考验。首先是中华从 1958 年转型分工，以古籍出版为专业，当时稿源很少，多半

是编辑自己动手,学习做古籍整理工作,才有了亲身实践的机会。其次是分配我的项目,有些是上级领导交办的任务。我不敢不认真干,总想做得好一些,因此全力以赴,深入钻研,学到了一些古籍整理的基本功。但是取法乎上,仅得其中,往往在出书之后,就发现有缺点和弱点。特别是有些任务很急,要突击赶办,更不免会忙中出错。虽然我也曾顶住压力,尽量做了些临阵磨枪的补救,但既拖延了时间,又留下了一些遗憾。至于后来担负了编辑室的策划和组织的工作,也因急于完成计划,要抢救当时的"书荒之灾",不免留下了不少遗憾。总的说,我个人的教训是要力戒浮躁,精益求精,力求取法乎上,才能仅得其中。

　　当然,学无止境,书囊无底,零差错的书是极难得的。重点书如《资治通鉴》、点校本"二十四史"的修订就说明了,古籍整理是一个不断前进、不断发展的工程。我们要继续努力,与时俱进,在勇于创新的同时,还要做好修订成书的工作。前人讲书贵初刻,我们这一代人要讲书贵重印,重印时至少会改正几个错字、几个标点。重印旧版书的时候要尽可能重新审查,收集读者意见,争取有所前进。必须声明,我绝不是说初版书就可以放低门槛了,如果取法乎中,就仅得其下了。总的说,要精益求精,取法乎上。

　　现在有了数据库,我认为重点书如果先出电子版,可以较广地征求读者意见,听了意见之后再出纸质版可能更好。陈尚君先生曾经讲过这样的意思,学术著作先在网上发表,然后再收集起来出书,就比发单篇文章的质量要好一些。古籍方面,像邓广铭先生的辛弃疾《稼轩词编年笺注》就十年修订一次,上海古籍引以为豪的事情也是这个,已经修订了三版了。这一点值得我们学习。

附录:

1. 1959 年 5 月 22 日,我局与商务印书馆议定《商务印书馆、中华书局出版分工的协议事项》。协议内容:(一)商务印书馆不再出版古籍(古医书除外),以及今人的古籍整理著作和关于中国古代文史哲的研究著作。商务解放前后已出上述书籍的重版,由中华处理。(二)中华书局不再出版哲学、社会科学翻译书籍,以及用外文编写的关于中国古代文化的研究著作译本。中华解放前后已出上述书籍的重版,由商务处理。(三)中国历史地理著作及有关外国历史地理的中国古籍,由中华出版;外国历史地理著作及关于中国历史地理的外文著作译本,由商务出版。(四)语文书稿:古汉语部分(包括今人对古汉语的研究著作)由中华出版;现代汉语部分由商务出版。(五)商务资料室现有古籍(包括线装书和排印本),如有复本,以一份转移中华;中华资料室现有外国哲学社会科学著作的译本,如有复本,以一份转移商务。中华资料室的外国哲学社会科学外文书,如商务有需要的,转移商务。(中华书局编辑部:《中华书局百年大事记(1912—2011)》,中华书局 2012 年版,第 178 页)

2. 1960 年 5 月 14 日,人民文学出版社、中华书局、中华书局上海编辑所就文学古籍的整理出版分工原则进行会谈。人文社许觉民、王士菁,中华总部金灿然、徐调孚,中华上海编辑所陈向平参加。在《会谈纪要》中记录分工原则为:一、历代文学大家的全集、文集的新注本,三年内计划出版 16 家(此略),主要由人文社负责,但其中李白、白居易、王安石、陆游、龚自珍等 5 家由中华上编所负责。二、古典文学的选注本"中国古典文学读本丛书"由人文社负责;普及性的选注本"古典文学普及读物"由中华上编所负责。两套选注本均于三年内出齐。两套以外的其他形式的选注本,经协商各家均可出版。三、古典文学总集的整理、作家与作品资料汇编，由中华负责。古典文学别集的整理，唐以前的由中华负责，自唐代以后的由中华上编所负责。"中国古典文学理论批评专著选辑""中国历代文论选"由人文社负责。四、有关作家作品研究的专著，各家均可出版，但尽可能避免重复。中华、中华上编所出版的这类著作，凡水平较高的，出至一定时期，人文社可以选拔。古典文学讨论集及研究论文集，由中华负责。五、工具书，除《古典文学作家简明辞典》《小说戏曲辞语汇释》已分别在人文社和中华上编所进行外，还有许多工作要进行，要做一个通盘规划，这个问题留待以后研究。（中华书局编辑部：《中华书局百年大事记（1912—2011）》，中华书局2012年版，第181—182页）

　　3. 1959年3月3日中华书局总公司和中华书局上海编辑所商定出版分工办法。初步确定以下几点原则：（一）古典文学方面：总集和大型的资料书、类书，由总公司出版；单本的古典戏剧、小说、散曲等以及有关古代民间文学的资料，由上海编辑所出版；总公司基本上不出选注本和选译本；关于古典文学基本丛书的整理出版，要和人民文学出版社分担。原则上总公司以唐宋人别集为主，上海编辑所以元明清人别集为主。（二）哲学和历史方面：古典哲学和历史古籍主要由总公司出版，唯关于宋末、明末、晚清的部分历史资料和有关辛亥革命初期的若干历史文献和专著，由上海编辑所出版。上海编辑所如愿意出版其他哲学和历史古籍，可提出选题与总公司协商。（三）凡属影印版画、手迹类图书，由上海编辑所出版。同年5月26日我局总公司和上海编辑所就出版分工原则协商，作了补充规定。补充的要点是：（一）凡属有关古典文学的总集、类书，原则上由总公司出版，上海编辑所如有条件、有必要时亦可出版，但应事先与总公司联系。（二）诗文集旧注及诗词纪事均由上海编辑所出版,总公司计划整理出版时,应事先与上海编辑所联系。(三)中国古典文学基本丛书,总公司和上海编辑所均可整理出版,但不以朝代划分,具体书目,每年制定统一选题,协商确定。统一选题外可随时协商补充。(四)历代笔记均由总公司出版,上海编辑所拟整理出版时,应事先与总公司联系。(中华书局编辑部:《中华书局百年大事记(1912—2011)》,中华书局 2012 年版,第 177—178 页)

（原载《中国出版史研究》2018 年 2 期）

出版后记

　　程毅中先生 1958 年进入中华书局工作，历任中华书局文学组编辑、编辑室副主任（1978 年）、主任（1980 年）、副总编辑（1981 年），1983 年被评为编审，1992 年退休，主持中华书局文学古籍出版工作三十馀年。退休后，先生受聘中央文史研究馆，仍时刻关注中国古籍整理事业的发展，不断以各种方式建言献策。可以说，先生的一生是为中华书局的出版工作、中国的古籍整理事业无私奉献的一生。

　　在工作之馀，先生致力于中国古代文学，尤其是古代小说的整理和研究，先后整理小说类古籍十馀种，出版学术专著多部，发表相关研究论文二百馀篇，学林仰为泰山北斗，享有崇高声誉。先生文章，曾于 2006 年、2010 年、2018 年先后结集为《程毅中文存》《程毅中文存续编》《月无忘斋文选》，由中华书局陆续出版。

　　先生在耄耋之年，犹笔耕不辍，新积文数十篇，加之未及发表、收录的部分篇目，合学术论文、随笔，总计六十九篇，即此"文存三编"。先生亲为选目编次，所收文章按主题大致分为三个部分：一、古籍整理研究；二、俗文学研究；三、关于前辈师友和编辑、学术生涯的回忆纪念。依照先生所列目次，编辑部衰理编排，全稿并经先生审定。

　　遗憾的是，先生于 2024 年 3 月溘然长逝，未能见到本书最终出版，令人不胜痛惜。如今，这部承载古籍整理遗志和学术研究光芒的著作终得问世，差可告慰先生的在天之灵。

中华书局编辑部

2025 年 3 月